EINE SHERLOCK HOLMES GRAPHIC NOVEL

EINE STUDIE IN SCHARLACHROT

Eine Adaption des Originalromans von
SIR ARTHUR CONAN DOYLE

Zeichnungen von
I.N.J. CULBARD

Textgestaltung von
IAN EDGINTON

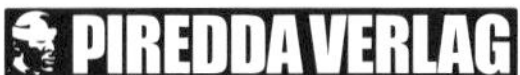

Für Katy, Joseph und Benjamin
- I.N.J. Culbard

Für das Lovely-Ladies-Trio in meinem Leben:
Meine Frau Jane und meine Töchter Constance und Corinthia
- Ian Edginton

Aus dem Englischen von Martin Surmann.
Herausgeber: Mirko Piredda
Lektorat: Martin Surmann
Lettering: Mirko Piredda
Titelgestaltung der Hardcover-Ausgabe: Rainer Ballin

Druck: Drogowiec, Polen

SHERLOCK HOLMES – A Study in Scarlet

Erstveröffentlichung 2010 von SelfMadeHero
Verlagsleiterin: Emma Hayley
5 Upper Wimpole Street
London W1G6BP
www.selfmadehero.com

Georg-Schroeder-Str. 5b, 13591 Berlin (Germany)
Telefon: +49 (0)30 41 99 91 95
Fax: +49 (0)30 41 99 92 00
E-Mail: info@piredda-verlag.de

www.piredda-verlag.de

ISBN 978-3-941279-76-6

Von diesem Band existiert auch eine auf 200 Exemplare
limitierte Hardcover-Ausgabe mit signiertem Druck.

VORWORT

Eine Studie in Scharlachrot ist für das Sherlock-Holmes-Gesamtwerk das, was das Buch Genesis für die Bibel ist – wo alles beginnt.

Arthur Conan Doyle, ein aufstrebender, sechsundzwanzig Jahre alter Arzt, schrieb die Geschichte 1886 in sechs Wochen auf. Dann verkaufte er die Rechte daran für wenig beeindruckende 25 britische Pfund und musste über ein Jahr darauf warten, bis seine Arbeit gedruckt wurde. Anfangs machte *Eine Studie in Scharlachrot* nur wenig Eindruck auf die Leser, obwohl es das erste Auftreten des weltberühmtesten frei erfundenen Detektivs, Sherlock Holmes, war.

Woher kommt diese beständige Faszination für Holmes? Es stimmt, dass sein treuer Freund Dr. John H. Watson, der Erzähler fast aller Geschichten (so wie auch dieser), besonders auf die einzigartige wissenschaftliche Denkweise des Detektivs und dessen Unerschrockenheit hinweist. Doch Holmes wäre keine Person gewesen, mit der man einfach hätte zusammenleben können – er ist arrogant, in hohem Maße wetteifernd, oftmals melancholisch und ungehemmt exzentrisch. Er spielt Geige zu jeder Tages- und Nachtzeit, führt Experimente mit giftigen Chemikalien durch, schießt mit seinem Revolver auf die Wand und neigt dazu, mir nichts, dir nichts in die verschiedensten Verkleidungen zu schlüpfen.

Dennoch sind die Tugenden des Detektivs in *Eine Studie in Scharlachrot* unverkennbar. Er bemerkt Dinge, die andere Leute, darunter der Scotland-Yard-Inspektor Lestrade und sein Kollege Gregson, übersehen haben. Er setzt seine Vorstellungskraft ein. Er denkt auch um die Ecke. Er benutzt die, wie Doyle sie in der Originalausgabe nennt, „sechs dreckigen, kleinen Halunken“, eine Bande von Straßenkindern, später bekannt als die „Baker Street Irregulars“, um seine Schmutzarbeit zu erledigen. Und, am allerwichtigsten: er kriegt sie alle.

Dies macht Holmes für viele Leser zu einem kaltblütigen Superhelden, wobei der warmherzige Humor der Geschichten oftmals unbeachtet bleibt. Über Watsons begrenzten Gehirnschmalz wird sich zwar regelmäßig lustig gemacht, aber niemals bösartig. dasselbe gilt für die Unfähigkeit der Polizei – obwohl die Polizisten es durch ihre Hochnäsigkeit stets selbst heraufbeschwören.

Conan Doyle, ein Autor, der weitaus vielschichtiger ist als viele Literaturkritiker glauben, sollte mehr Anerkennung bekommen. Er nahm Themen, die Poe, Wilkie Collins und zahlreiche andere Autoren bereits benutzt hatten, und machte sie vollends zu seinen eigenen. Ein Schotte, der das keltische Gespür für Düsternis hatte, die niemals fern der Zivilisation ist. Und er konnte ein nervenzerreißendes Rätsel kreieren wie niemand sonst. In *Eine Studie in Scharlachrot* wird die Leiche eines Mannes gefunden, die von Blutflecken umgeben ist, obwohl dieser gar nicht verwundet ist. Auf die Wand hat jemand mit Blut das Wort „Rache“ geschrieben...

Erblasse vor Neid, CSI.

- Paul Johnston

Gewinner des Sherlock Awards 2004 für den besten Detektivroman

1. TEIL

(Aus den Erinnerungen von
DR. JOHN H. WATSON,
ehemals im medizinischen Dienst der Armee)

MR. SHERLOCK HOLMES

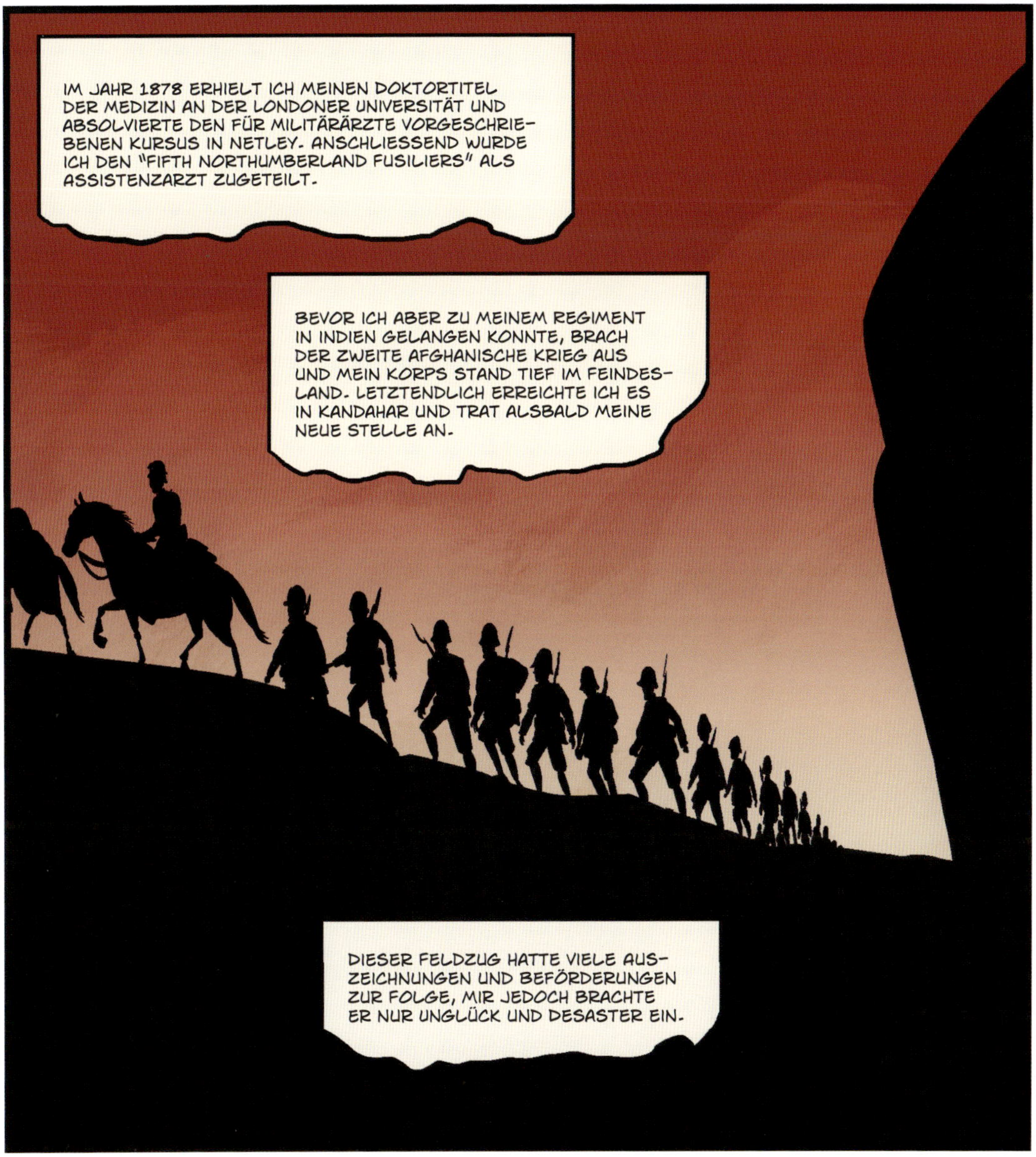

IM JAHR 1878 ERHIELT ICH MEINEN DOKTORTITEL DER MEDIZIN AN DER LONDONER UNIVERSITÄT UND ABSOLVIERTE DEN FÜR MILITÄRÄRZTE VORGESCHRIEBENEN KURSUS IN NETLEY. ANSCHLIESSEND WURDE ICH DEN "FIFTH NORTHUMBERLAND FUSILIERS" ALS ASSISTENZARZT ZUGETEILT.

BEVOR ICH ABER ZU MEINEM REGIMENT IN INDIEN GELANGEN KONNTE, BRACH DER ZWEITE AFGHANISCHE KRIEG AUS UND MEIN KORPS STAND TIEF IM FEINDESLAND. LETZTENDLICH ERREICHTE ICH ES IN KANDAHAR UND TRAT ALSBALD MEINE NEUE STELLE AN.

DIESER FELDZUG HATTE VIELE AUSZEICHNUNGEN UND BEFÖRDERUNGEN ZUR FOLGE, MIR JEDOCH BRACHTE ER NUR UNGLÜCK UND DESASTER EIN.

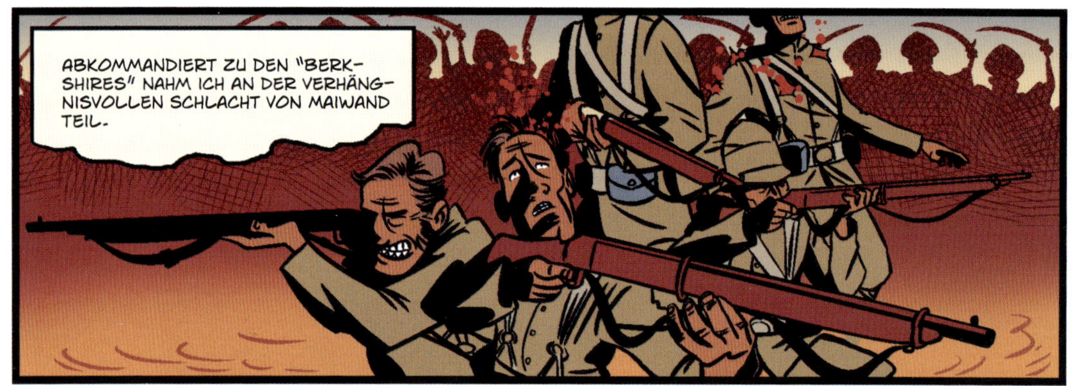
ABKOMMANDIERT ZU DEN "BERK-SHIRES" NAHM ICH AN DER VERHÄNGNISVOLLEN SCHLACHT VON MAIWAND TEIL.

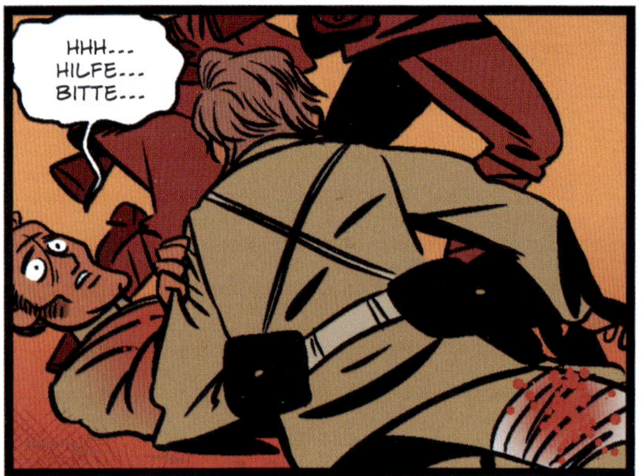
HHH... HILFE... BITTE...

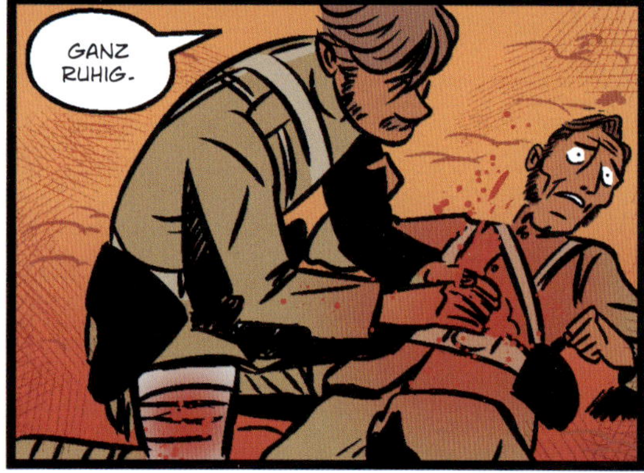
GANZ RUHIG.

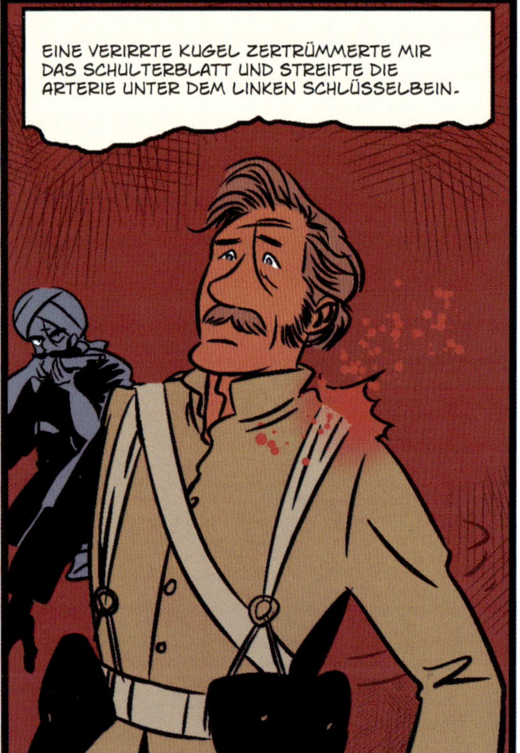
EINE VERIRRTE KUGEL ZERTRÜMMERTE MIR DAS SCHULTERBLATT UND STREIFTE DIE ARTERIE UNTER DEM LINKEN SCHLÜSSELBEIN.

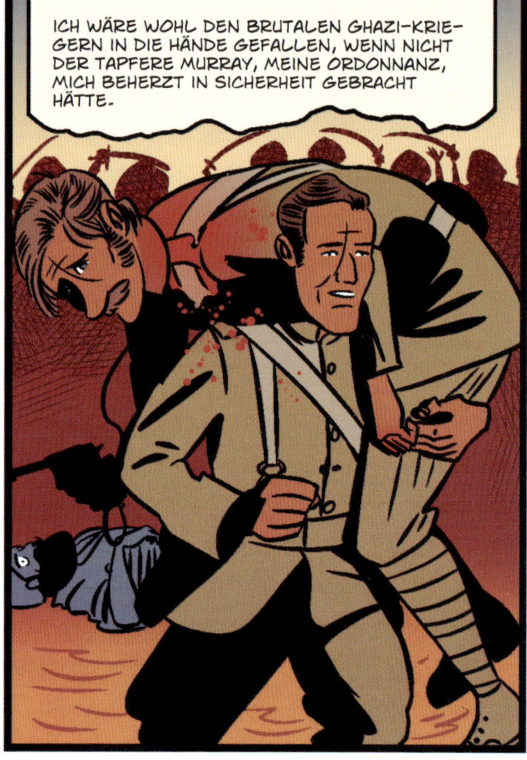
ICH WÄRE WOHL DEN BRUTALEN GHAZI-KRIEGERN IN DIE HÄNDE GEFALLEN, WENN NICHT DER TAPFERE MURRAY, MEINE ORDONNANZ, MICH BEHERZT IN SICHERHEIT GEBRACHT HÄTTE.

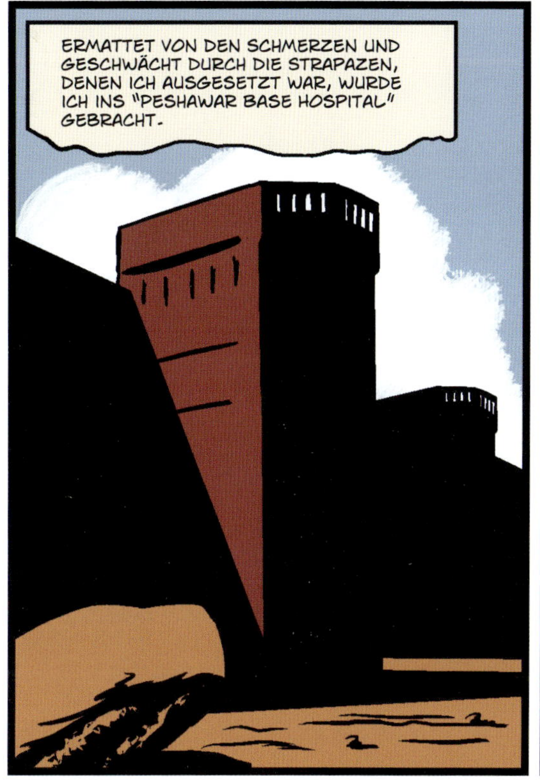
ERMATTET VON DEN SCHMERZEN UND GESCHWÄCHT DURCH DIE STRAPAZEN, DENEN ICH AUSGESETZT WAR, WURDE ICH INS "PESHAWAR BASE HOSPITAL" GEBRACHT.

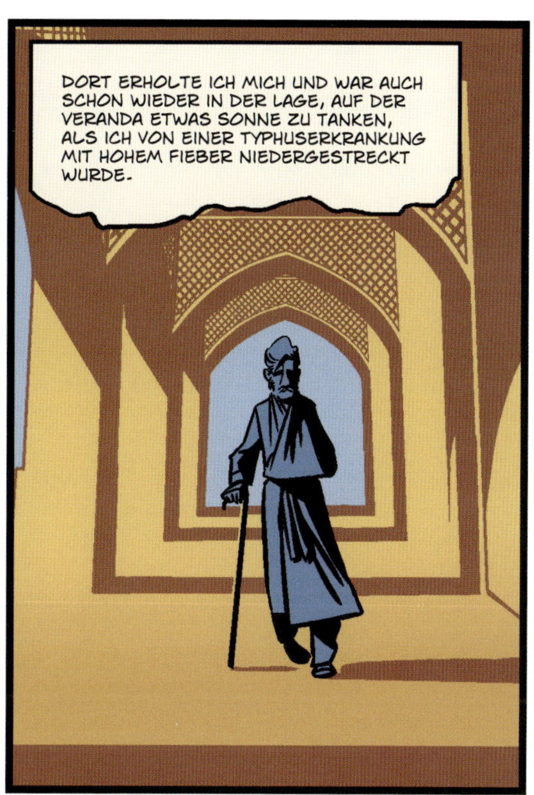
DORT ERHOLTE ICH MICH UND WAR AUCH SCHON WIEDER IN DER LAGE, AUF DER VERANDA ETWAS SONNE ZU TANKEN, ALS ICH VON EINER TYPHUSERKRANKUNG MIT HOHEM FIEBER NIEDERGESTRECKT WURDE.

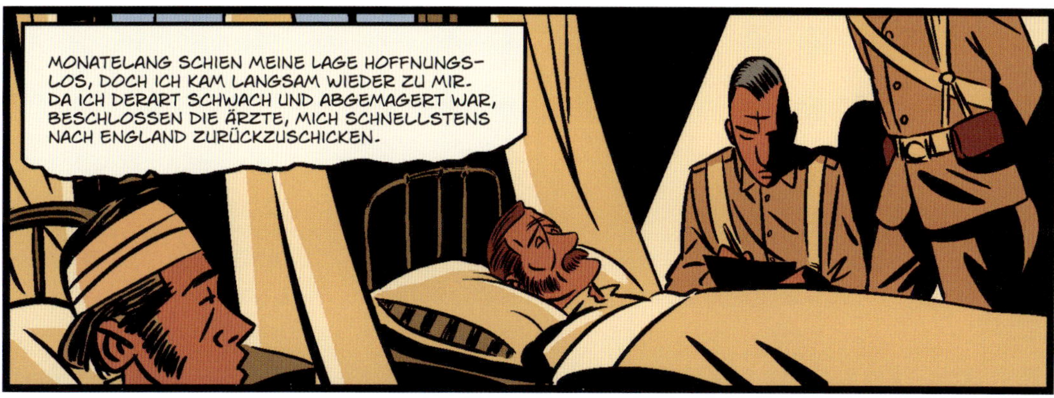
MONATELANG SCHIEN MEINE LAGE HOFFNUNGSLOS, DOCH ICH KAM LANGSAM WIEDER ZU MIR. DA ICH DERART SCHWACH UND ABGEMAGERT WAR, BESCHLOSSEN DIE ÄRZTE, MICH SCHNELLSTENS NACH ENGLAND ZURÜCKZUSCHICKEN.

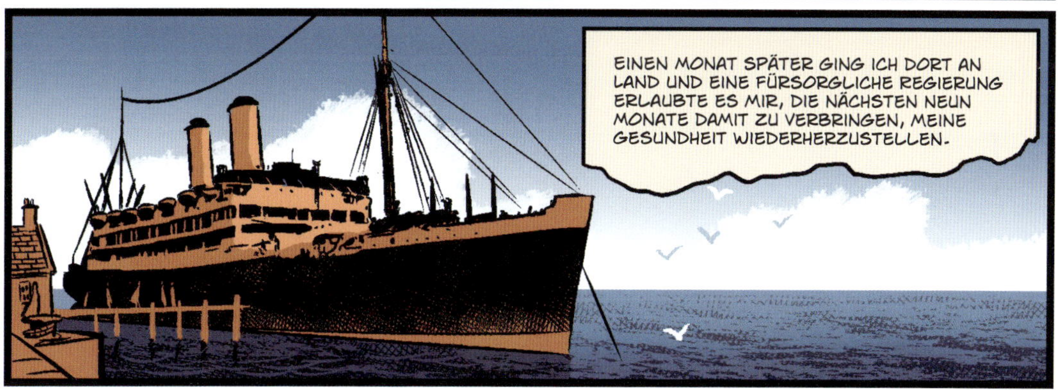
EINEN MONAT SPÄTER GING ICH DORT AN LAND UND EINE FÜRSORGLICHE REGIERUNG ERLAUBTE ES MIR, DIE NÄCHSTEN NEUN MONATE DAMIT ZU VERBRINGEN, MEINE GESUNDHEIT WIEDERHERZUSTELLEN.

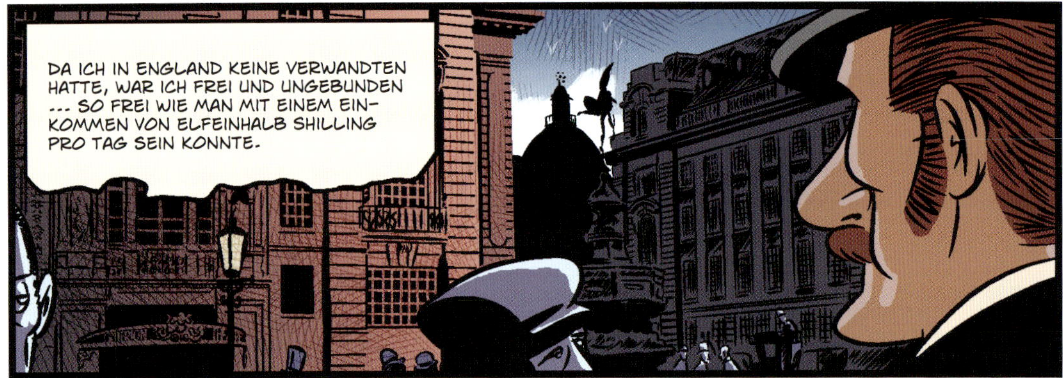

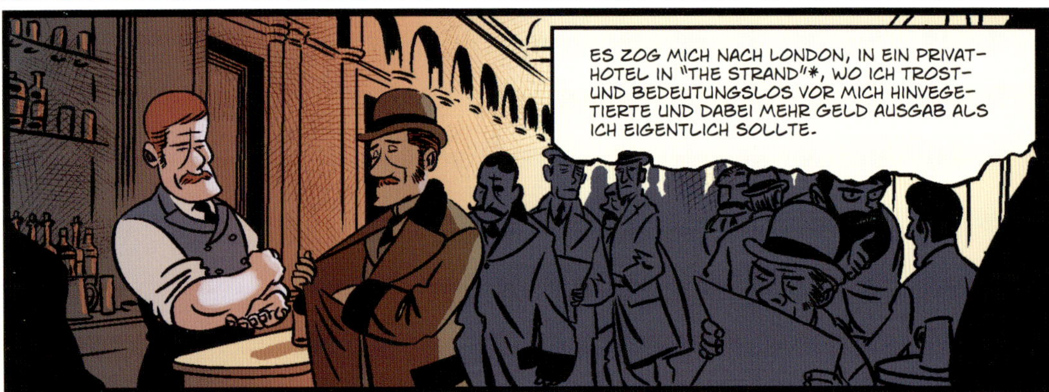

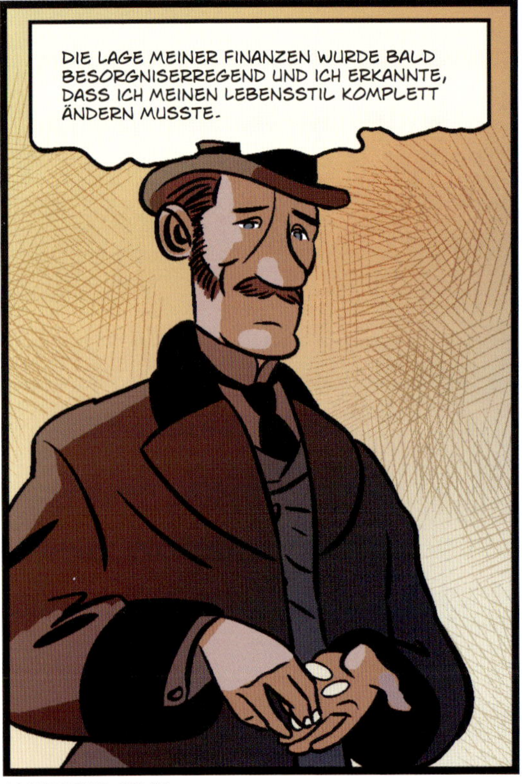

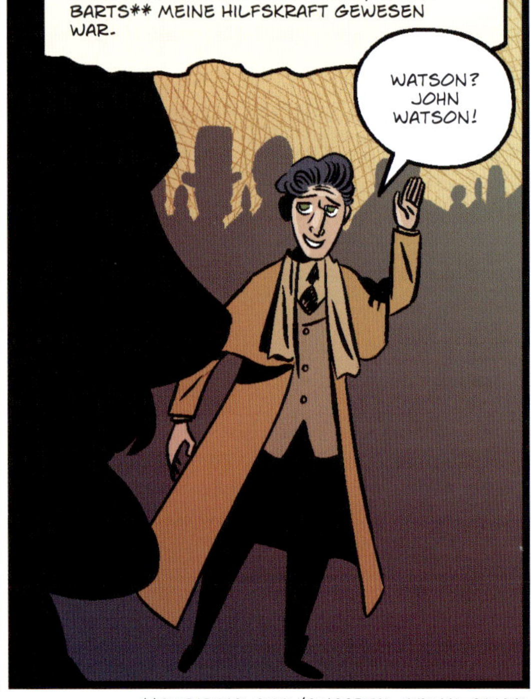

*STRASSE IN LONDON

**ST BARTHOLOMEW'S HOSPITAL MEDICAL SCHOOL

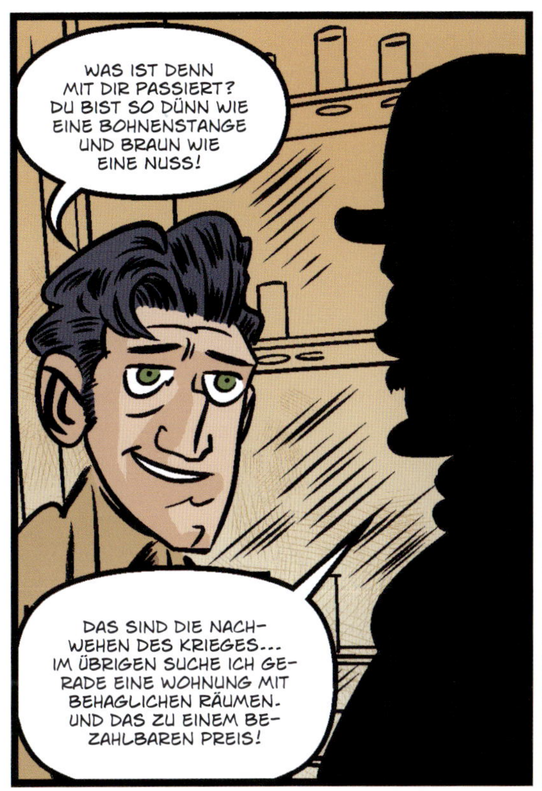
WAS IST DENN MIT DIR PASSIERT? DU BIST SO DÜNN WIE EINE BOHNENSTANGE UND BRAUN WIE EINE NUSS!
DAS SIND DIE NACHWEHEN DES KRIEGES... IM ÜBRIGEN SUCHE ICH GERADE EINE WOHNUNG MIT BEHAGLICHEN RÄUMEN. UND DAS ZU EINEM BEZAHLBAREN PREIS!

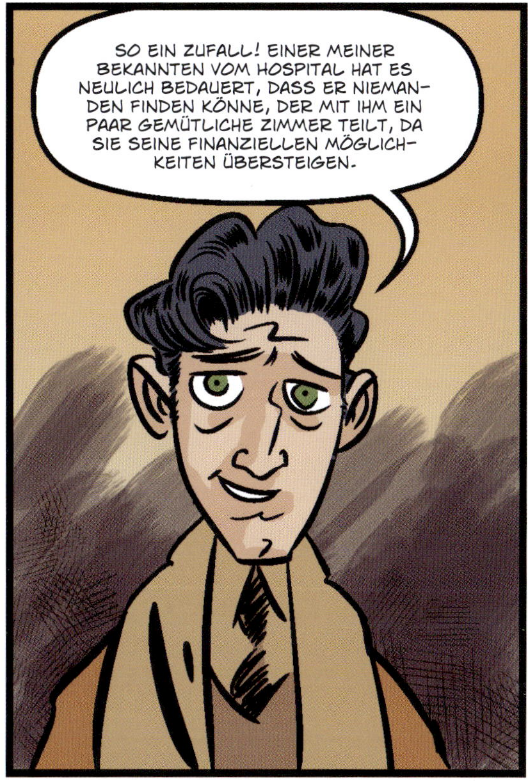
SO EIN ZUFALL! EINER MEINER BEKANNTEN VOM HOSPITAL HAT ES NEULICH BEDAUERT, DASS ER NIEMANDEN FINDEN KÖNNE, DER MIT IHM EIN PAAR GEMÜTLICHE ZIMMER TEILT, DA SIE SEINE FINANZIELLEN MÖGLICHKEITEN ÜBERSTEIGEN.

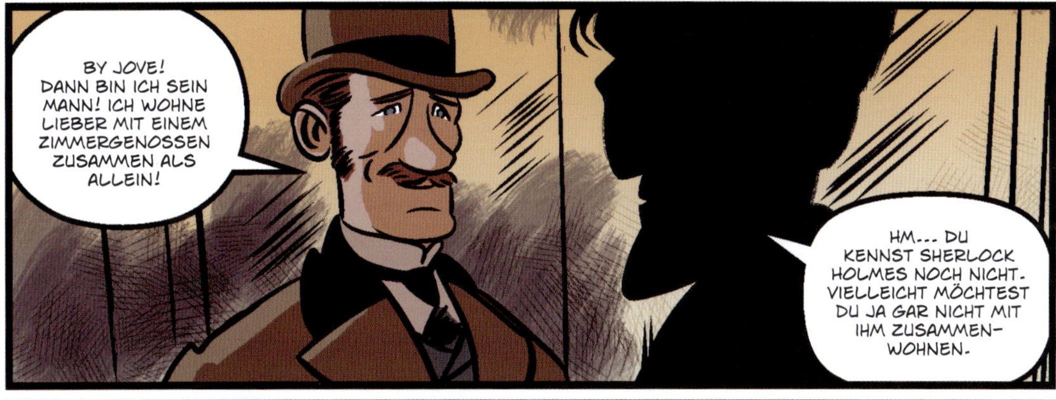
BY JOVE! DANN BIN ICH SEIN MANN! ICH WOHNE LIEBER MIT EINEM ZIMMERGENOSSEN ZUSAMMEN ALS ALLEIN!
HM... DU KENNST SHERLOCK HOLMES NOCH NICHT. VIELLEICHT MÖCHTEST DU JA GAR NICHT MIT IHM ZUSAMMENWOHNEN.

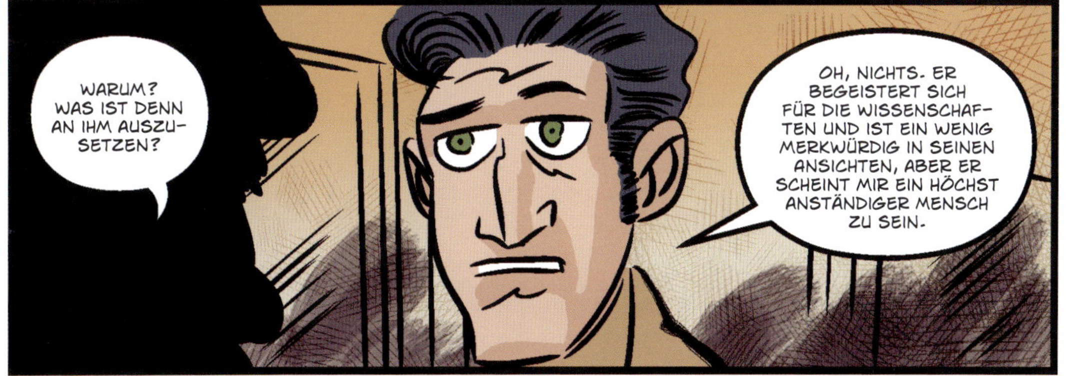
WARUM? WAS IST DENN AN IHM AUSZUSETZEN?
OH, NICHTS. ER BEGEISTERT SICH FÜR DIE WISSENSCHAFTEN UND IST EIN WENIG MERKWÜRDIG IN SEINEN ANSICHTEN, ABER ER SCHEINT MIR EIN HÖCHST ANSTÄNDIGER MENSCH ZU SEIN.

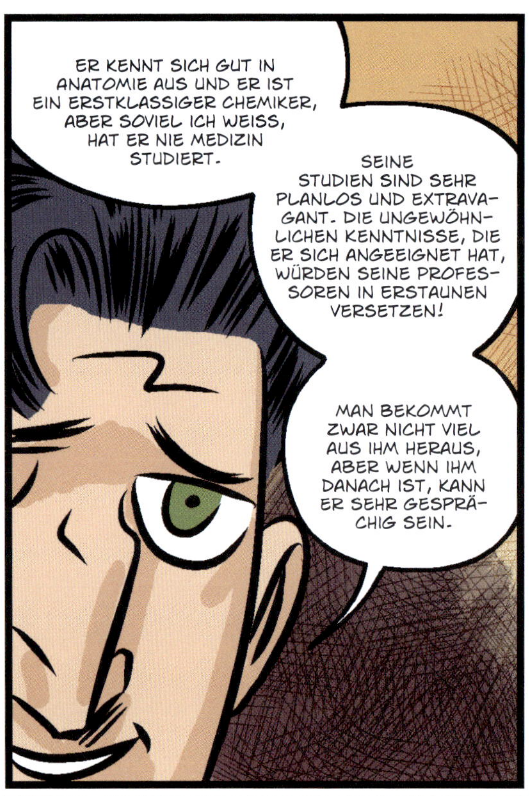

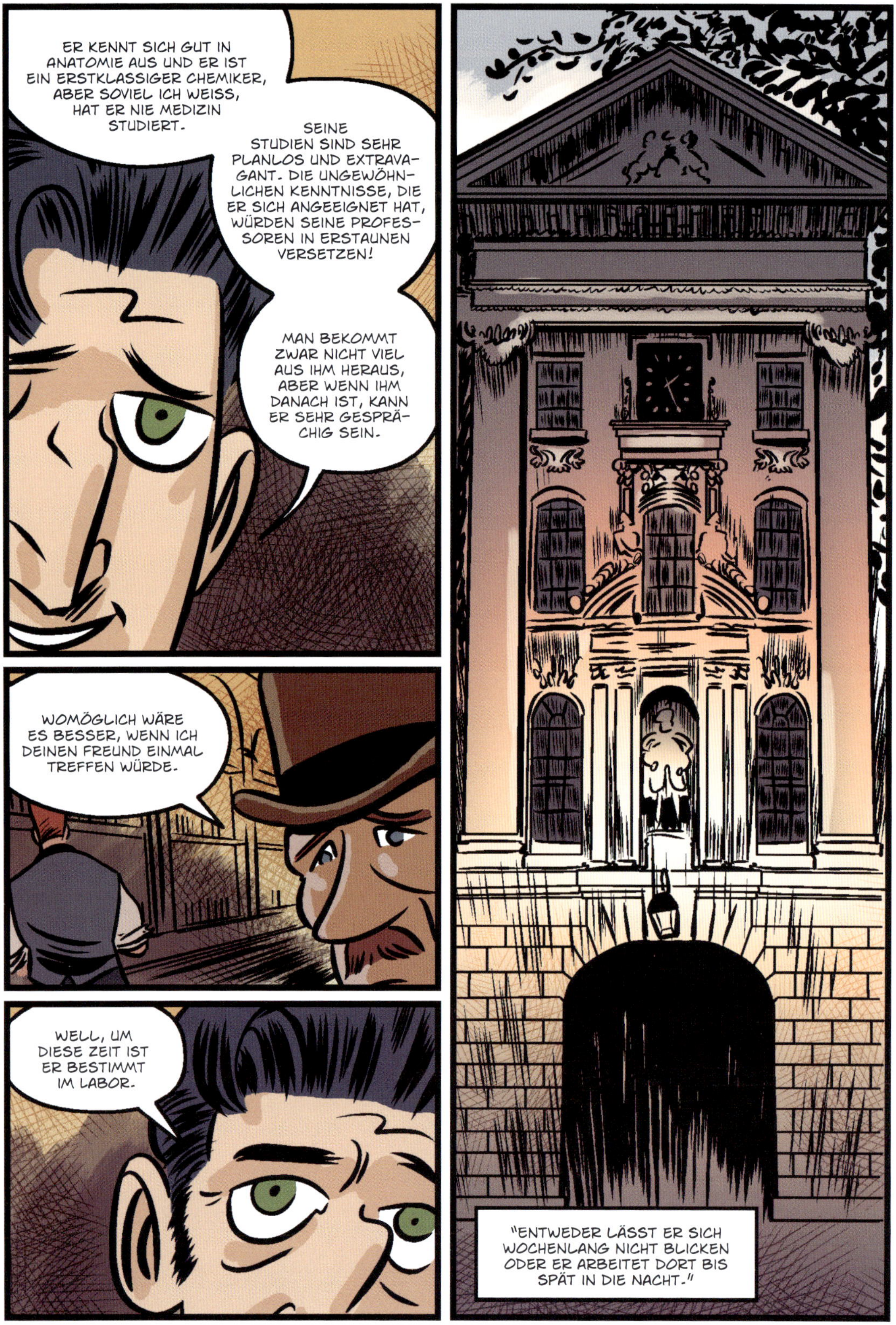

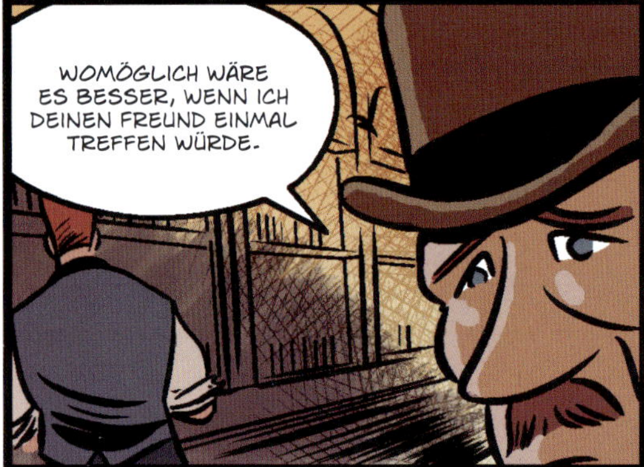

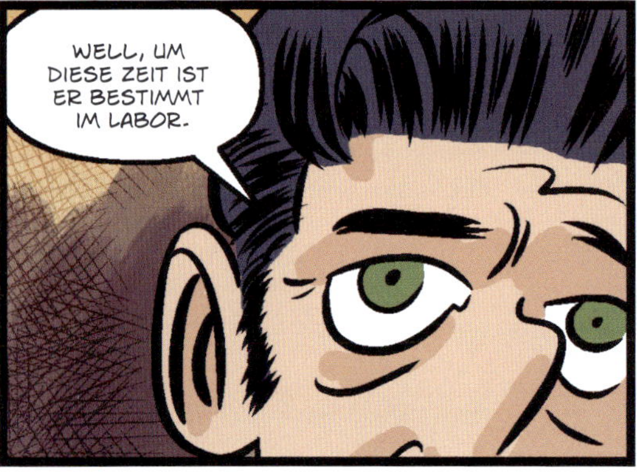

"ENTWEDER LÄSST ER SICH WOCHENLANG NICHT BLICKEN ODER ER ARBEITET DORT BIS SPÄT IN DIE NACHT."

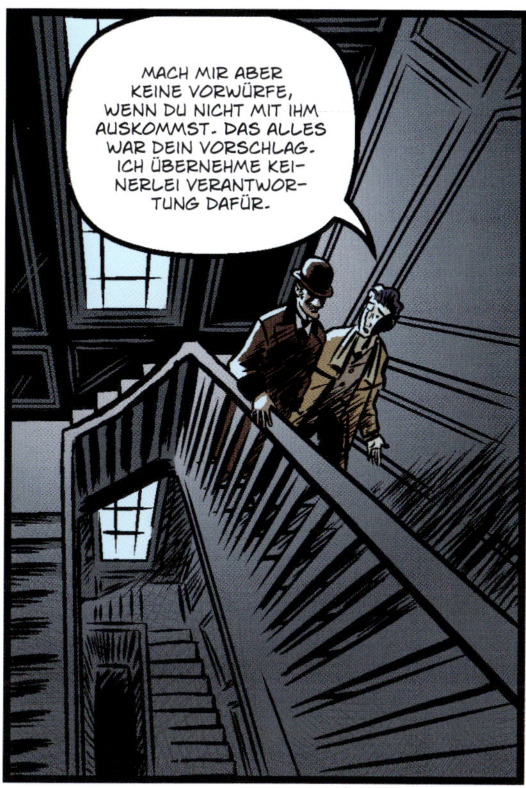
MACH MIR ABER KEINE VORWÜRFE, WENN DU NICHT MIT IHM AUSKOMMST. DAS ALLES WAR DEIN VORSCHLAG. ICH ÜBERNEHME KEINERLEI VERANTWORTUNG DAFÜR.

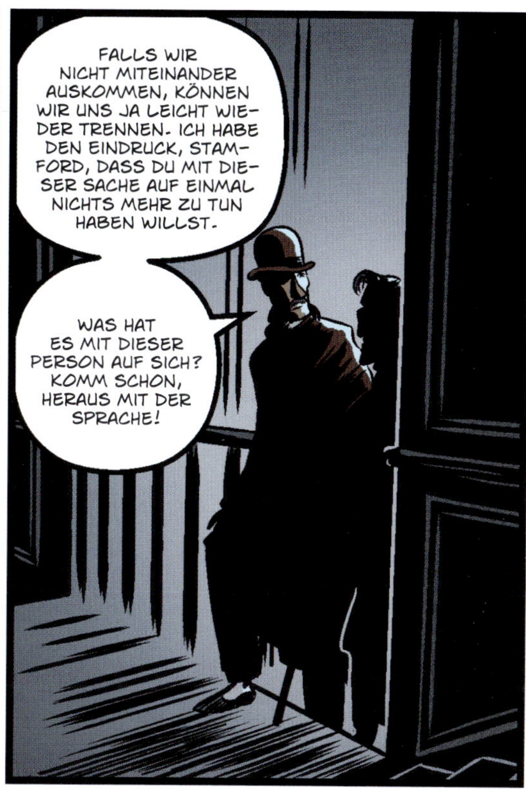
FALLS WIR NICHT MITEINANDER AUSKOMMEN, KÖNNEN WIR UNS JA LEICHT WIEDER TRENNEN. ICH HABE DEN EINDRUCK, STAMFORD, DASS DU MIT DIESER SACHE AUF EINMAL NICHTS MEHR ZU TUN HABEN WILLST.
WAS HAT ES MIT DIESER PERSON AUF SICH? KOMM SCHON, HERAUS MIT DER SPRACHE!

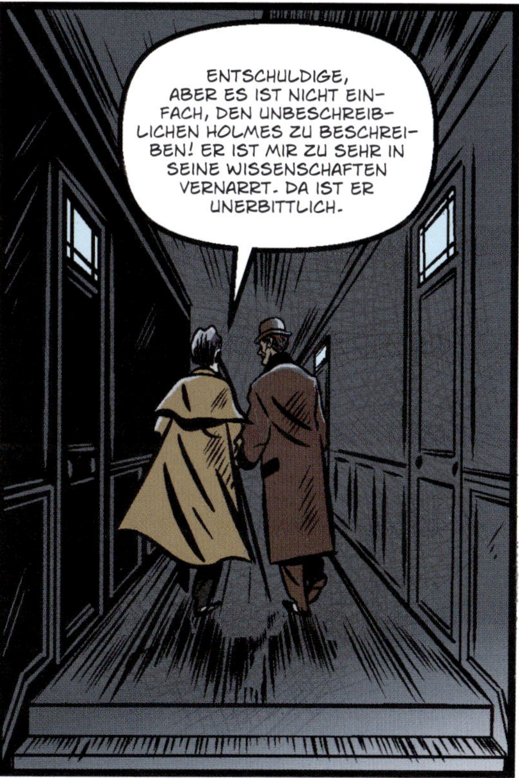
ENTSCHULDIGE, ABER ES IST NICHT EINFACH, DEN UNBESCHREIBLICHEN HOLMES ZU BESCHREIBEN! ER IST MIR ZU SEHR IN SEINE WISSENSCHAFTEN VERNARRT. DA IST ER UNERBITTLICH.

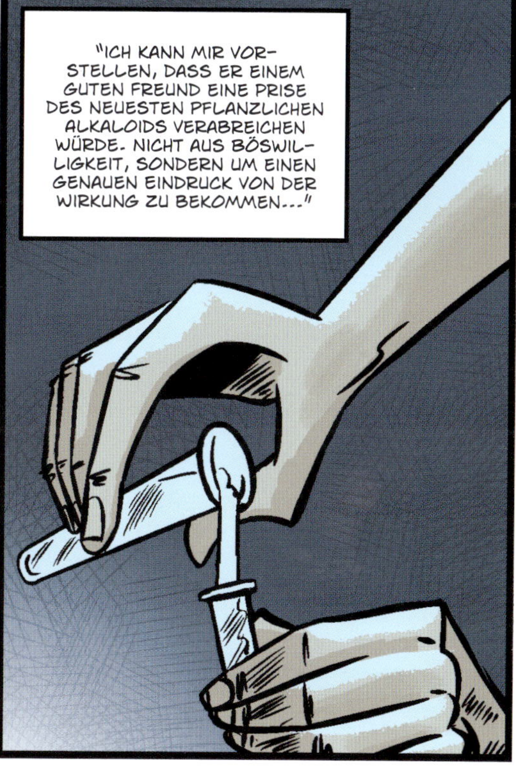
"ICH KANN MIR VORSTELLEN, DASS ER EINEM GUTEN FREUND EINE PRISE DES NEUESTEN PFLANZLICHEN ALKALOIDS VERABREICHEN WÜRDE. NICHT AUS BÖSWILLIGKEIT, SONDERN UM EINEN GENAUEN EINDRUCK VON DER WIRKUNG ZU BEKOMMEN..."

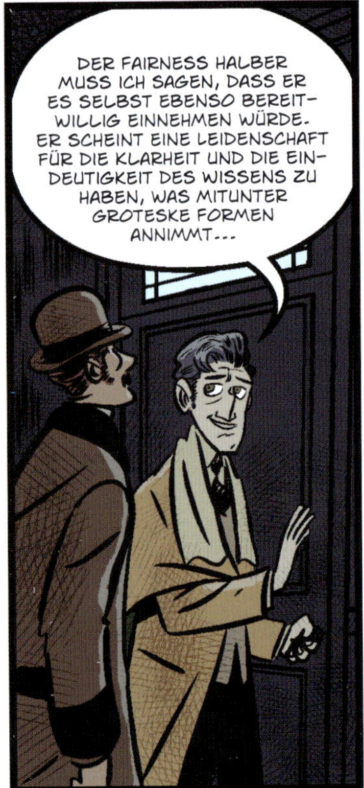
DER FAIRNESS HALBER MUSS ICH SAGEN, DASS ER ES SELBST EBENSO BEREIT-WILLIG EINNEHMEN WÜRDE. ER SCHEINT EINE LEIDENSCHAFT FÜR DIE KLARHEIT UND DIE EIN-DEUTIGKEIT DES WISSENS ZU HABEN, WAS MITUNTER GROTESKE FORMEN ANNIMMT...

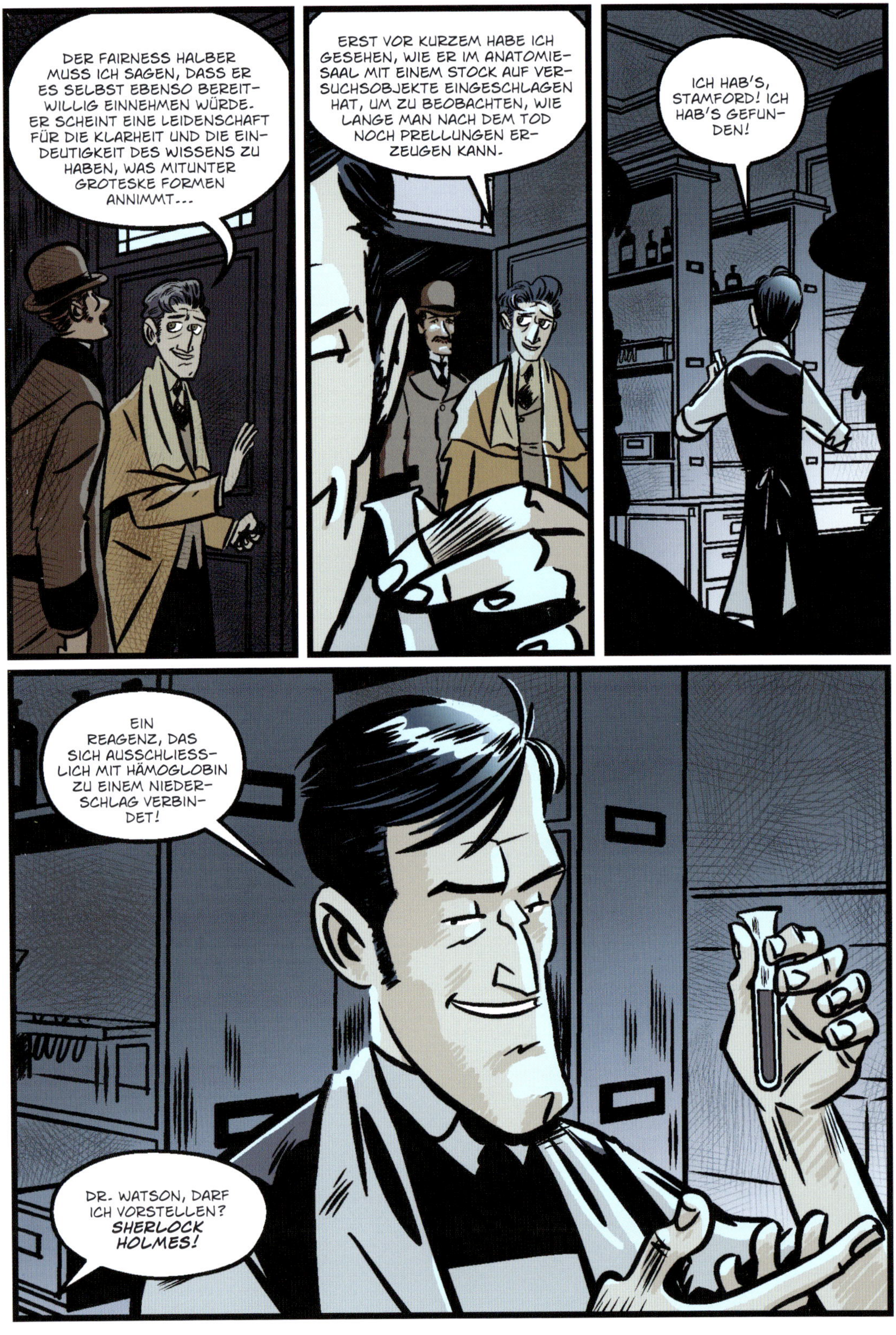

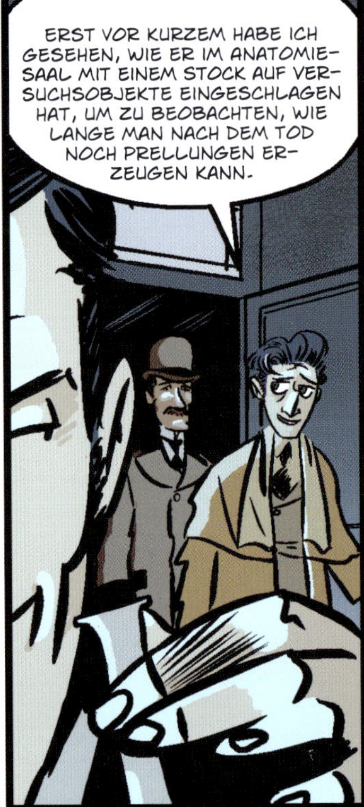
ERST VOR KURZEM HABE ICH GESEHEN, WIE ER IM ANATOMIE-SAAL MIT EINEM STOCK AUF VER-SUCHSOBJEKTE EINGESCHLAGEN HAT, UM ZU BEOBACHTEN, WIE LANGE MAN NACH DEM TOD NOCH PRELLUNGEN ER-ZEUGEN KANN.

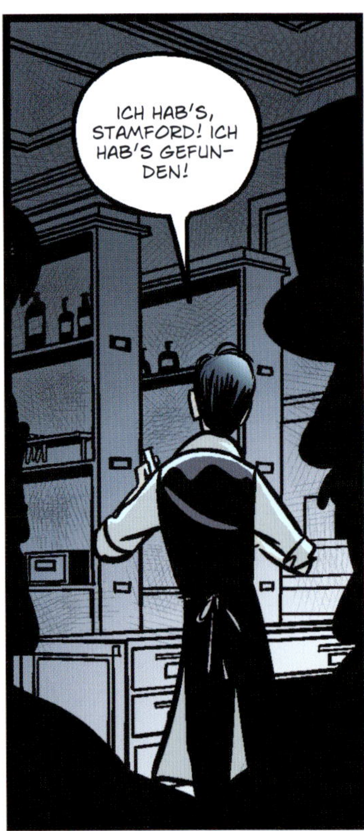
ICH HAB'S, STAMFORD! ICH HAB'S GEFUN-DEN!

EIN REAGENZ, DAS SICH AUSSCHLIESS-LICH MIT HÄMOGLOBIN ZU EINEM NIEDER-SCHLAG VERBIN-DET!
DR. WATSON, DARF ICH VORSTELLEN? **SHERLOCK HOLMES!**

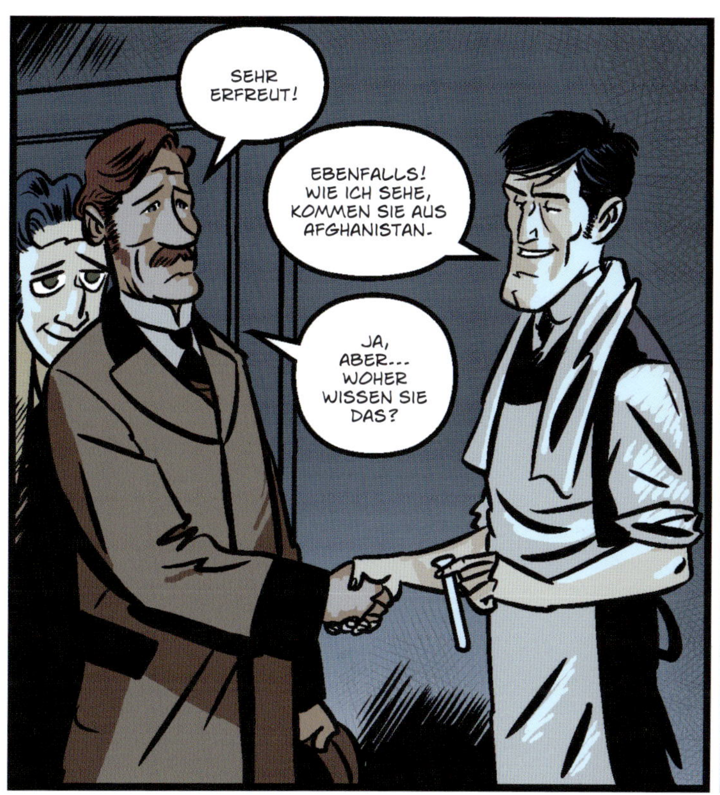
SEHR ERFREUT!
EBENFALLS! WIE ICH SEHE, KOMMEN SIE AUS AFGHANISTAN.
JA, ABER... WOHER WISSEN SIE DAS?

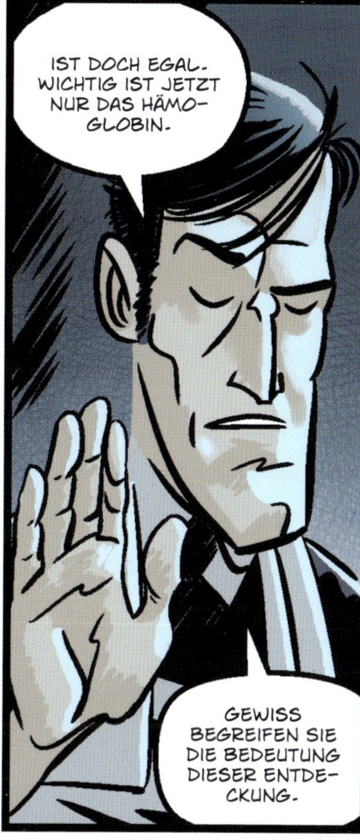
IST DOCH EGAL. WICHTIG IST JETZT NUR DAS HÄMO-GLOBIN.
GEWISS BEGREIFEN SIE DIE BEDEUTUNG DIESER ENTDE-CKUNG.

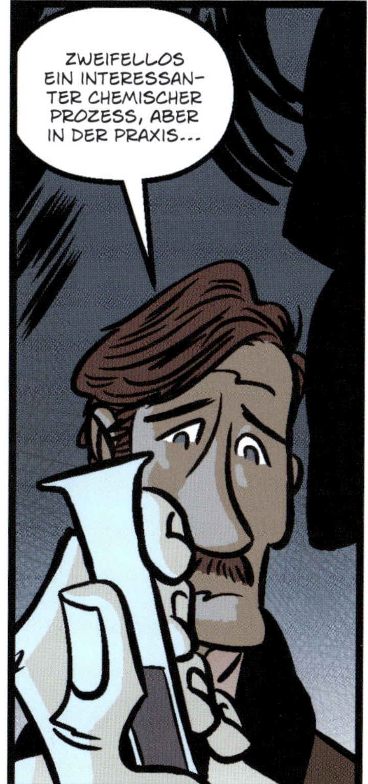
ZWEIFELLOS EIN INTERESSAN-TER CHEMISCHER PROZESS, ABER IN DER PRAXIS...

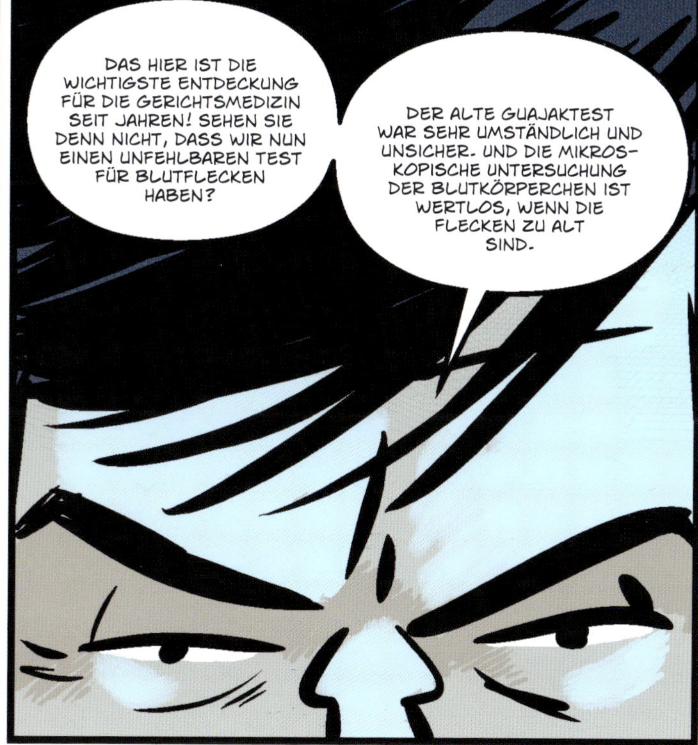
DAS HIER IST DIE WICHTIGSTE ENTDECKUNG FÜR DIE GERICHTSMEDIZIN SEIT JAHREN! SEHEN SIE DENN NICHT, DASS WIR NUN EINEN UNFEHLBAREN TEST FÜR BLUTFLECKEN HABEN?
DER ALTE GUAJAKTEST WAR SEHR UMSTÄNDLICH UND UNSICHER. UND DIE MIKROS-KOPISCHE UNTERSUCHUNG DER BLUTKÖRPERCHEN IST WERTLOS, WENN DIE FLECKEN ZU ALT SIND.

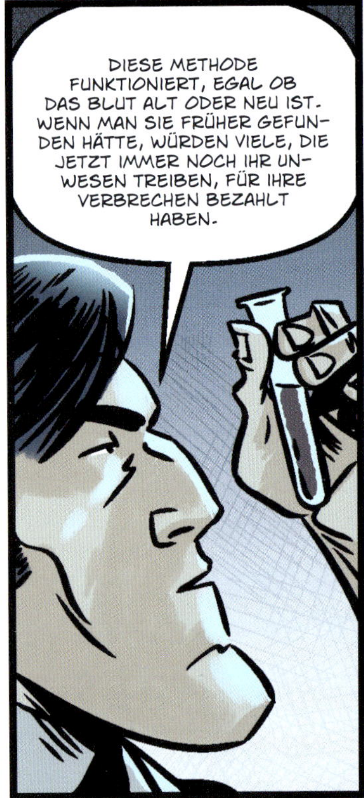
DIESE METHODE FUNKTIONIERT, EGAL OB DAS BLUT ALT ODER NEU IST. WENN MAN SIE FRÜHER GEFUNDEN HÄTTE, WÜRDEN VIELE, DIE JETZT IMMER NOCH IHR UNWESEN TREIBEN, FÜR IHRE VERBRECHEN BEZAHLT HABEN.

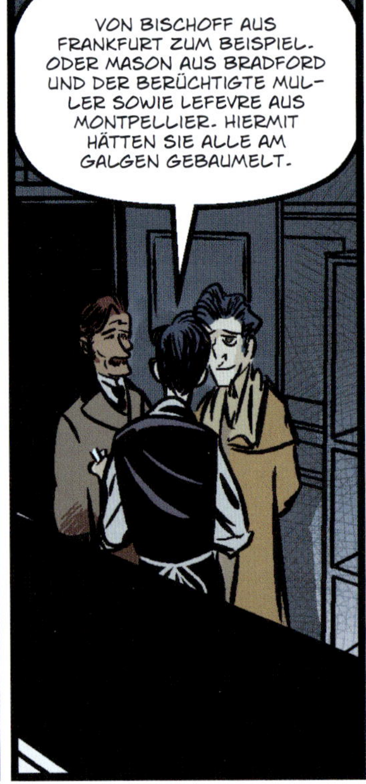
VON BISCHOFF AUS FRANKFURT ZUM BEISPIEL. ODER MASON AUS BRADFORD UND DER BERÜCHTIGTE MULLER SOWIE LEFEVRE AUS MONTPELLIER. HIERMIT HÄTTEN SIE ALLE AM GALGEN GEBAUMELT.

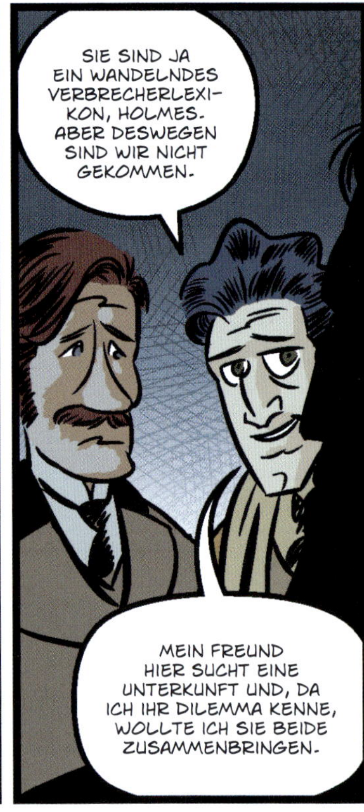
SIE SIND JA EIN WANDELNDES VERBRECHERLEXIKON, HOLMES. ABER DESWEGEN SIND WIR NICHT GEKOMMEN.
MEIN FREUND HIER SUCHT EINE UNTERKUNFT UND, DA ICH IHR DILEMMA KENNE, WOLLTE ICH SIE BEIDE ZUSAMMENBRINGEN.

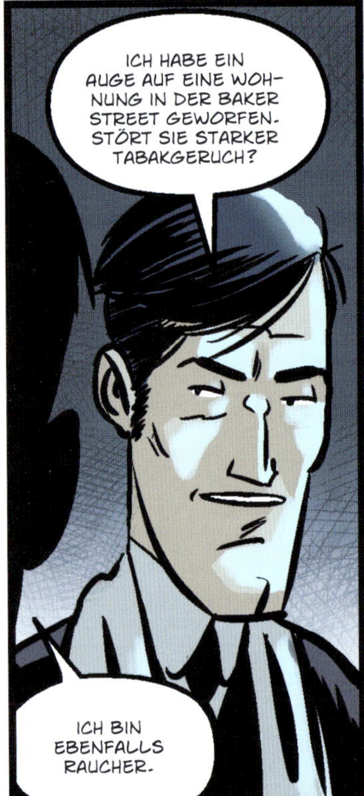
ICH HABE EIN AUGE AUF EINE WOHNUNG IN DER BAKER STREET GEWORFEN. STÖRT SIE STARKER TABAKGERUCH?
ICH BIN EBENFALLS RAUCHER.

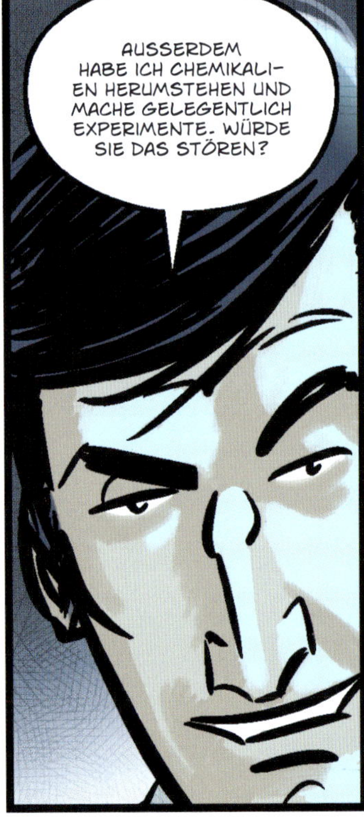
AUSSERDEM HABE ICH CHEMIKALIEN HERUMSTEHEN UND MACHE GELEGENTLICH EXPERIMENTE. WÜRDE SIE DAS STÖREN?

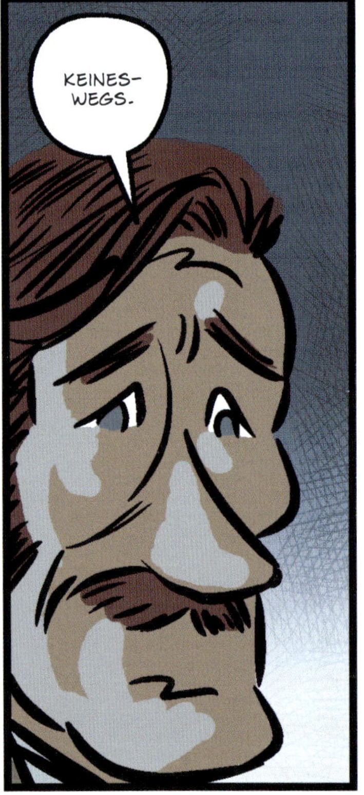
KEINESWEGS.

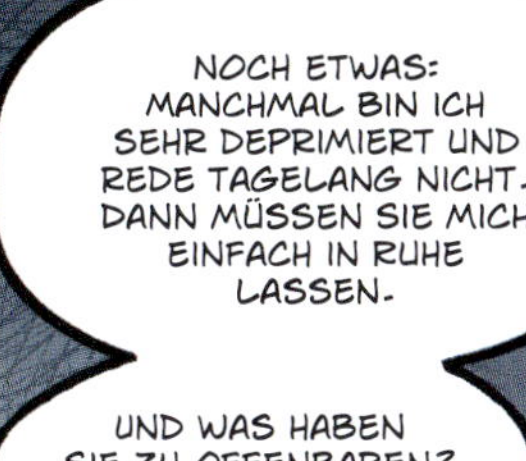

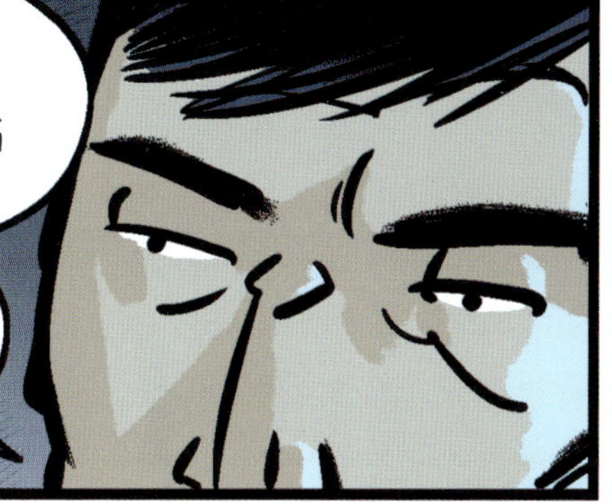
NOCH ETWAS: MANCHMAL BIN ICH SEHR DEPRIMIERT UND REDE TAGELANG NICHT. DANN MÜSSEN SIE MICH EINFACH IN RUHE LASSEN.
UND WAS HABEN SIE ZU OFFENBAREN? ES IST BESSER, WENN WIR DIE SCHLIMMSTEN UNTUGENDEN VONEIN-ANDER KENNEN.

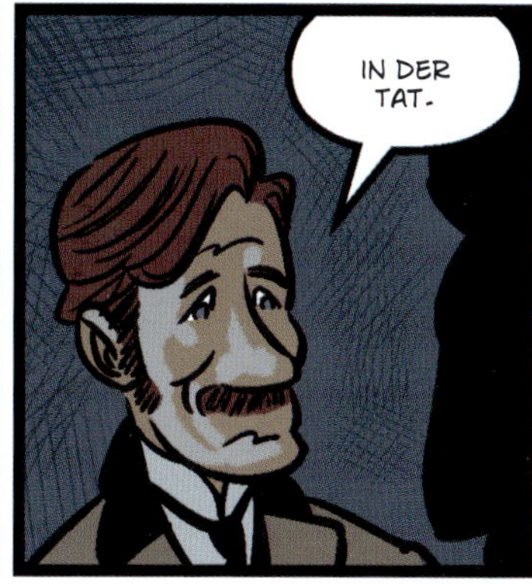
IN DER TAT.

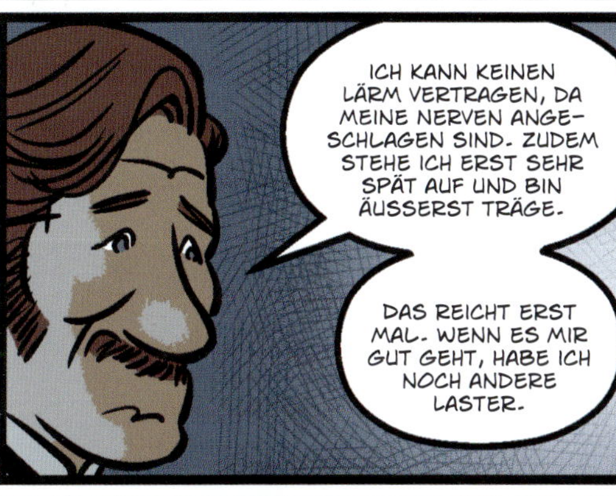
ICH KANN KEINEN LÄRM VERTRAGEN, DA MEINE NERVEN ANGE-SCHLAGEN SIND. ZUDEM STEHE ICH ERST SEHR SPÄT AUF UND BIN ÄUSSERST TRÄGE.
DAS REICHT ERST MAL. WENN ES MIR GUT GEHT, HABE ICH NOCH ANDERE LASTER.

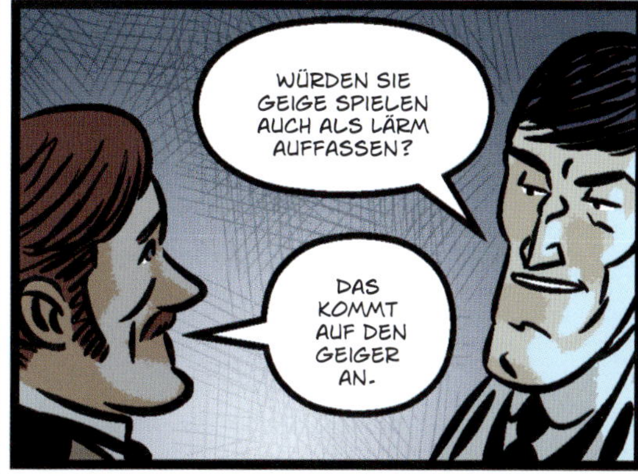
WÜRDEN SIE GEIGE SPIELEN AUCH ALS LÄRM AUFFASSEN?
DAS KOMMT AUF DEN GEIGER AN.

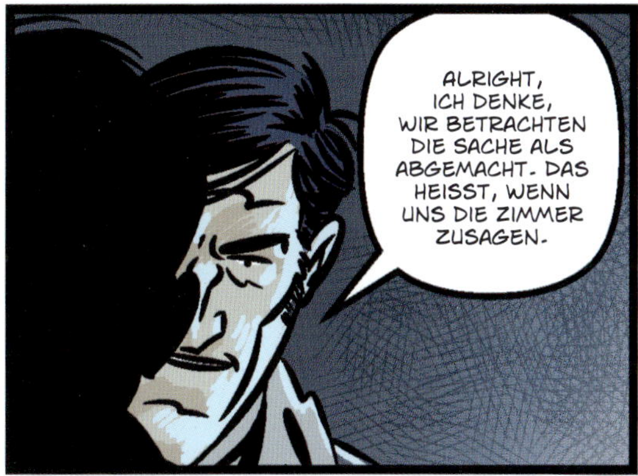
ALRIGHT, ICH DENKE, WIR BETRACHTEN DIE SACHE ALS ABGEMACHT. DAS HEISST, WENN UNS DIE ZIMMER ZUSAGEN.

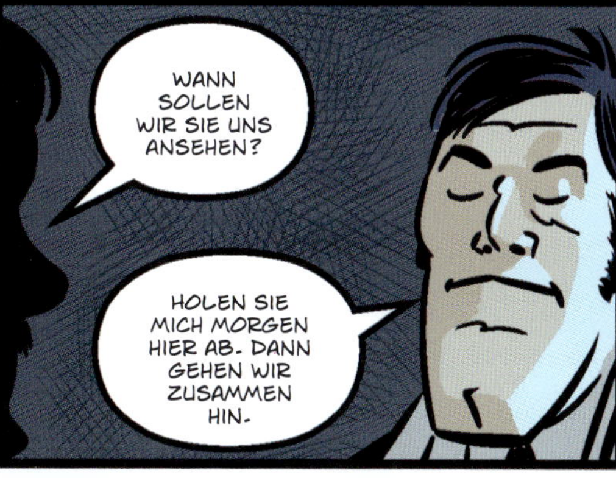
WANN SOLLEN WIR SIE UNS ANSEHEN?
HOLEN SIE MICH MORGEN HIER AB. DANN GEHEN WIR ZUSAMMEN HIN.

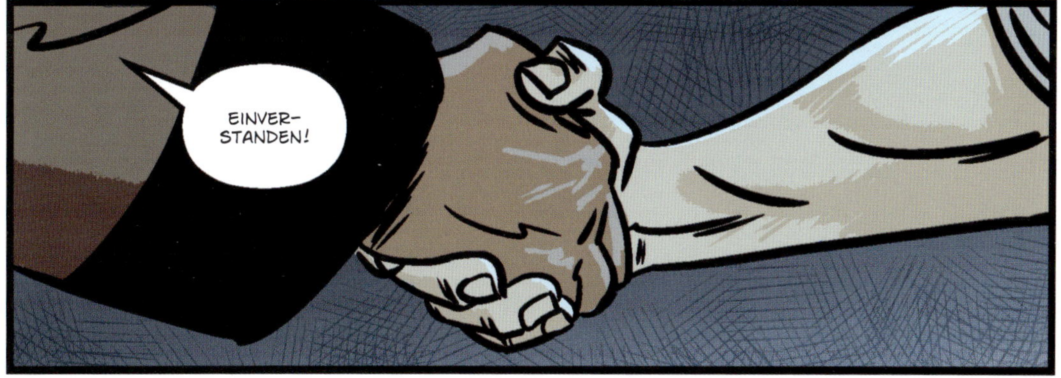
EINVER-STANDEN!

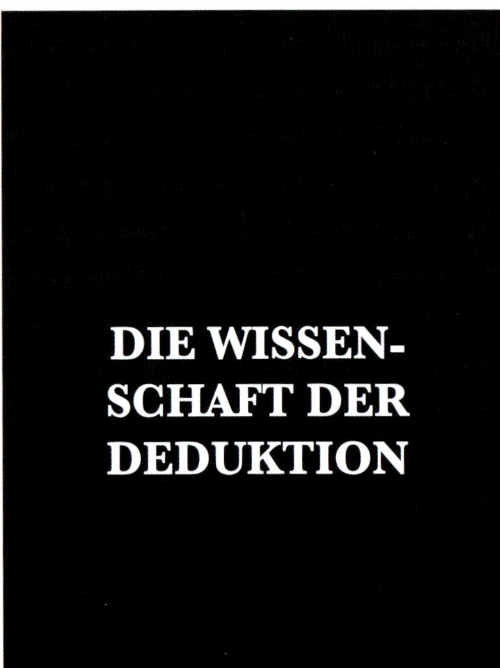

DIE WISSENSCHAFT DER DEDUKTION

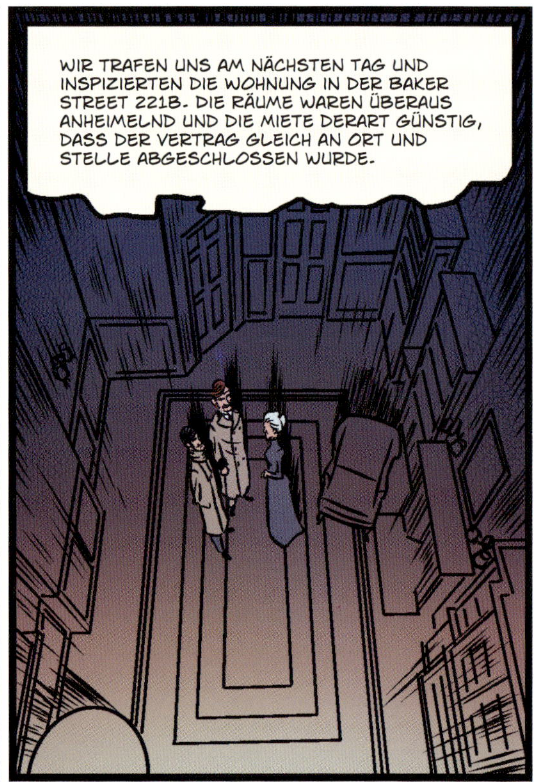

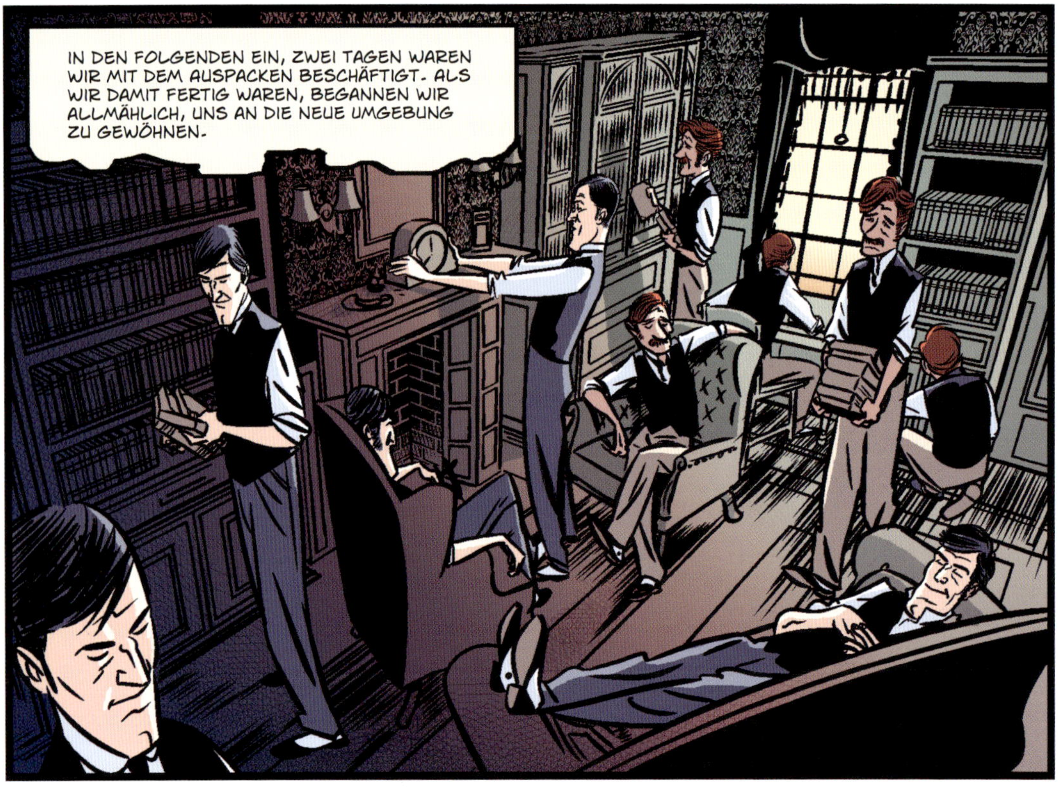

IN DEN FOLGENDEN EIN, ZWEI TAGEN WAREN WIR MIT DEM AUSPACKEN BESCHÄFTIGT. ALS WIR DAMIT FERTIG WAREN, BEGANNEN WIR ALLMÄHLICH, UNS AN DIE NEUE UMGEBUNG ZU GEWÖHNEN.

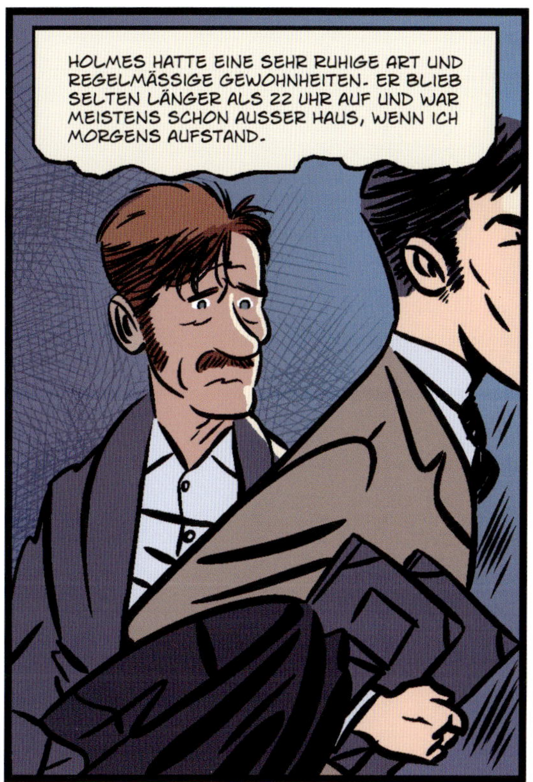
HOLMES HATTE EINE SEHR RUHIGE ART UND REGELMÄSSIGE GEWOHNHEITEN. ER BLIEB SELTEN LÄNGER ALS 22 UHR AUF UND WAR MEISTENS SCHON AUSSER HAUS, WENN ICH MORGENS AUFSTAND.

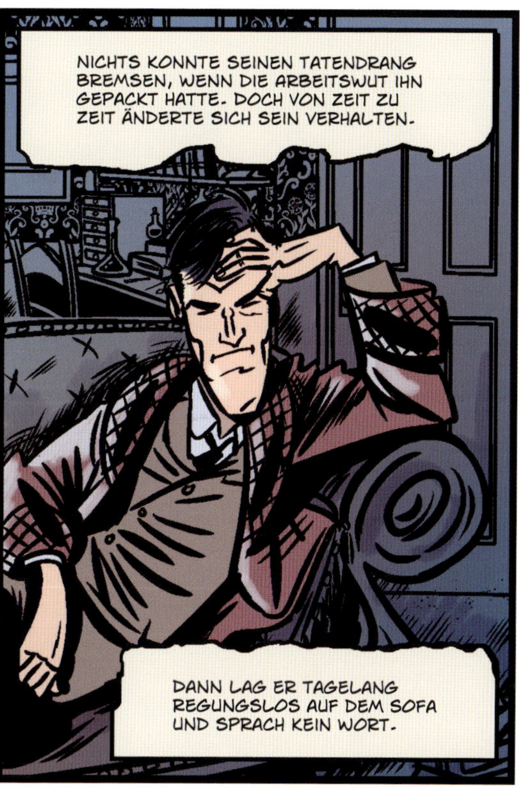
NICHTS KONNTE SEINEN TATENDRANG BREMSEN, WENN DIE ARBEITSWUT IHN GEPACKT HATTE. DOCH VON ZEIT ZU ZEIT ÄNDERTE SICH SEIN VERHALTEN.
DANN LAG ER TAGELANG REGUNGSLOS AUF DEM SOFA UND SPRACH KEIN WORT.

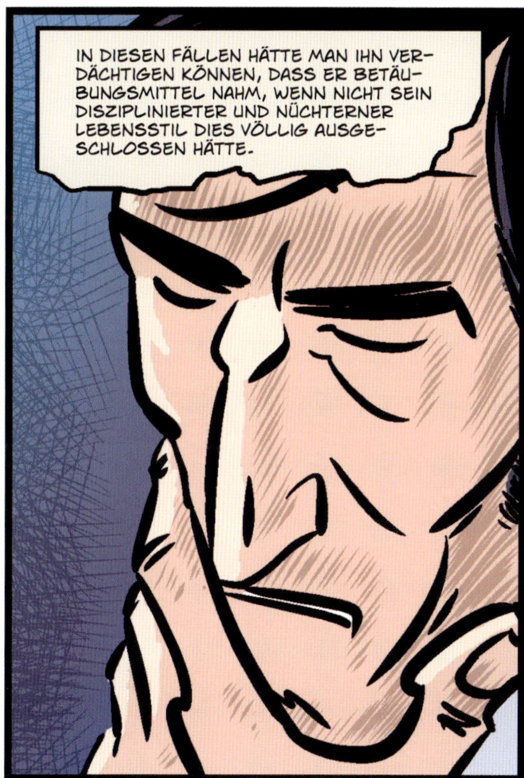
IN DIESEN FÄLLEN HÄTTE MAN IHN VERDÄCHTIGEN KÖNNEN, DASS ER BETÄUBUNGSMITTEL NAHM, WENN NICHT SEIN DISZIPLINIERTER UND NÜCHTERNER LEBENSSTIL DIES VÖLLIG AUSGESCHLOSSEN HÄTTE.

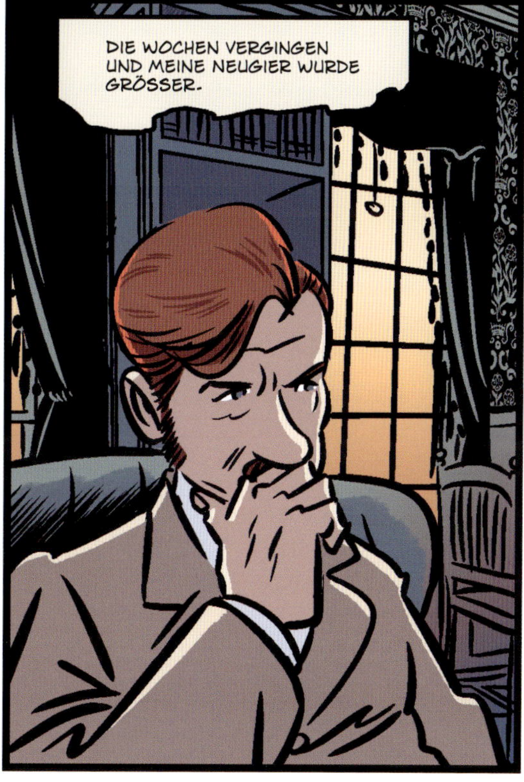
DIE WOCHEN VERGINGEN UND MEINE NEUGIER WURDE GRÖSSER.

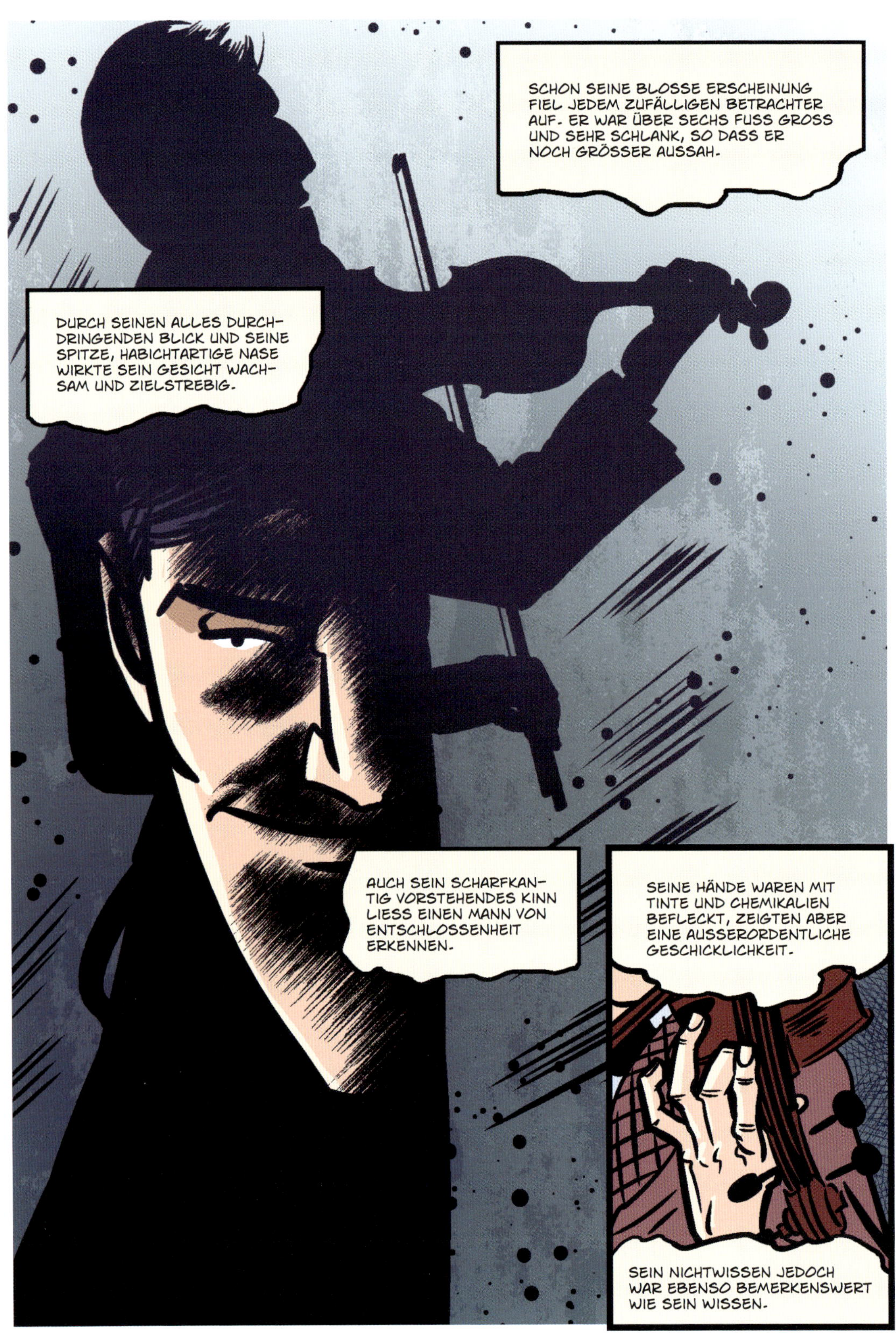
SCHON SEINE BLOSSE ERSCHEINUNG FIEL JEDEM ZUFÄLLIGEN BETRACHTER AUF. ER WAR ÜBER SECHS FUSS GROSS UND SEHR SCHLANK, SO DASS ER NOCH GRÖSSER AUSSAH.
DURCH SEINEN ALLES DURCHDRINGENDEN BLICK UND SEINE SPITZE, HABICHTARTIGE NASE WIRKTE SEIN GESICHT WACHSAM UND ZIELSTREBIG.
AUCH SEIN SCHARFKANTIG VORSTEHENDES KINN LIESS EINEN MANN VON ENTSCHLOSSENHEIT ERKENNEN.
SEINE HÄNDE WAREN MIT TINTE UND CHEMIKALIEN BEFLECKT, ZEIGTEN ABER EINE AUSSERORDENTLICHE GESCHICKLICHKEIT.
SEIN NICHTWISSEN JEDOCH WAR EBENSO BEMERKENSWERT WIE SEIN WISSEN.

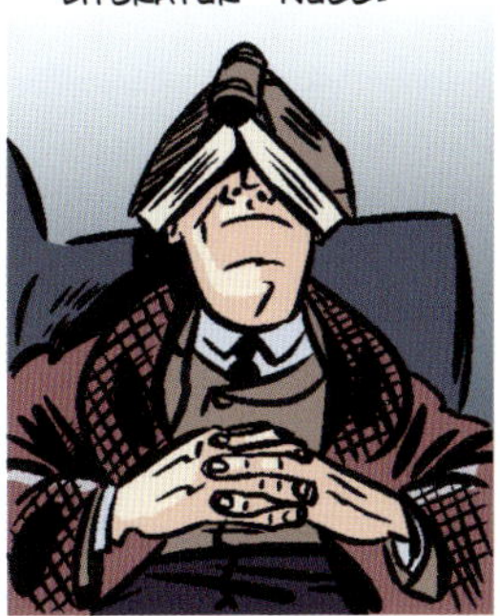
KENNTNISSE IN LITERATUR - NULL.

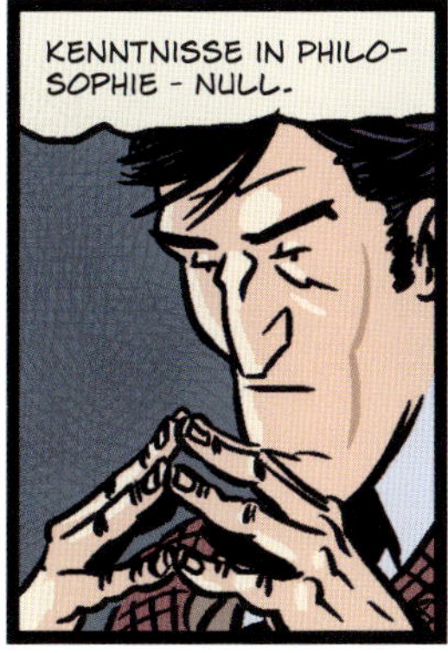
KENNTNISSE IN PHILOSOPHIE - NULL.

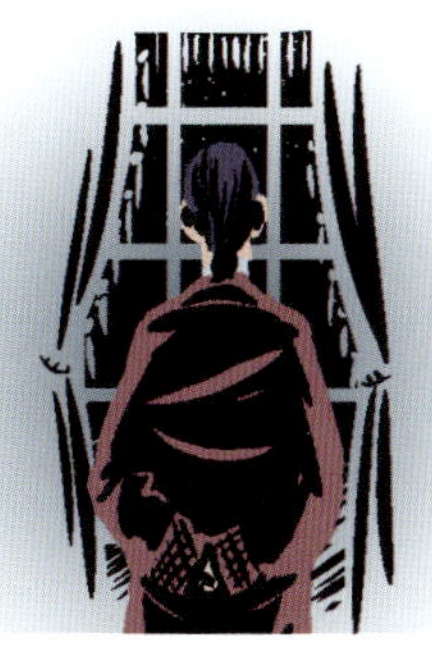
KENNTNISSE IN ASTRONOMIE - NULL.

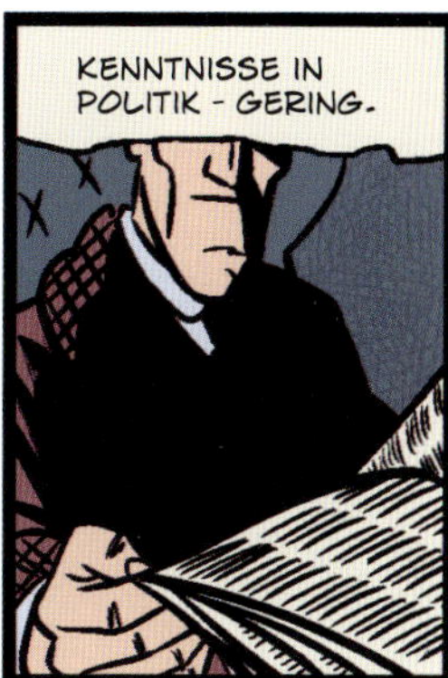
KENNTNISSE IN POLITIK - GERING.

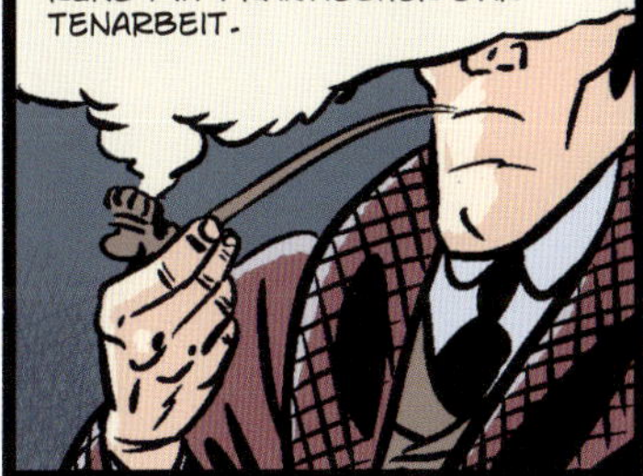
KENNTNISSE IN BOTANIK - UNTERSCHIEDLICH. GUT BEI BELLADONNA, OPIUM UND GIFTEN IM ALLGEMEINEN. KEINERLEI ERFAHRUNG MIT PRAKTISCHER GARTENARBEIT.

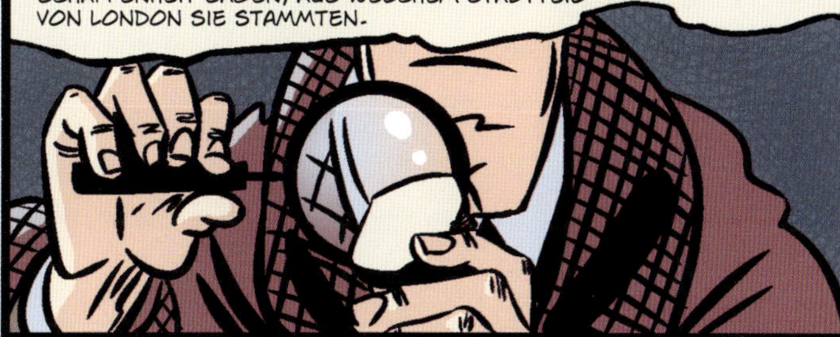
KENNTNISSE IN GEOLOGIE - VORHANDEN, ABER NUR DÜRFTIG. KANN VERSCHIEDENE ERDBÖDEN AUF DEN ERSTEN BLICK AUSEINANDERHALTEN. HAT MIR NACH SPAZIERGÄNGEN SPRITZER AUF SEINEN HOSENBEINEN GEZEIGT UND KONNTE MIR ANHAND IHRER FARBE UND BESCHAFFENHEIT SAGEN, AUS WELCHEM STADTTEIL VON LONDON SIE STAMMTEN.

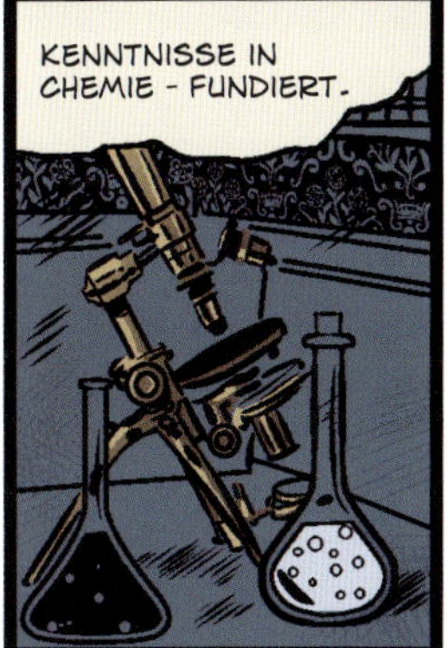
KENNTNISSE IN CHEMIE - FUNDIERT.

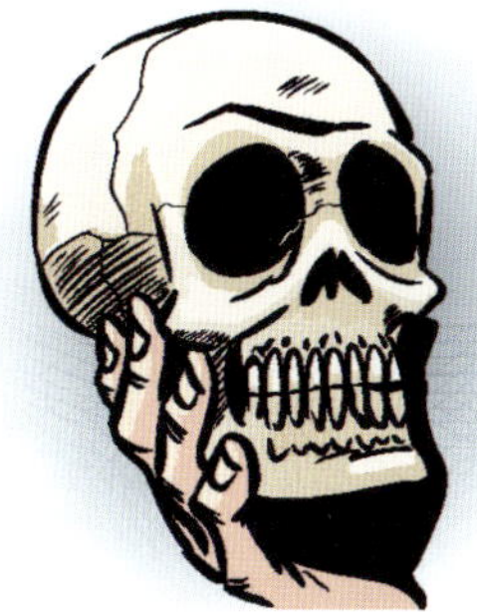
KENNTNISSE IN ANATOMIE - SEHR GENAU, ABER UNGEORDNET.

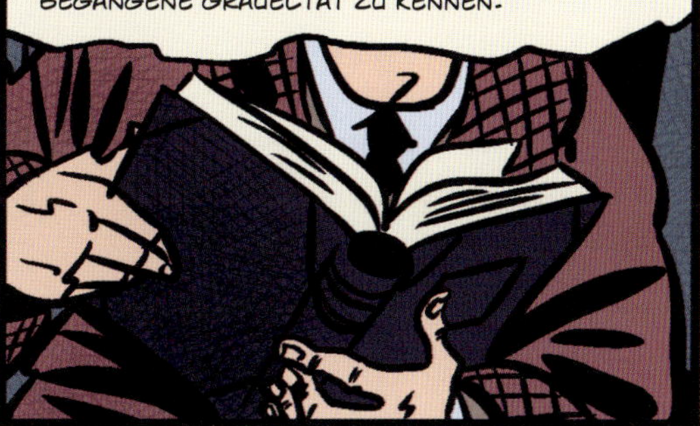
KENNTNISSE DER KRIMINALSTATISTIKEN - IMMENS. ER SCHEINT JEDE IN DIESEM JAHRHUNDERT BEGANGENE GRÄUELTAT ZU KENNEN.

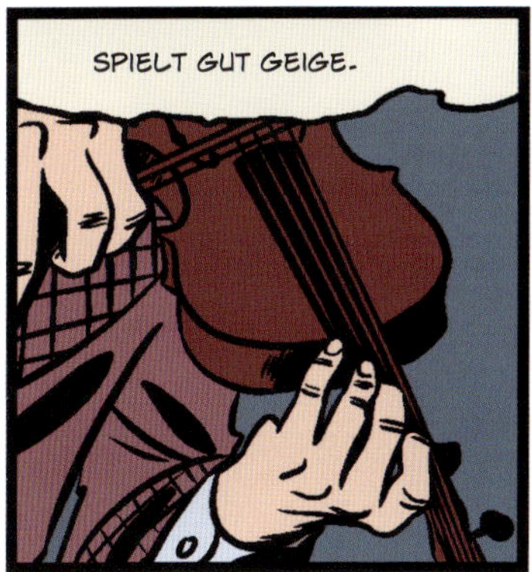
SPIELT GUT GEIGE.

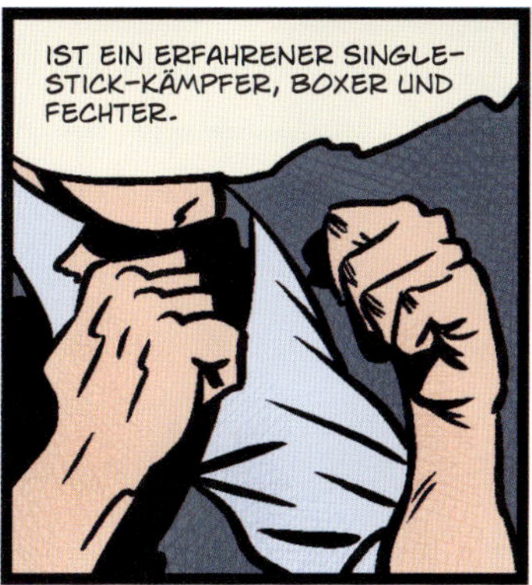
IST EIN ERFAHRENER SINGLESTICK-KÄMPFER, BOXER UND FECHTER.

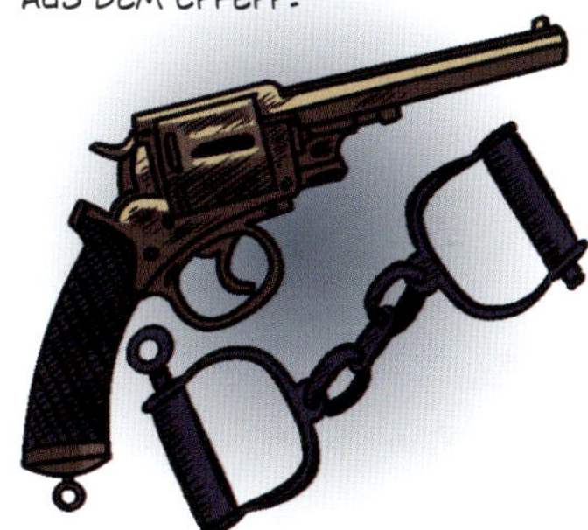
KENNT DIE BRITISCHEN GESETZE AUS DEM EFFEFF.

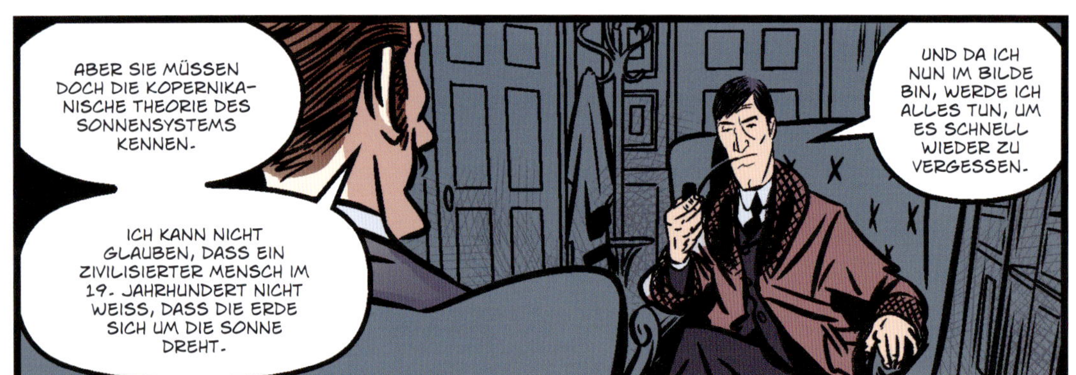

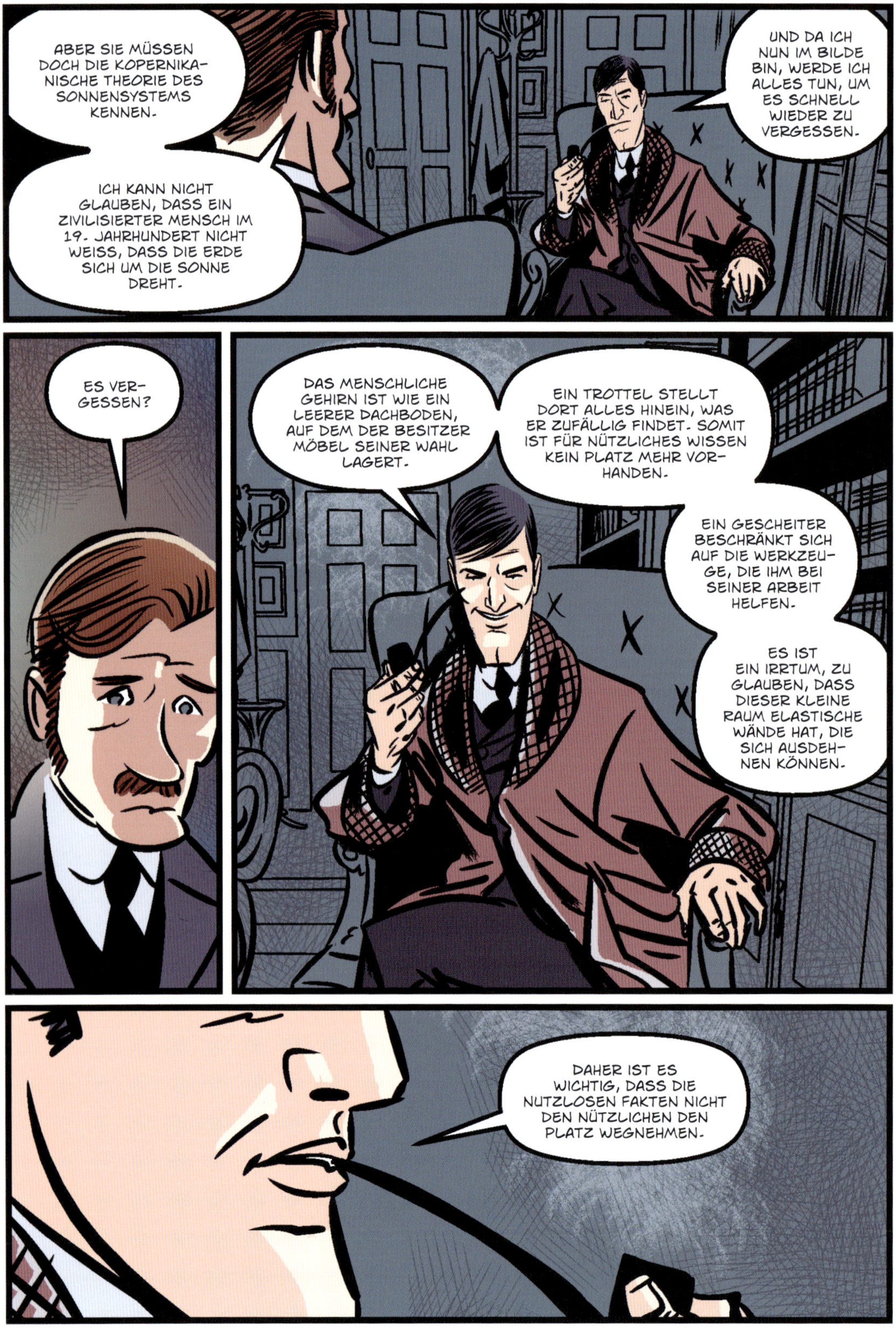

ES VERGESSEN?

DAS MENSCHLICHE GEHIRN IST WIE EIN LEERER DACHBODEN, AUF DEM DER BESITZER MÖBEL SEINER WAHL LAGERT.

EIN TROTTEL STELLT DORT ALLES HINEIN, WAS ER ZUFÄLLIG FINDET. SOMIT IST FÜR NÜTZLICHES WISSEN KEIN PLATZ MEHR VORHANDEN.

EIN GESCHEITER BESCHRÄNKT SICH AUF DIE WERKZEUGE, DIE IHM BEI SEINER ARBEIT HELFEN.

ES IST EIN IRRTUM, ZU GLAUBEN, DASS DIESER KLEINE RAUM ELASTISCHE WÄNDE HAT, DIE SICH AUSDEHNEN KÖNNEN.

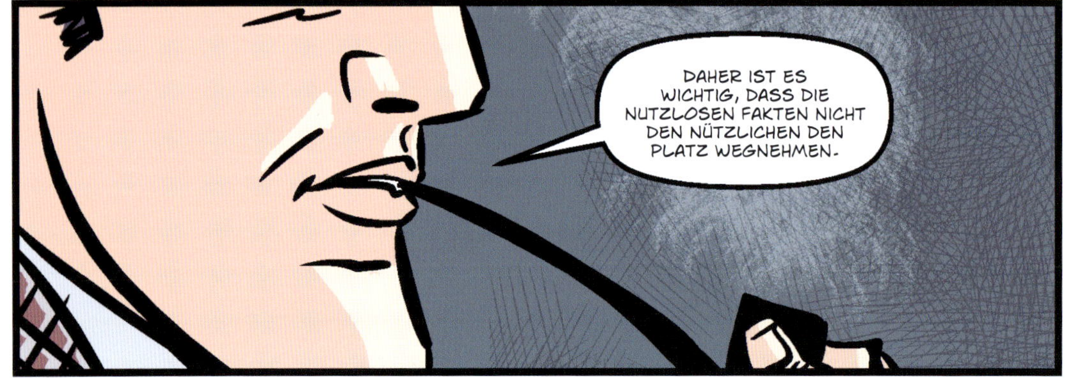

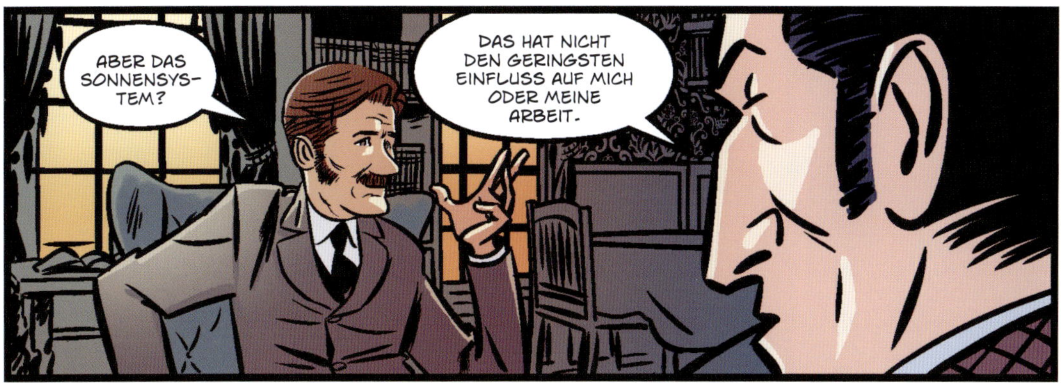
ABER DAS SONNENSYS-TEM?
DAS HAT NICHT DEN GERINGSTEN EINFLUSS AUF MICH ODER MEINE ARBEIT.

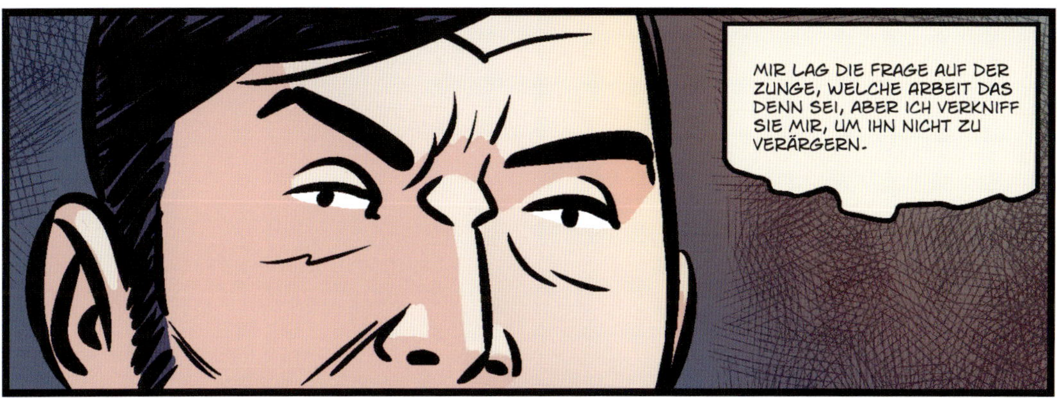
MIR LAG DIE FRAGE AUF DER ZUNGE, WELCHE ARBEIT DAS DENN SEI, ABER ICH VERKNIFF SIE MIR, UM IHN NICHT ZU VERÄRGERN.

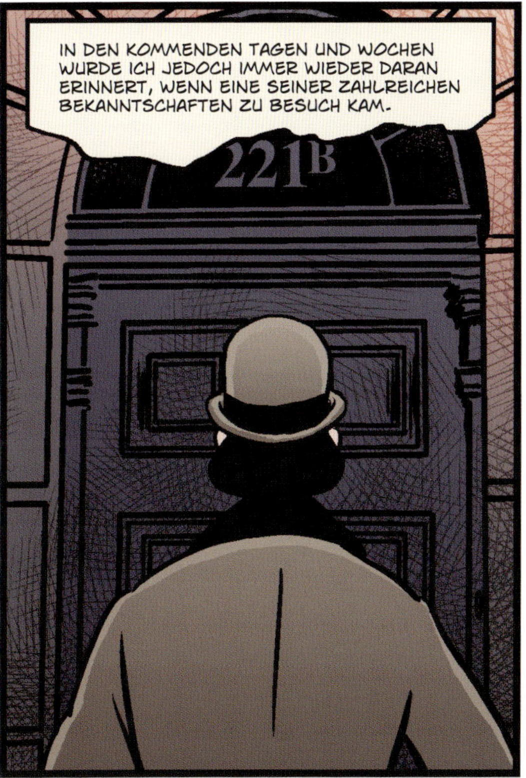
IN DEN KOMMENDEN TAGEN UND WOCHEN WURDE ICH JEDOCH IMMER WIEDER DARAN ERINNERT, WENN EINE SEINER ZAHLREICHEN BEKANNTSCHAFTEN ZU BESUCH KAM.
221B

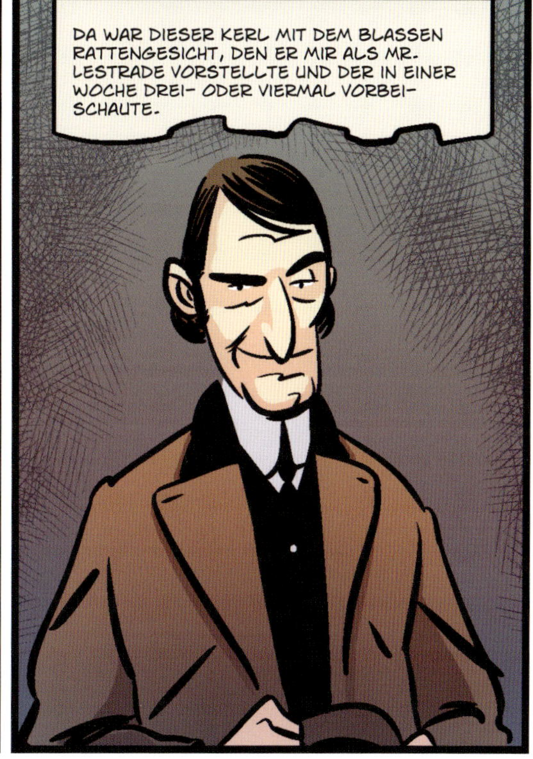
DA WAR DIESER KERL MIT DEM BLASSEN RATTENGESICHT, DEN ER MIR ALS MR. LESTRADE VORSTELLTE UND DER IN EINER WOCHE DREI- ODER VIERMAL VORBEI-SCHAUTE.

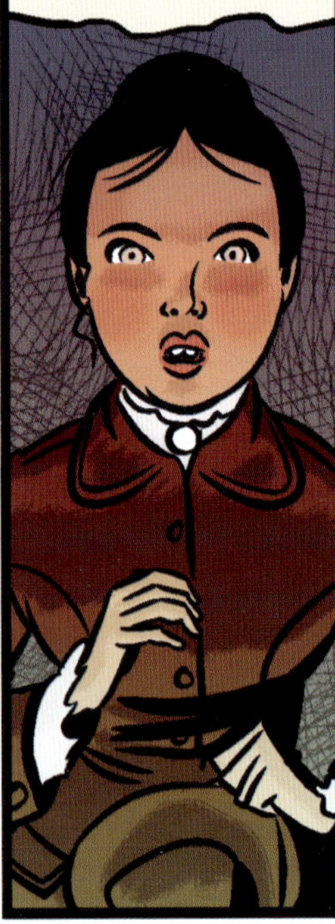
ES FOLGTEN EIN ELEGANT GEKLEIDE-TES JUNGES MÄD-CHEN...

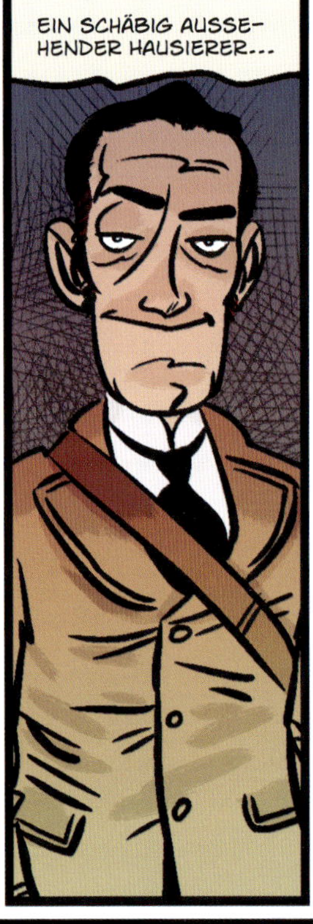
EIN SCHÄBIG AUSSE-HENDER HAUSIERER...

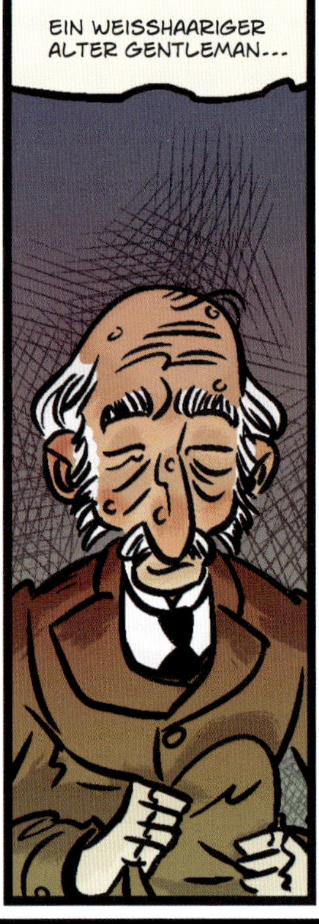
EIN WEISSHAARIGER ALTER GENTLEMAN...

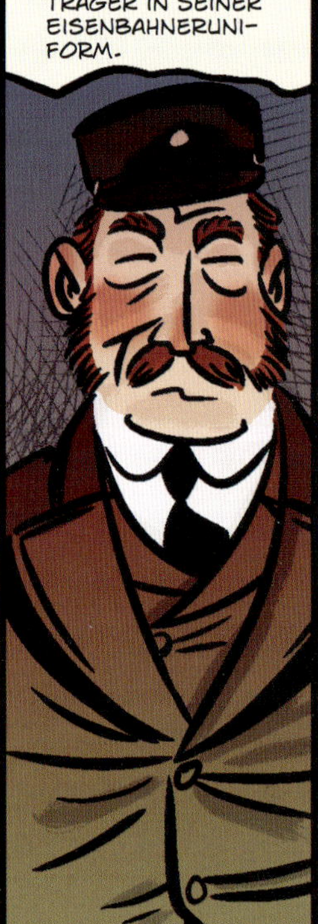
UND EIN GEPÄCK-TRÄGER IN SEINER EISENBAHNERUNI-FORM.

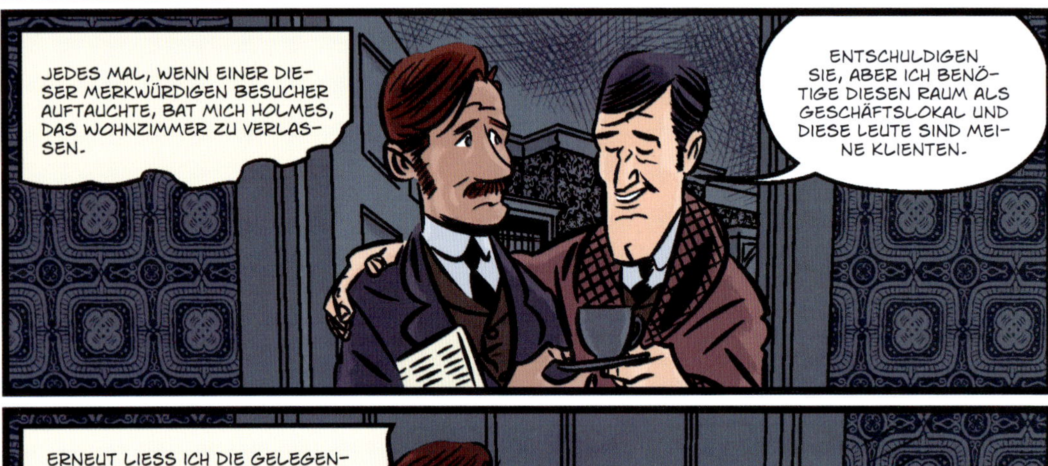
JEDES MAL, WENN EINER DIE-SER MERKWÜRDIGEN BESUCHER AUFTAUCHTE, BAT MICH HOLMES, DAS WOHNZIMMER ZU VERLAS-SEN.
ENTSCHULDIGEN SIE, ABER ICH BENÖ-TIGE DIESEN RAUM ALS GESCHÄFTSLOKAL UND DIESE LEUTE SIND MEI-NE KLIENTEN.

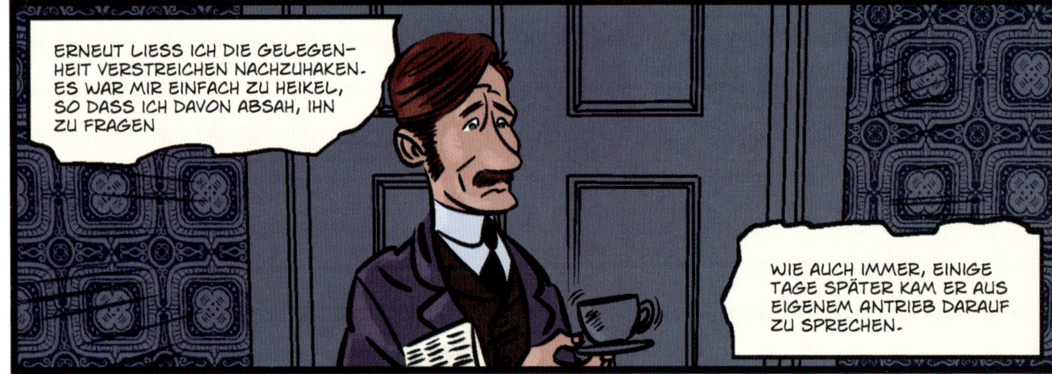
ERNEUT LIESS ICH DIE GELEGEN-HEIT VERSTREICHEN NACHZUHAKEN. ES WAR MIR EINFACH ZU HEIKEL, SO DASS ICH DAVON ABSAH, IHN ZU FRAGEN
WIE AUCH IMMER, EINIGE TAGE SPÄTER KAM ER AUS EIGENEM ANTRIEB DARAUF ZU SPRECHEN.

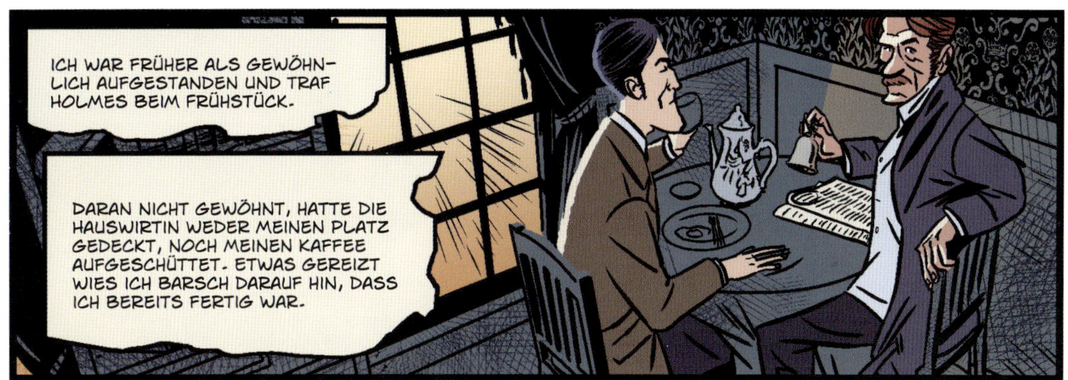

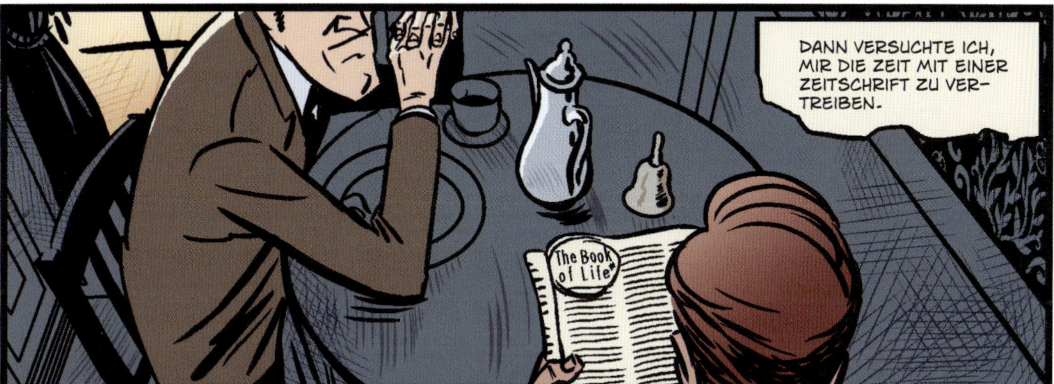

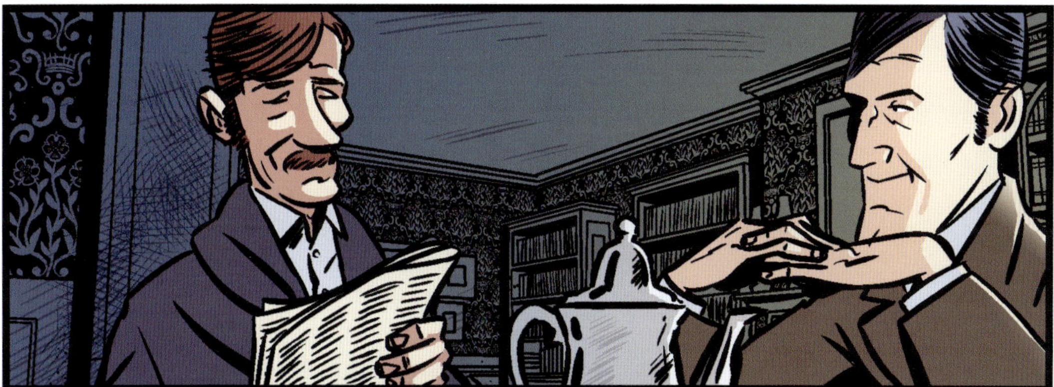

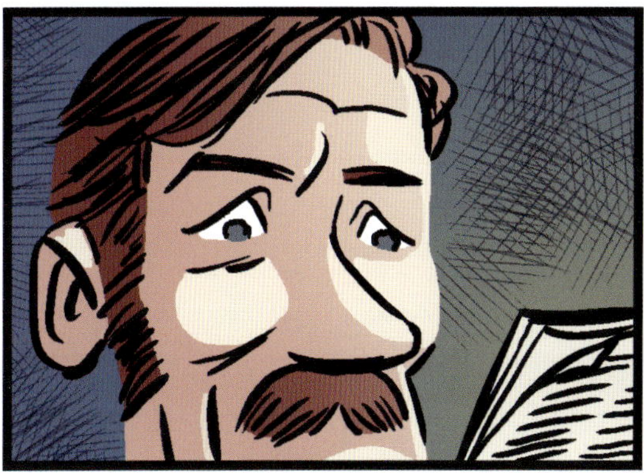

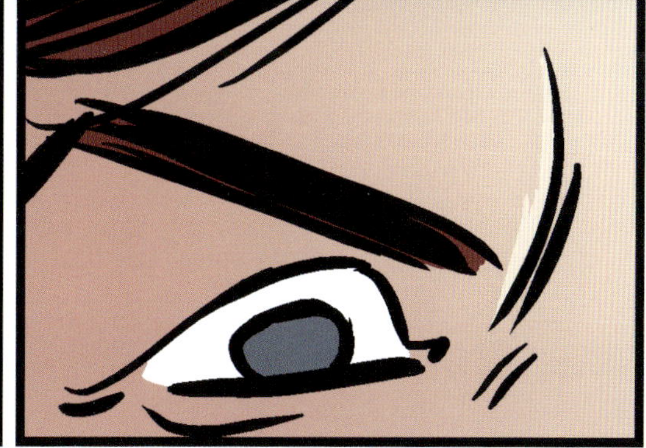

*DAS BUCH DES LEBENS

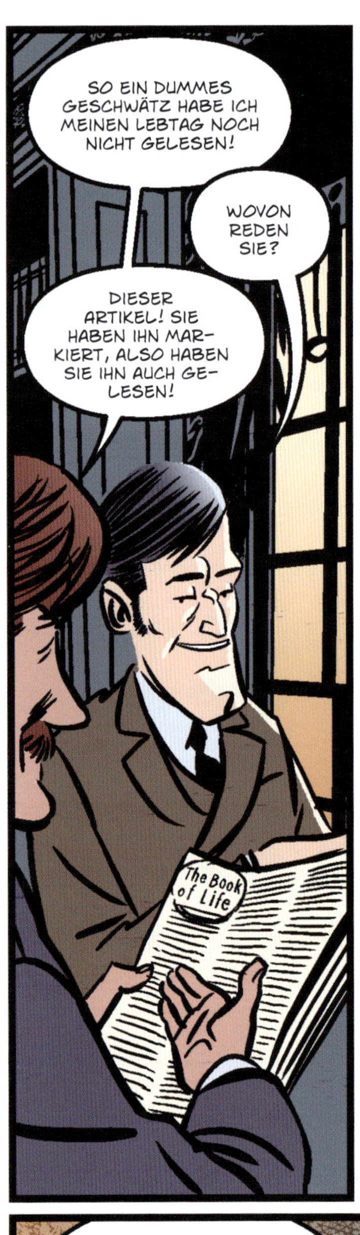
SO EIN DUMMES GESCHWÄTZ HABE ICH MEINEN LEBTAG NOCH NICHT GELESEN!
WOVON REDEN SIE?
DIESER ARTIKEL! SIE HABEN IHN MARKIERT, ALSO HABEN SIE IHN AUCH GELESEN!
The Book of Life

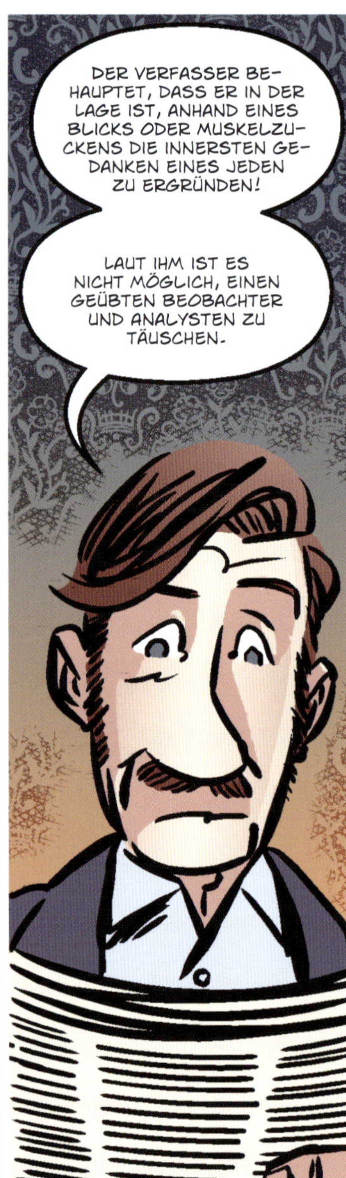
DER VERFASSER BEHAUPTET, DASS ER IN DER LAGE IST, ANHAND EINES BLICKS ODER MUSKELZUCKENS DIE INNERSTEN GEDANKEN EINES JEDEN ZU ERGRÜNDEN!
LAUT IHM IST ES NICHT MÖGLICH, EINEN GEÜBTEN BEOBACHTER UND ANALYSTEN ZU TÄUSCHEN.

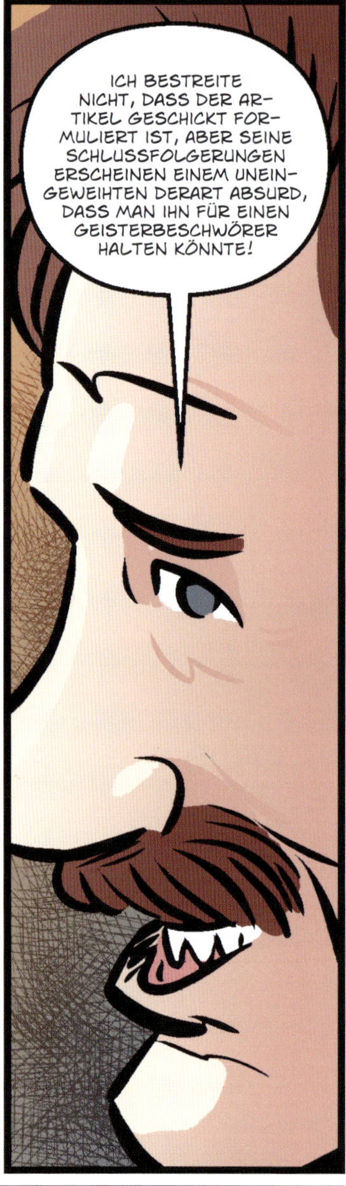
ICH BESTREITE NICHT, DASS DER ARTIKEL GESCHICKT FORMULIERT IST, ABER SEINE SCHLUSSFOLGERUNGEN ERSCHEINEN EINEM UNEINGEWEIHTEN DERART ABSURD, DASS MAN IHN FÜR EINEN GEISTERBESCHWÖRER HALTEN KÖNNTE!

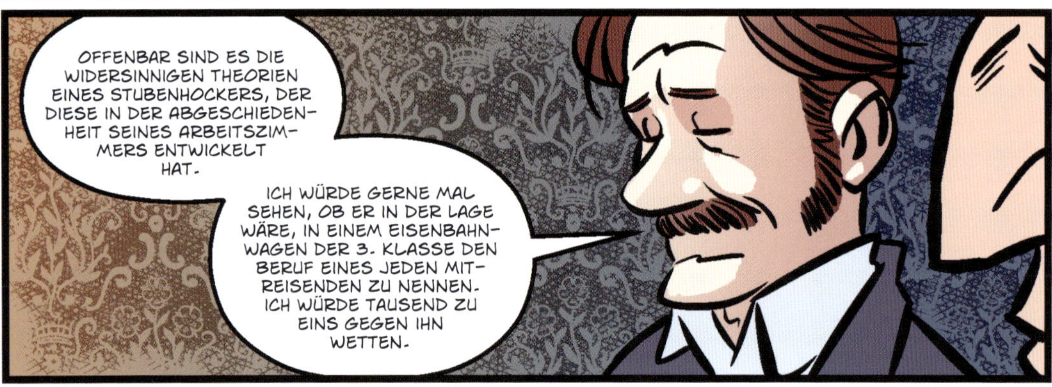
OFFENBAR SIND ES DIE WIDERSINNIGEN THEORIEN EINES STUBENHOCKERS, DER DIESE IN DER ABGESCHIEDENHEIT SEINES ARBEITSZIMMERS ENTWICKELT HAT.
ICH WÜRDE GERNE MAL SEHEN, OB ER IN DER LAGE WÄRE, IN EINEM EISENBAHNWAGEN DER 3. KLASSE DEN BERUF EINES JEDEN MITREISENDEN ZU NENNEN. ICH WÜRDE TAUSEND ZU EINS GEGEN IHN WETTEN.

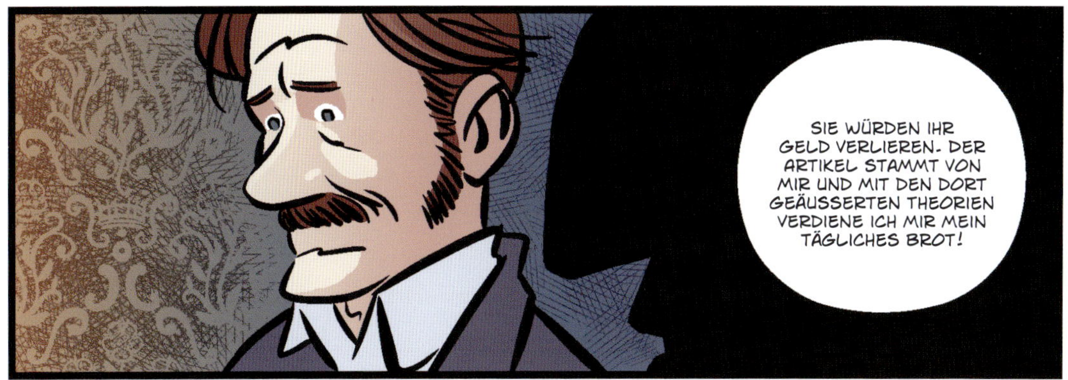
SIE WÜRDEN IHR GELD VERLIEREN. DER ARTIKEL STAMMT VON MIR UND MIT DEN DORT GEÄUSSERTEN THEORIEN VERDIENE ICH MIR MEIN TÄGLICHES BROT!

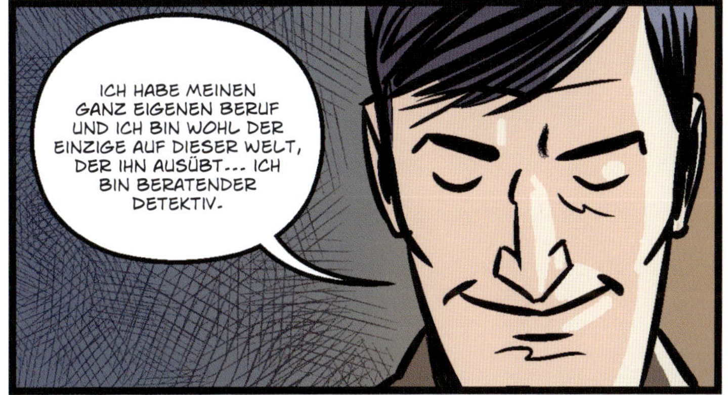
ICH HABE MEINEN GANZ EIGENEN BERUF UND ICH BIN WOHL DER EINZIGE AUF DIESER WELT, DER IHN AUSÜBT... ICH BIN BERATENDER DETEKTIV.

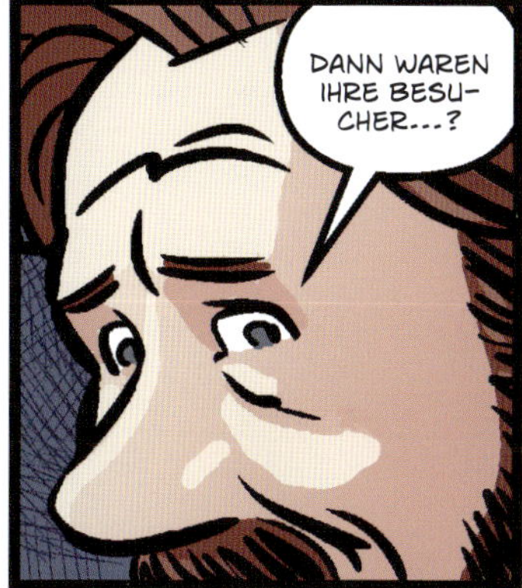
DANN WAREN IHRE BESUCHER...?

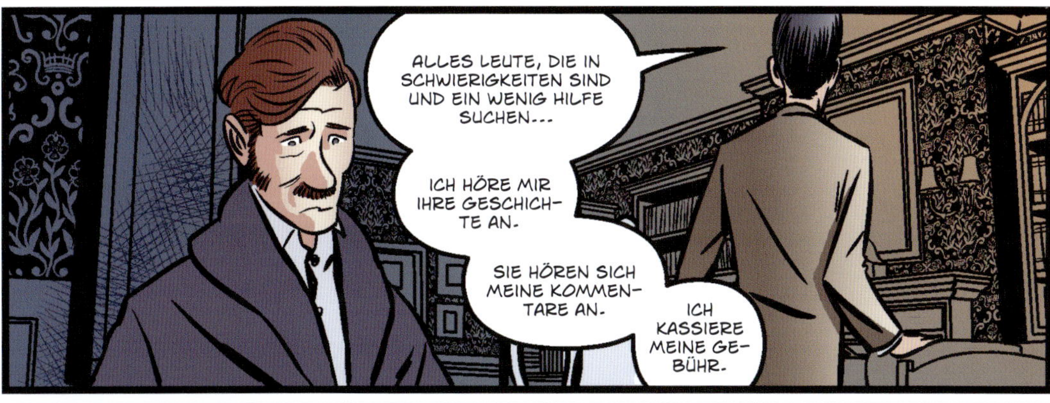
ALLES LEUTE, DIE IN SCHWIERIGKEITEN SIND UND EIN WENIG HILFE SUCHEN...
ICH HÖRE MIR IHRE GESCHICHTE AN.
SIE HÖREN SICH MEINE KOMMENTARE AN.
ICH KASSIERE MEINE GEBÜHR.

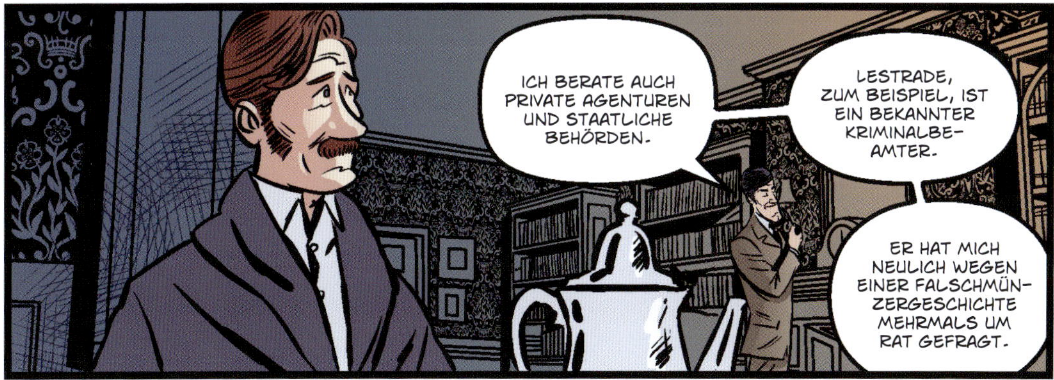
ICH BERATE AUCH PRIVATE AGENTUREN UND STAATLICHE BEHÖRDEN.
LESTRADE, ZUM BEISPIEL, IST EIN BEKANNTER KRIMINALBEAMTER.
ER HAT MICH NEULICH WEGEN EINER FALSCHMÜNZERGESCHICHTE MEHRMALS UM RAT GEFRAGT.

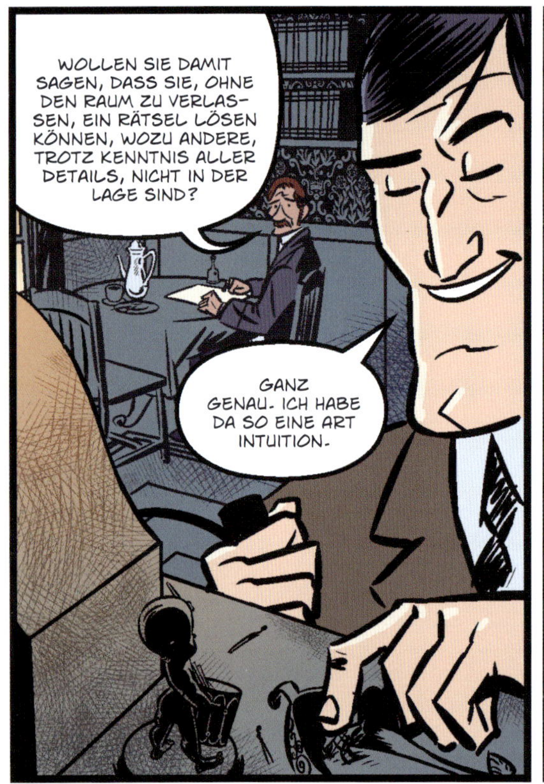
WOLLEN SIE DAMIT SAGEN, DASS SIE, OHNE DEN RAUM ZU VERLASSEN, EIN RÄTSEL LÖSEN KÖNNEN, WOZU ANDERE, TROTZ KENNTNIS ALLER DETAILS, NICHT IN DER LAGE SIND?
GANZ GENAU. ICH HABE DA SO EINE ART INTUITION.

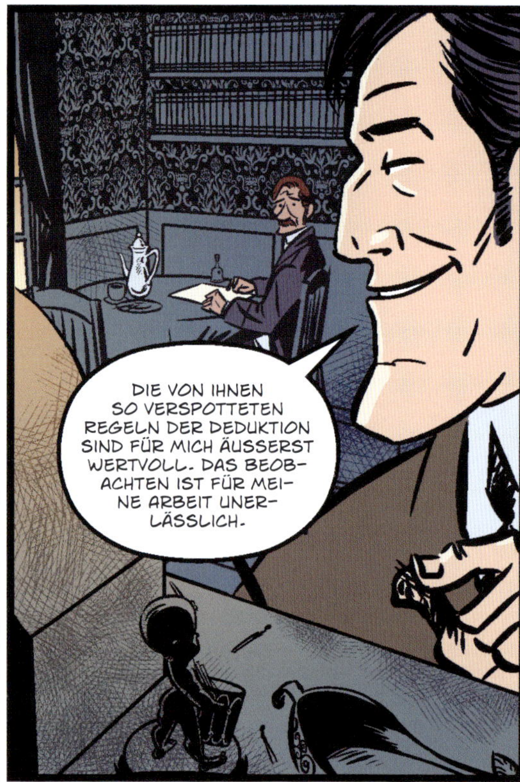
DIE VON IHNEN SO VERSPOTTETEN REGELN DER DEDUKTION SIND FÜR MICH ÄUSSERST WERTVOLL. DAS BEOBACHTEN IST FÜR MEINE ARBEIT UNERLÄSSLICH.

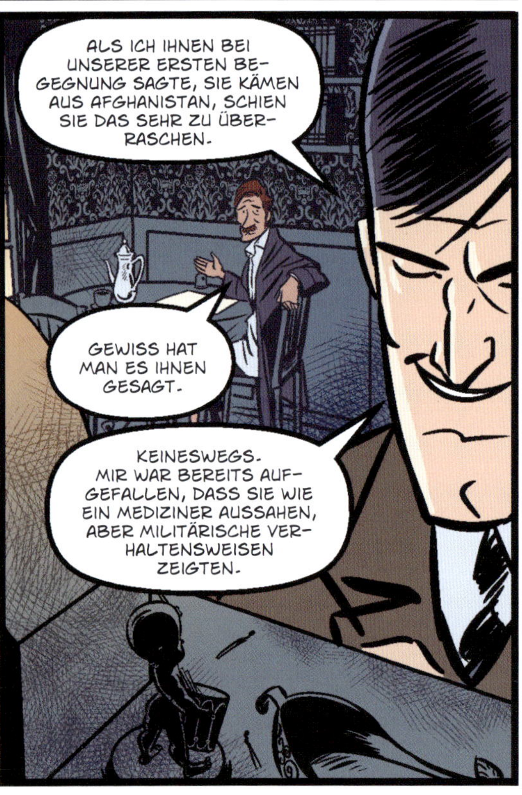
ALS ICH IHNEN BEI UNSERER ERSTEN BEGEGNUNG SAGTE, SIE KÄMEN AUS AFGHANISTAN, SCHIEN SIE DAS SEHR ZU ÜBERRASCHEN.
GEWISS HAT MAN ES IHNEN GESAGT.
KEINESWEGS. MIR WAR BEREITS AUFGEFALLEN, DASS SIE WIE EIN MEDIZINER AUSSAHEN, ABER MILITÄRISCHE VERHALTENSWEISEN ZEIGTEN.

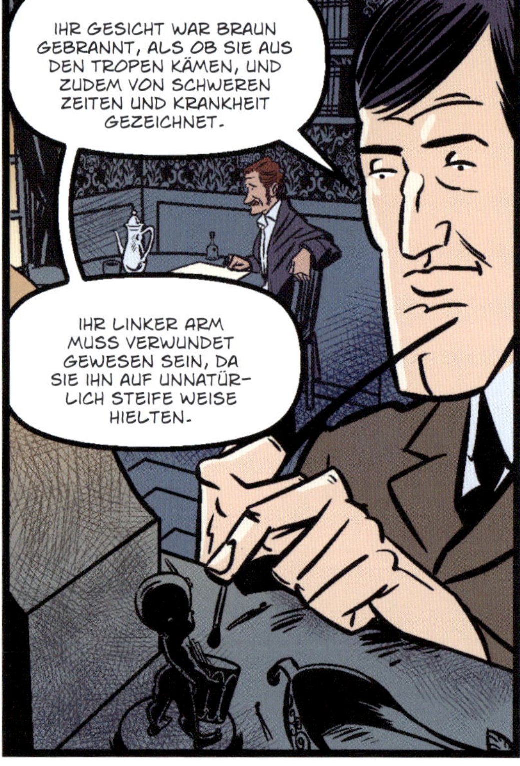
IHR GESICHT WAR BRAUN GEBRANNT, ALS OB SIE AUS DEN TROPEN KÄMEN, UND ZUDEM VON SCHWEREN ZEITEN UND KRANKHEIT GEZEICHNET.
IHR LINKER ARM MUSS VERWUNDET GEWESEN SEIN, DA SIE IHN AUF UNNATÜRLICH STEIFE WEISE HIELTEN.

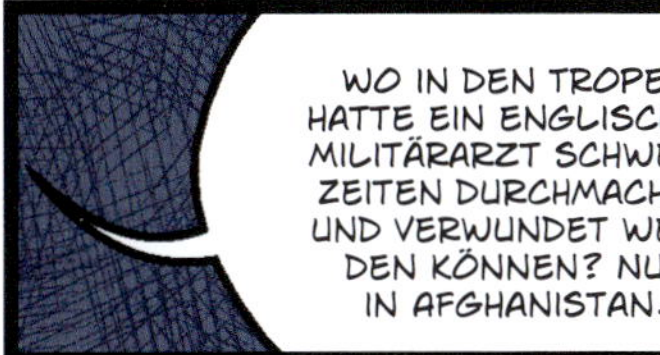
WO IN DEN TROPEN HATTE EIN ENGLISCHER MILITÄRARZT SCHWERE ZEITEN DURCHMACHEN UND VERWUNDET WERDEN KÖNNEN? NUR IN AFGHANISTAN.
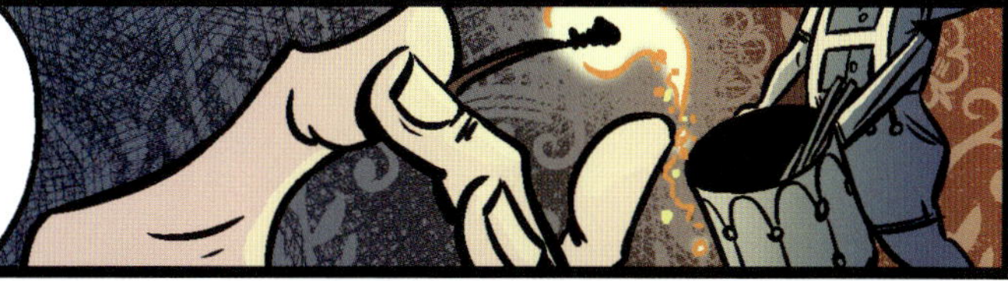
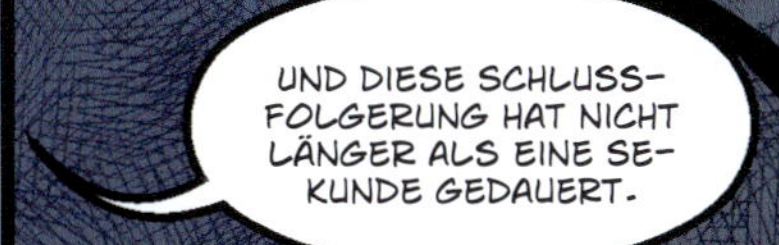
UND DIESE SCHLUSSFOLGERUNG HAT NICHT LÄNGER ALS EINE SEKUNDE GEDAUERT.
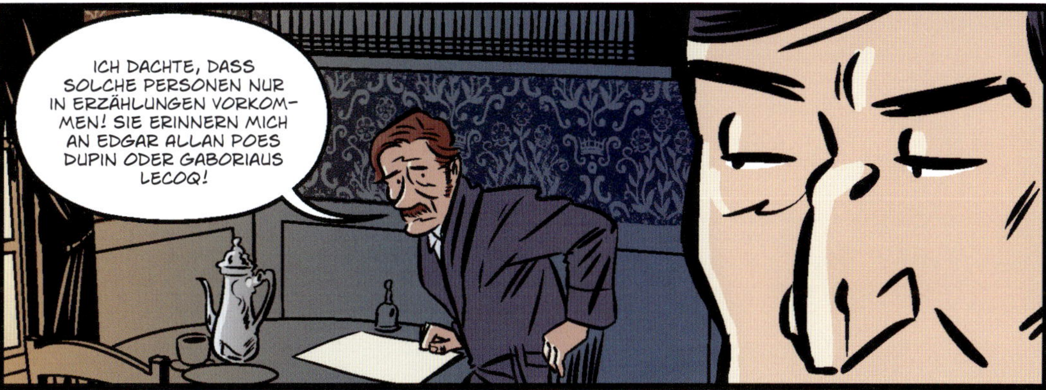
ICH DACHTE, DASS SOLCHE PERSONEN NUR IN ERZÄHLUNGEN VORKOMMEN! SIE ERINNERN MICH AN EDGAR ALLAN POES DUPIN ODER GABORIAUS LECOQ!
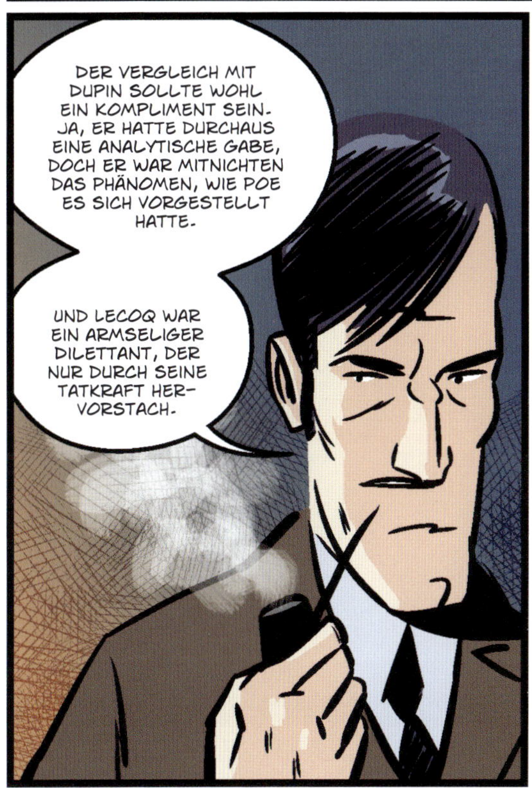
DER VERGLEICH MIT DUPIN SOLLTE WOHL EIN KOMPLIMENT SEIN. JA, ER HATTE DURCHAUS EINE ANALYTISCHE GABE, DOCH ER WAR MITNICHTEN DAS PHÄNOMEN, WIE POE ES SICH VORGESTELLT HATTE.
UND LECOQ WAR EIN ARMSELIGER DILETTANT, DER NUR DURCH SEINE TATKRAFT HERVORSTACH.
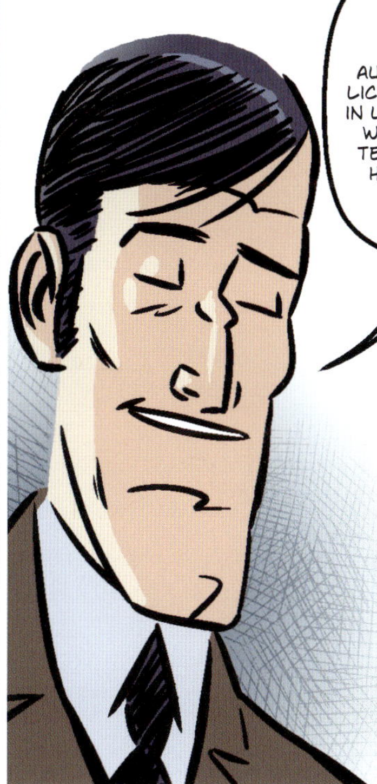
WAS NÜTZT AUSSERGEWÖHNLICHER SCHARFSINN IN UNSEREM BERUF, WENN DIE MEISTEN VERBRECHER HEUTZUTAGE...

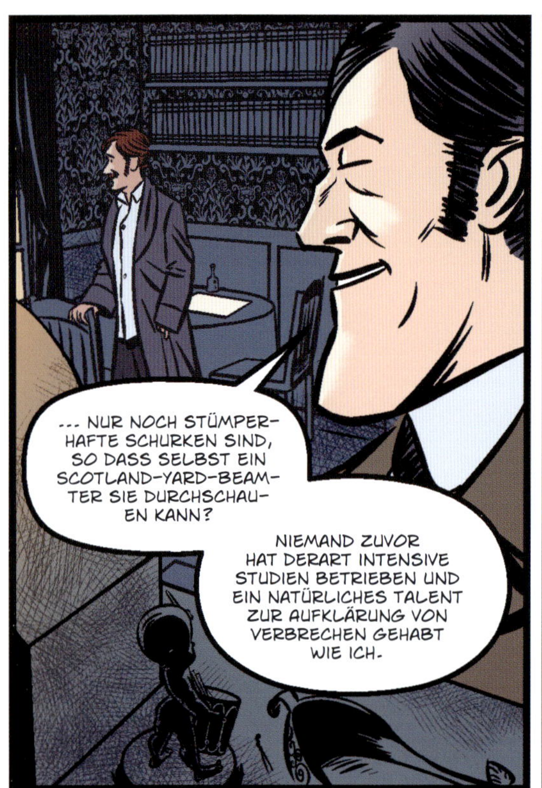
... NUR NOCH STÜMPERHAFTE SCHURKEN SIND, SO DASS SELBST EIN SCOTLAND-YARD-BEAMTER SIE DURCHSCHAUEN KANN?
NIEMAND ZUVOR HAT DERART INTENSIVE STUDIEN BETRIEBEN UND EIN NATÜRLICHES TALENT ZUR AUFKLÄRUNG VON VERBRECHEN GEHABT WIE ICH.

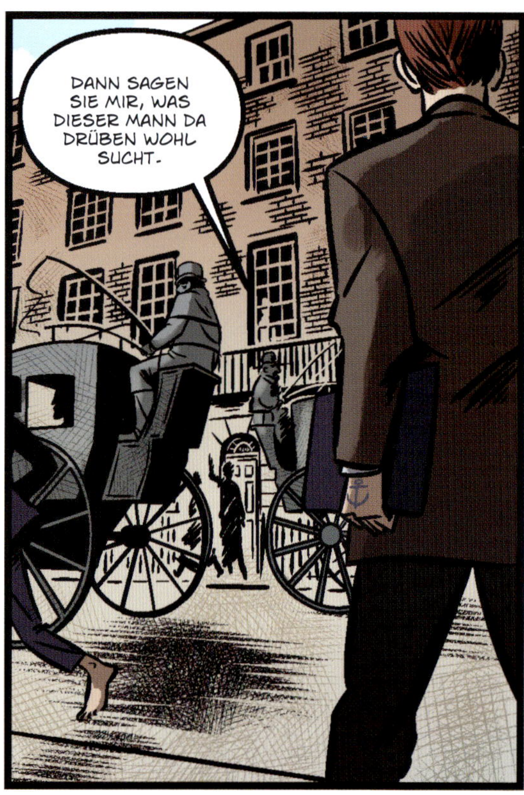
DANN SAGEN SIE MIR, WAS DIESER MANN DA DRÜBEN WOHL SUCHT.

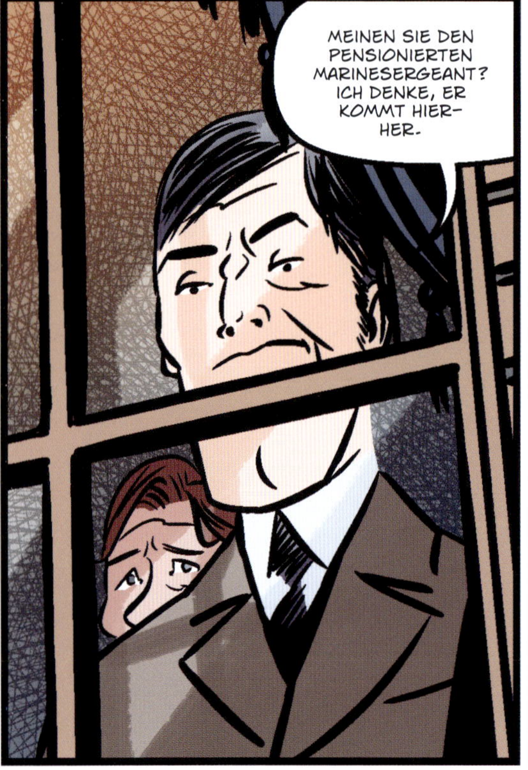
MEINEN SIE DEN PENSIONIERTEN MARINESERGEANT? ICH DENKE, ER KOMMT HIERHER.

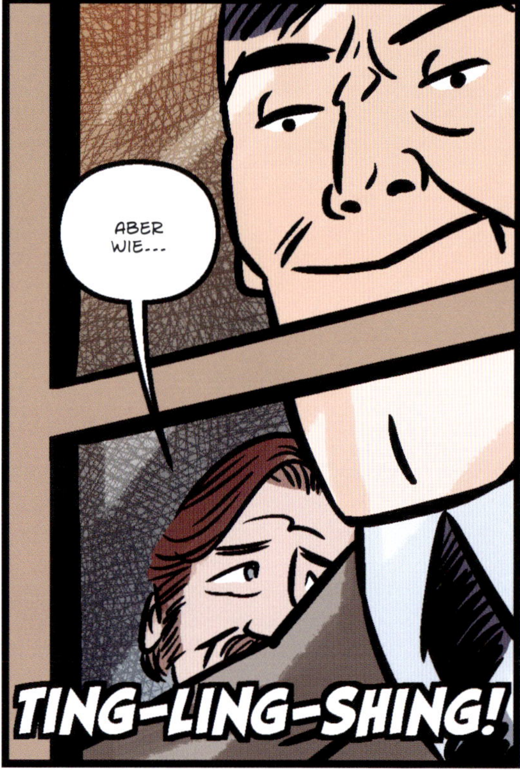
ABER WIE...
TING-LING-SHING!

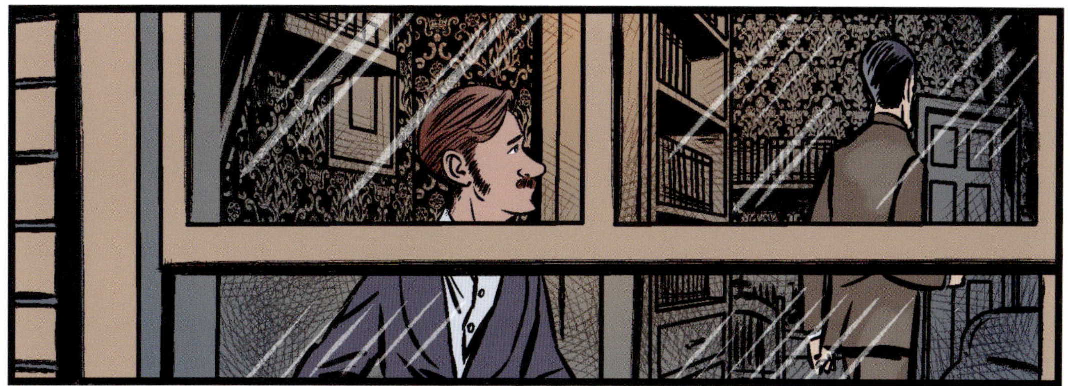

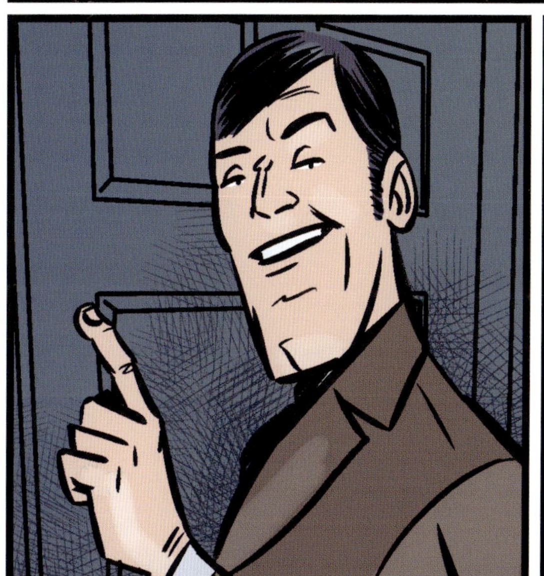

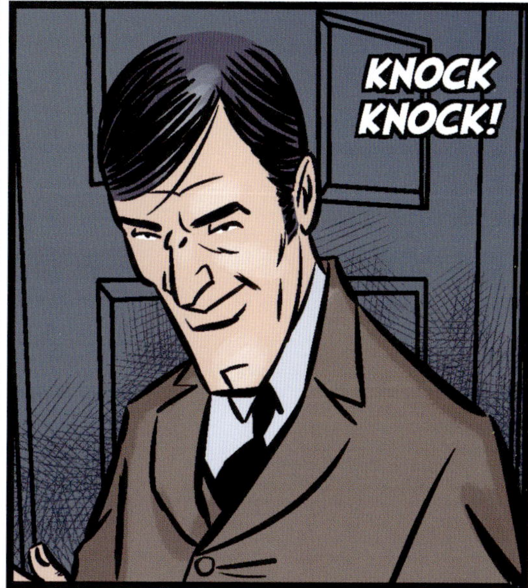
KNOCK
KNOCK!

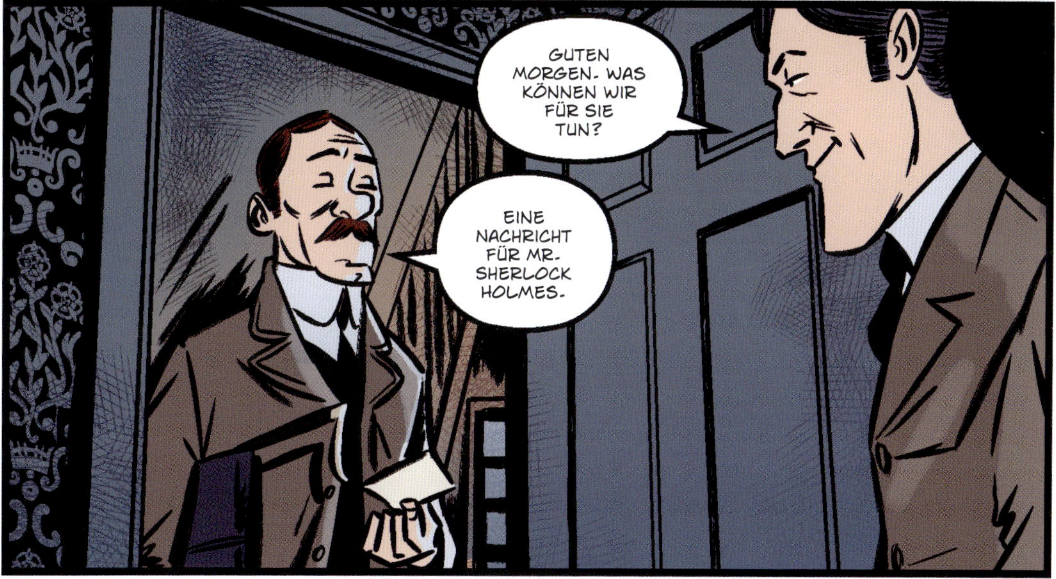
GUTEN MORGEN. WAS KÖNNEN WIR FÜR SIE TUN?
EINE NACHRICHT FÜR MR. SHERLOCK HOLMES.

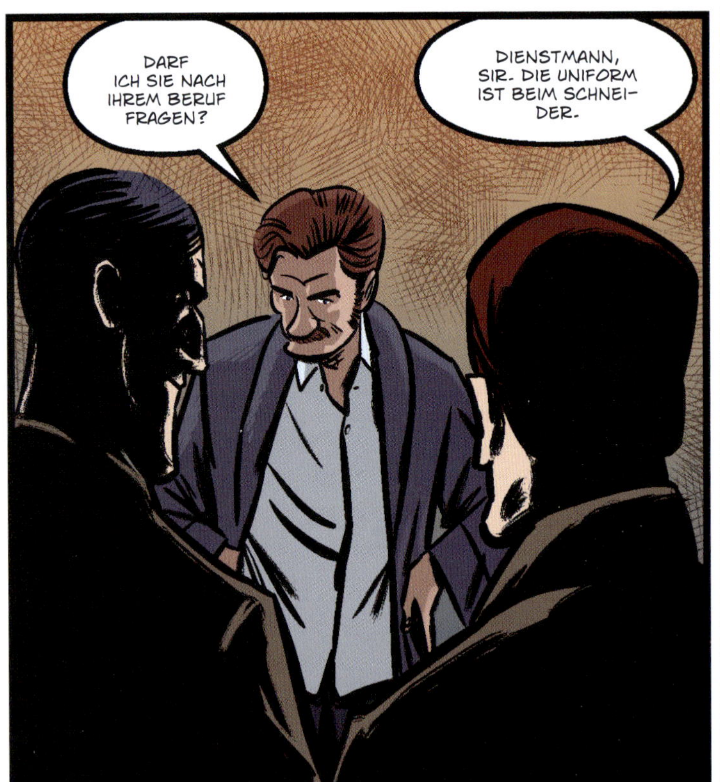
DARF ICH SIE NACH IHREM BERUF FRAGEN?
DIENSTMANN, SIR. DIE UNIFORM IST BEIM SCHNEIDER.

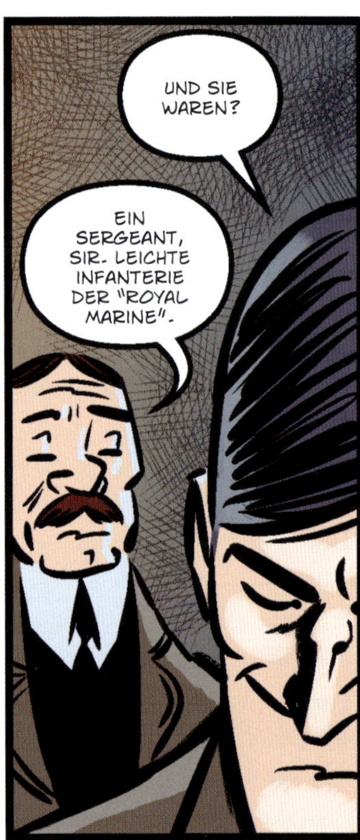
UND SIE WAREN?
EIN SERGEANT, SIR. LEICHTE INFANTERIE DER "ROYAL MARINE".

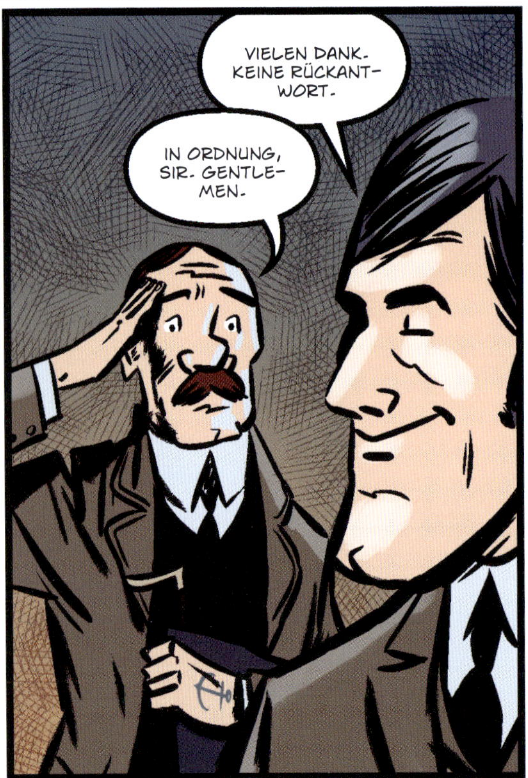
VIELEN DANK. KEINE RÜCKANTWORT.
IN ORDNUNG, SIR. GENTLEMEN.

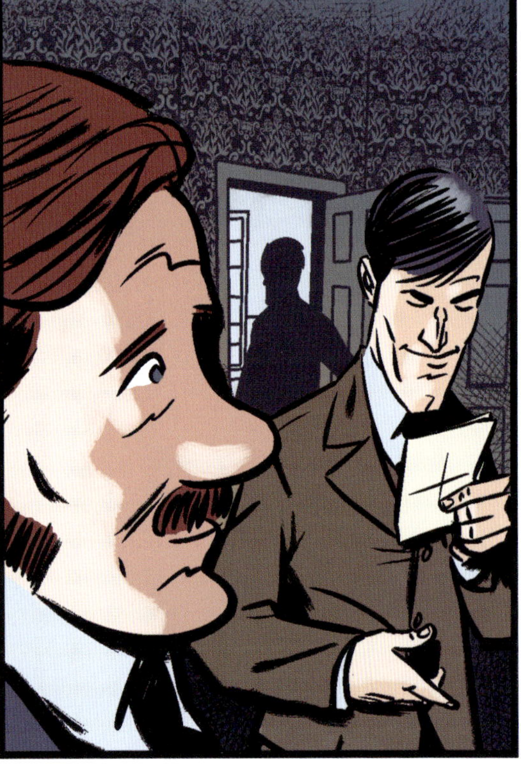

DAS RÄTSEL VON LAURISTON GARDENS

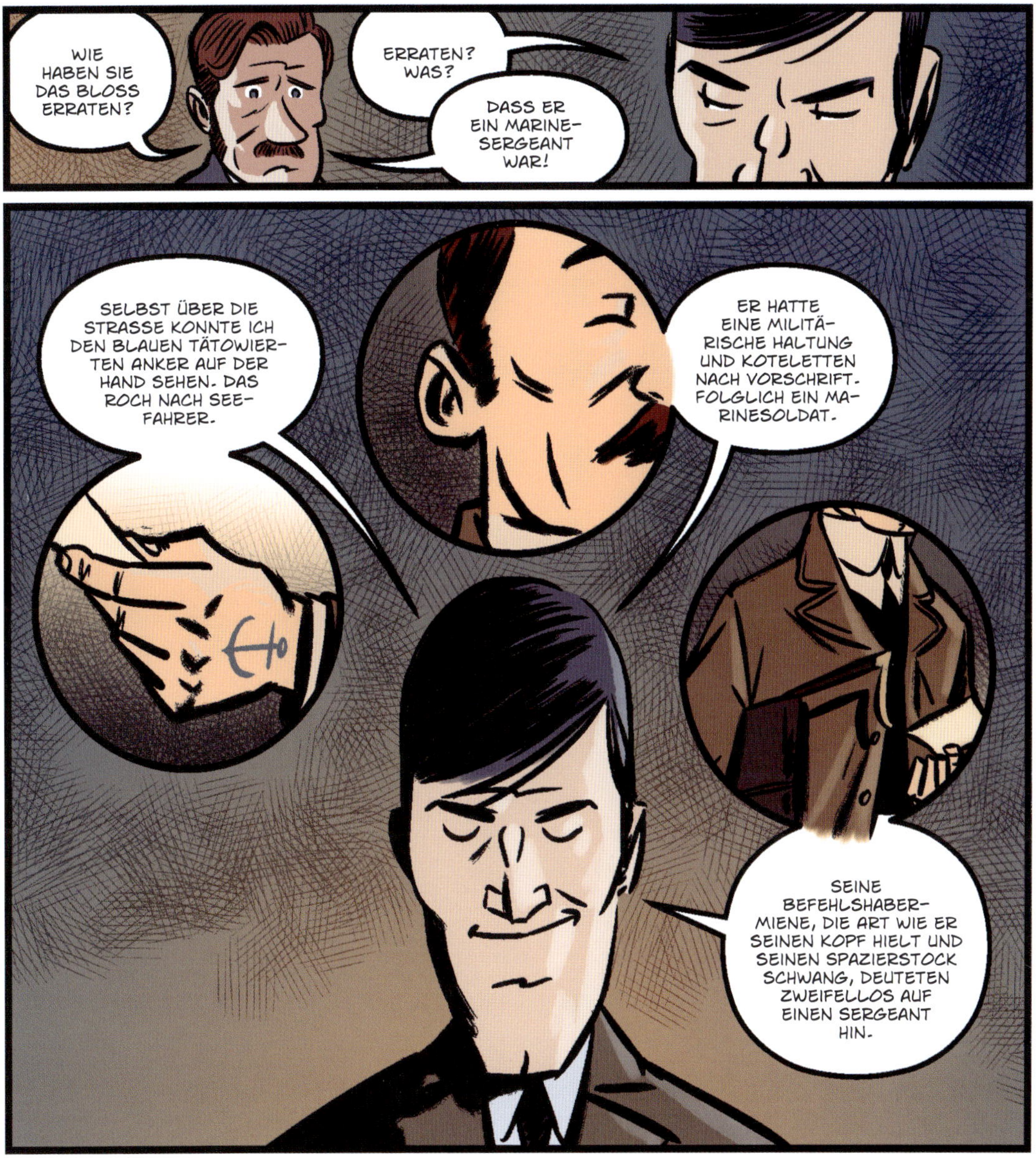

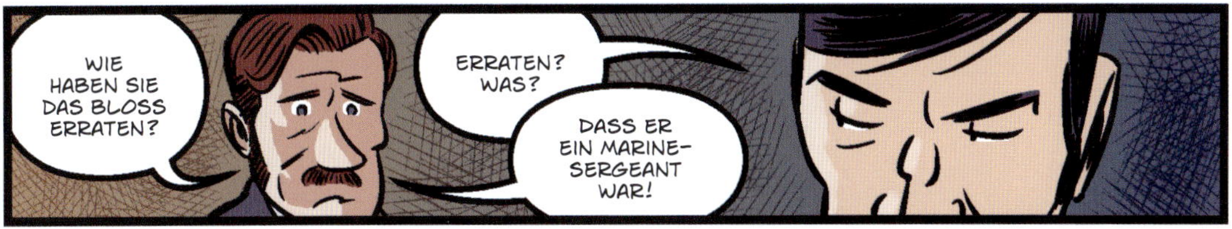

SELBST ÜBER DIE STRASSE KONNTE ICH DEN BLAUEN TÄTOWIERTEN ANKER AUF DER HAND SEHEN. DAS ROCH NACH SEEFAHRER.

ER HATTE EINE MILITÄRISCHE HALTUNG UND KOTELETTEN NACH VORSCHRIFT. FOLGLICH EIN MARINESOLDAT.

SEINE BEFEHLSHABERMIENE, DIE ART WIE ER SEINEN KOPF HIELT UND SEINEN SPAZIERSTOCK SCHWANG, DEUTETEN ZWEIFELLOS AUF EINEN SERGEANT HIN.

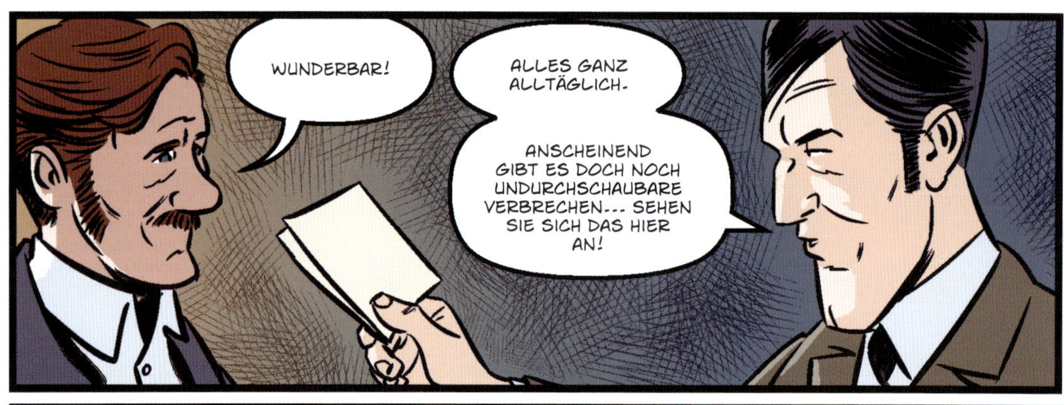

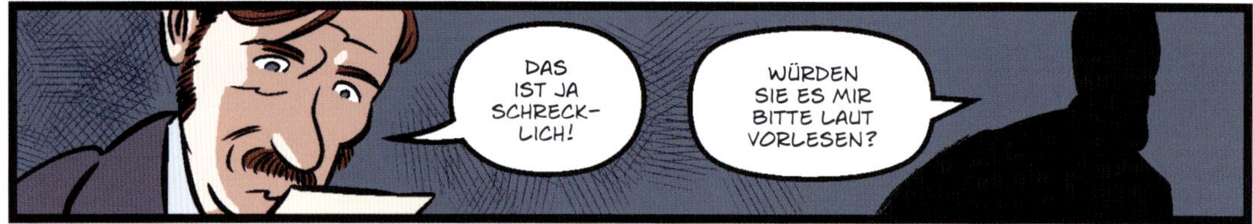

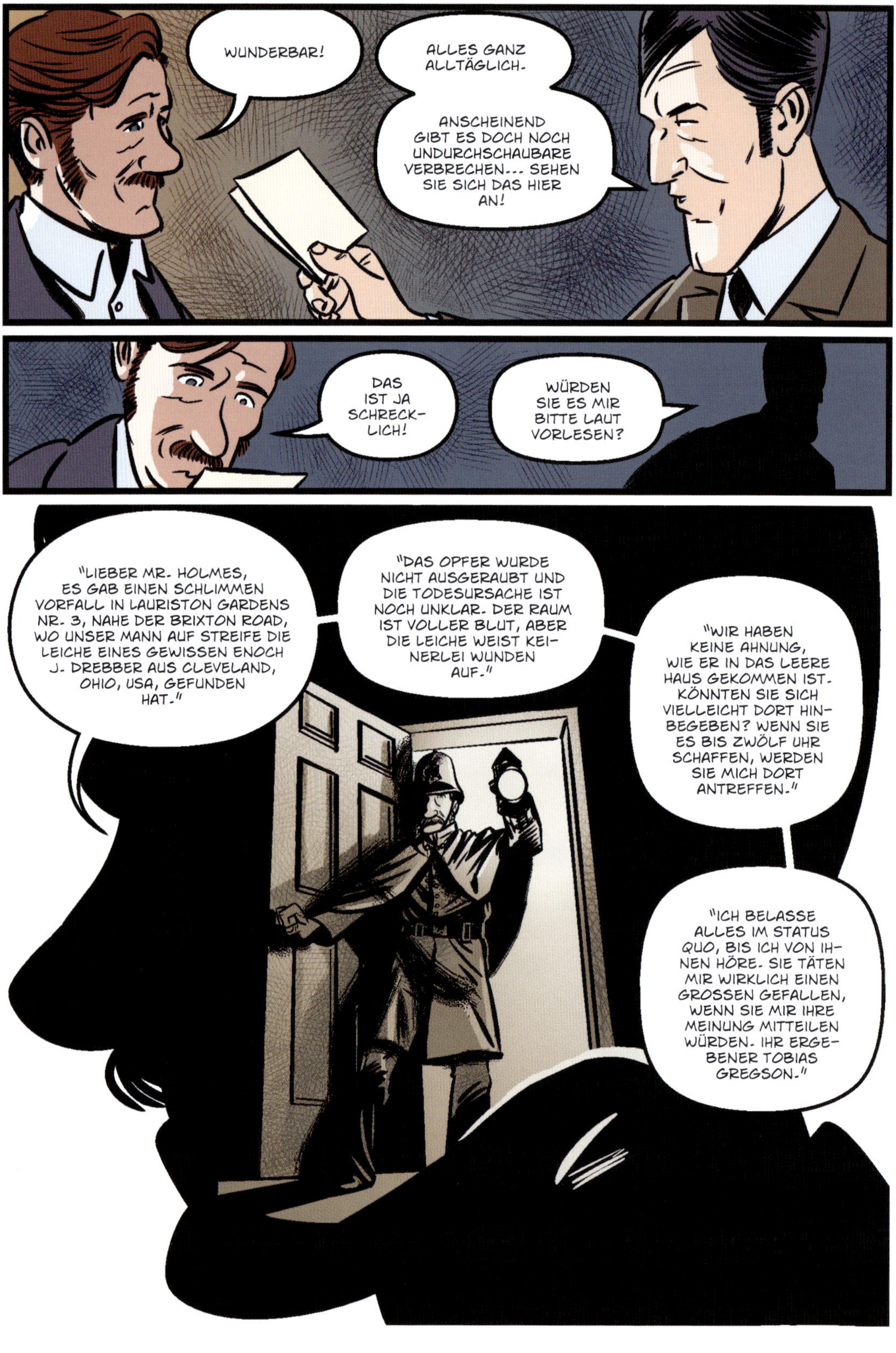

"LIEBER MR. HOLMES, ES GAB EINEN SCHLIMMEN VORFALL IN LAURISTON GARDENS NR. 3, NAHE DER BRIXTON ROAD, WO UNSER MANN AUF STREIFE DIE LEICHE EINES GEWISSEN ENOCH J. DREBBER AUS CLEVELAND, OHIO, USA, GEFUNDEN HAT."

"DAS OPFER WURDE NICHT AUSGERAUBT UND DIE TODESURSACHE IST NOCH UNKLAR. DER RAUM IST VOLLER BLUT, ABER DIE LEICHE WEIST KEI-NERLEI WUNDEN AUF."

"WIR HABEN KEINE AHNUNG, WIE ER IN DAS LEERE HAUS GEKOMMEN IST. KÖNNTEN SIE SICH VIELLEICHT DORT HIN-BEGEBEN? WENN SIE ES BIS ZWÖLF UHR SCHAFFEN, WERDEN SIE MICH DORT ANTREFFEN."

"ICH BELASSE ALLES IM STATUS QUO, BIS ICH VON IH-NEN HÖRE. SIE TÄTEN MIR WIRKLICH EINEN GROSSEN GEFALLEN, WENN SIE MIR IHRE MEINUNG MITTEILEN WÜRDEN. IHR ERGE-BENER TOBIAS GREGSON."

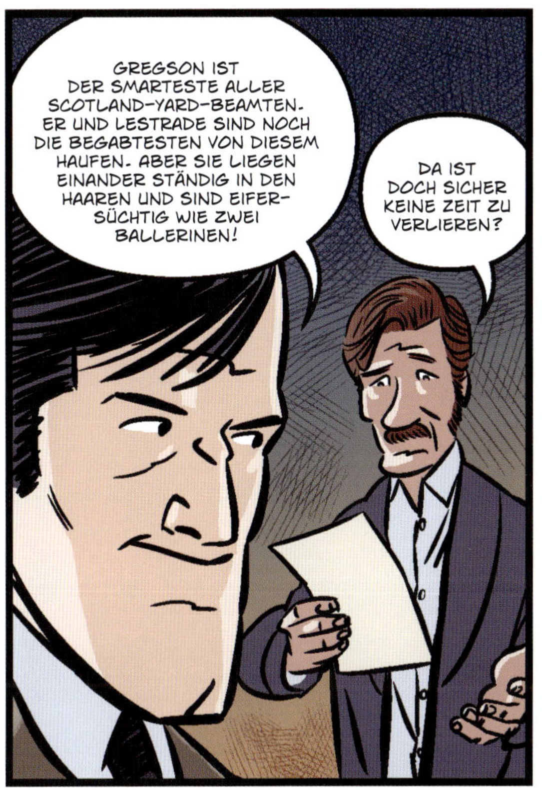
GREGSON IST DER SMARTESTE ALLER SCOTLAND-YARD-BEAMTEN. ER UND LESTRADE SIND NOCH DIE BEGABTESTEN VON DIESEM HAUFEN. ABER SIE LIEGEN EINANDER STÄNDIG IN DEN HAAREN UND SIND EIFERSÜCHTIG WIE ZWEI BALLERINEN!
DA IST DOCH SICHER KEINE ZEIT ZU VERLIEREN?
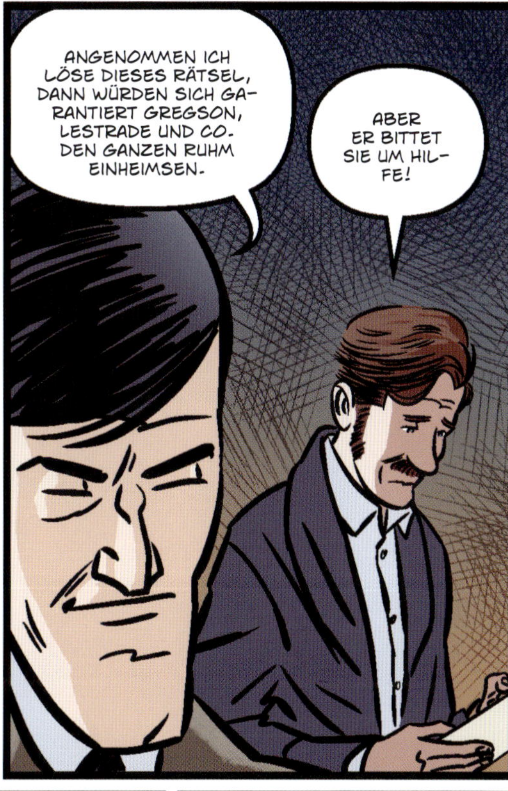
ANGENOMMEN ICH LÖSE DIESES RÄTSEL, DANN WÜRDEN SICH GARANTIERT GREGSON, LESTRADE UND CO. DEN GANZEN RUHM EINHEIMSEN.
ABER ER BITTET SIE UM HILFE!
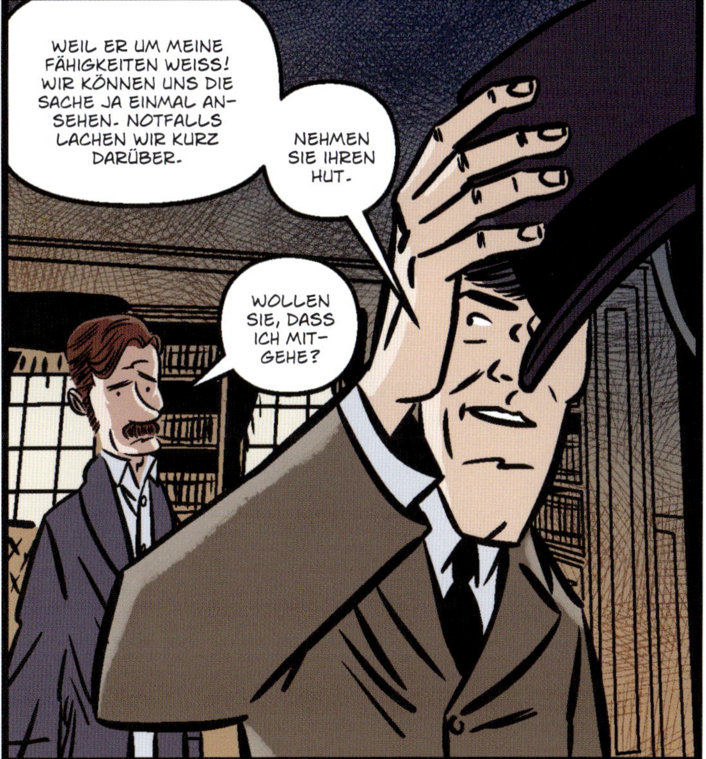
WEIL ER UM MEINE FÄHIGKEITEN WEISS! WIR KÖNNEN UNS DIE SACHE JA EINMAL ANSEHEN. NOTFALLS LACHEN WIR KURZ DARÜBER.
NEHMEN SIE IHREN HUT.
WOLLEN SIE, DASS ICH MITGEHE?
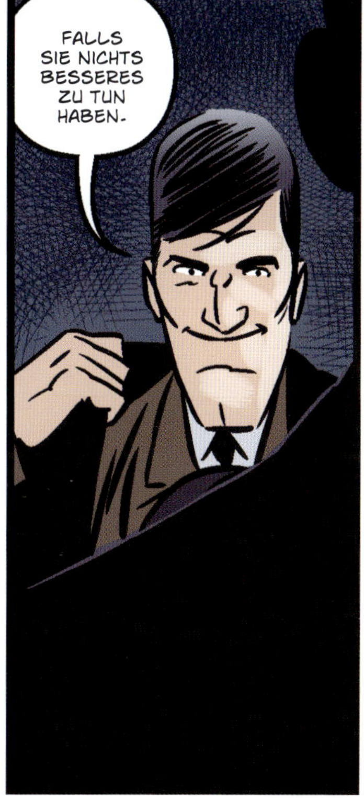
FALLS SIE NICHTS BESSERES ZU TUN HABEN.

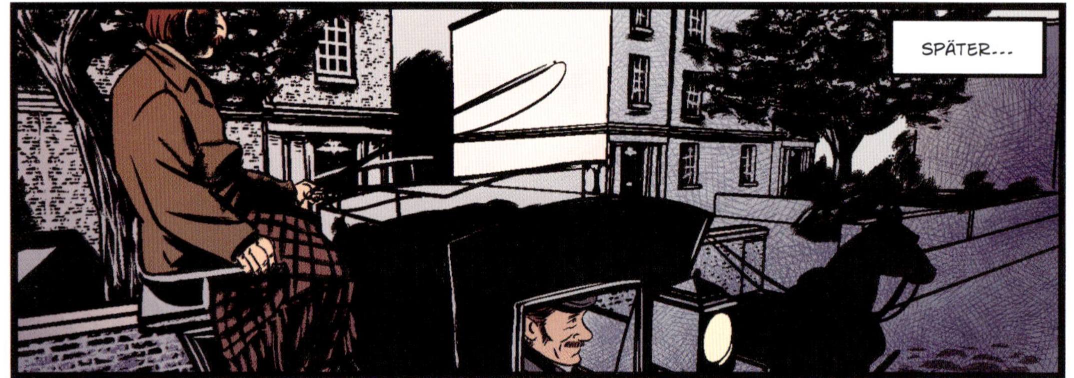
SPÄTER...

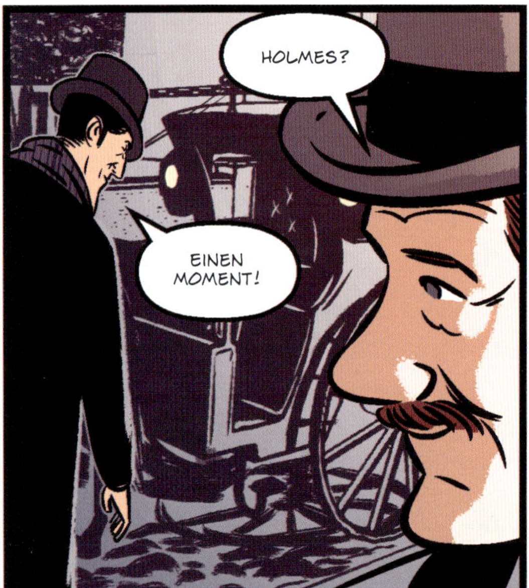
HOLMES?
EINEN MOMENT!

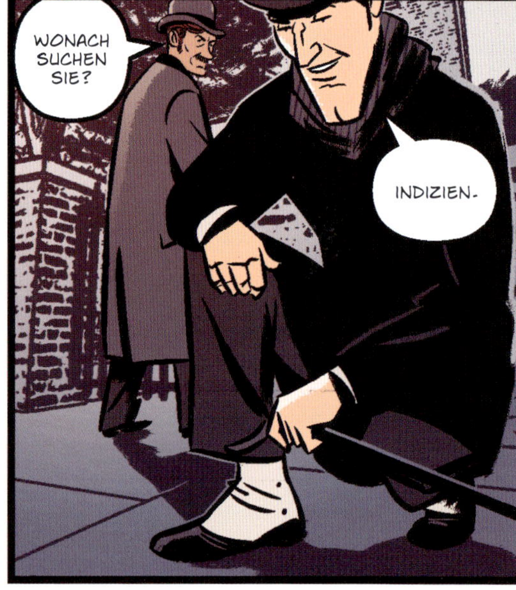
WONACH SUCHEN SIE?
INDIZIEN.

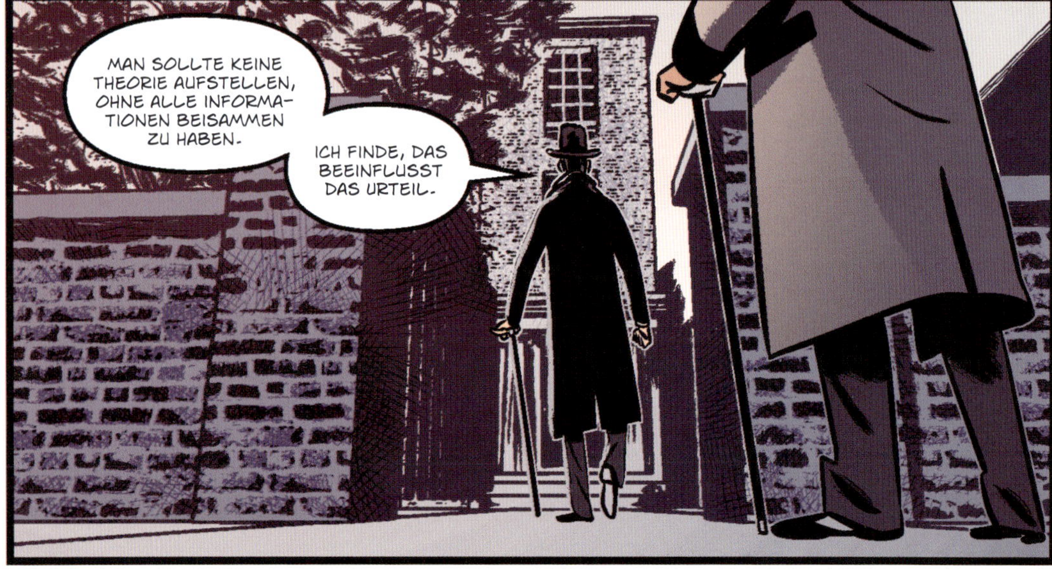
MAN SOLLTE KEINE THEORIE AUFSTELLEN, OHNE ALLE INFORMATIONEN BEISAMMEN ZU HABEN.
ICH FINDE, DAS BEEINFLUSST DAS URTEIL.

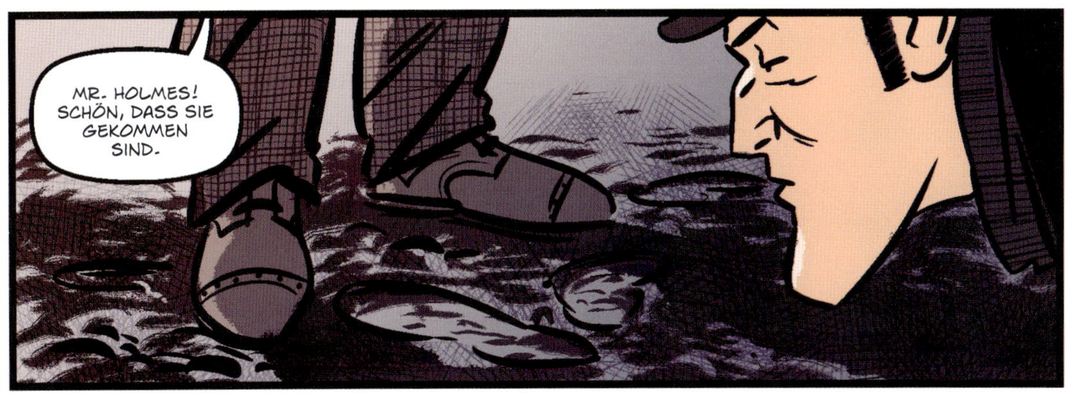
MR. HOLMES! SCHÖN, DASS SIE GEKOMMEN SIND.

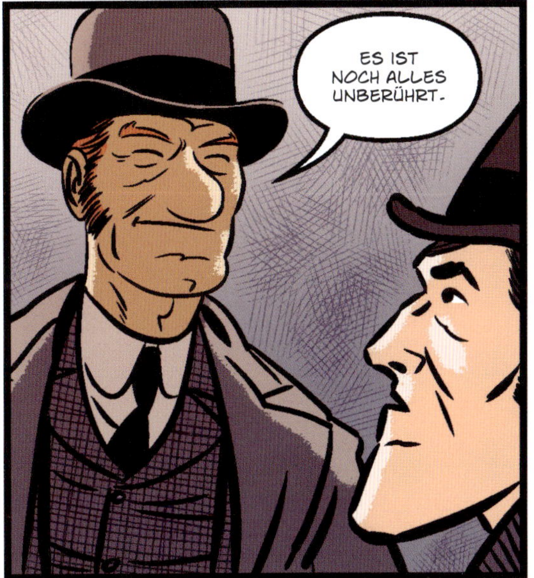
ES IST NOCH ALLES UNBERÜHRT.

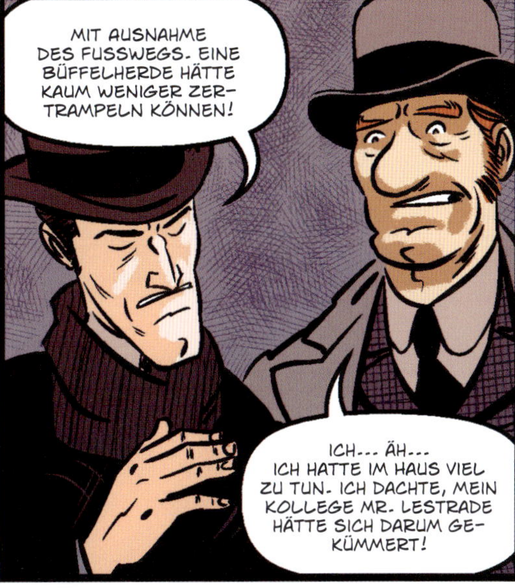
MIT AUSNAHME DES FUSSWEGS. EINE BÜFFELHERDE HÄTTE KAUM WENIGER ZERTRAMPELN KÖNNEN!
ICH... ÄH... ICH HATTE IM HAUS VIEL ZU TUN. ICH DACHTE, MEIN KOLLEGE MR. LESTRADE HÄTTE SICH DARUM GEKÜMMERT!

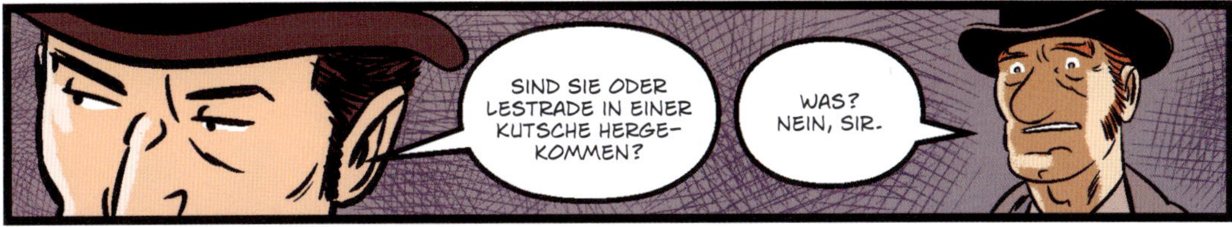
SIND SIE ODER LESTRADE IN EINER KUTSCHE HERGEKOMMEN?
WAS? NEIN, SIR.

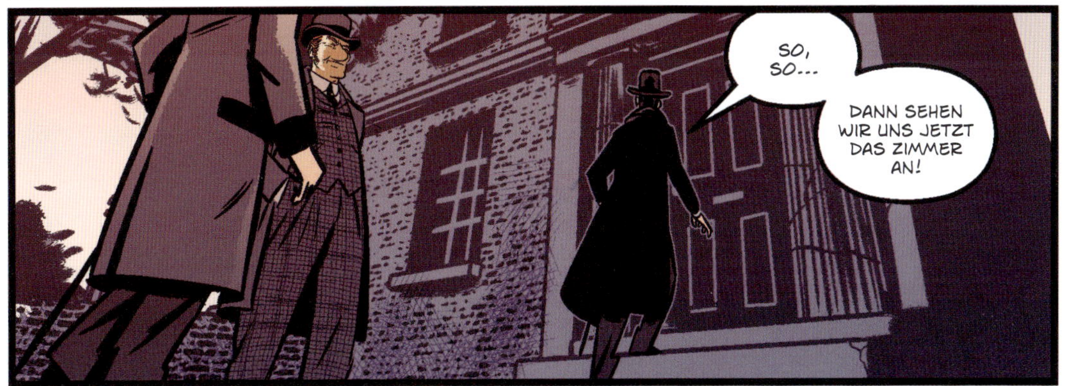
SO, SO...
DANN SEHEN WIR UNS JETZT DAS ZIMMER AN!

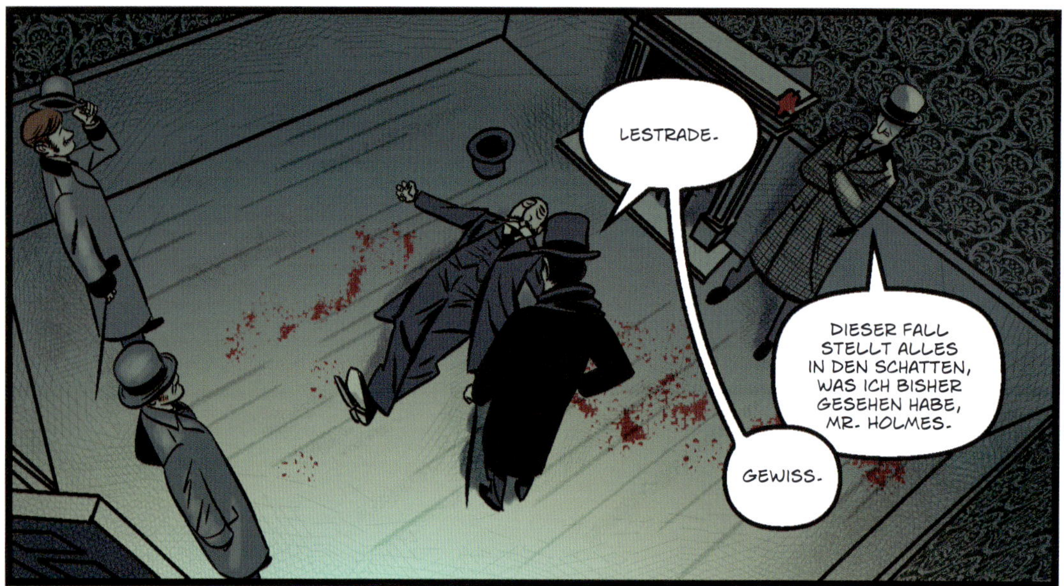
LESTRADE.
DIESER FALL STELLT ALLES IN DEN SCHATTEN, WAS ICH BISHER GESEHEN HABE, MR. HOLMES.
GEWISS.

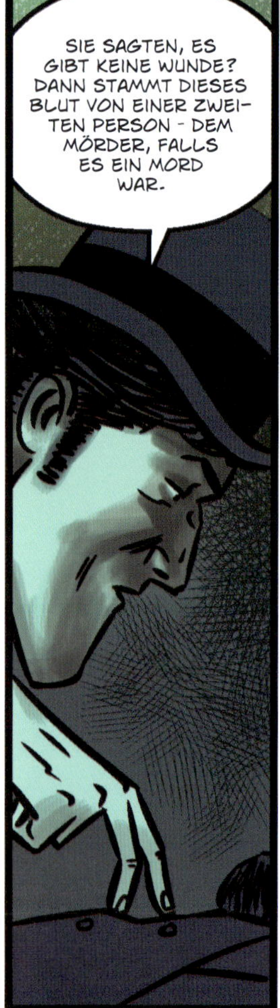
SIE SAGTEN, ES GIBT KEINE WUNDE? DANN STAMMT DIESES BLUT VON EINER ZWEI-TEN PERSON - DEM MÖRDER, FALLS ES EIN MORD WAR.

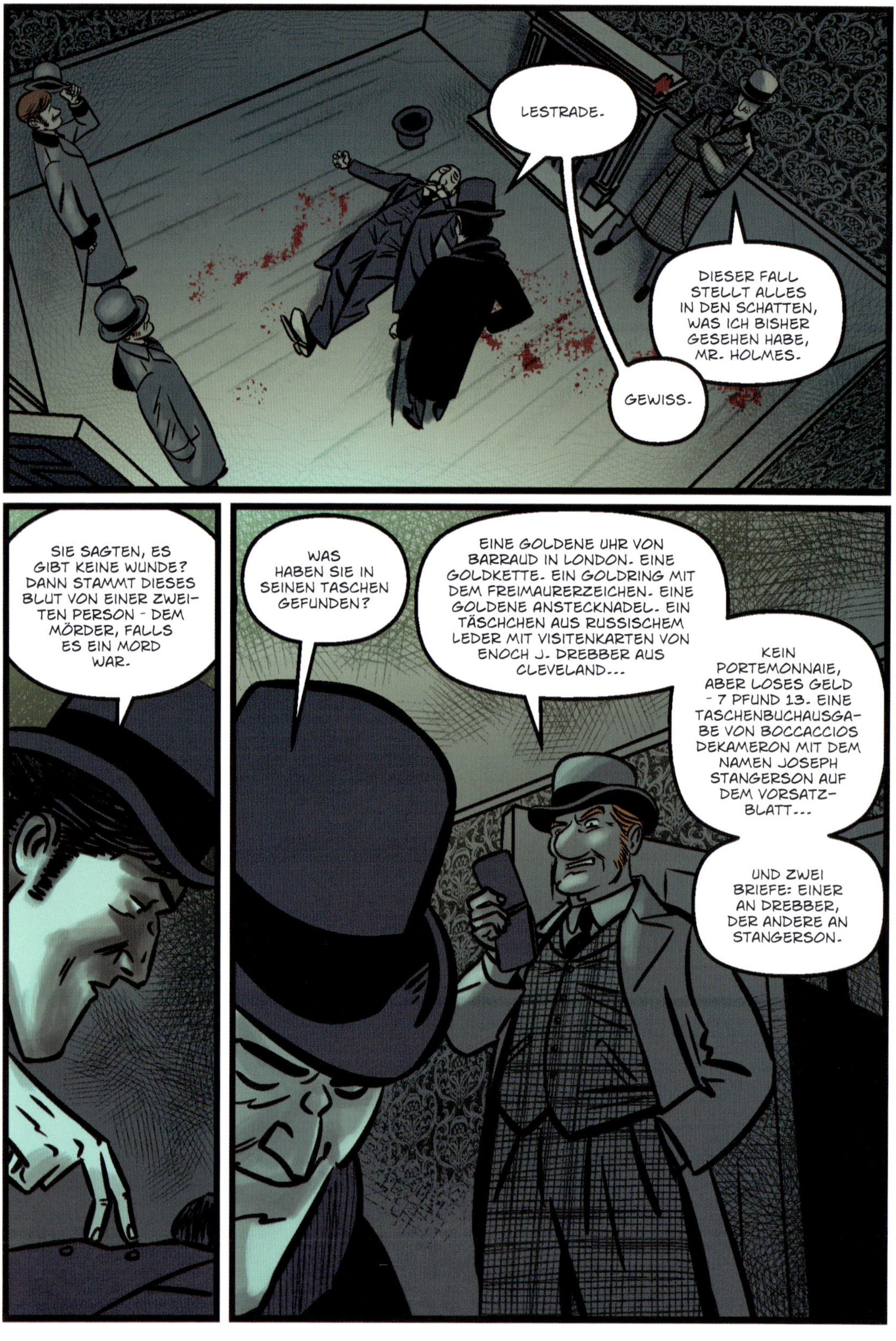

WAS HABEN SIE IN SEINEN TASCHEN GEFUNDEN?
EINE GOLDENE UHR VON BARRAUD IN LONDON. EINE GOLDKETTE. EIN GOLDRING MIT DEM FREIMAURERZEICHEN. EINE GOLDENE ANSTECKNADEL. EIN TÄSCHCHEN AUS RUSSISCHEM LEDER MIT VISITENKARTEN VON ENOCH J. DREBBER AUS CLEVELAND...
KEIN PORTEMONNAIE, ABER LOSES GELD - 7 PFUND 13. EINE TASCHENBUCHAUSGA-BE VON BOCCACCIOS DEKAMERON MIT DEM NAMEN JOSEPH STANGERSON AUF DEM VORSATZ-BLATT...
UND ZWEI BRIEFE: EINER AN DREBBER, DER ANDERE AN STANGERSON.

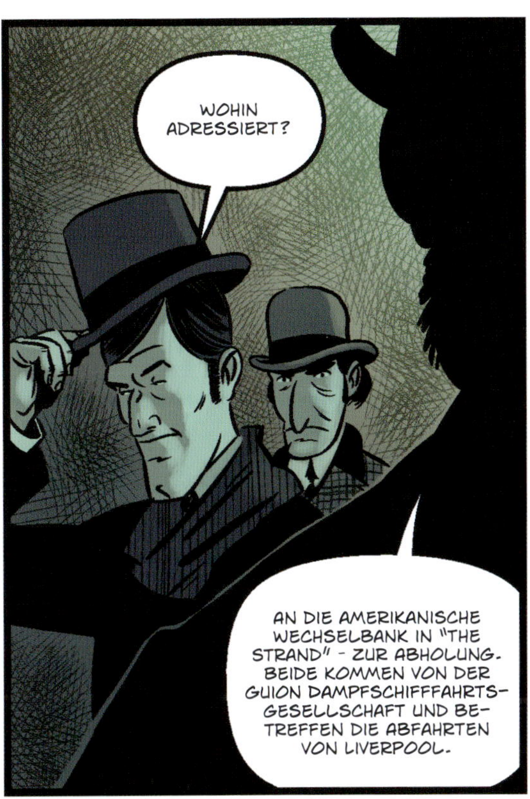
WOHIN ADRESSIERT?
AN DIE AMERIKANISCHE WECHSELBANK IN "THE STRAND" - ZUR ABHOLUNG. BEIDE KOMMEN VON DER GUION DAMPFSCHIFFFAHRTS-GESELLSCHAFT UND BETREFFEN DIE ABFAHRTEN VON LIVERPOOL.

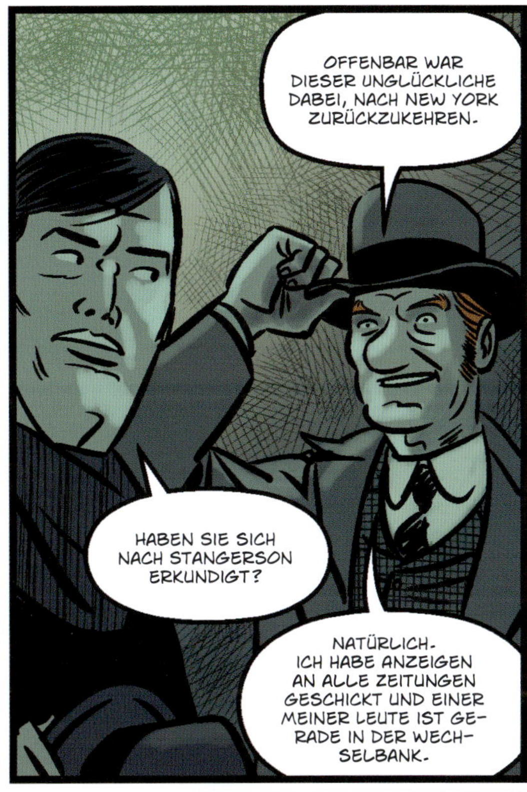
OFFENBAR WAR DIESER UNGLÜCKLICHE DABEI, NACH NEW YORK ZURÜCKZUKEHREN.
HABEN SIE SICH NACH STANGERSON ERKUNDIGT?
NATÜRLICH. ICH HABE ANZEIGEN AN ALLE ZEITUNGEN GESCHICKT UND EINER MEINER LEUTE IST GERADE IN DER WECHSELBANK.

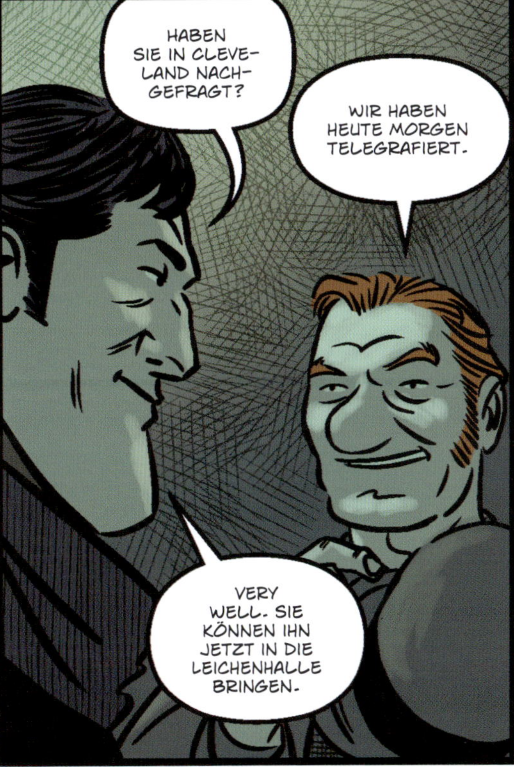
HABEN SIE IN CLEVELAND NACHGEFRAGT?
WIR HABEN HEUTE MORGEN TELEGRAFIERT.
VERY WELL. SIE KÖNNEN IHN JETZT IN DIE LEICHENHALLE BRINGEN.

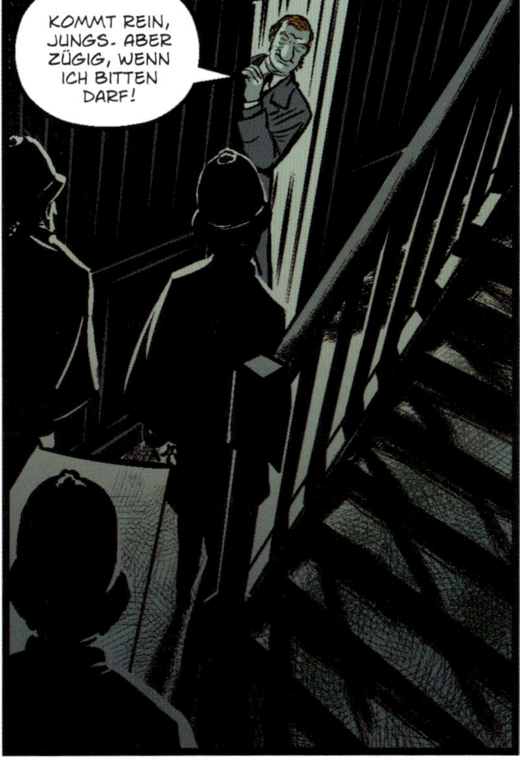
KOMMT REIN, JUNGS. ABER ZÜGIG, WENN ICH BITTEN DARF!

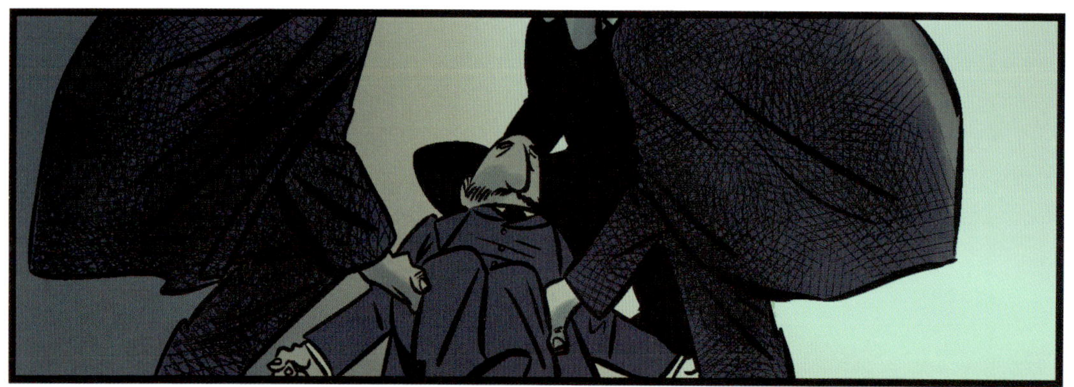
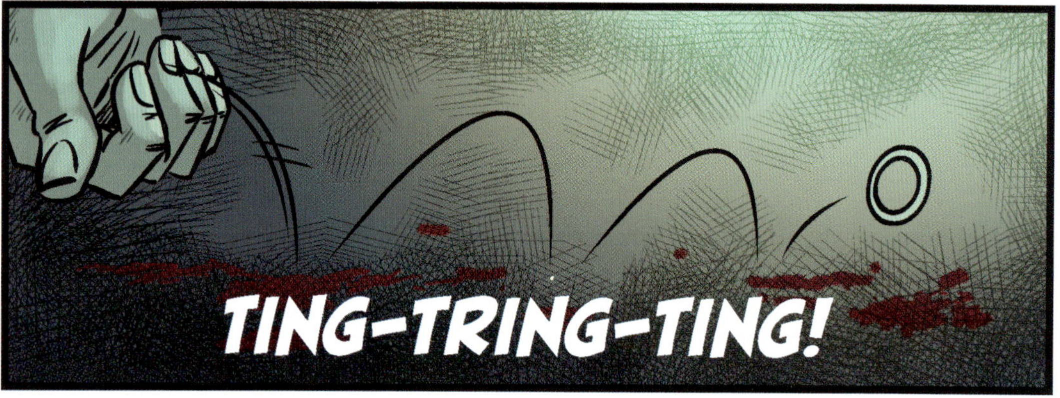
TING-TRING-TING!
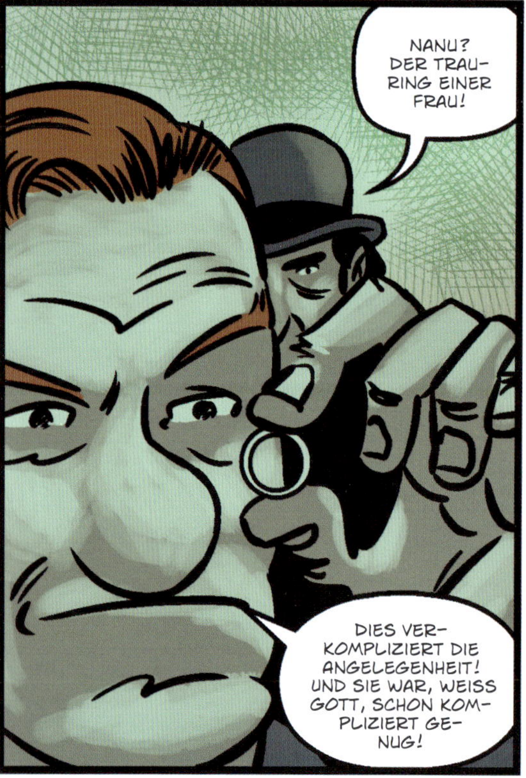
NANU? DER TRAU-RING EINER FRAU!
DIES VER-KOMPLIZIERT DIE ANGELEGENHEIT! UND SIE WAR, WEISS GOTT, SCHON KOM-PLIZIERT GE-NUG!
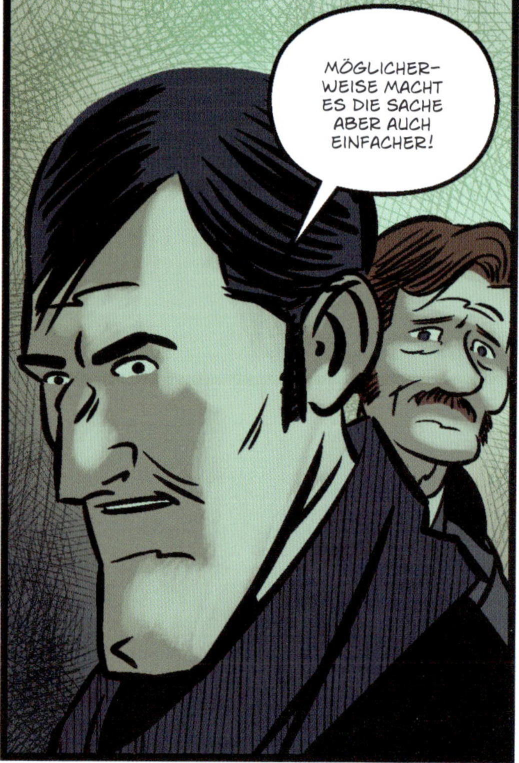
MÖGLICHER-WEISE MACHT ES DIE SACHE ABER AUCH EINFACHER!

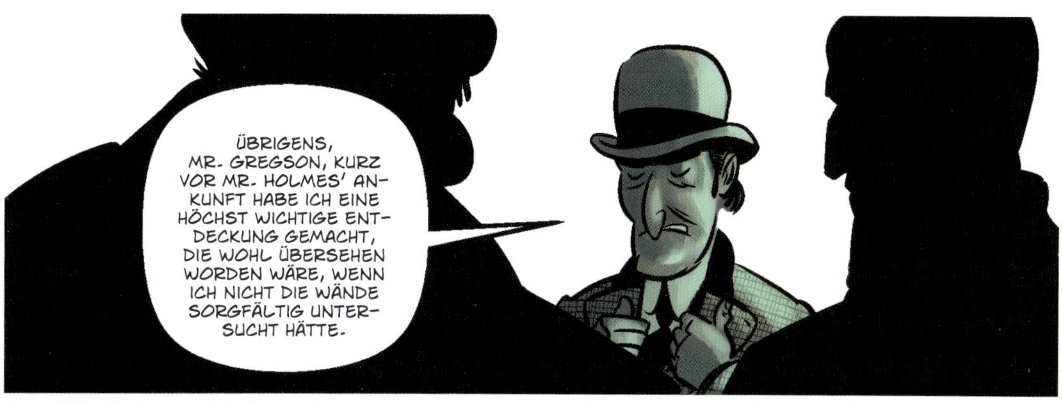
ÜBRIGENS, MR. GREGSON, KURZ VOR MR. HOLMES' ANKUNFT HABE ICH EINE HÖCHST WICHTIGE ENTDECKUNG GEMACHT, DIE WOHL ÜBERSEHEN WORDEN WÄRE, WENN ICH NICHT DIE WÄNDE SORGFÄLTIG UNTERSUCHT HÄTTE.

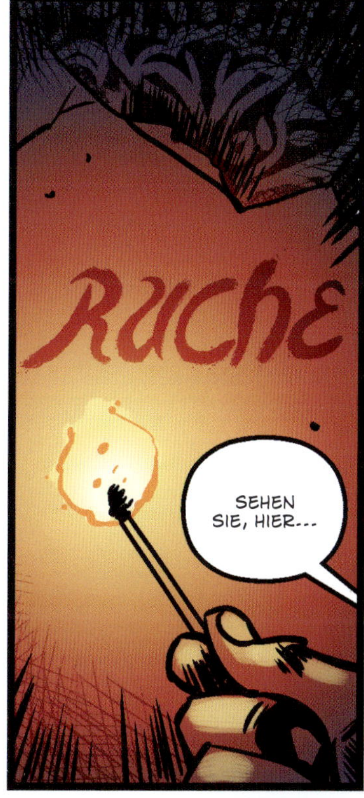
RACHE
SEHEN SIE, HIER...

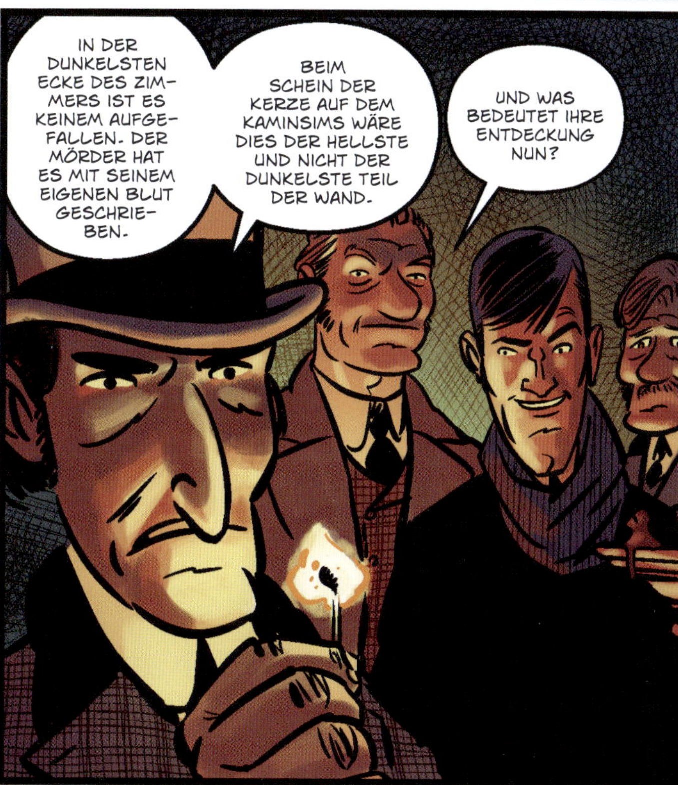
IN DER DUNKELSTEN ECKE DES ZIMMERS IST ES KEINEM AUFGEFALLEN. DER MÖRDER HAT ES MIT SEINEM EIGENEN BLUT GESCHRIEBEN.
BEIM SCHEIN DER KERZE AUF DEM KAMINSIMS WÄRE DIES DER HELLSTE UND NICHT DER DUNKELSTE TEIL DER WAND.
UND WAS BEDEUTET IHRE ENTDECKUNG NUN?

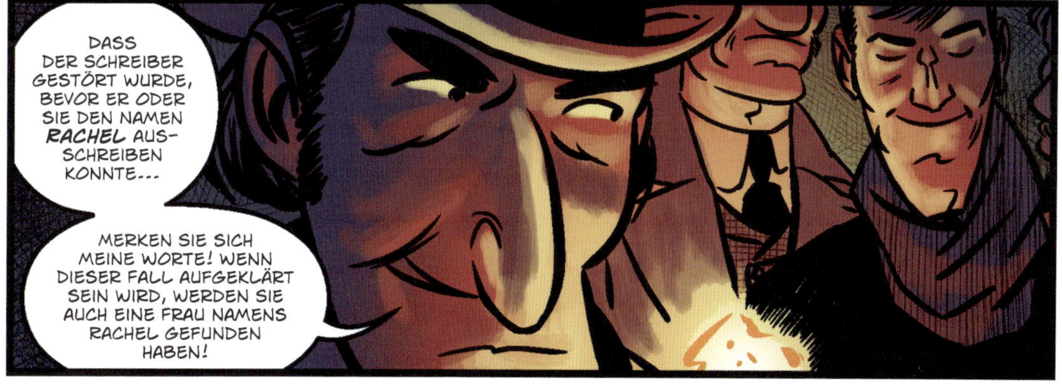
DASS DER SCHREIBER GESTÖRT WURDE, BEVOR ER ODER SIE DEN NAMEN RACHEL AUSSCHREIBEN KONNTE...
MERKEN SIE SICH MEINE WORTE! WENN DIESER FALL AUFGEKLÄRT SEIN WIRD, WERDEN SIE AUCH EINE FRAU NAMENS RACHEL GEFUNDEN HABEN!

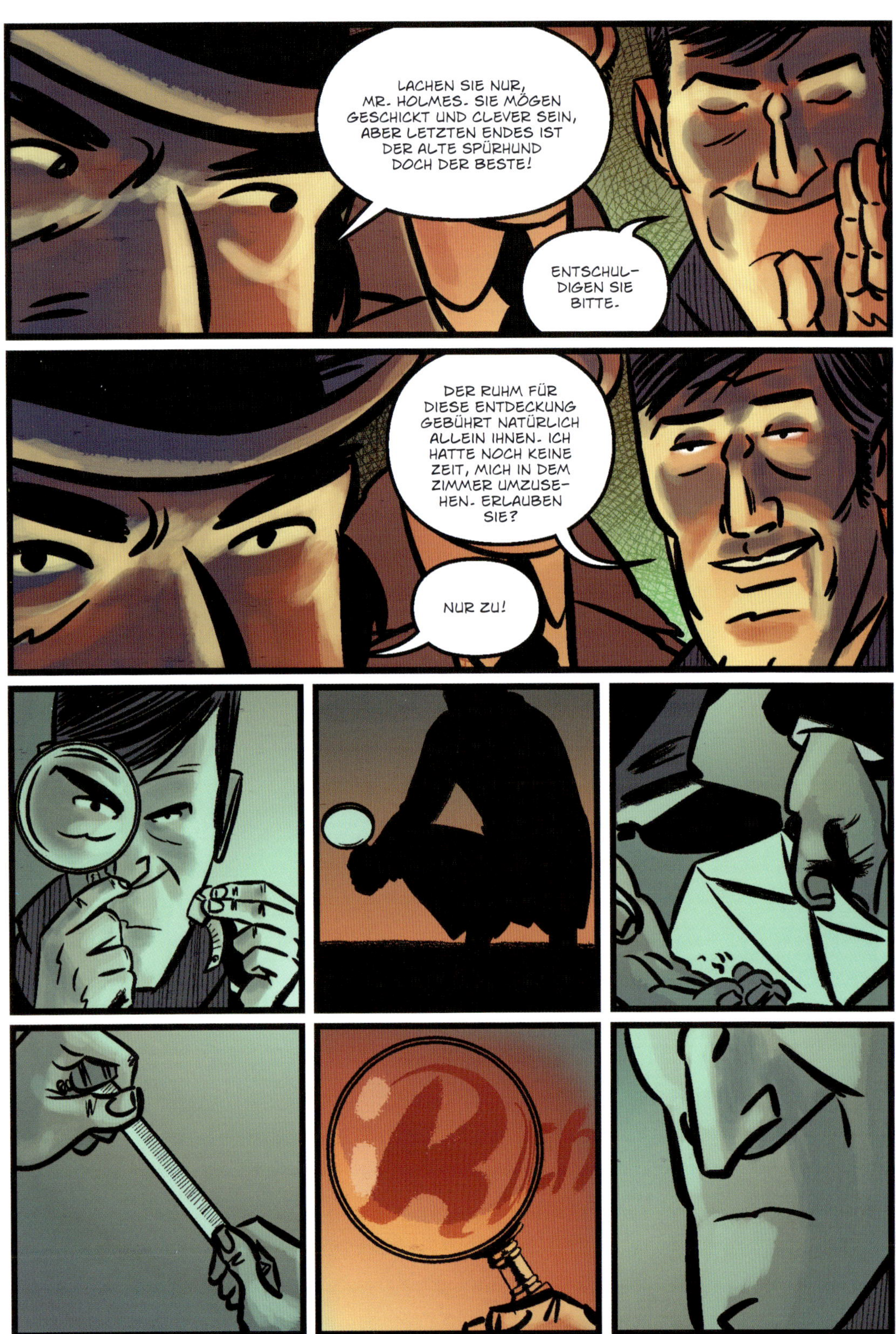
LACHEN SIE NUR, MR. HOLMES. SIE MÖGEN GESCHICKT UND CLEVER SEIN, ABER LETZTEN ENDES IST DER ALTE SPÜRHUND DOCH DER BESTE!
ENTSCHULDIGEN SIE BITTE.
DER RUHM FÜR DIESE ENTDECKUNG GEBÜHRT NATÜRLICH ALLEIN IHNEN. ICH HATTE NOCH KEINE ZEIT, MICH IN DEM ZIMMER UMZUSEHEN. ERLAUBEN SIE?
NUR ZU!

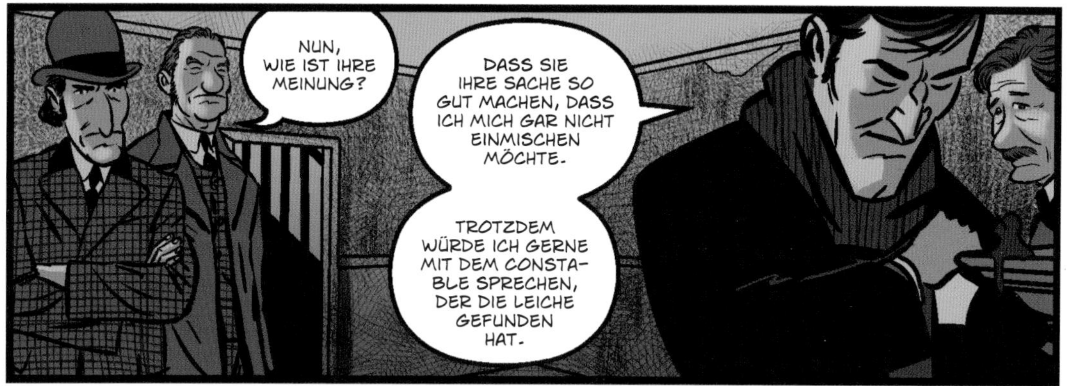
NUN, WIE IST IHRE MEINUNG?
DASS SIE IHRE SACHE SO GUT MACHEN, DASS ICH MICH GAR NICHT EINMISCHEN MÖCHTE.
TROTZDEM WÜRDE ICH GERNE MIT DEM CONSTABLE SPRECHEN, DER DIE LEICHE GEFUNDEN HAT.

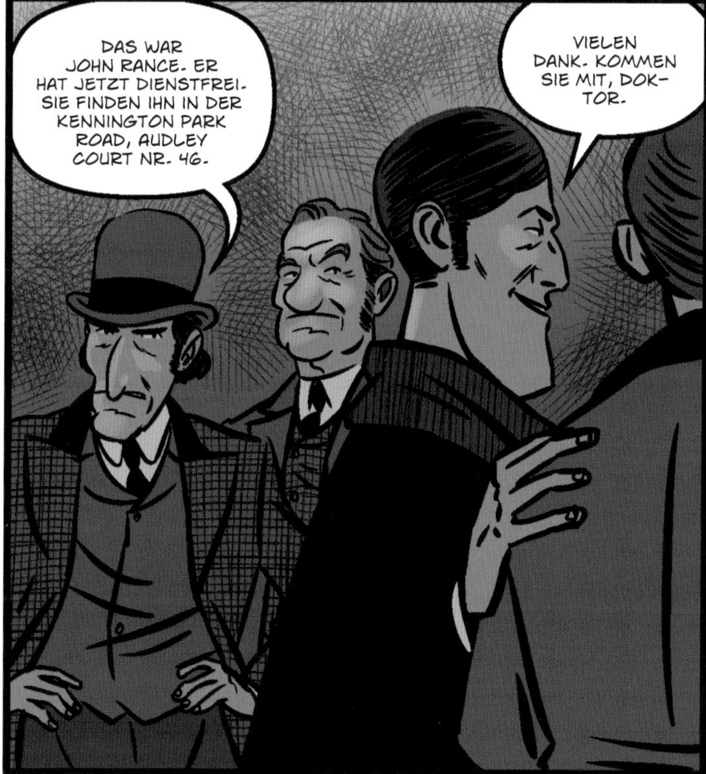
DAS WAR JOHN RANCE. ER HAT JETZT DIENSTFREI. SIE FINDEN IHN IN DER KENNINGTON PARK ROAD, AUDLEY COURT NR. 46.
VIELEN DANK. KOMMEN SIE MIT, DOKTOR.

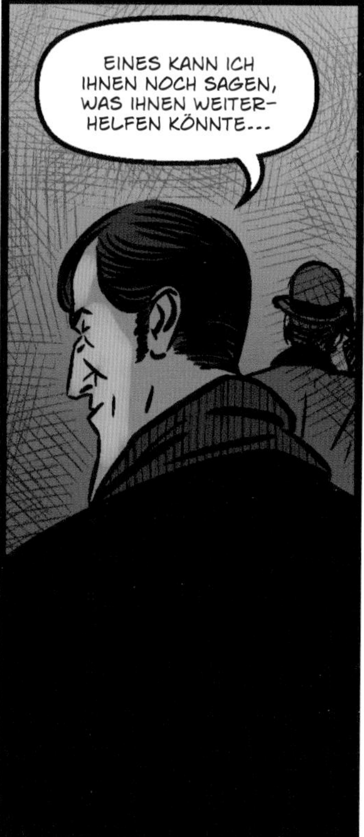
EINES KANN ICH IHNEN NOCH SAGEN, WAS IHNEN WEITERHELFEN KÖNNTE...

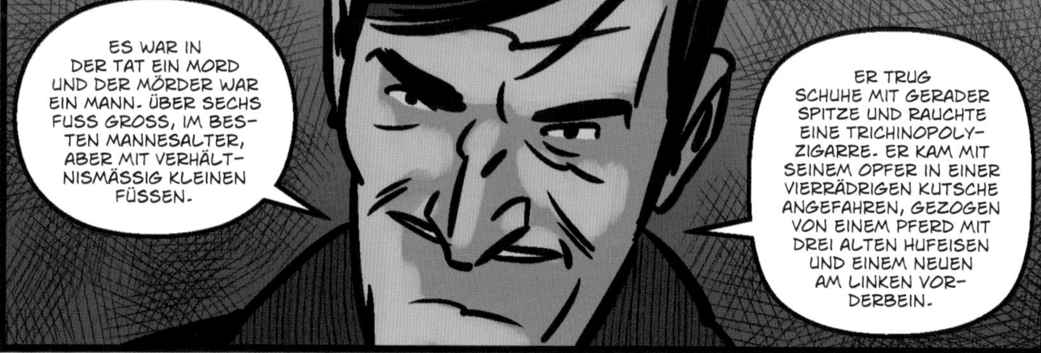
ES WAR IN DER TAT EIN MORD UND DER MÖRDER WAR EIN MANN. ÜBER SECHS FUSS GROSS, IM BESTEN MANNESALTER, ABER MIT VERHÄLTNISMÄSSIG KLEINEN FÜSSEN.
ER TRUG SCHUHE MIT GERADER SPITZE UND RAUCHTE EINE TRICHINOPOLY-ZIGARRE. ER KAM MIT SEINEM OPFER IN EINER VIERRÄDRIGEN KUTSCHE ANGEFAHREN, GEZOGEN VON EINEM PFERD MIT DREI ALTEN HUFEISEN UND EINEM NEUEN AM LINKEN VORDERBEIN.

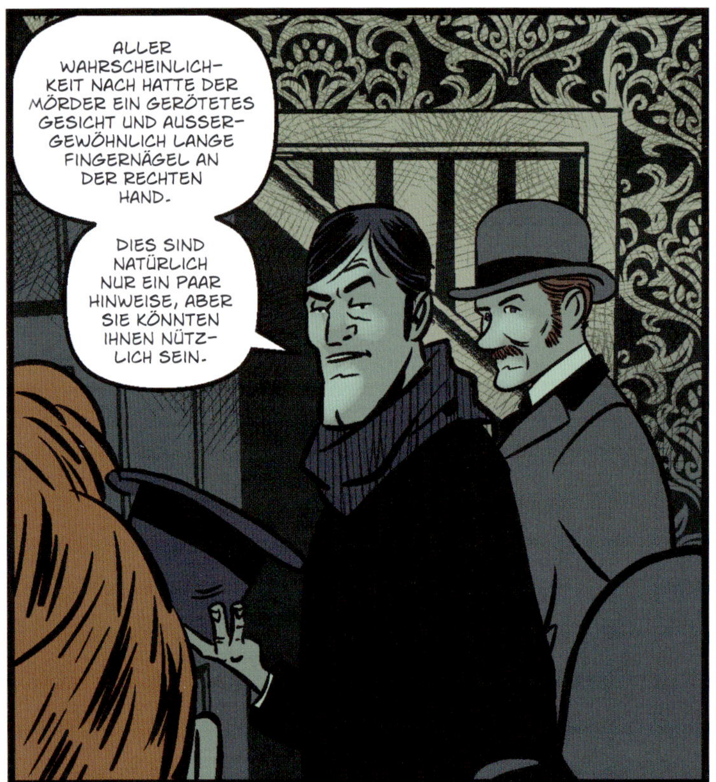
ALLER WAHRSCHEINLICHKEIT NACH HATTE DER MÖRDER EIN GERÖTETES GESICHT UND AUSSERGEWÖHNLICH LANGE FINGERNÄGEL AN DER RECHTEN HAND.
DIES SIND NATÜRLICH NUR EIN PAAR HINWEISE, ABER SIE KÖNNTEN IHNEN NÜTZLICH SEIN.

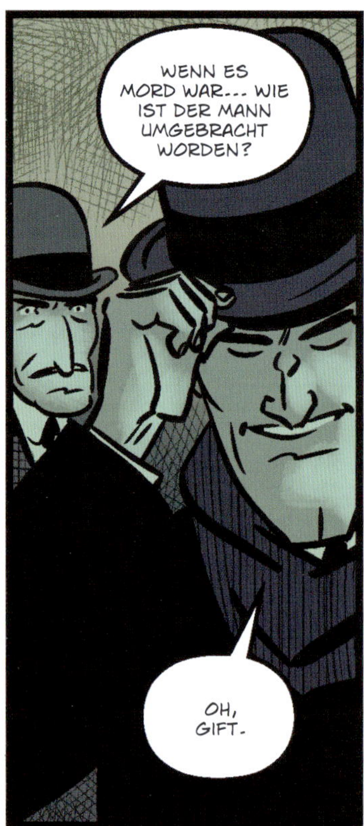
WENN ES MORD WAR... WIE IST DER MANN UMGEBRACHT WORDEN?
OH, GIFT.

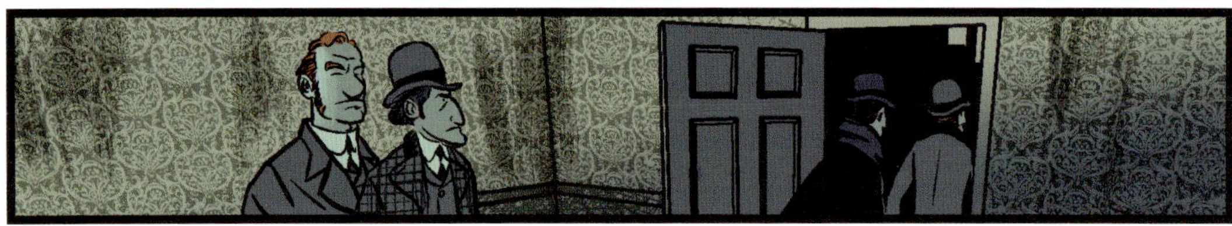
NOCH EINE SACHE, LESTRADE: "RACHE" IST DAS DEUTSCHE WORT FÜR "REVENGE", ALSO SUCHEN SIE NICHT WEITER NACH MISS RACHEL!

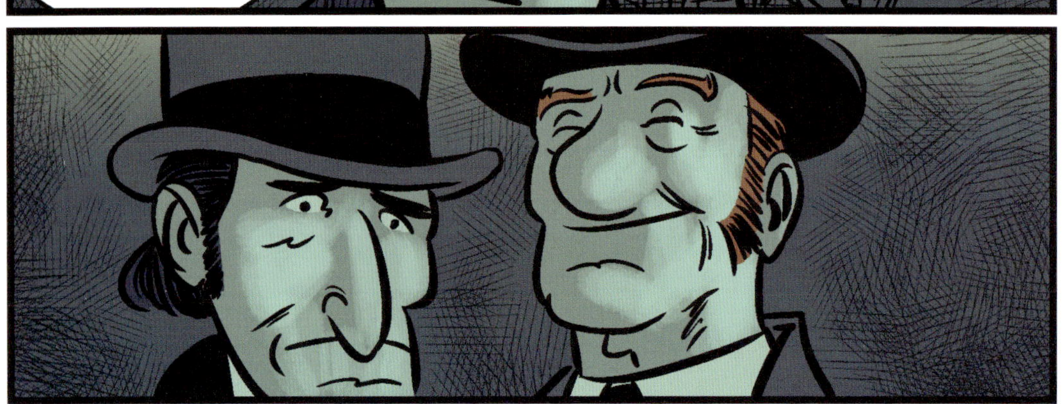

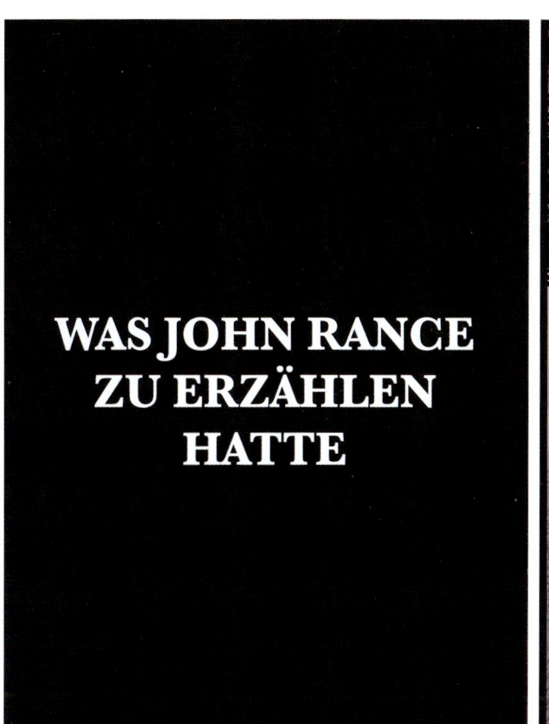
WAS JOHN RANCE
ZU ERZÄHLEN
HATTE

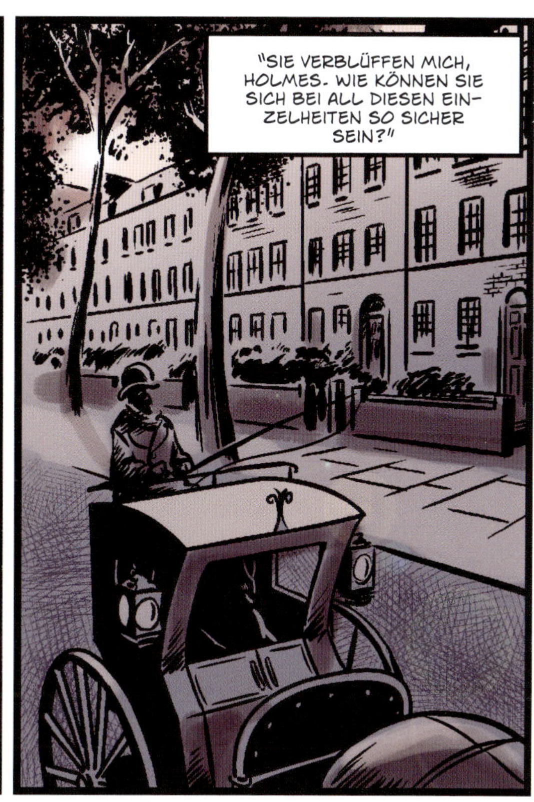
"SIE VERBLÜFFEN MICH, HOLMES. WIE KÖNNEN SIE SICH BEI ALL DIESEN EINZELHEITEN SO SICHER SEIN?"

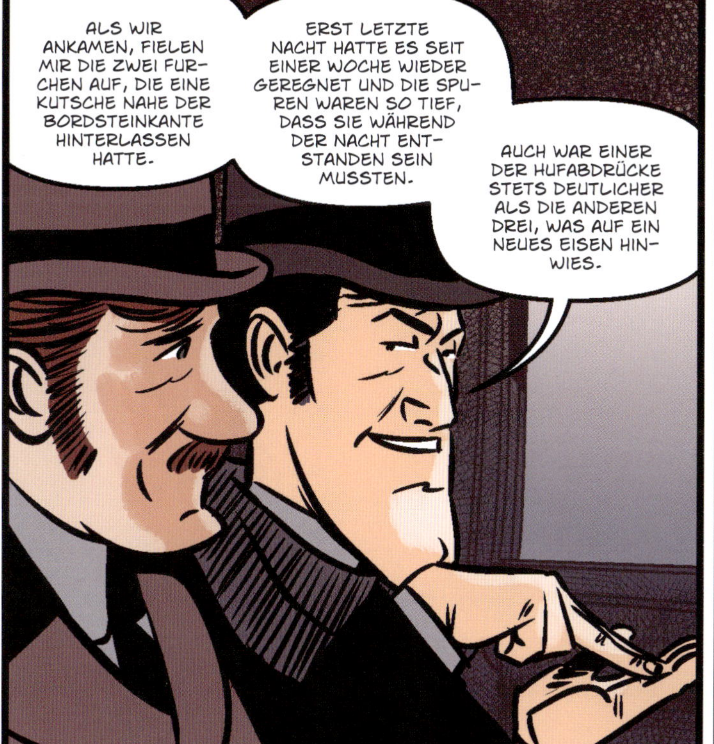
ALS WIR ANKAMEN, FIELEN MIR DIE ZWEI FURCHEN AUF, DIE EINE KUTSCHE NAHE DER BORDSTEINKANTE HINTERLASSEN HATTE.
ERST LETZTE NACHT HATTE ES SEIT EINER WOCHE WIEDER GEREGNET UND DIE SPUREN WAREN SO TIEF, DASS SIE WÄHREND DER NACHT ENTSTANDEN SEIN MUSSTEN.
AUCH WAR EINER DER HUFABDRÜCKE STETS DEUTLICHER ALS DIE ANDEREN DREI, WAS AUF EIN NEUES EISEN HINWIES.

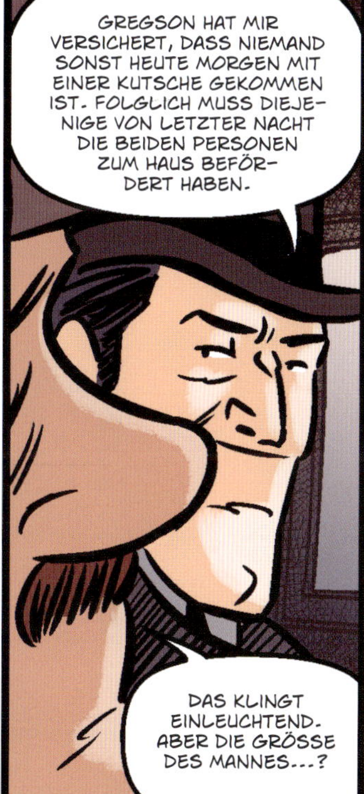
GREGSON HAT MIR VERSICHERT, DASS NIEMAND SONST HEUTE MORGEN MIT EINER KUTSCHE GEKOMMEN IST. FOLGLICH MUSS DIEJENIGE VON LETZTER NACHT DIE BEIDEN PERSONEN ZUM HAUS BEFÖRDERT HABEN.
DAS KLINGT EINLEUCHTEND. ABER DIE GRÖSSE DES MANNES...?

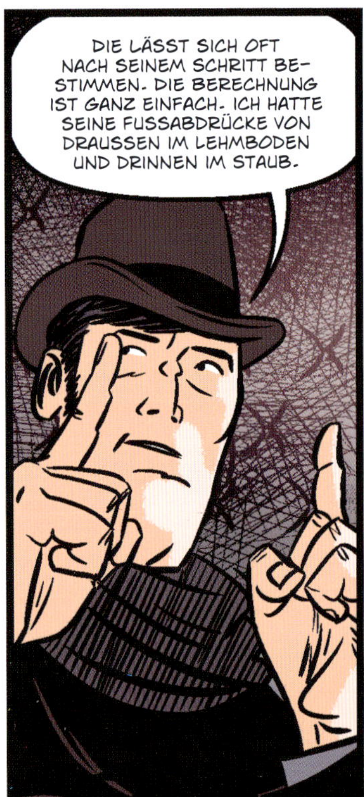
DIE LÄSST SICH OFT NACH SEINEM SCHRITT BESTIMMEN. DIE BERECHNUNG IST GANZ EINFACH. ICH HATTE SEINE FUSSABDRÜCKE VON DRAUSSEN IM LEHMBODEN UND DRINNEN IM STAUB.

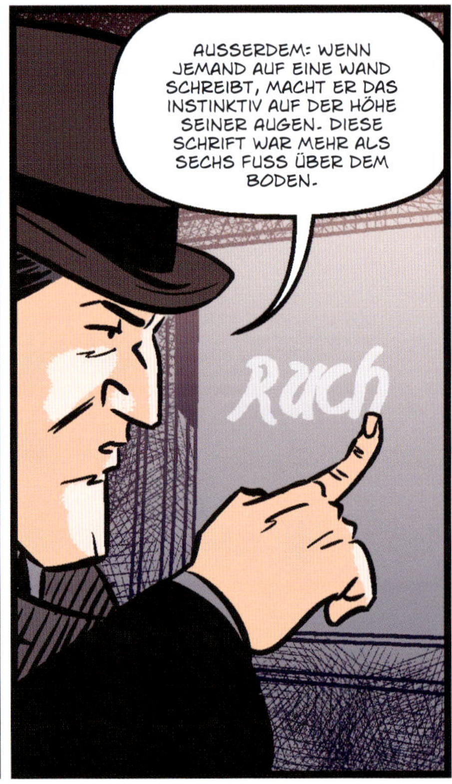
AUSSERDEM: WENN JEMAND AUF EINE WAND SCHREIBT, MACHT ER DAS INSTINKTIV AUF DER HÖHE SEINER AUGEN. DIESE SCHRIFT WAR MEHR ALS SECHS FUSS ÜBER DEM BODEN.
Rach

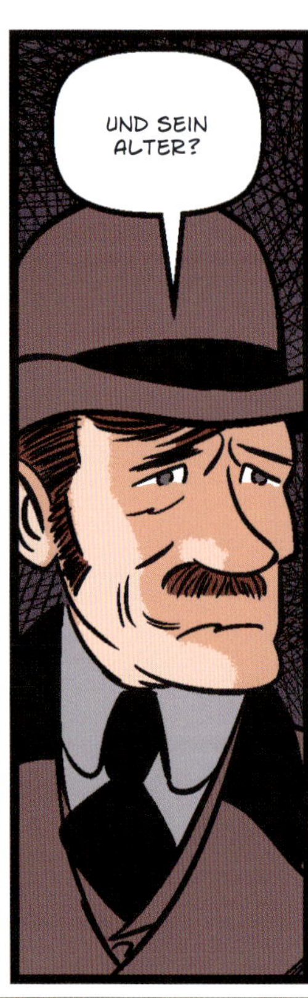
UND SEIN ALTER?

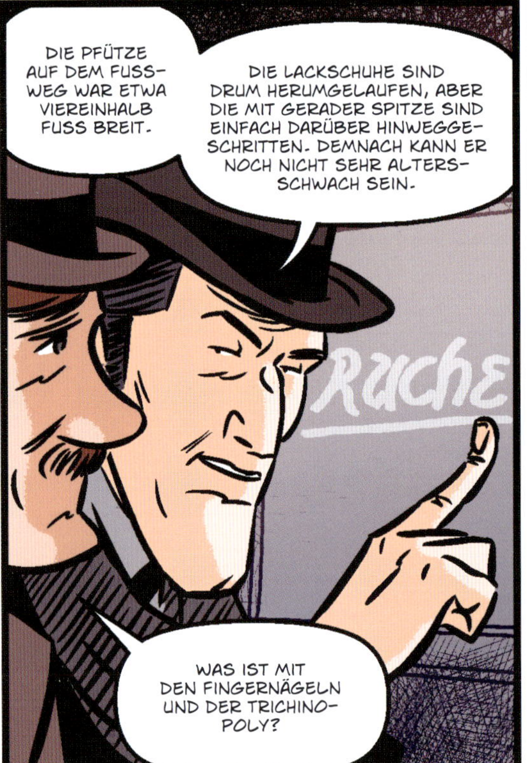
DIE PFÜTZE AUF DEM FUSSWEG WAR ETWA VIEREINHALB FUSS BREIT.
DIE LACKSCHUHE SIND DRUM HERUMGELAUFEN, ABER DIE MIT GERADER SPITZE SIND EINFACH DARÜBER HINWEGGESCHRITTEN. DEMNACH KANN ER NOCH NICHT SEHR ALTERSSCHWACH SEIN.
RACHE
WAS IST MIT DEN FINGERNÄGELN UND DER TRICHINOPOLY?

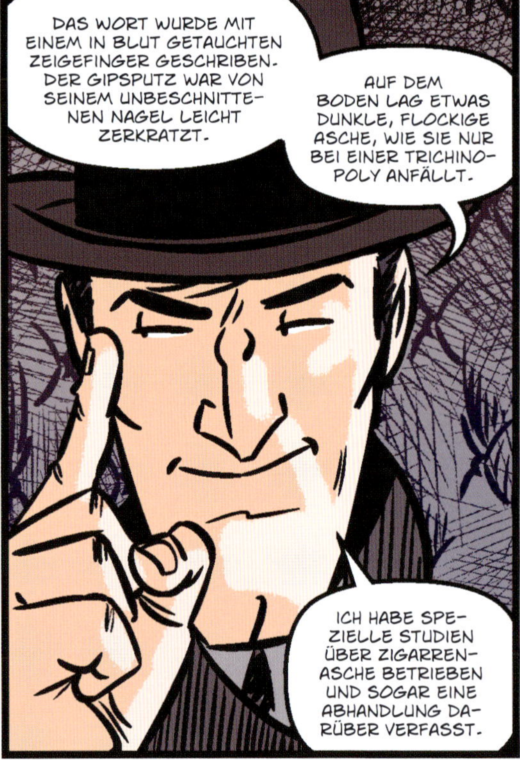
DAS WORT WURDE MIT EINEM IN BLUT GETAUCHTEN ZEIGEFINGER GESCHRIBEN. DER GIPSPUTZ WAR VON SEINEM UNBESCHNITTENEN NAGEL LEICHT ZERKRATZT.
AUF DEM BODEN LAG ETWAS DUNKLE, FLOCKIGE ASCHE, WIE SIE NUR BEI EINER TRICHINOPOLY ANFÄLLT.
ICH HABE SPEZIELLE STUDIEN ÜBER ZIGARRENASCHE BETRIEBEN UND SOGAR EINE ABHANDLUNG DARÜBER VERFASST.

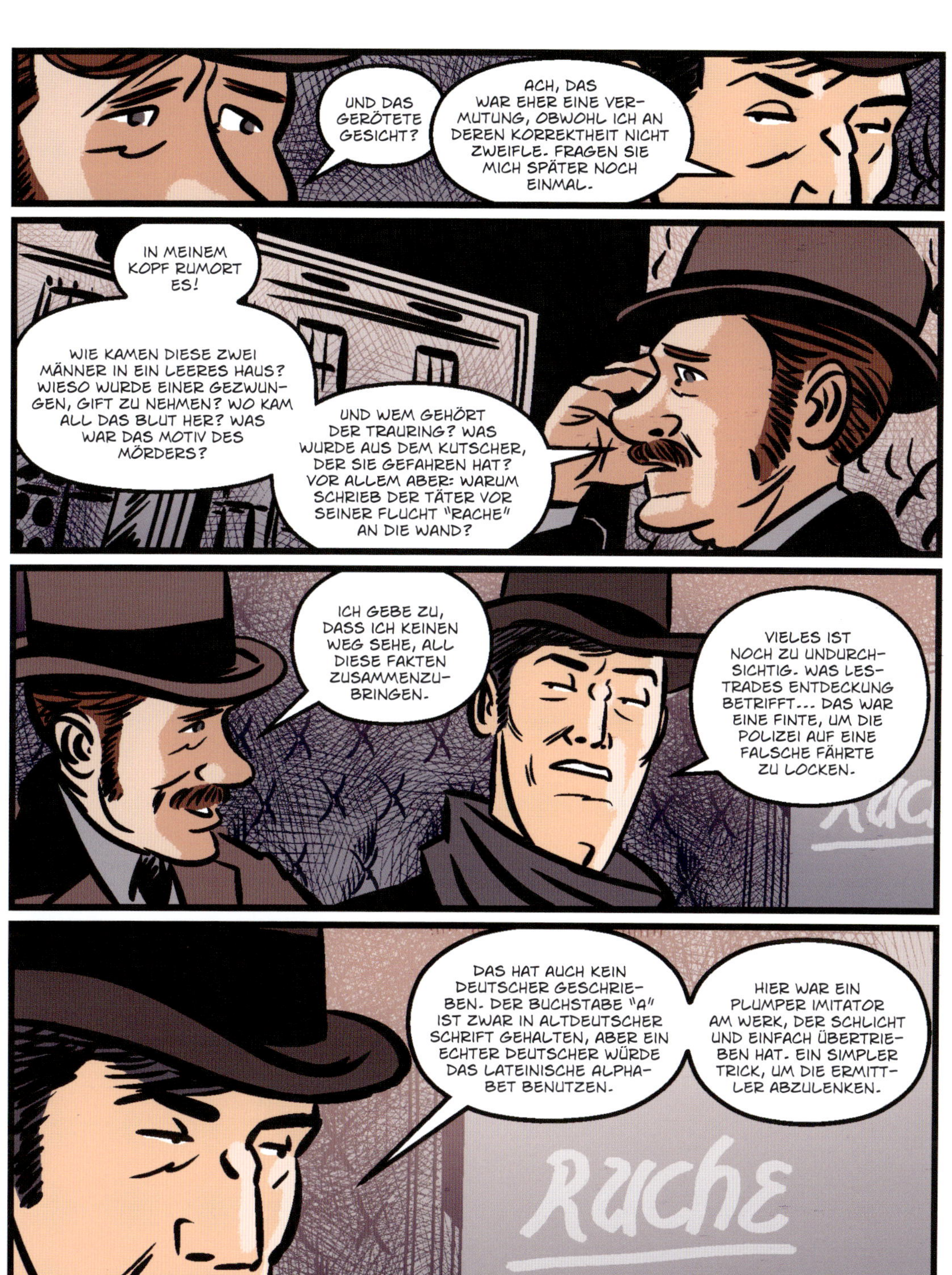
UND DAS GERÖTETE GESICHT?
ACH, DAS WAR EHER EINE VERMUTUNG, OBWOHL ICH AN DEREN KORREKTHEIT NICHT ZWEIFLE. FRAGEN SIE MICH SPÄTER NOCH EINMAL.
IN MEINEM KOPF RUMORT ES!
WIE KAMEN DIESE ZWEI MÄNNER IN EIN LEERES HAUS? WIESO WURDE EINER GEZWUNGEN, GIFT ZU NEHMEN? WO KAM ALL DAS BLUT HER? WAS WAR DAS MOTIV DES MÖRDERS?
UND WEM GEHÖRT DER TRAURING? WAS WURDE AUS DEM KUTSCHER, DER SIE GEFAHREN HAT? VOR ALLEM ABER: WARUM SCHRIEB DER TÄTER VOR SEINER FLUCHT "RACHE" AN DIE WAND?
ICH GEBE ZU, DASS ICH KEINEN WEG SEHE, ALL DIESE FAKTEN ZUSAMMENZUBRINGEN.
VIELES IST NOCH ZU UNDURCHSICHTIG. WAS LESTRADES ENTDECKUNG BETRIFFT... DAS WAR EINE FINTE, UM DIE POLIZEI AUF EINE FALSCHE FÄHRTE ZU LOCKEN.
DAS HAT AUCH KEIN DEUTSCHER GESCHRIEBEN. DER BUCHSTABE "A" IST ZWAR IN ALTDEUTSCHER SCHRIFT GEHALTEN, ABER EIN ECHTER DEUTSCHER WÜRDE DAS LATEINISCHE ALPHABET BENUTZEN.
HIER WAR EIN PLUMPER IMITATOR AM WERK, DER SCHLICHT UND EINFACH ÜBERTRIEBEN HAT. EIN SIMPLER TRICK, UM DIE ERMITTLER ABZULENKEN.
RACHE

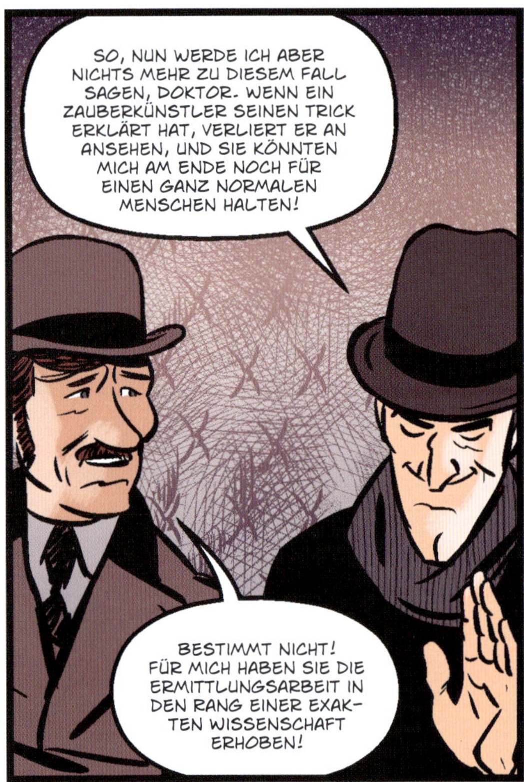

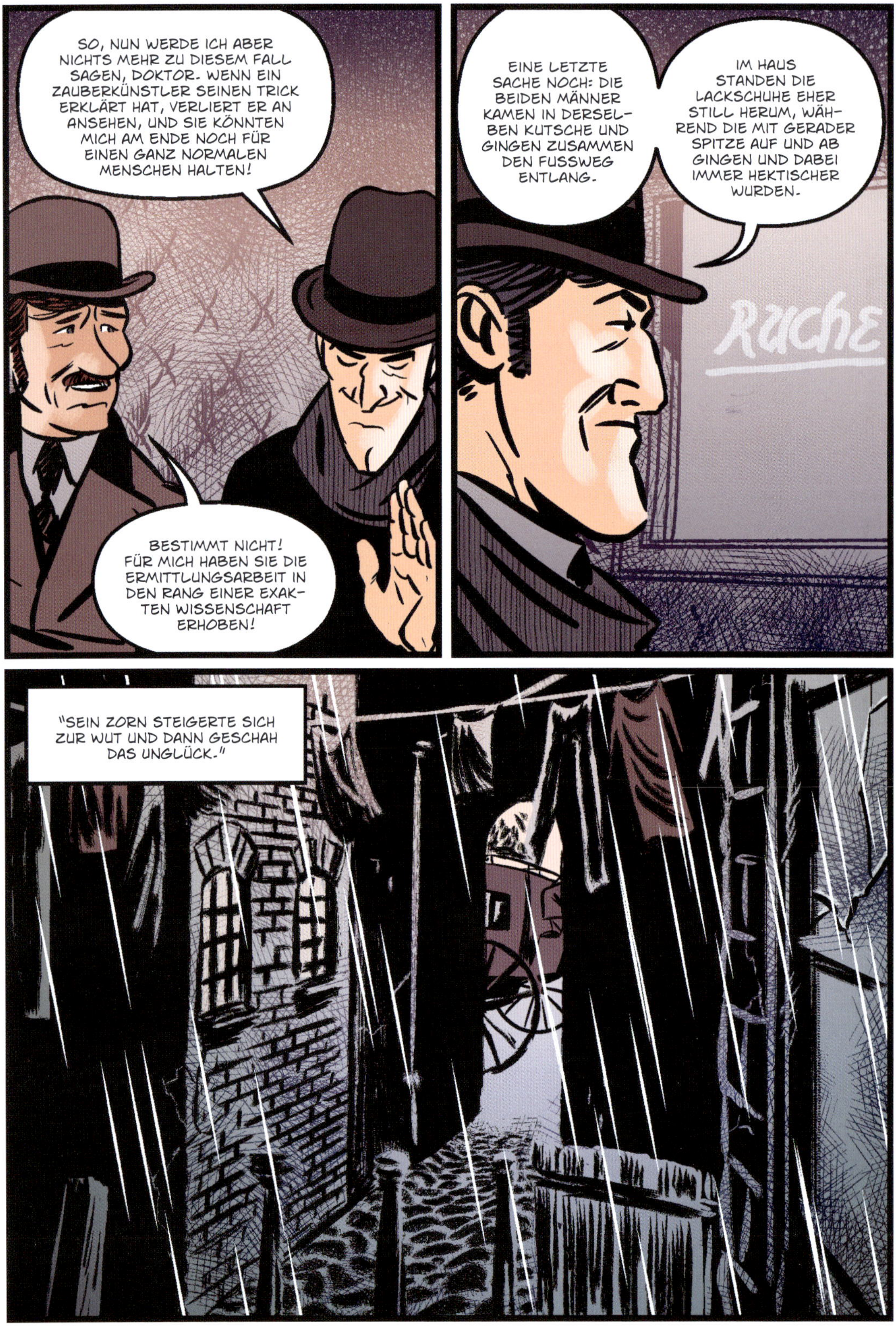

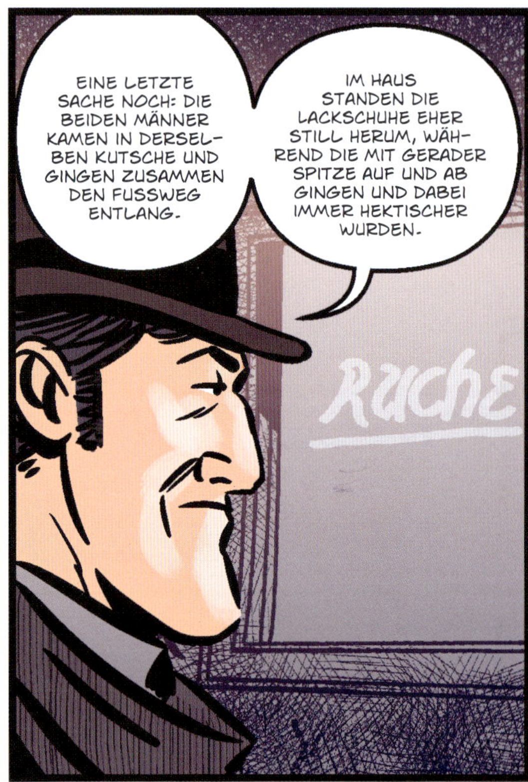

"SEIN ZORN STEIGERTE SICH ZUR WUT UND DANN GESCHAH DAS UNGLÜCK."

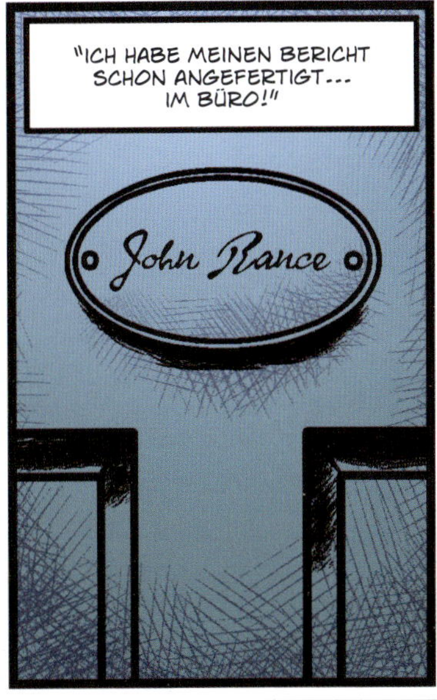

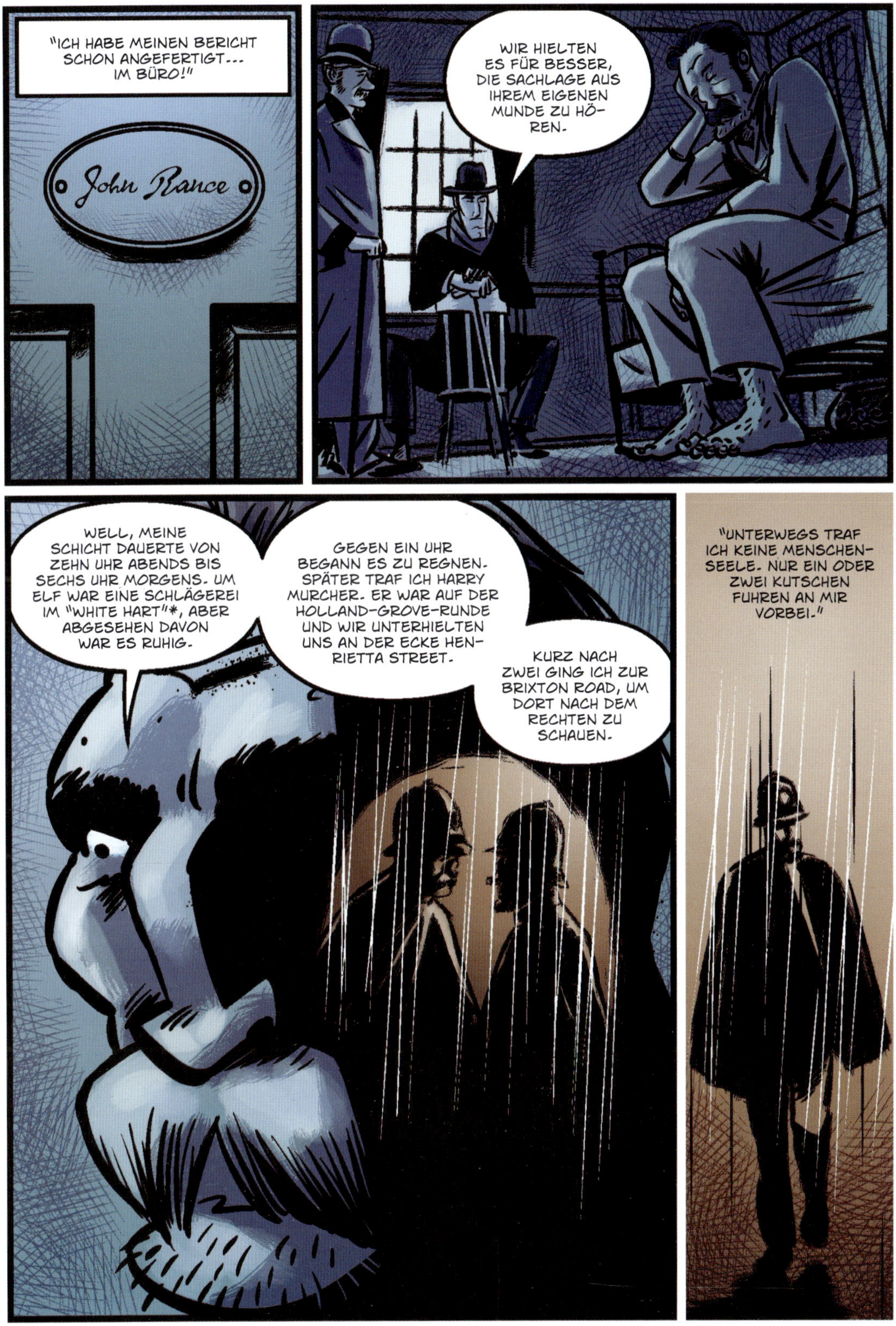

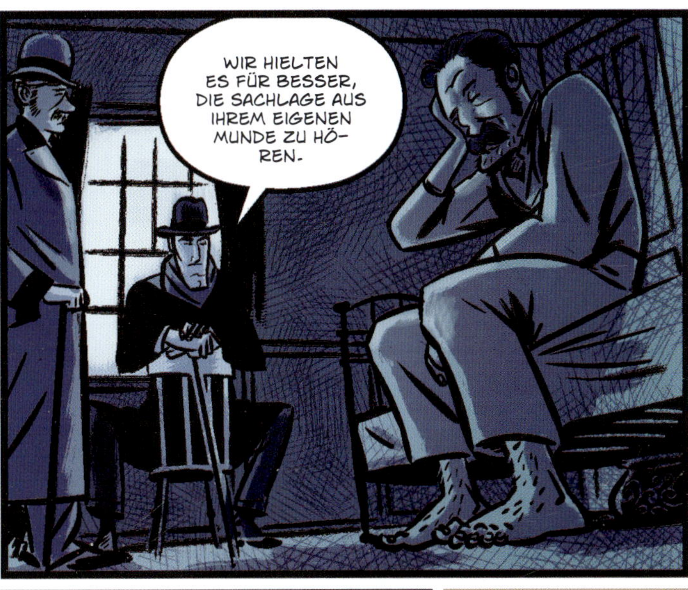

WELL, MEINE SCHICHT DAUERTE VON ZEHN UHR ABENDS BIS SECHS UHR MORGENS. UM ELF WAR EINE SCHLÄGEREI IM "WHITE HART"*, ABER ABGESEHEN DAVON WAR ES RUHIG.

GEGEN EIN UHR BEGANN ES ZU REGNEN. SPÄTER TRAF ICH HARRY MURCHER. ER WAR AUF DER HOLLAND-GROVE-RUNDE UND WIR UNTERHIELTEN UNS AN DER ECKE HENRIETTA STREET.

KURZ NACH ZWEI GING ICH ZUR BRIXTON ROAD, UM DORT NACH DEM RECHTEN ZU SCHAUEN.

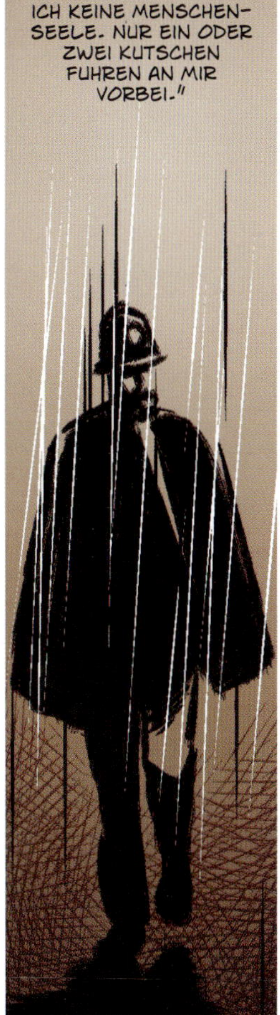

*IM "WEISSEN HIRSCH"

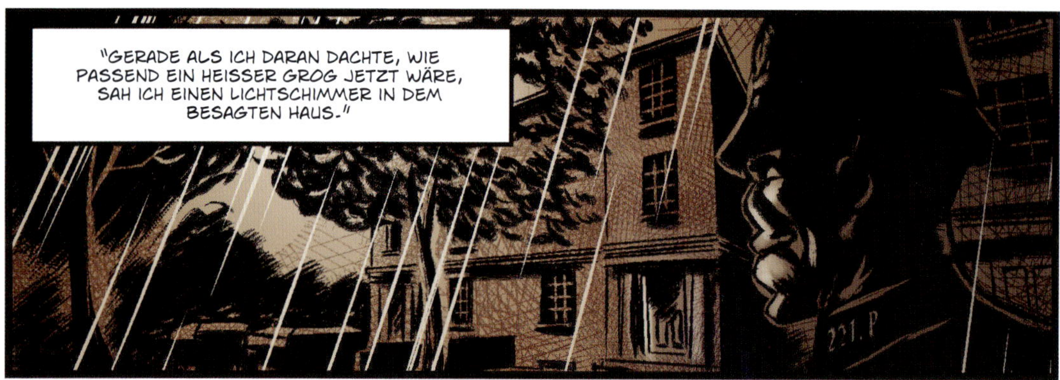
"GERADE ALS ICH DARAN DACHTE, WIE PASSEND EIN HEISSER GROG JETZT WÄRE, SAH ICH EINEN LICHTSCHIMMER IN DEM BESAGTEN HAUS."
221.P

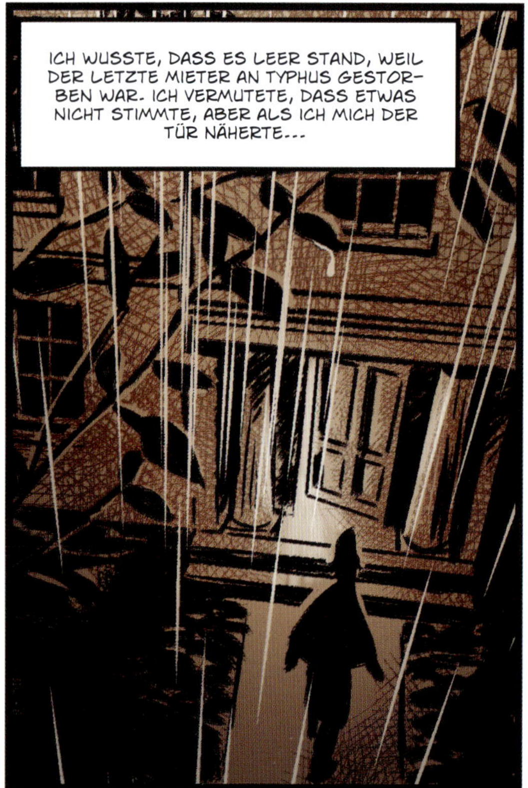
ICH WUSSTE, DASS ES LEER STAND, WEIL DER LETZTE MIETER AN TYPHUS GESTORBEN WAR. ICH VERMUTETE, DASS ETWAS NICHT STIMMTE, ABER ALS ICH MICH DER TÜR NÄHERTE...

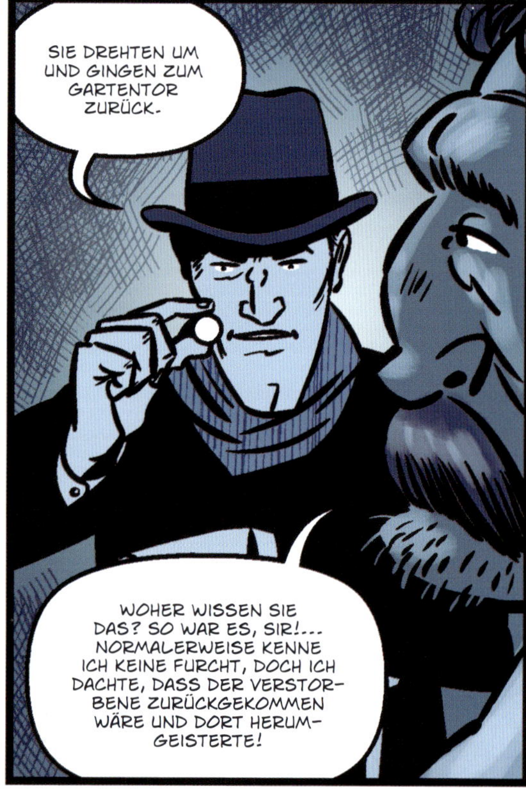
SIE DREHTEN UM UND GINGEN ZUM GARTENTOR ZURÜCK.
WOHER WISSEN SIE DAS? SO WAR ES, SIR!... NORMALERWEISE KENNE ICH KEINE FURCHT, DOCH ICH DACHTE, DASS DER VERSTORBENE ZURÜCKGEKOMMEN WÄRE UND DORT HERUMGEISTERTE!

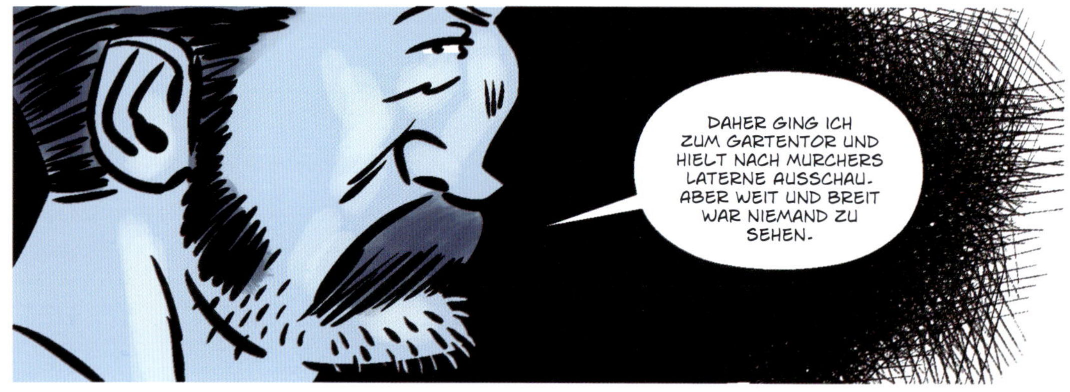
DAHER GING ICH ZUM GARTENTOR UND HIELT NACH MURCHERS LATERNE AUSSCHAU. ABER WEIT UND BREIT WAR NIEMAND ZU SEHEN.

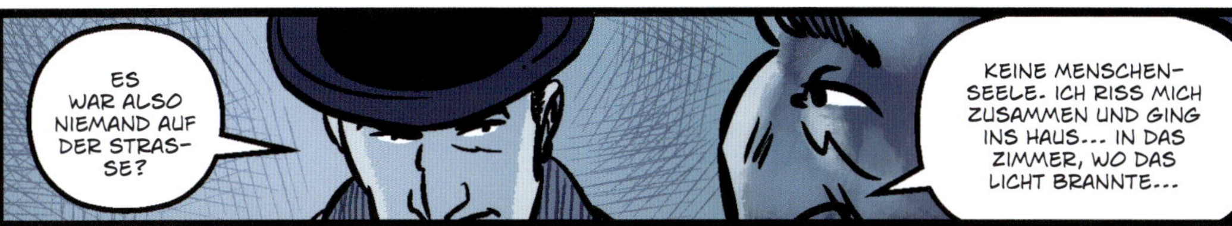

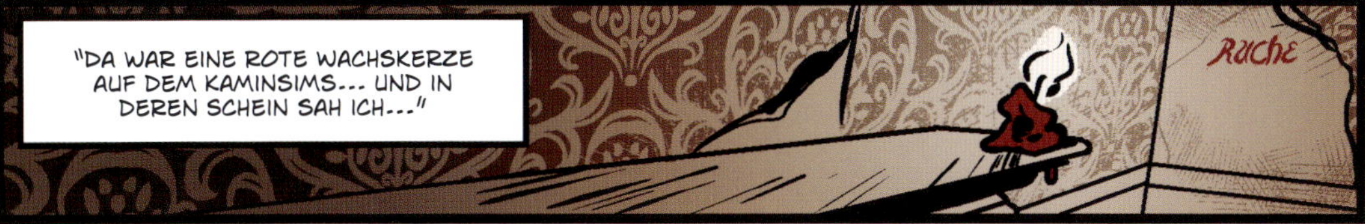

JA, ICH WEISS, WAS SIE SAHEN... UND TATEN. SIE LIEFEN MEHRMALS UM DAS ZIMMER HERUM, KNIETEN VOR DEM LEICHNAM UND VERSUCHTEN DANN DIE KÜCHENTÜR ZU ÖFFNEN.

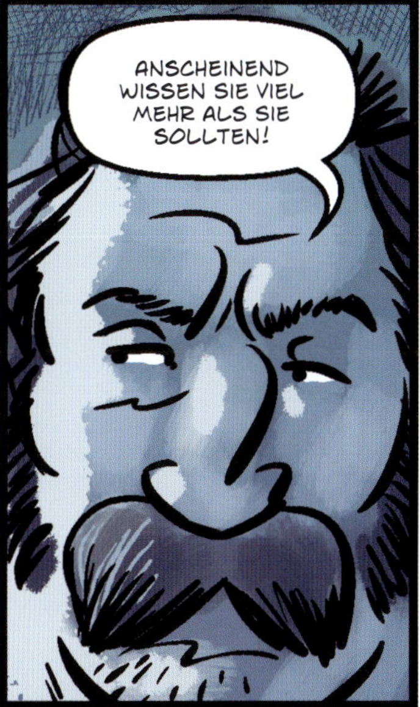

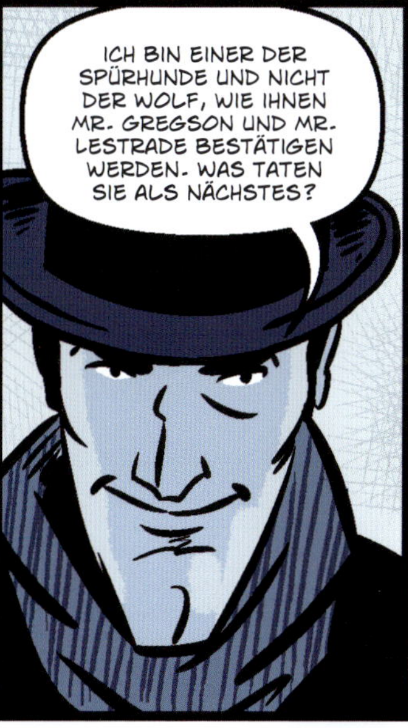

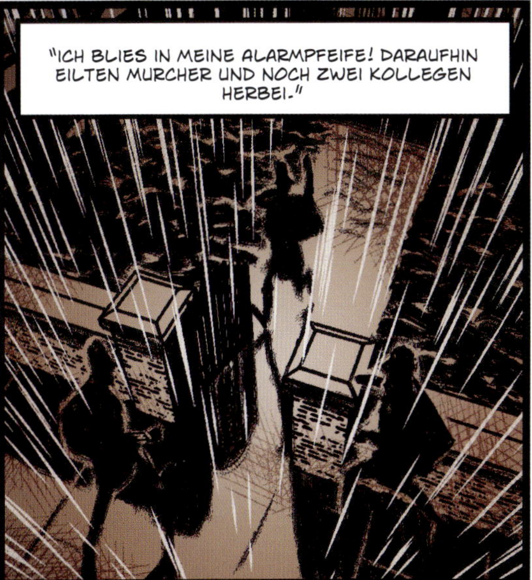

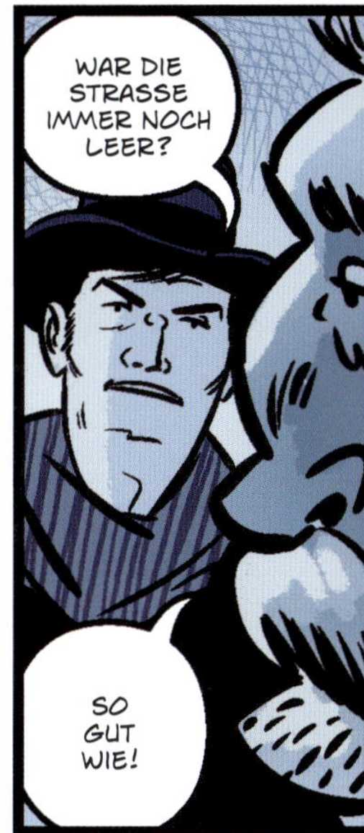

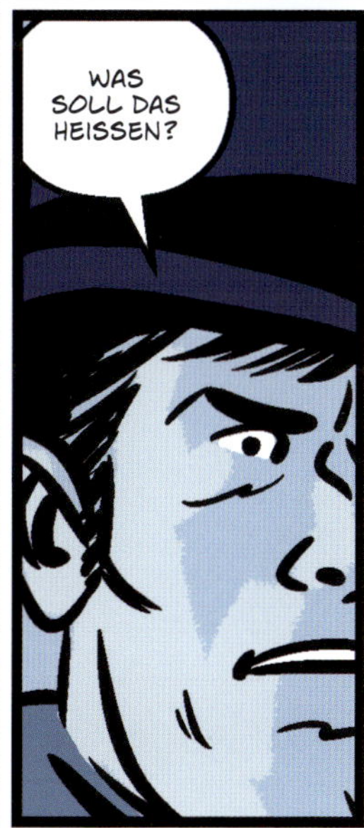

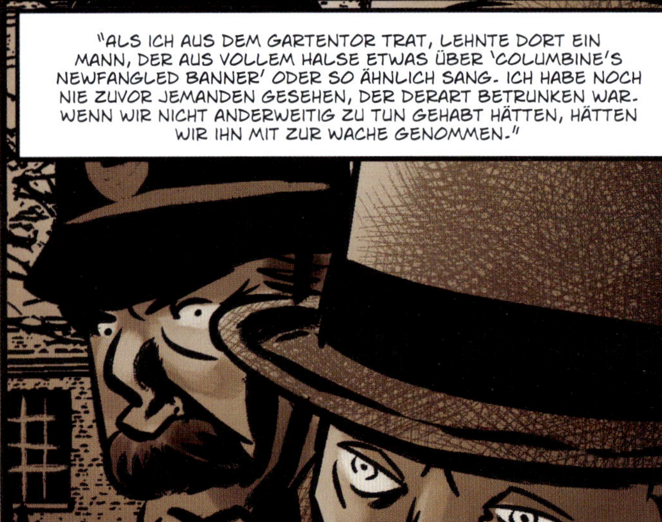

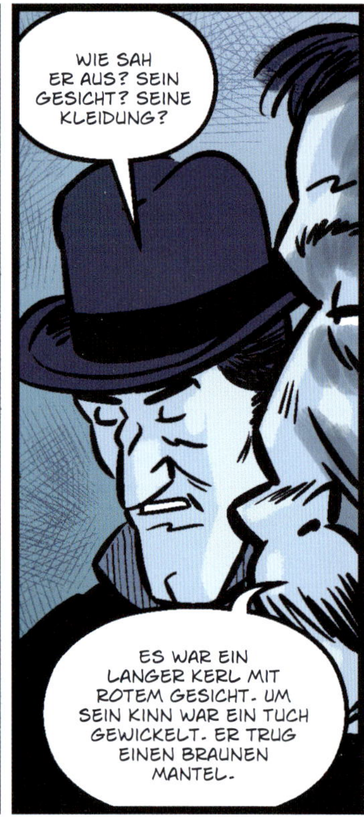

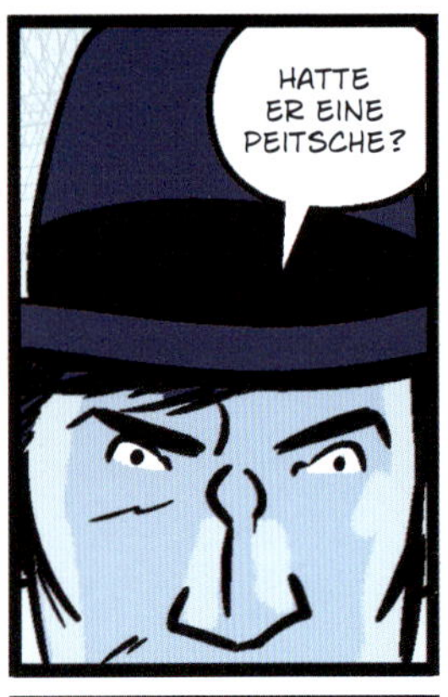

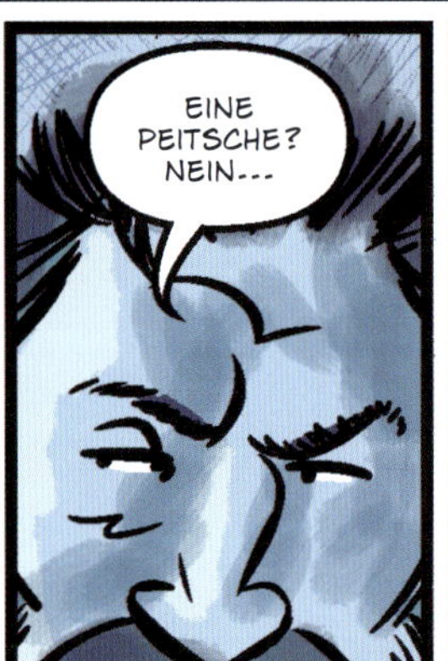

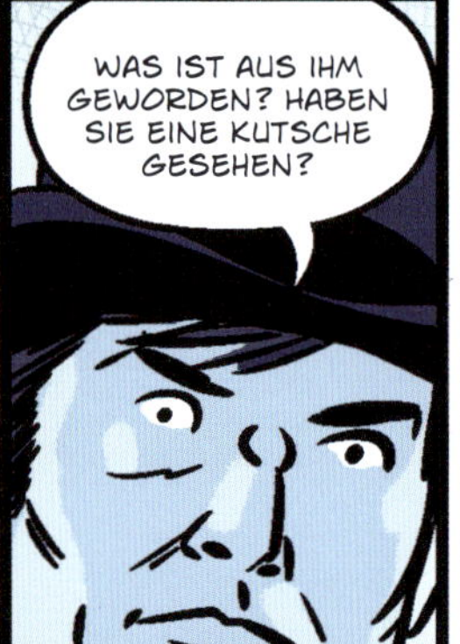

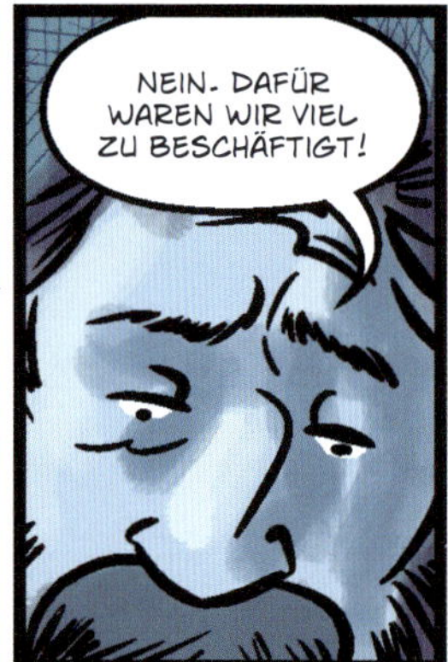

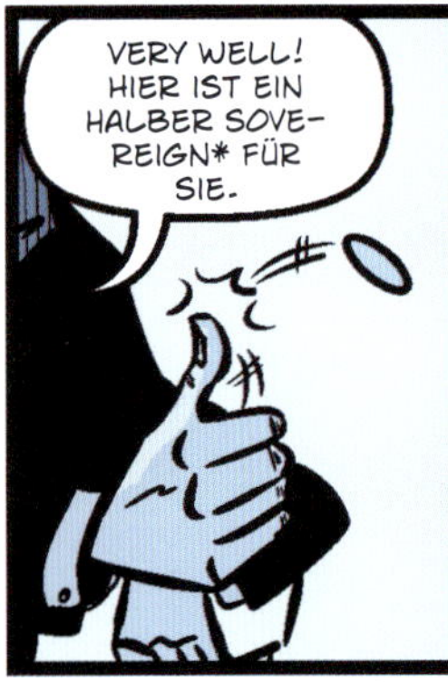

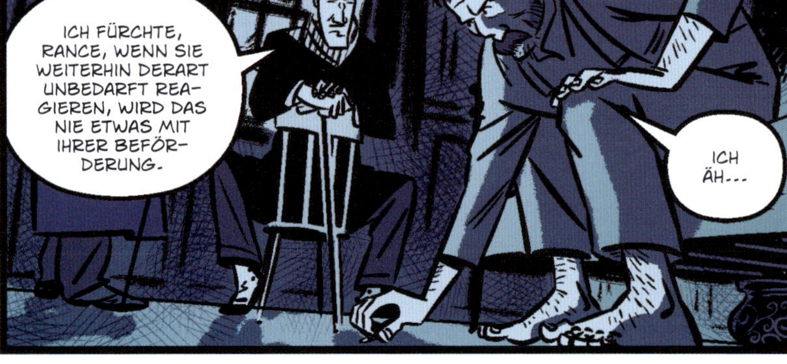

*ALTE ENGLISCHE GOLDMÜNZE

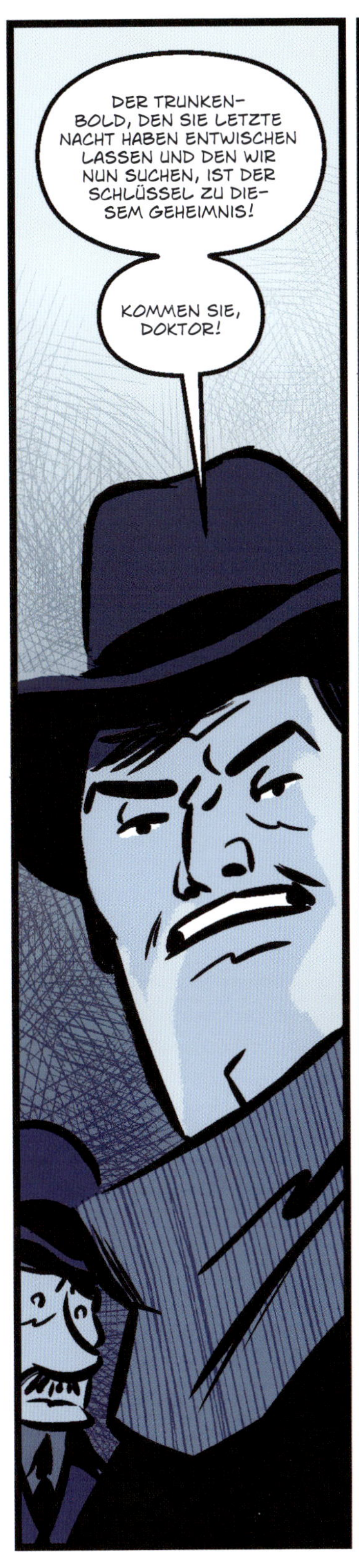
DER TRUNKENBOLD, DEN SIE LETZTE NACHT HABEN ENTWISCHEN LASSEN UND DEN WIR NUN SUCHEN, IST DER SCHLÜSSEL ZU DIESEM GEHEIMNIS!
KOMMEN SIE, DOKTOR!
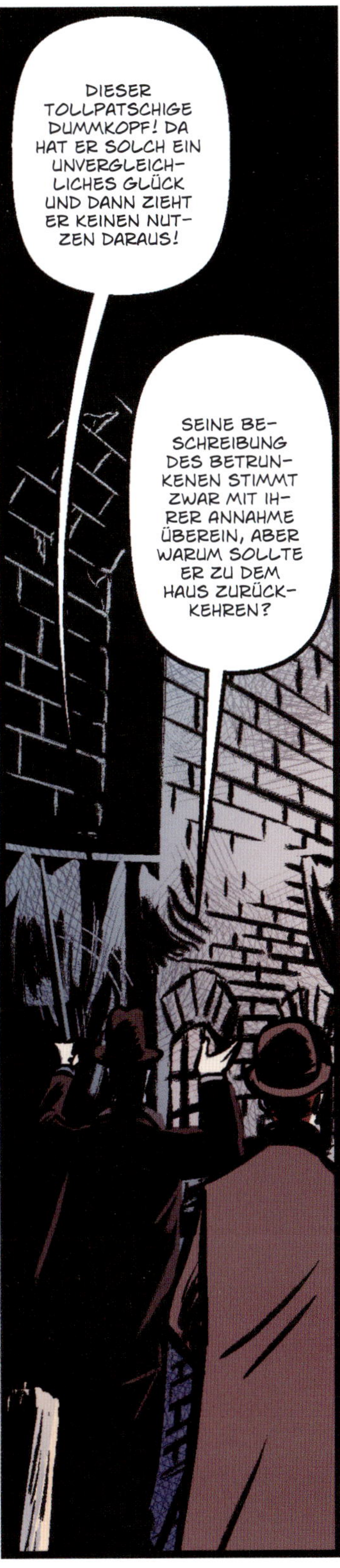
DIESER TOLLPATSCHIGE DUMMKOPF! DA HAT ER SOLCH EIN UNVERGLEICHLICHES GLÜCK UND DANN ZIEHT ER KEINEN NUTZEN DARAUS!
SEINE BESCHREIBUNG DES BETRUNKENEN STIMMT ZWAR MIT IHRER ANNAHME ÜBEREIN, ABER WARUM SOLLTE ER ZU DEM HAUS ZURÜCKKEHREN?
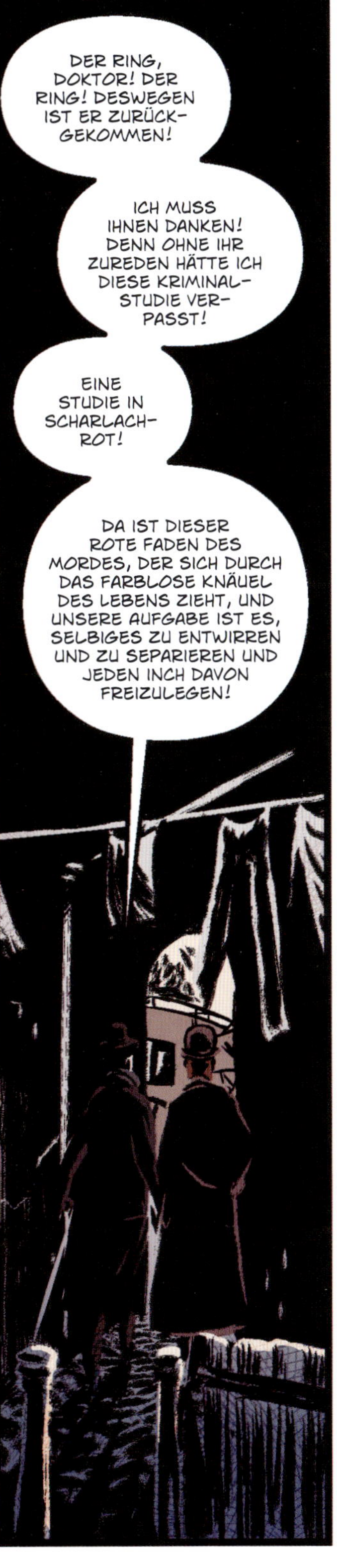
DER RING, DOKTOR! DER RING! DESWEGEN IST ER ZURÜCKGEKOMMEN!
ICH MUSS IHNEN DANKEN! DENN OHNE IHR ZUREDEN HÄTTE ICH DIESE KRIMINALSTUDIE VERPASST!
EINE STUDIE IN SCHARLACHROT!
DA IST DIESER ROTE FADEN DES MORDES, DER SICH DURCH DAS FARBLOSE KNÄUEL DES LEBENS ZIEHT, UND UNSERE AUFGABE IST ES, SELBIGES ZU ENTWIRREN UND ZU SEPARIEREN UND JEDEN INCH DAVON FREIZULEGEN!

UNSERE ANZEIGE BRINGT BESUCH

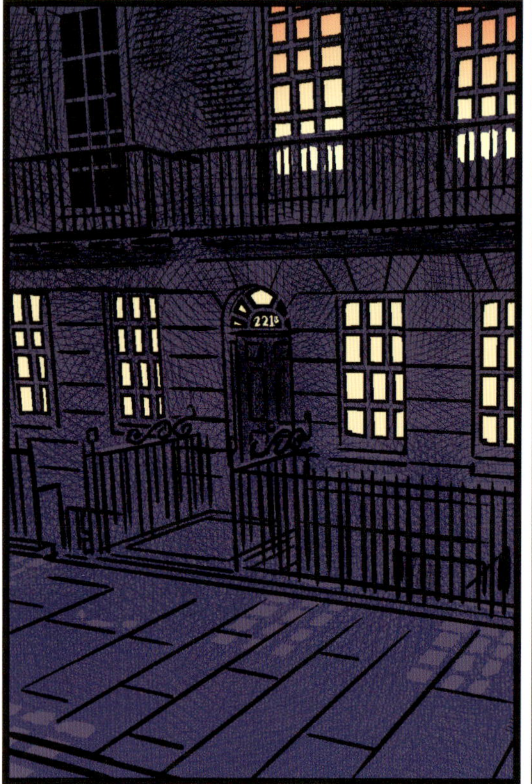

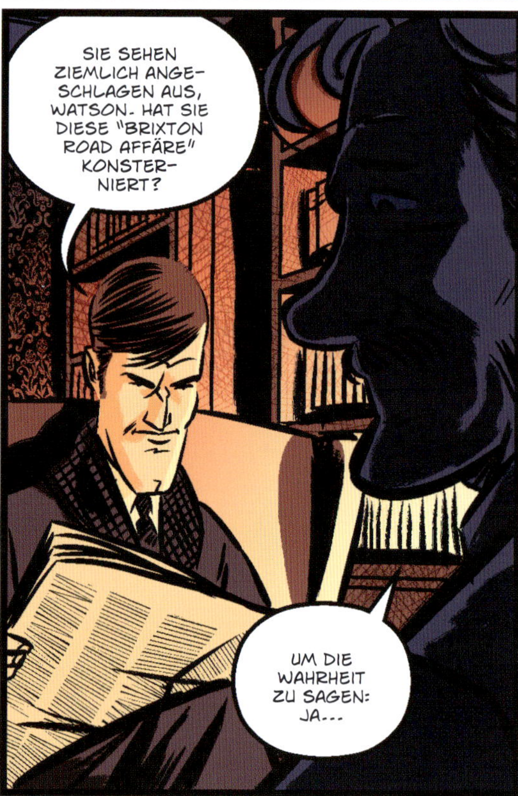

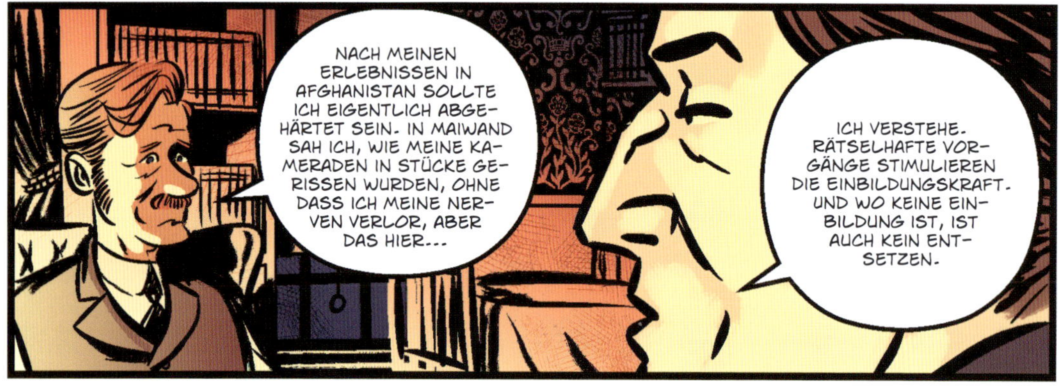

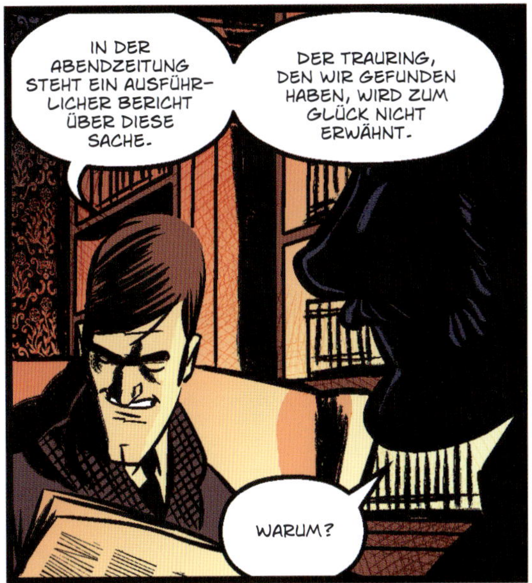
IN DER ABENDZEITUNG STEHT EIN AUSFÜHRLICHER BERICHT ÜBER DIESE SACHE.
DER TRAURING, DEN WIR GEFUNDEN HABEN, WIRD ZUM GLÜCK NICHT ERWÄHNT.
WARUM?

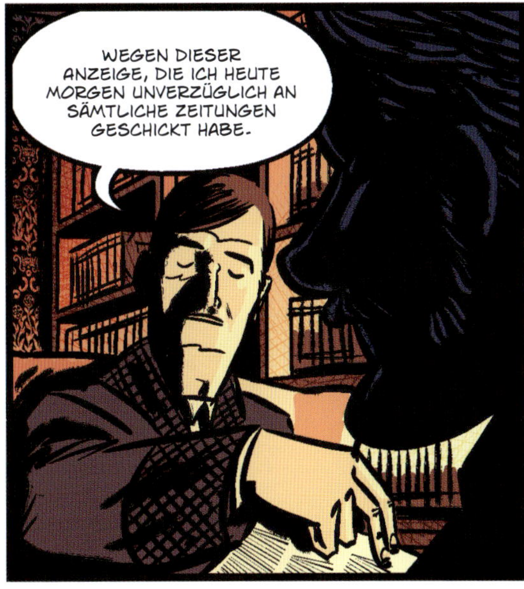
WEGEN DIESER ANZEIGE, DIE ICH HEUTE MORGEN UNVERZÜGLICH AN SÄMTLICHE ZEITUNGEN GESCHICKT HABE.

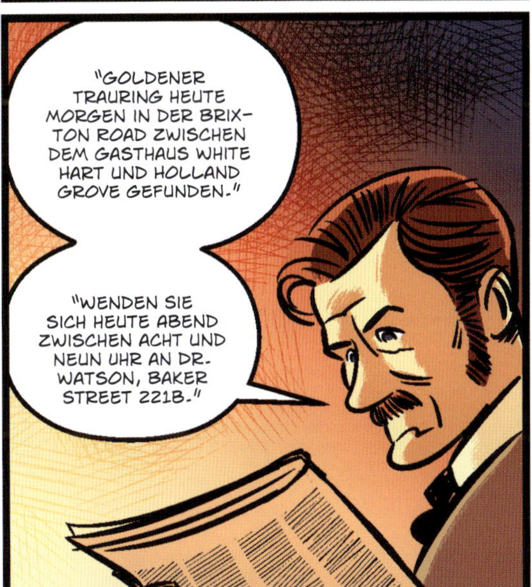
"GOLDENER TRAURING HEUTE MORGEN IN DER BRIXTON ROAD ZWISCHEN DEM GASTHAUS WHITE HART UND HOLLAND GROVE GEFUNDEN."
"WENDEN SIE SICH HEUTE ABEND ZWISCHEN ACHT UND NEUN UHR AN DR. WATSON, BAKER STREET 221B."

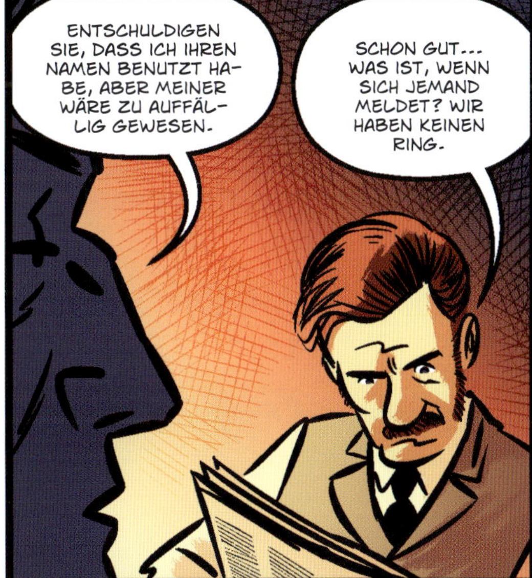
ENTSCHULDIGEN SIE, DASS ICH IHREN NAMEN BENUTZT HABE, ABER MEINER WÄRE ZU AUFFÄLLIG GEWESEN.
SCHON GUT... WAS IST, WENN SICH JEMAND MELDET? WIR HABEN KEINEN RING.

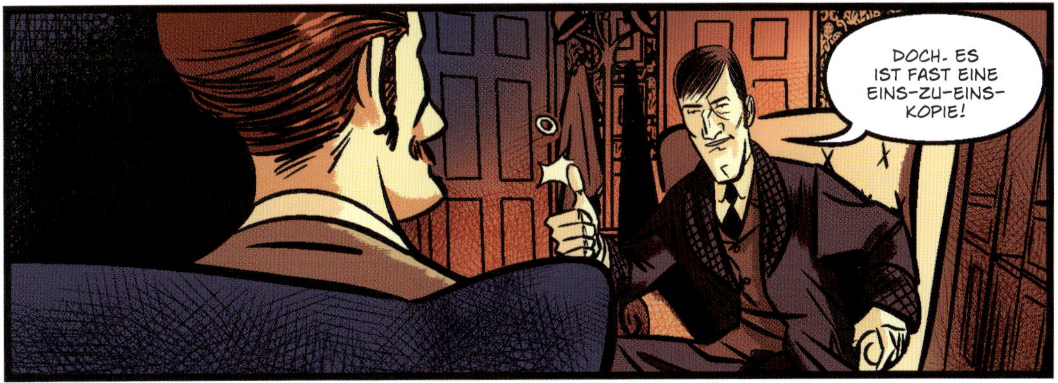
DOCH. ES IST FAST EINE EINS-ZU-EINS-KOPIE!

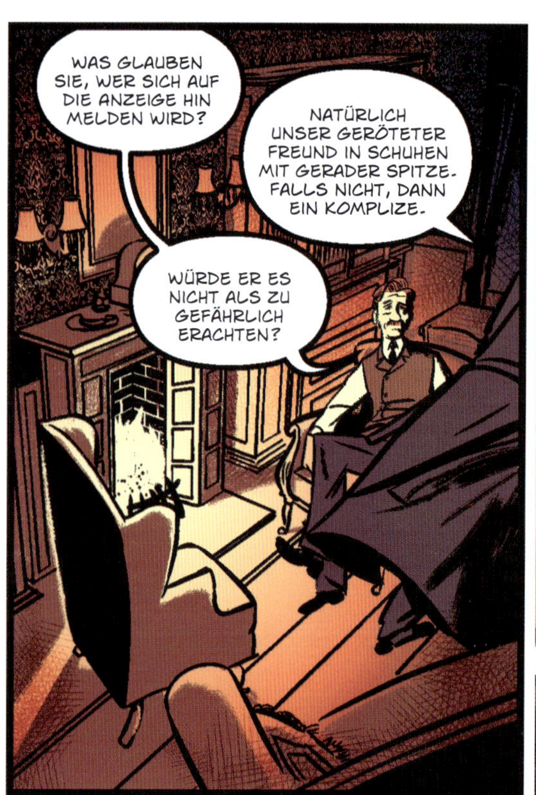
WAS GLAUBEN SIE, WER SICH AUF DIE ANZEIGE HIN MELDEN WIRD?
NATÜRLICH UNSER GERÖTETER FREUND IN SCHUHEN MIT GERADER SPITZE. FALLS NICHT, DANN EIN KOMPLIZE.
WÜRDE ER ES NICHT ALS ZU GEFÄHRLICH ERACHTEN?
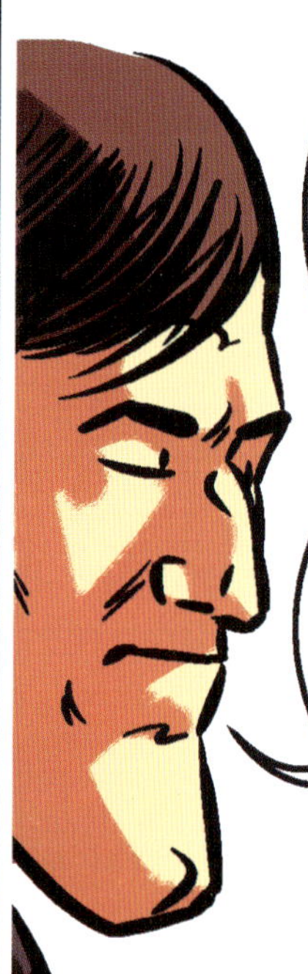
KEINESWEGS. ICH GLAUBE, ER WÜRDE EHER ALLES RISKIEREN ALS DEN RING ZU VERLIEREN. NACHDEM ER DEN VERLUST BEMERKT HATTE, EILTE ER ZUM HAUS ZURÜCK. DORT WAR ABER BEREITS DIE POLIZEI VOR ORT, DA ER DUMMERWEISE DIE KERZE NICHT AUSGEMACHT HATTE.
ER DACHTE ÜBER DIE ANGELEGENHEIT NACH UND KAM ZU DEM SCHLUSS, DASS ER DEN RING AUCH AUF DER STRASSE VERLOREN HABEN KÖNNTE. DAHER DURCHSUCHTE ER DIE ABENDZEITUNGEN NACH FUNDSACHEN.
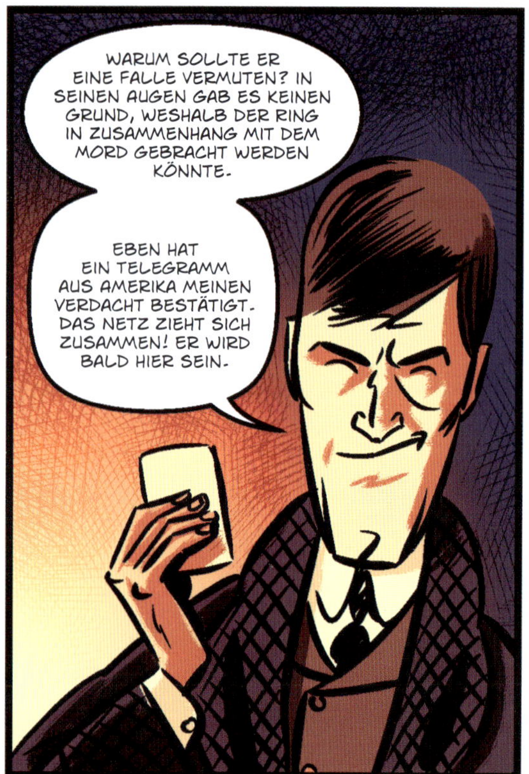
WARUM SOLLTE ER EINE FALLE VERMUTEN? IN SEINEN AUGEN GAB ES KEINEN GRUND, WESHALB DER RING IN ZUSAMMENHANG MIT DEM MORD GEBRACHT WERDEN KÖNNTE.
EBEN HAT EIN TELEGRAMM AUS AMERIKA MEINEN VERDACHT BESTÄTIGT. DAS NETZ ZIEHT SICH ZUSAMMEN! ER WIRD BALD HIER SEIN.
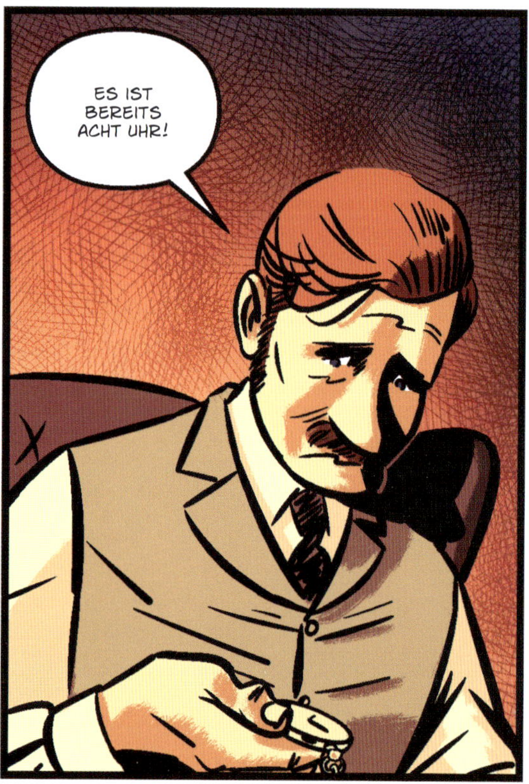
ES IST BEREITS ACHT UHR!

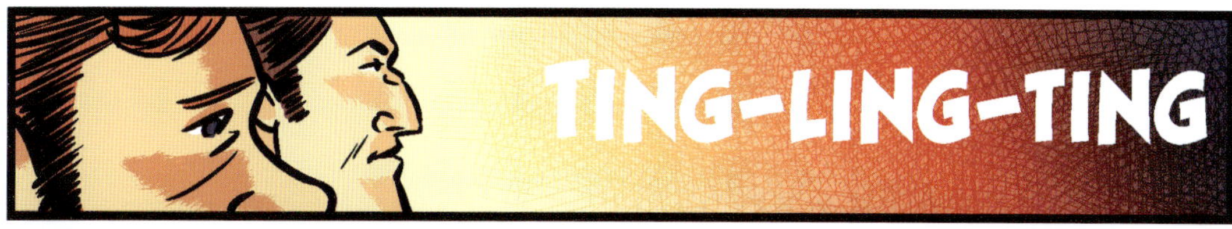
TING-LING-TING

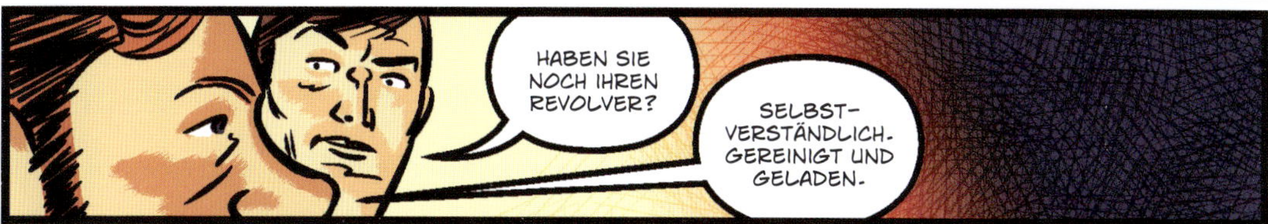
HABEN SIE NOCH IHREN REVOLVER?
SELBST-VERSTÄNDLICH. GEREINIGT UND GELADEN.

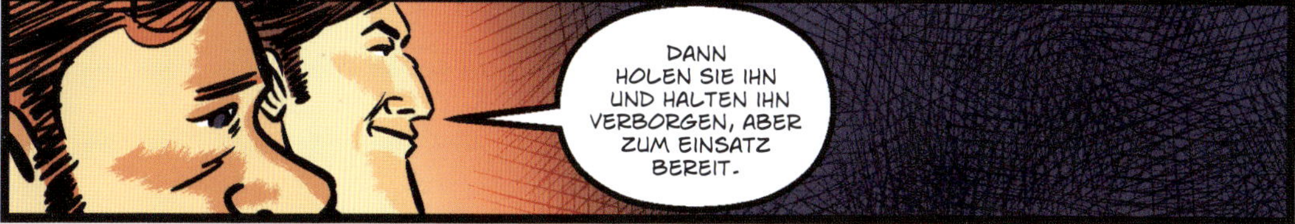
DANN HOLEN SIE IHN UND HALTEN IHN VERBORGEN, ABER ZUM EINSATZ BEREIT.

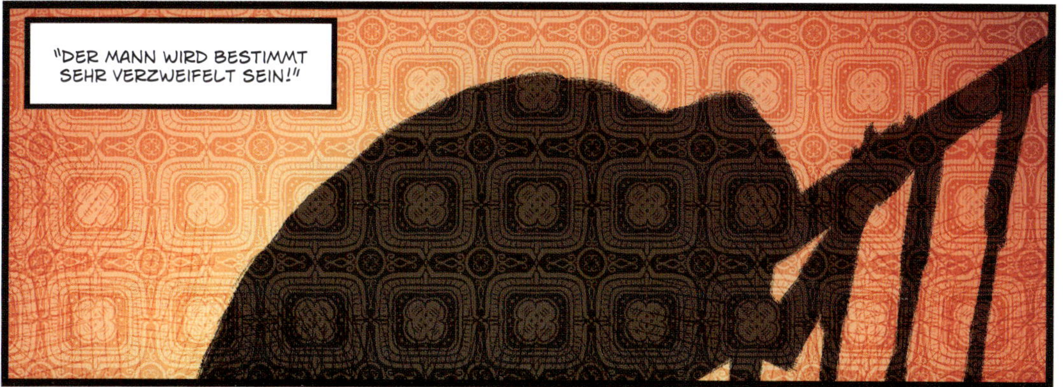
"DER MANN WIRD BESTIMMT SEHR VERZWEIFELT SEIN!"

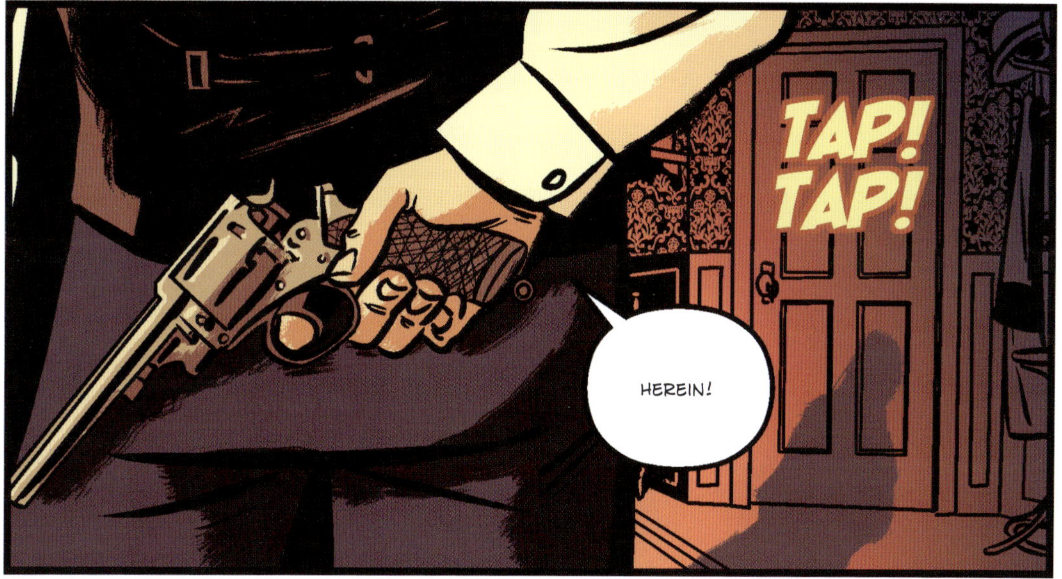
TAP! TAP!
HEREIN!

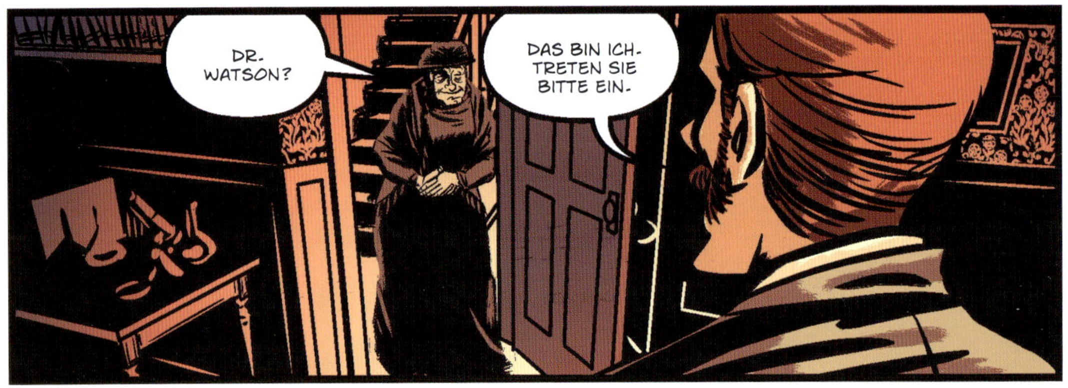
DR. WATSON?
DAS BIN ICH. TRETEN SIE BITTE EIN.

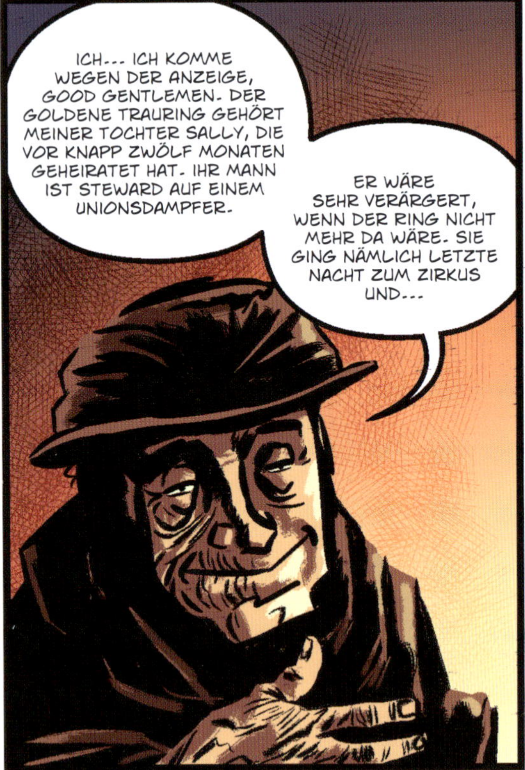
ICH... ICH KOMME WEGEN DER ANZEIGE, GOOD GENTLEMEN. DER GOLDENE TRAURING GEHÖRT MEINER TOCHTER SALLY, DIE VOR KNAPP ZWÖLF MONATEN GEHEIRATET HAT. IHR MANN IST STEWARD AUF EINEM UNIONSDAMPFER.
ER WÄRE SEHR VERÄRGERT, WENN DER RING NICHT MEHR DA WÄRE. SIE GING NÄMLICH LETZTE NACHT ZUM ZIRKUS UND...

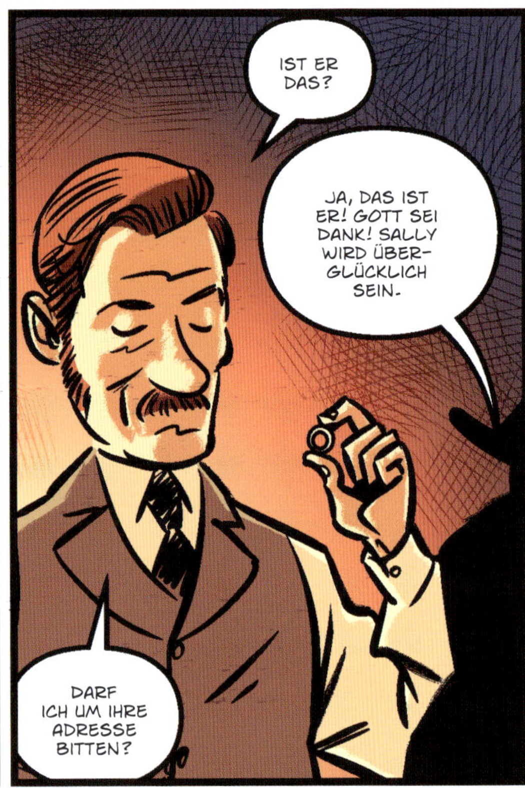
IST ER DAS?
JA, DAS IST ER! GOTT SEI DANK! SALLY WIRD ÜBERGLÜCKLICH SEIN.
DARF ICH UM IHRE ADRESSE BITTEN?

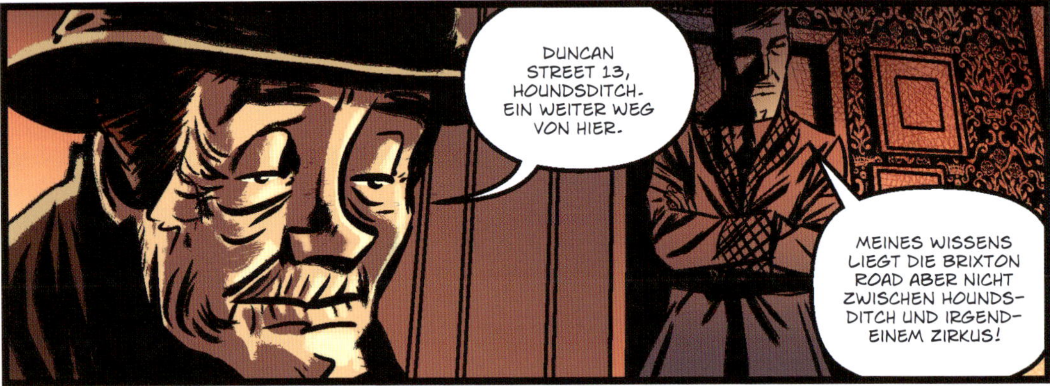
DUNCAN STREET 13, HOUNDSDITCH. EIN WEITER WEG VON HIER.
MEINES WISSENS LIEGT DIE BRIXTON ROAD ABER NICHT ZWISCHEN HOUNDSDITCH UND IRGENDEINEM ZIRKUS!

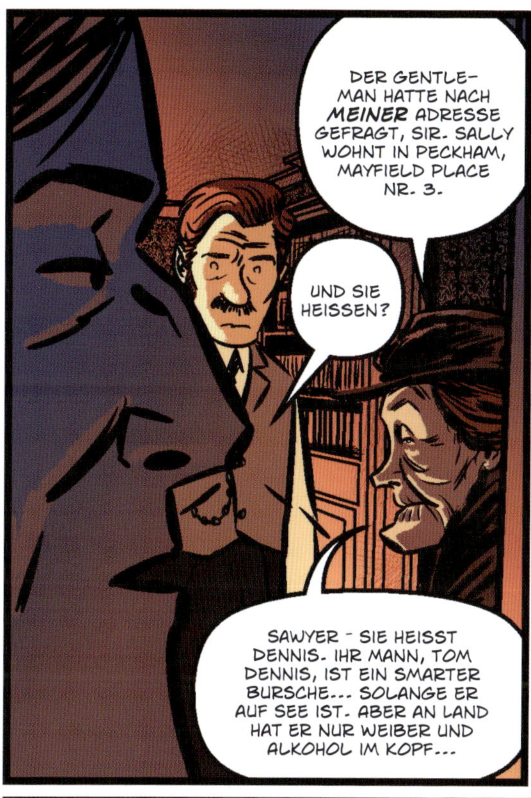
DER GENTLE-
MAN HATTE NACH
MEINER ADRESSE
GEFRAGT, SIR. SALLY
WOHNT IN PECKHAM,
MAYFIELD PLACE
NR. 3.
UND SIE
HEISSEN?
SAWYER - SIE HEISST
DENNIS. IHR MANN, TOM
DENNIS, IST EIN SMARTER
BURSCHE ... SOLANGE ER
AUF SEE IST. ABER AN LAND
HAT ER NUR WEIBER UND
ALKOHOL IM KOPF ...

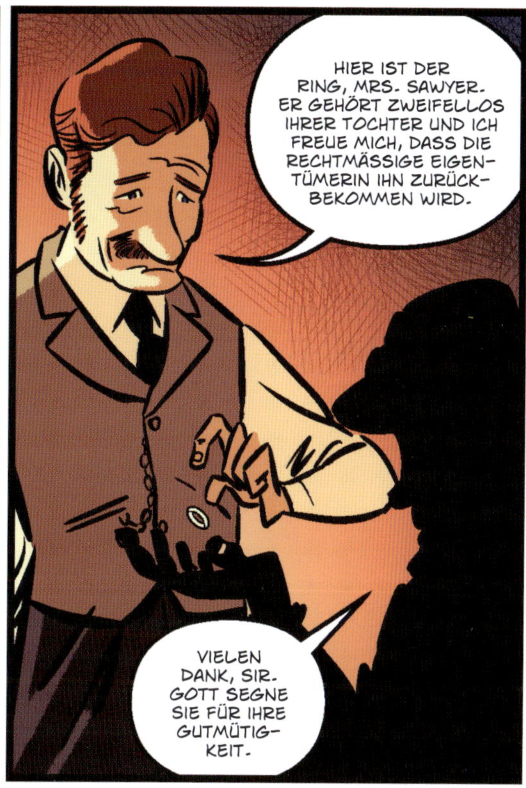
HIER IST DER
RING, MRS. SAWYER.
ER GEHÖRT ZWEIFELLOS
IHRER TOCHTER UND ICH
FREUE MICH, DASS DIE
RECHTMÄSSIGE EIGEN-
TÜMERIN IHN ZURÜCK-
BEKOMMEN WIRD.
VIELEN
DANK, SIR.
GOTT SEGNE
SIE FÜR IHRE
GUTMÜTIG-
KEIT.

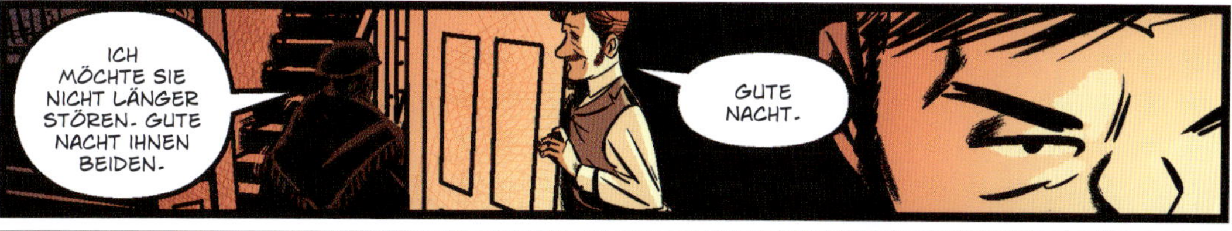
ICH
MÖCHTE SIE
NICHT LÄNGER
STÖREN. GUTE
NACHT IHNEN
BEIDEN.
GUTE
NACHT.

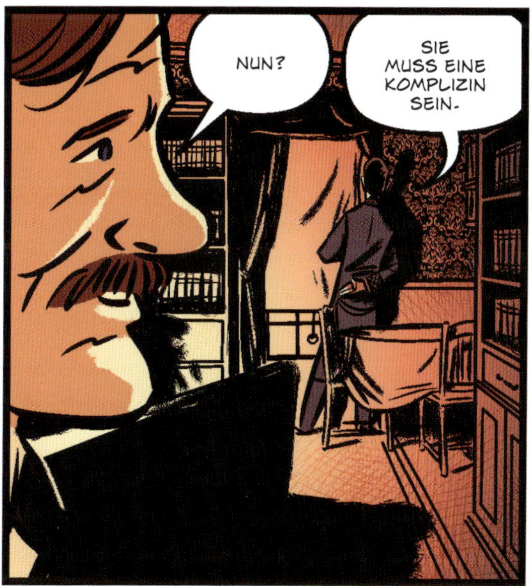
NUN?
SIE
MUSS EINE
KOMPLIZIN
SEIN.

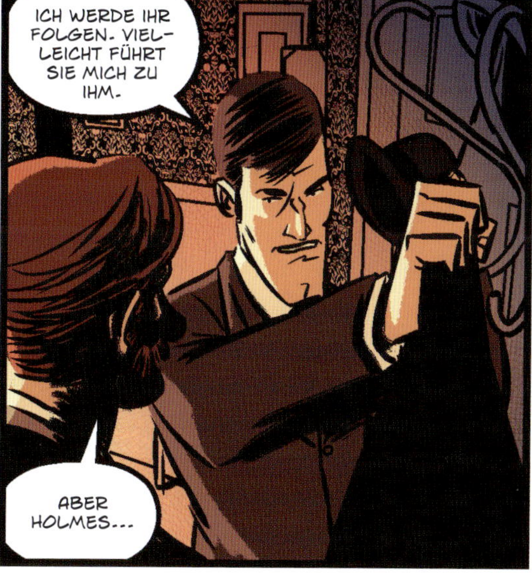
ICH WERDE IHR
FOLGEN. VIEL-
LEICHT FÜHRT
SIE MICH ZU
IHM.
ABER
HOLMES ...

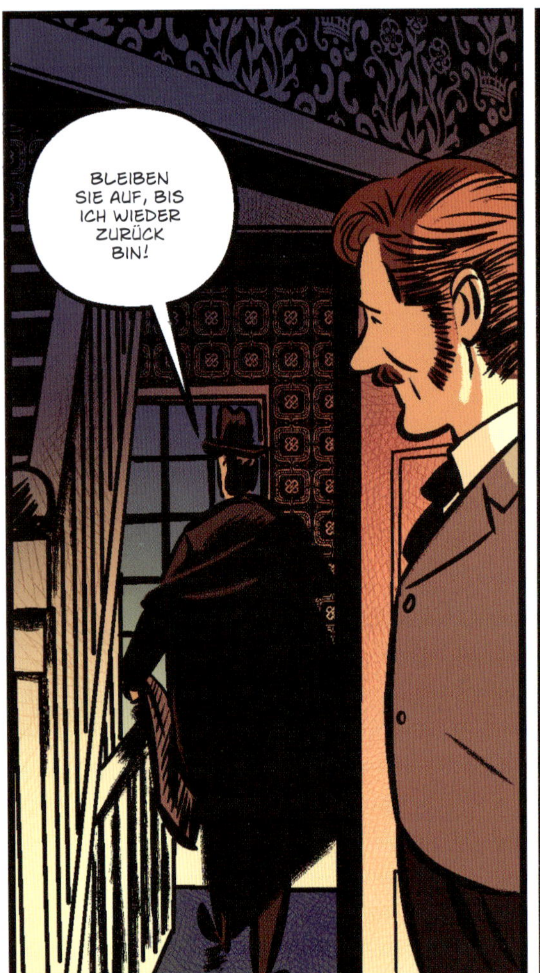
BLEIBEN SIE AUF, BIS ICH WIEDER ZURÜCK BIN!

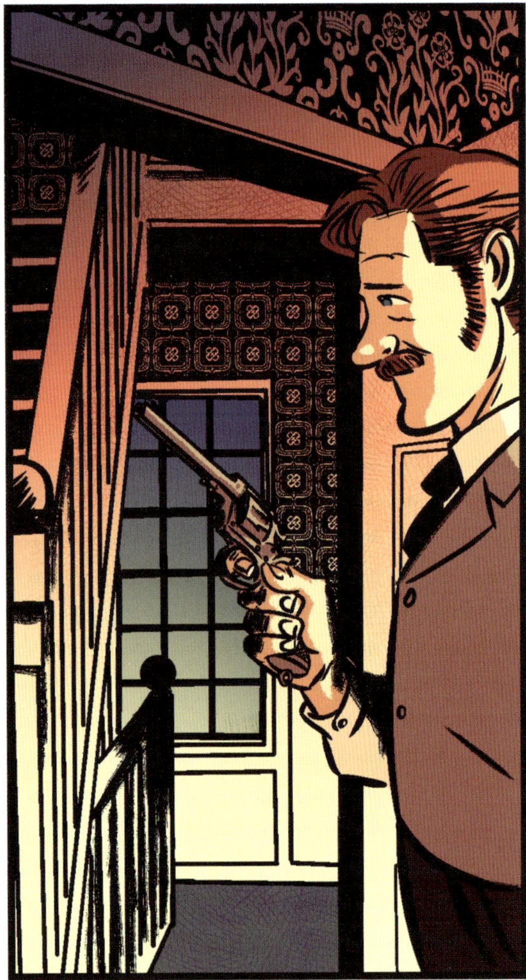

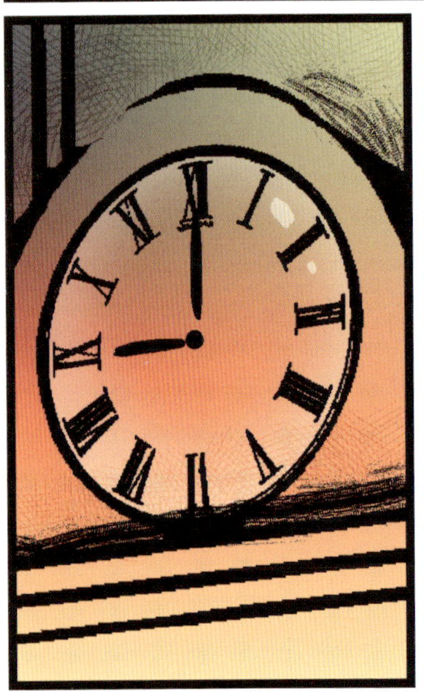

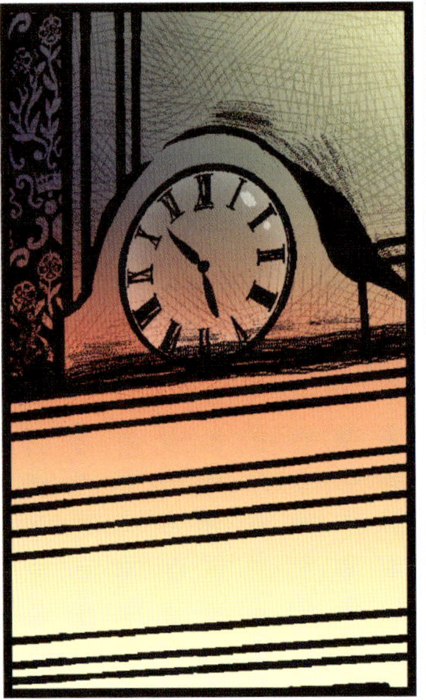

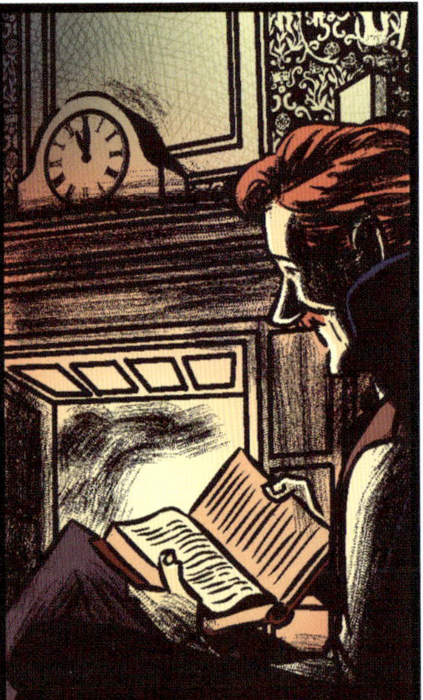

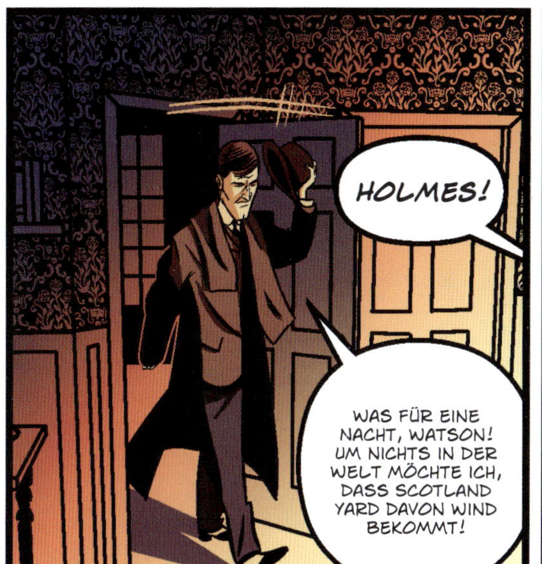

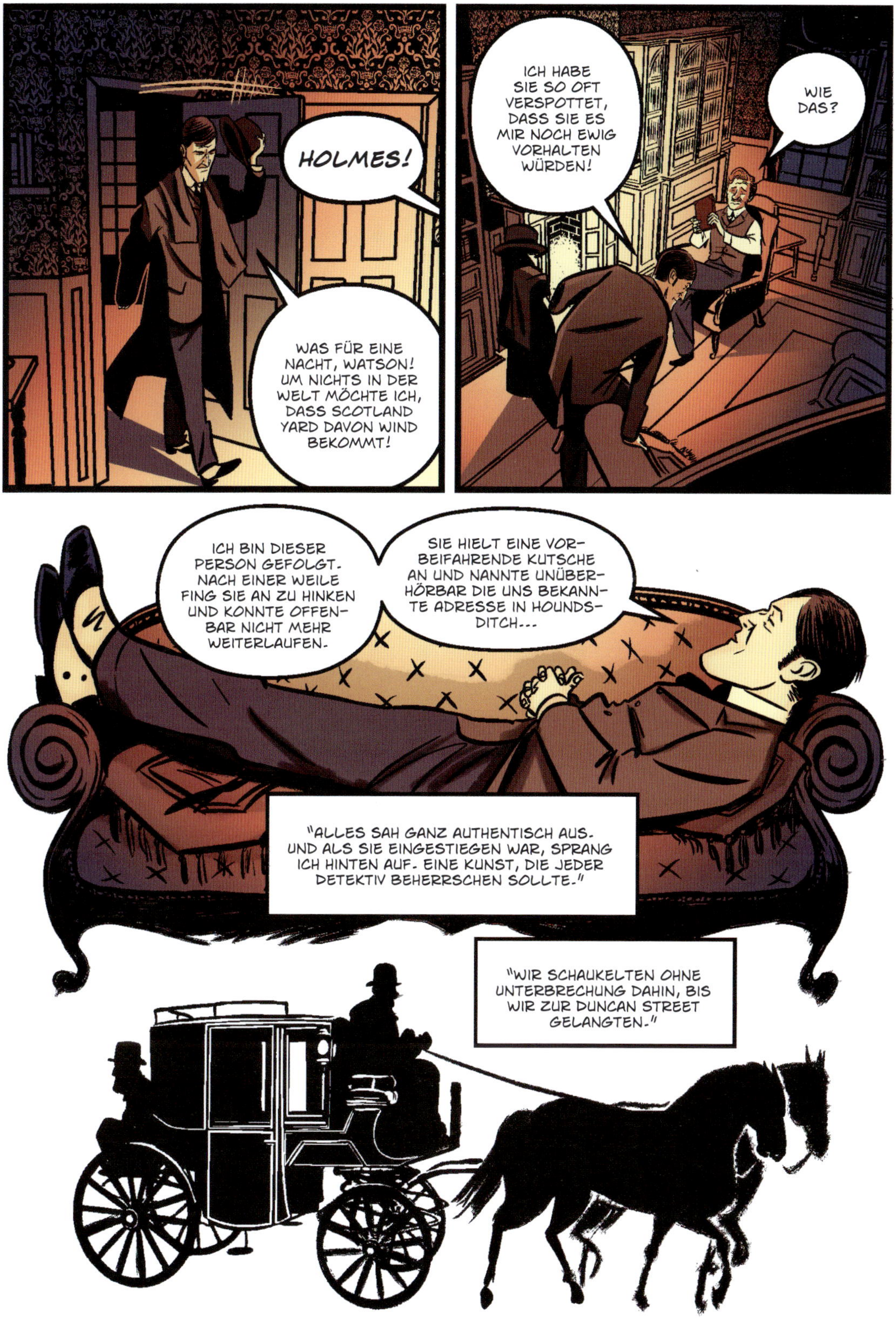

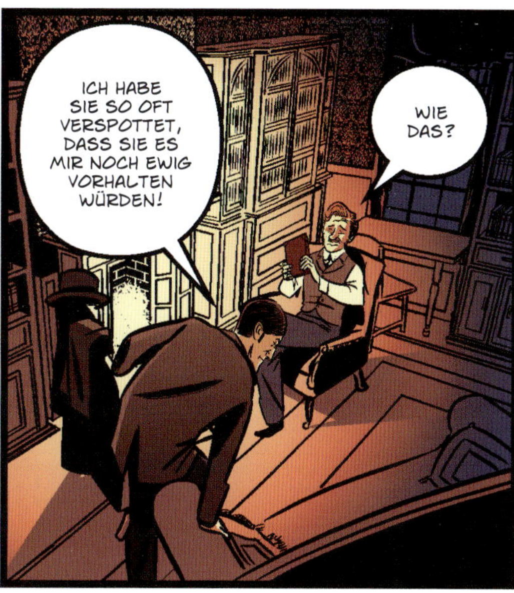

ICH BIN DIESER PERSON GEFOLGT. NACH EINER WEILE FING SIE AN ZU HINKEN UND KONNTE OFFENBAR NICHT MEHR WEITERLAUFEN.

SIE HIELT EINE VORBEIFAHRENDE KUTSCHE AN UND NANNTE UNÜBERHÖRBAR DIE UNS BEKANNTE ADRESSE IN HOUNDSDITCH...

"ALLES SAH GANZ AUTHENTISCH AUS. UND ALS SIE EINGESTIEGEN WAR, SPRANG ICH HINTEN AUF. EINE KUNST, DIE JEDER DETEKTIV BEHERRSCHEN SOLLTE."

"WIR SCHAUKELTEN OHNE UNTERBRECHUNG DAHIN, BIS WIR ZUR DUNCAN STREET GELANGTEN."

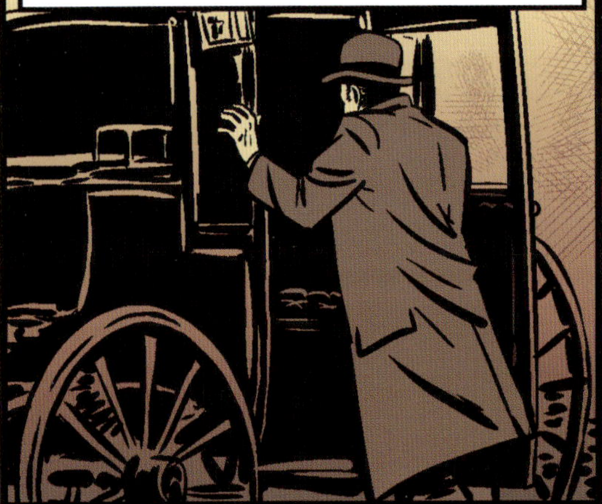

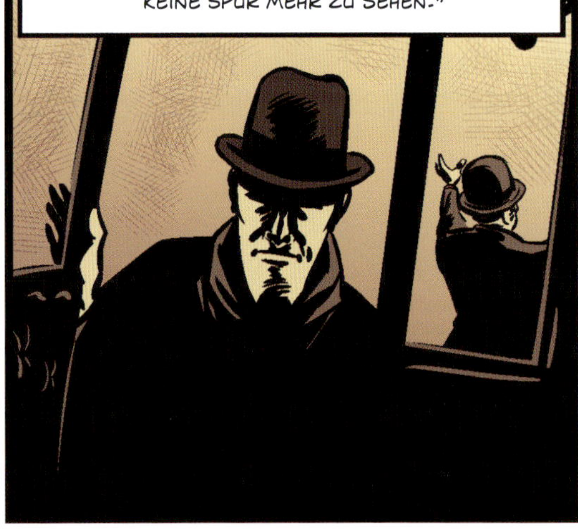

ICH BEKAM HERAUS, DASS DAS HAUS EINEM UNBESCHOLTENEN TAPEZIERER NAMENS KESWICK GEHÖRT, DER DIE NAMEN SAWYER UND DENNIS GAR NICHT KANNTE.

WOLLEN SIE DAMIT SAGEN, DASS DIESE ZITTRIGE ALTE FRAU IN DER LAGE WAR, DIE KUTSCHE WÄHREND DER FAHRT ZU VERLASSEN, OHNE DASS SIE ES BEMERKT HABEN?

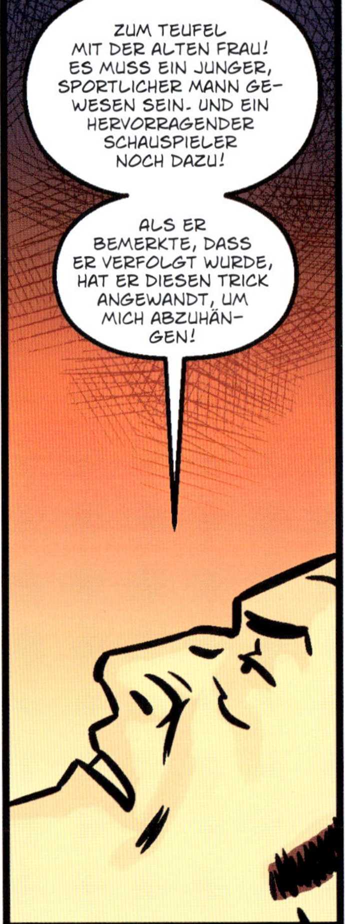

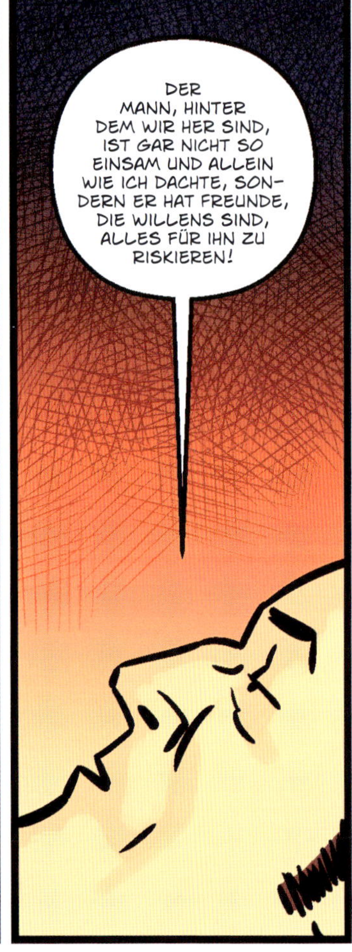

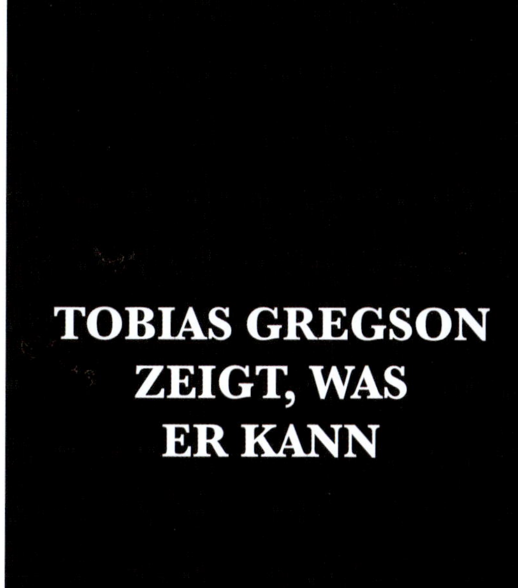
TOBIAS GREGSON ZEIGT, WAS ER KANN

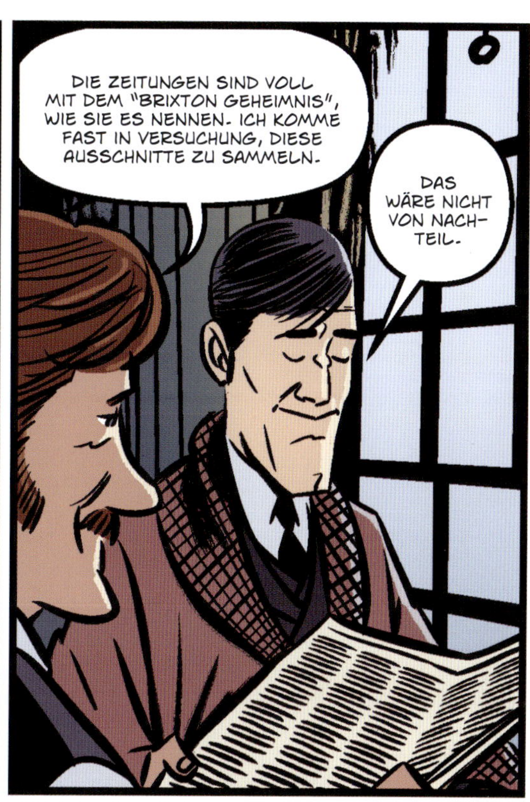
DIE ZEITUNGEN SIND VOLL MIT DEM "BRIXTON GEHEIMNIS", WIE SIE ES NENNEN. ICH KOMME FAST IN VERSUCHUNG, DIESE AUSSCHNITTE ZU SAMMELN.
DAS WÄRE NICHT VON NACH-TEIL.

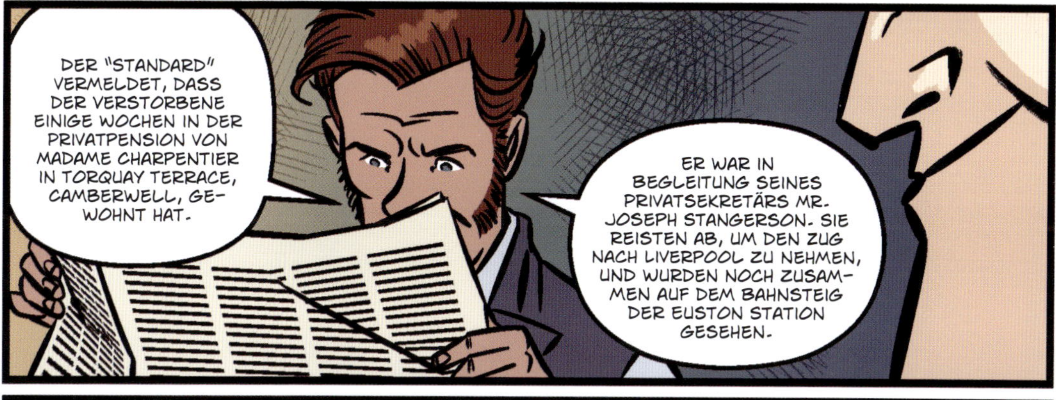
DER "STANDARD" VERMELDET, DASS DER VERSTORBENE EINIGE WOCHEN IN DER PRIVATPENSION VON MADAME CHARPENTIER IN TORQUAY TERRACE, CAMBERWELL, GE-WOHNT HAT.
ER WAR IN BEGLEITUNG SEINES PRIVATSEKRETÄRS MR. JOSEPH STANGERSON. SIE REISTEN AB, UM DEN ZUG NACH LIVERPOOL ZU NEHMEN, UND WURDEN NOCH ZUSAM-MEN AUF DEM BAHNSTEIG DER EUSTON STATION GESEHEN.

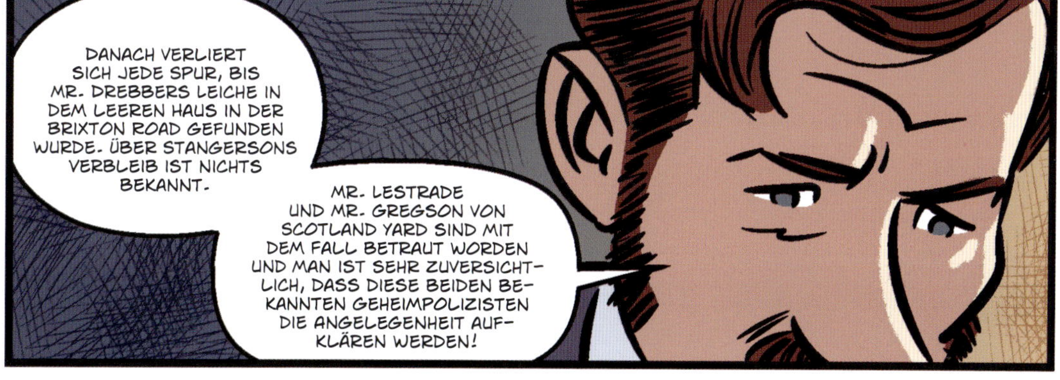
DANACH VERLIERT SICH JEDE SPUR, BIS MR. DREBBERS LEICHE IN DEM LEEREN HAUS IN DER BRIXTON ROAD GEFUNDEN WURDE. ÜBER STANGERSONS VERBLEIB IST NICHTS BEKANNT.
MR. LESTRADE UND MR. GREGSON VON SCOTLAND YARD SIND MIT DEM FALL BETRAUT WORDEN UND MAN IST SEHR ZUVERSICHT-LICH, DASS DIESE BEIDEN BE-KANNTEN GEHEIMPOLIZISTEN DIE ANGELEGENHEIT AUF-KLÄREN WERDEN!

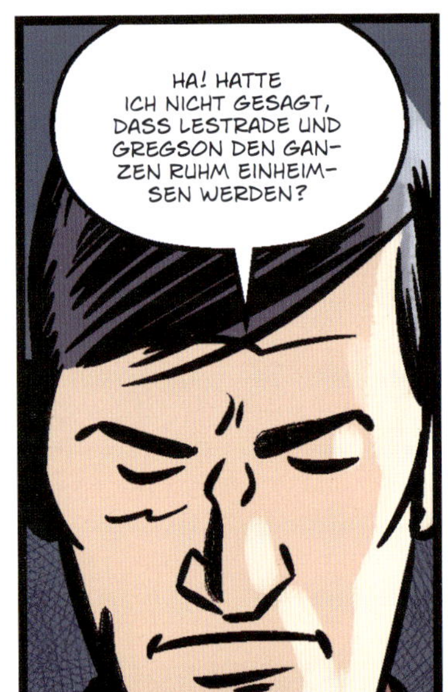
HA! HATTE ICH NICHT GESAGT, DASS LESTRADE UND GREGSON DEN GANZEN RUHM EINHEIMSEN WERDEN?

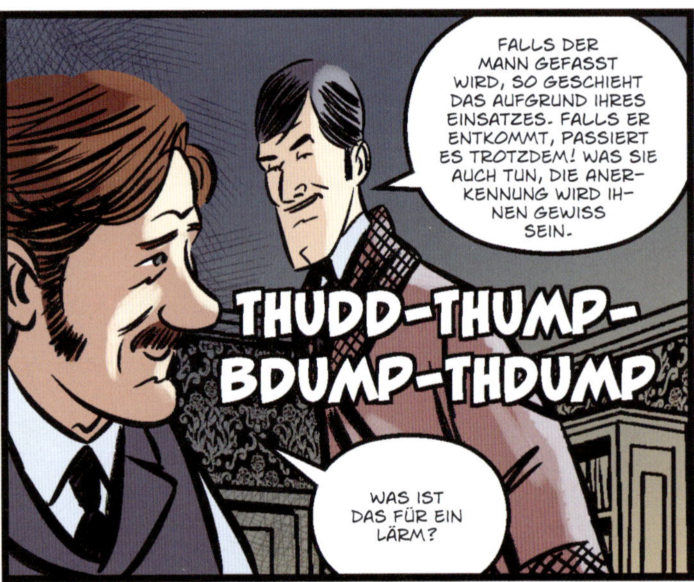
FALLS DER MANN GEFASST WIRD, SO GESCHIEHT DAS AUFGRUND IHRES EINSATZES. FALLS ER ENTKOMMT, PASSIERT ES TROTZDEM! WAS SIE AUCH TUN, DIE ANERKENNUNG WIRD IHNEN GEWISS SEIN.
THUDD-THUMP-BDUMP-THDUMP
WAS IST DAS FÜR EIN LÄRM?

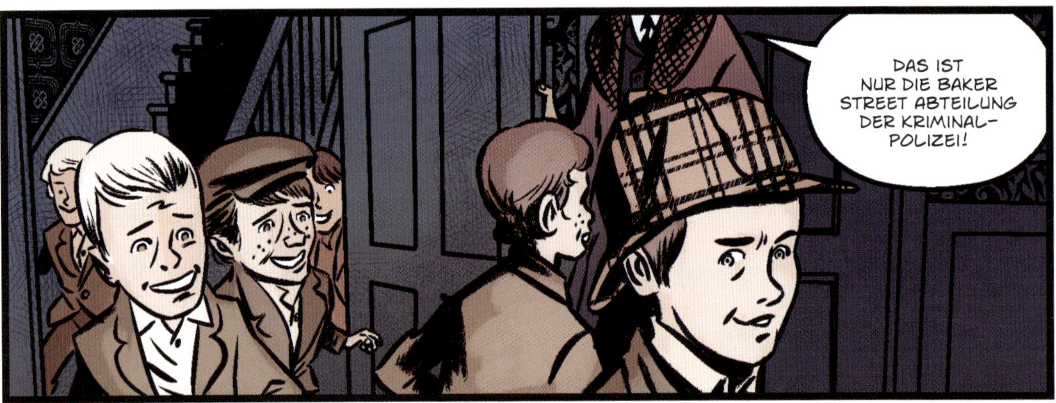
DAS IST NUR DIE BAKER STREET ABTEILUNG DER KRIMINALPOLIZEI!

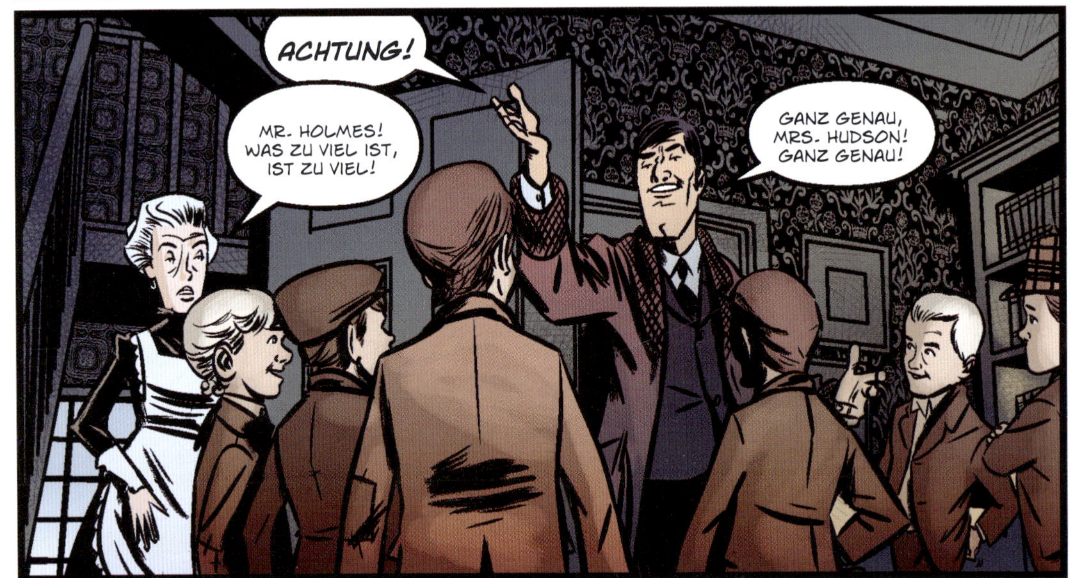
ACHTUNG!
MR. HOLMES! WAS ZU VIEL IST, IST ZU VIEL!
GANZ GENAU, MRS. HUDSON! GANZ GENAU!

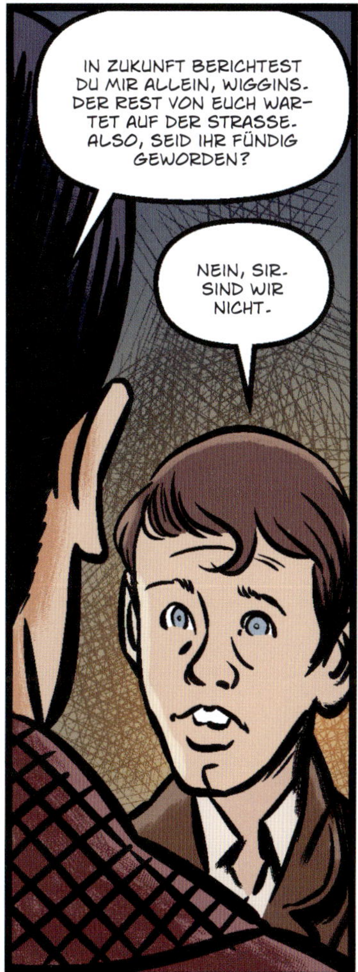
IN ZUKUNFT BERICHTEST DU MIR ALLEIN, WIGGINS. DER REST VON EUCH WARTET AUF DER STRASSE. ALSO, SEID IHR FÜNDIG GEWORDEN?
NEIN, SIR. SIND WIR NICHT.

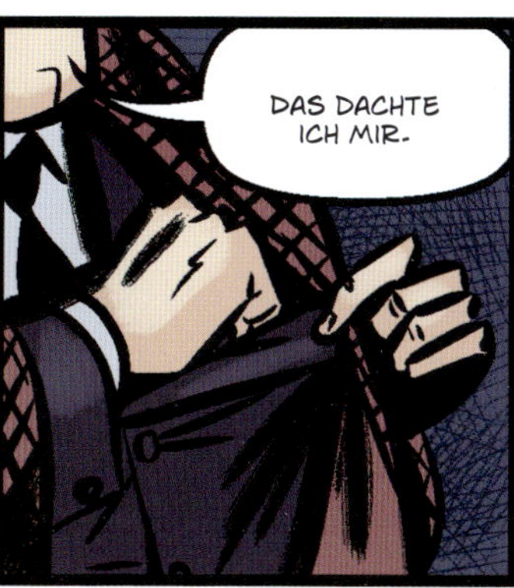
DAS DACHTE ICH MIR.

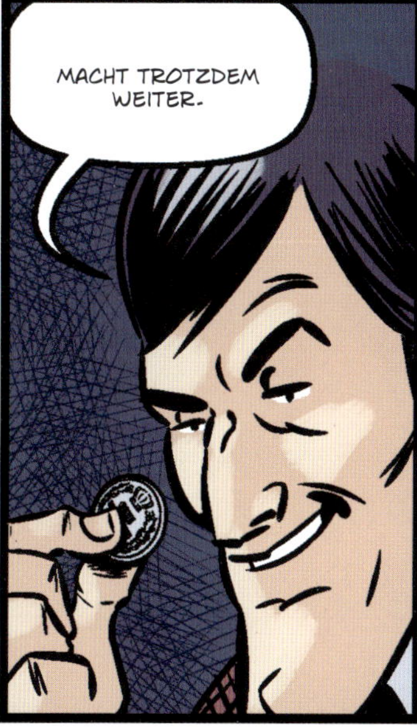
MACHT TROTZDEM WEITER.

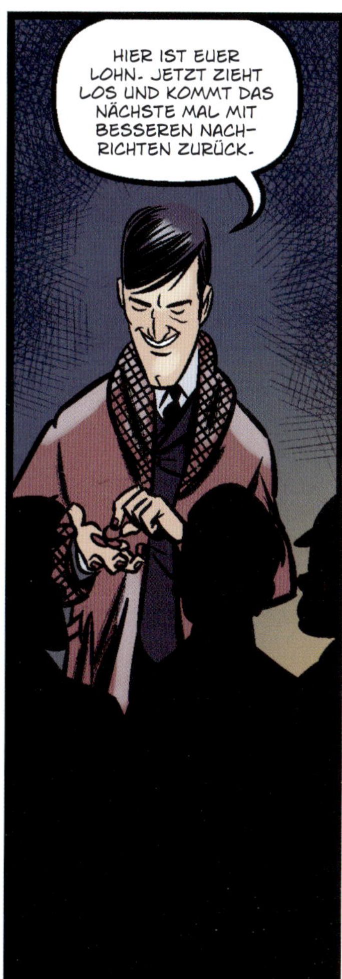
HIER IST EUER LOHN. JETZT ZIEHT LOS UND KOMMT DAS NÄCHSTE MAL MIT BESSEREN NACHRICHTEN ZURÜCK.

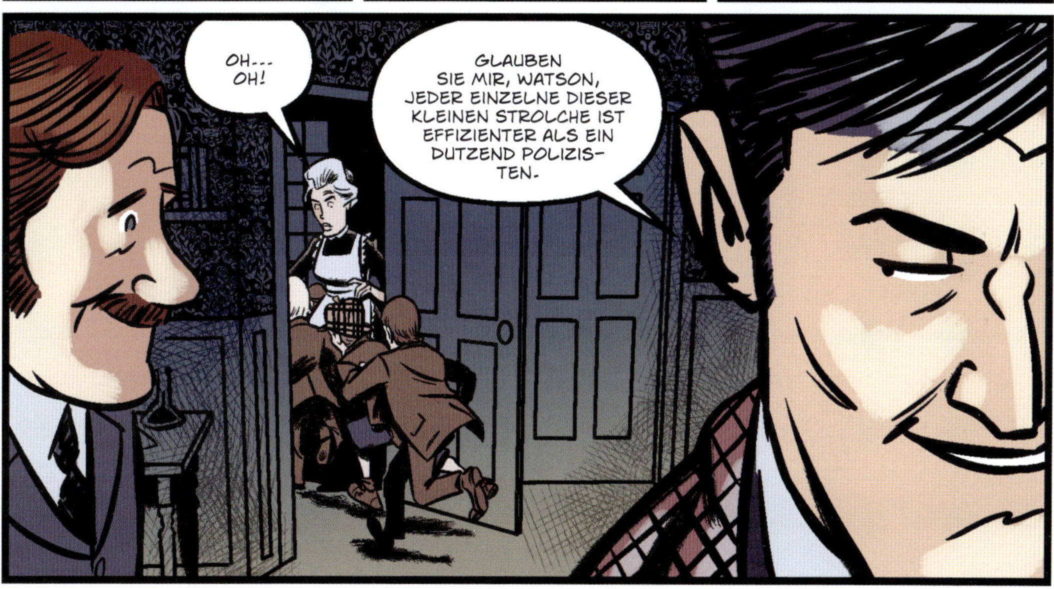
OH... OH!
GLAUBEN SIE MIR, WATSON, JEDER EINZELNE DIESER KLEINEN STROLCHE IST EFFIZIENTER ALS EIN DUTZEND POLIZISTEN.

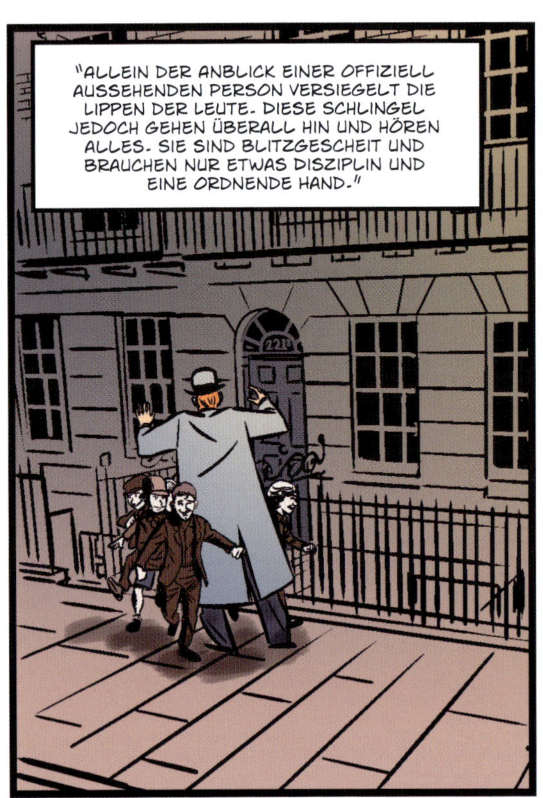
"ALLEIN DER ANBLICK EINER OFFIZIELL AUSSEHENDEN PERSON VERSIEGELT DIE LIPPEN DER LEUTE. DIESE SCHLINGEL JEDOCH GEHEN ÜBERALL HIN UND HÖREN ALLES. SIE SIND BLITZGESCHEIT UND BRAUCHEN NUR ETWAS DISZIPLIN UND EINE ORDNENDE HAND."

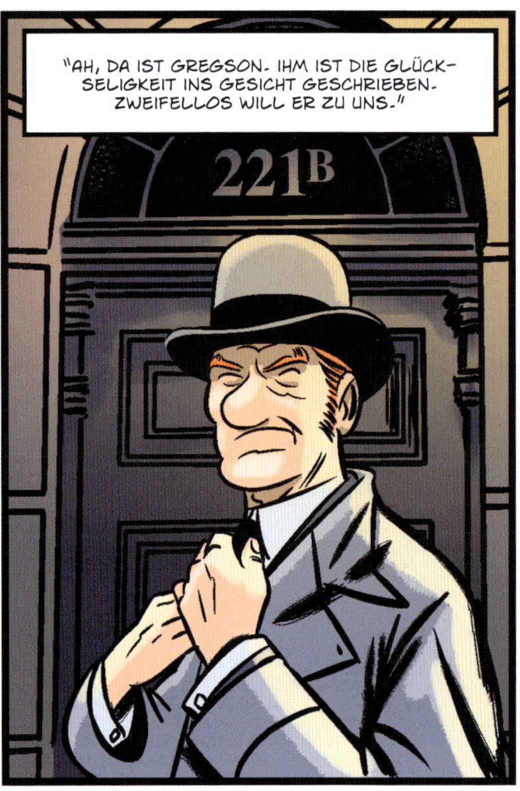
"AH, DA IST GREGSON. IHM IST DIE GLÜCKSELIGKEIT INS GESICHT GESCHRIEBEN. ZWEIFELLOS WILL ER ZU UNS."
221B

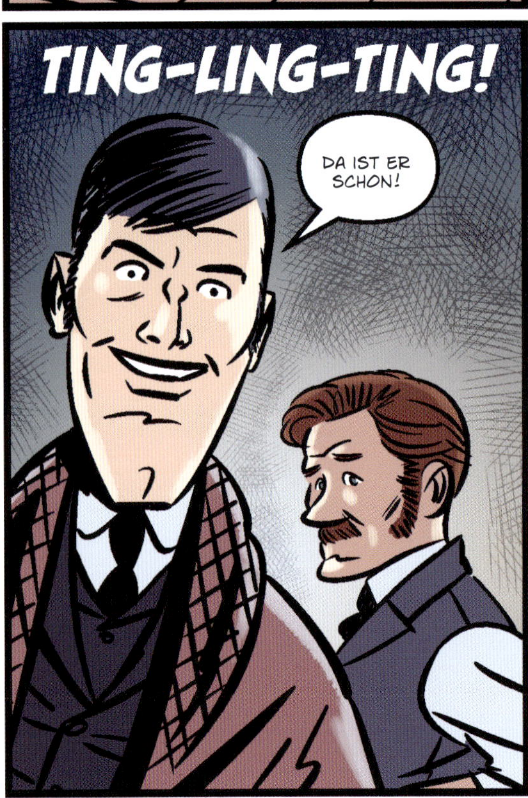
TING-LING-TING!
DA IST ER SCHON!

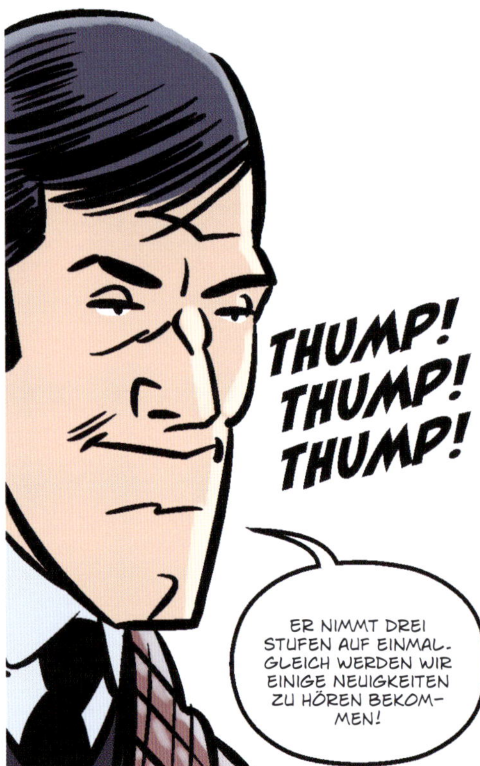
THUMP! THUMP! THUMP!
ER NIMMT DREI STUFEN AUF EINMAL. GLEICH WERDEN WIR EINIGE NEUIGKEITEN ZU HÖREN BEKOMMEN!

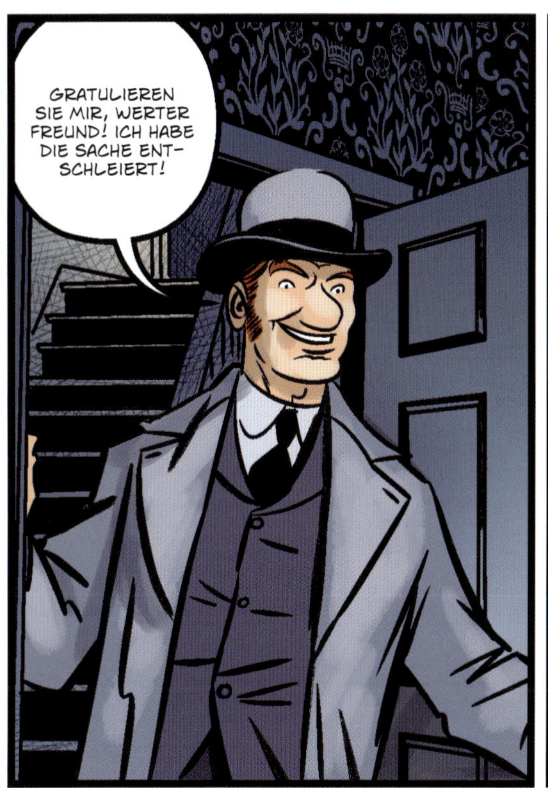
GRATULIEREN SIE MIR, WERTER FREUND! ICH HABE DIE SACHE ENTSCHLEIERT!

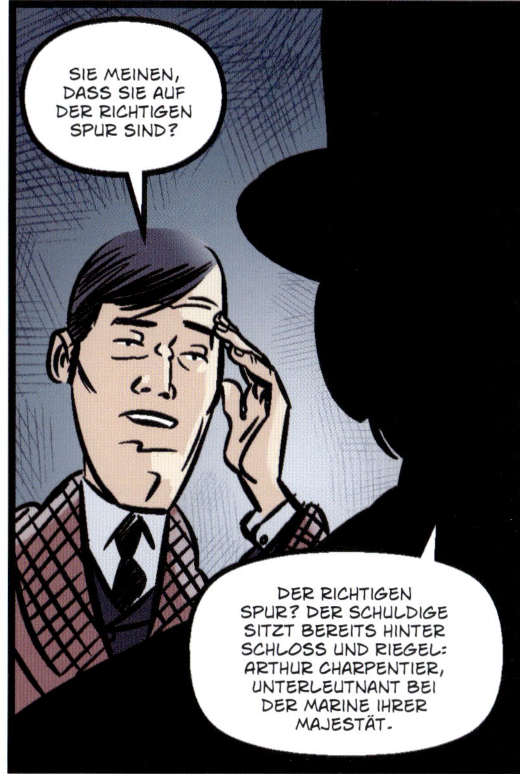
SIE MEINEN, DASS SIE AUF DER RICHTIGEN SPUR SIND?
DER RICHTIGEN SPUR? DER SCHULDIGE SITZT BEREITS HINTER SCHLOSS UND RIEGEL: ARTHUR CHARPENTIER, UNTERLEUTNANT BEI DER MARINE IHRER MAJESTÄT.

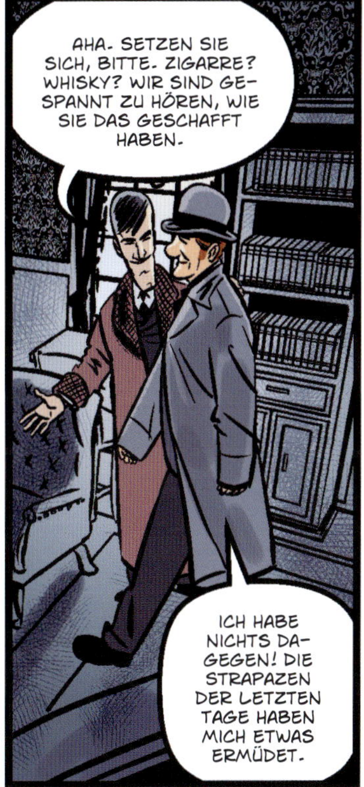
AHA. SETZEN SIE SICH, BITTE. ZIGARRE? WHISKY? WIR SIND GESPANNT ZU HÖREN, WIE SIE DAS GESCHAFFT HABEN.
ICH HABE NICHTS DAGEGEN! DIE STRAPAZEN DER LETZTEN TAGE HABEN MICH ETWAS ERMÜDET.

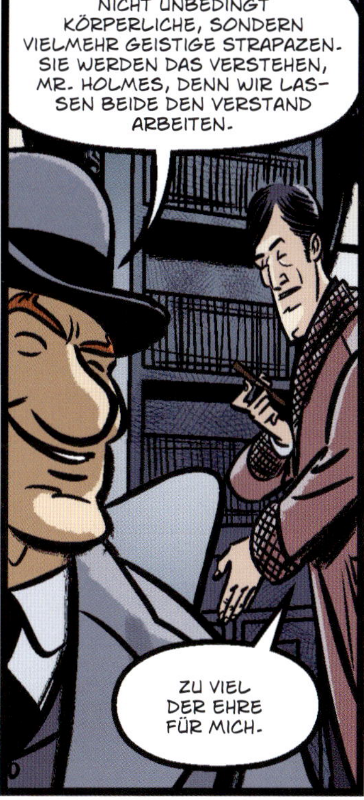
NICHT UNBEDINGT KÖRPERLICHE, SONDERN VIELMEHR GEISTIGE STRAPAZEN. SIE WERDEN DAS VERSTEHEN, MR. HOLMES, DENN WIR LASSEN BEIDE DEN VERSTAND ARBEITEN.
ZU VIEL DER EHRE FÜR MICH.

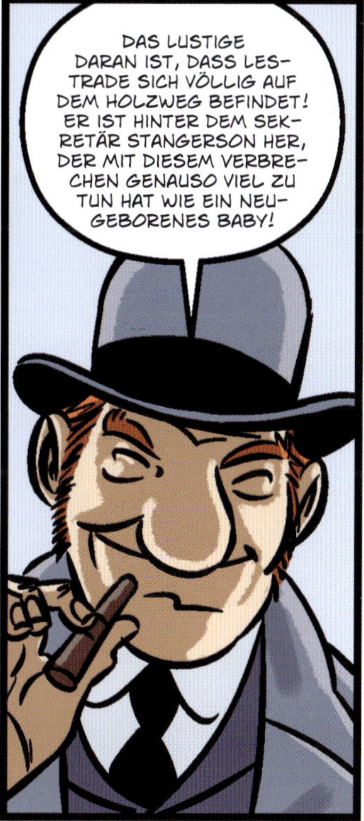
DAS LUSTIGE DARAN IST, DASS LESTRADE SICH VÖLLIG AUF DEM HOLZWEG BEFINDET! ER IST HINTER DEM SEKRETÄR STANGERSON HER, DER MIT DIESEM VERBRECHEN GENAUSO VIEL ZU TUN HAT WIE EIN NEUGEBORENES BABY!

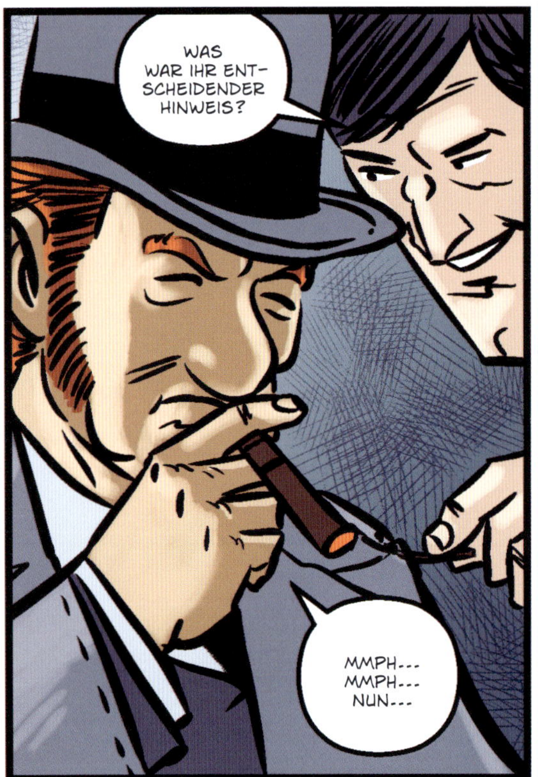
WAS WAR IHR ENT-SCHEIDENDER HINWEIS?
MMPH... MMPH... NUN...

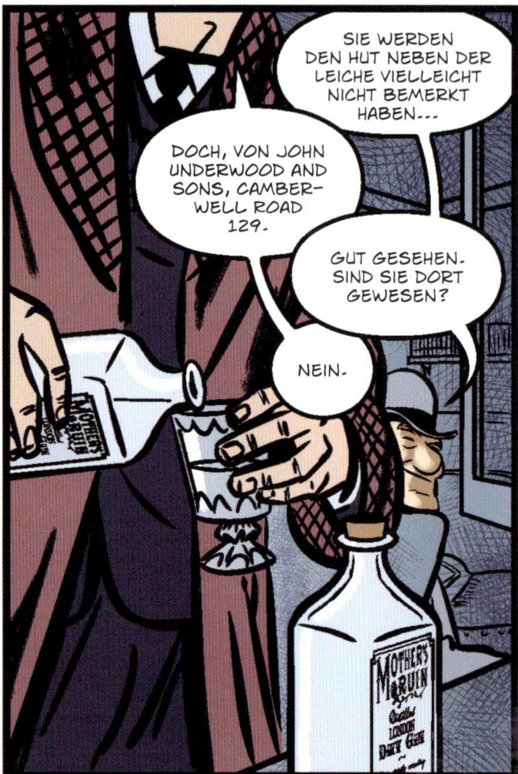
SIE WERDEN DEN HUT NEBEN DER LEICHE VIELLEICHT NICHT BEMERKT HABEN...
DOCH, VON JOHN UNDERWOOD AND SONS, CAMBER-WELL ROAD 129.
GUT GESEHEN. SIND SIE DORT GEWESEN?
NEIN.
MOTHER'S RUIN
LONDON
DRY GIN

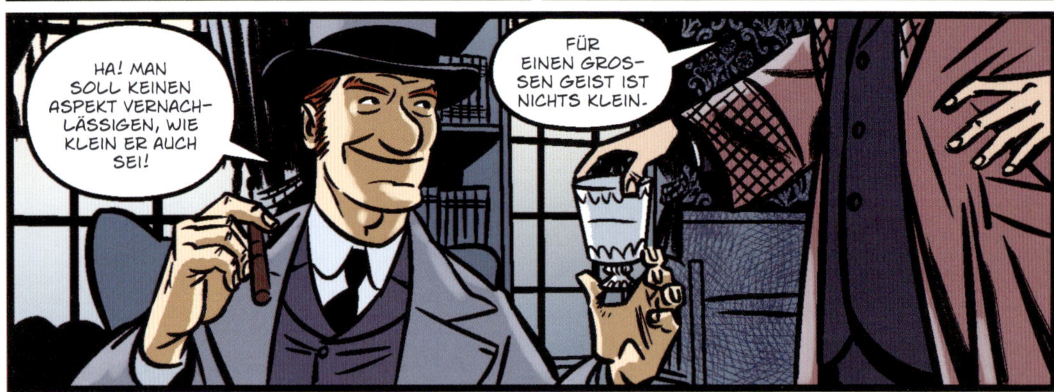
HA! MAN SOLL KEINEN ASPEKT VERNACH-LÄSSIGEN, WIE KLEIN ER AUCH SEI!
FÜR EINEN GROS-SEN GEIST IST NICHTS KLEIN.

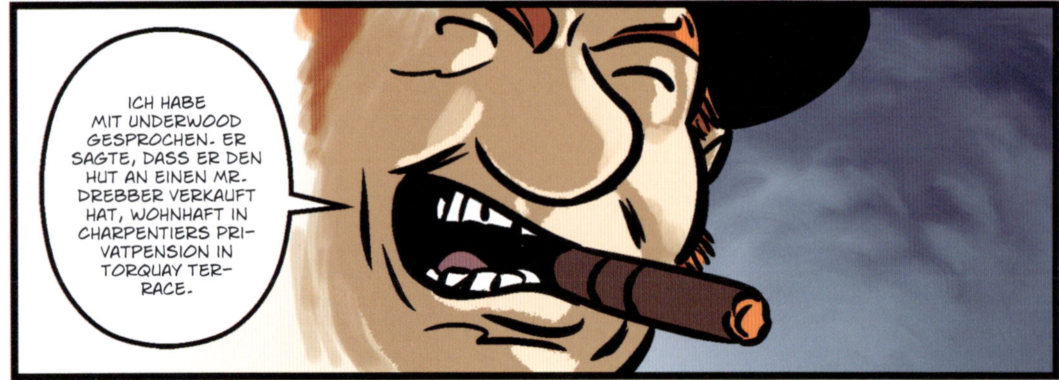
ICH HABE MIT UNDERWOOD GESPROCHEN. ER SAGTE, DASS ER DEN HUT AN EINEN MR. DREBBER VERKAUFT HAT, WOHNHAFT IN CHARPENTIERS PRI-VATPENSION IN TORQUAY TER-RACE.

"ALS NÄCHSTES HABE ICH MADAME CHARPENTIER AUFGESUCHT. SIE SAH SEHR BLASS UND BEDRÜCKT AUS. AUCH IHRE TOCHTER, EIN UNGEWÖHNLICH HÜBSCHES MÄDCHEN, HATTE ROTGEWEINTE AUGEN UND IHRE LIPPEN ZITTERTEN."

"ALS ICH SIE FRAGTE, OB SIE VON DREBBERS TOD GEHÖRT HÄTTEN, NICKTE DIE MUTTER UND BRACHTE ALLEM ANSCHEIN NACH KEIN WORT HERAUS. DIE TOCHTER BRACH IN TRÄNEN AUS. ICH BAT SIE, MIR ZU SAGEN, WAS SIE WUSSTEN."

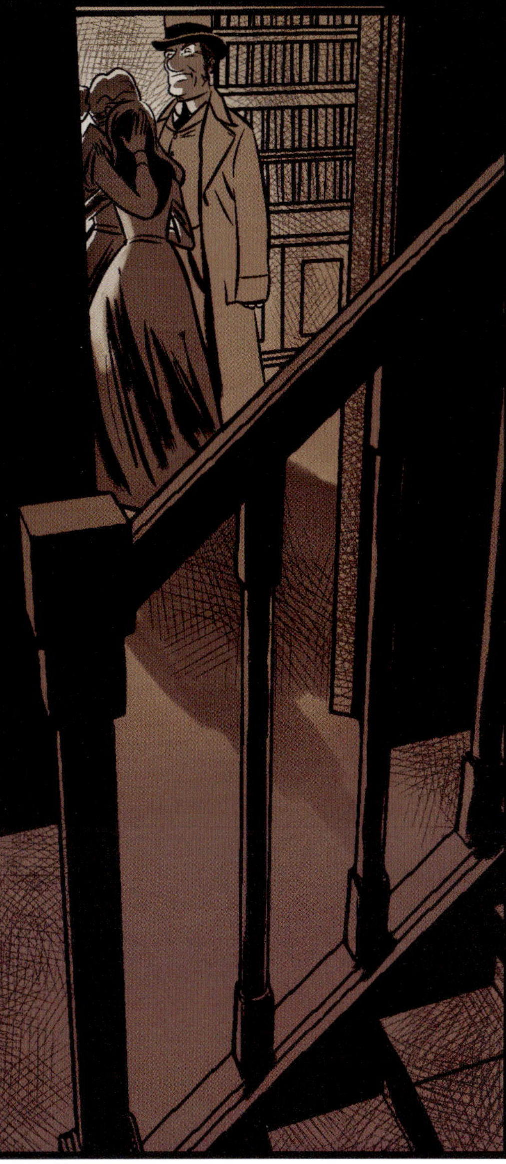

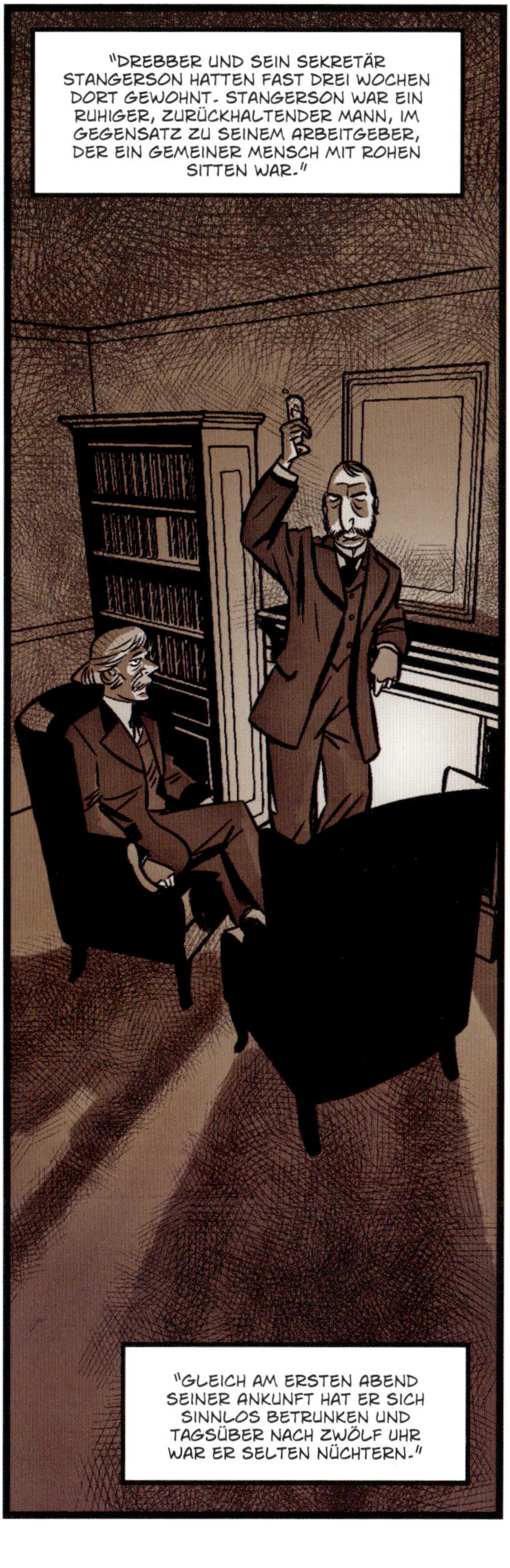

"DREBBER UND SEIN SEKRETÄR STANGERSON HATTEN FAST DREI WOCHEN DORT GEWOHNT. STANGERSON WAR EIN RUHIGER, ZURÜCKHALTENDER MANN, IM GEGENSATZ ZU SEINEM ARBEITGEBER, DER EIN GEMEINER MENSCH MIT ROHEN SITTEN WAR."

"GLEICH AM ERSTEN ABEND SEINER ANKUNFT HAT ER SICH SINNLOS BETRUNKEN UND TAGSÜBER NACH ZWÖLF UHR WAR ER SELTEN NÜCHTERN."

"SEIN VERHALTEN GEGENÜBER DEN ZIMMERMÄDCHEN WAR WIDERLICH UNANSTÄNDIG UND VERTRAULICH. ER RISS SOGAR DIE TOCHTER, ALICE, AN SICH UND UMARMTE SIE - EIN FREVEL, DER SELBST SEINEN SEKRETÄR DAZU VERANLASSTE, IHN ZU RÜGEN."

"SIE HATTE IHN NICHT GLEICH AUS DEM HAUS GEWORFEN, DA SIE DAS GELD, IMMERHIN VIERZEHN PFUND DIE WOCHE, NICHT VERLIEREN WOLLTE, DENN SIE WAR WITWE UND IHR SOHN BEI DER MARINE. ABER DER VORFALL MIT ALICE WAR ZU VIEL UND SIE KÜNDIGTE IHM."

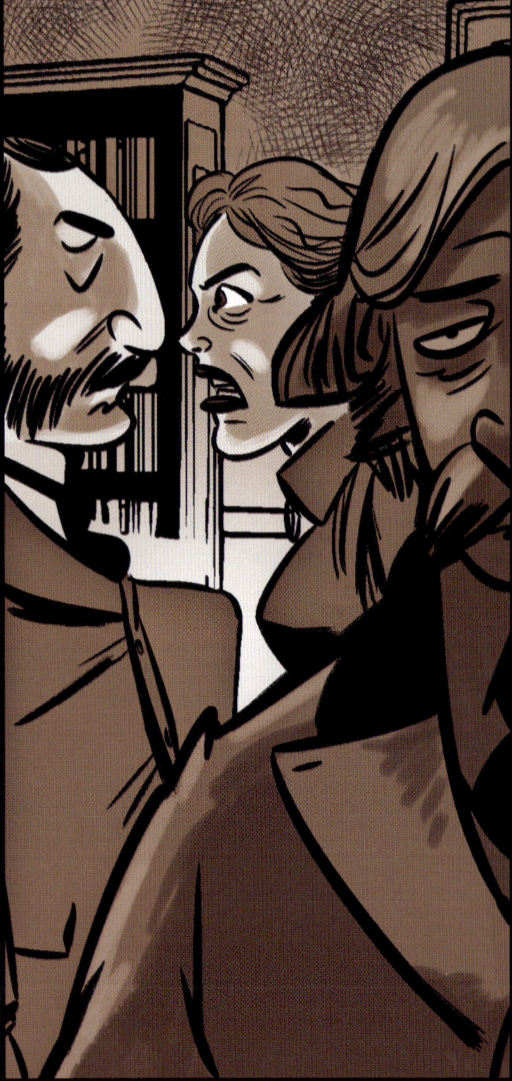

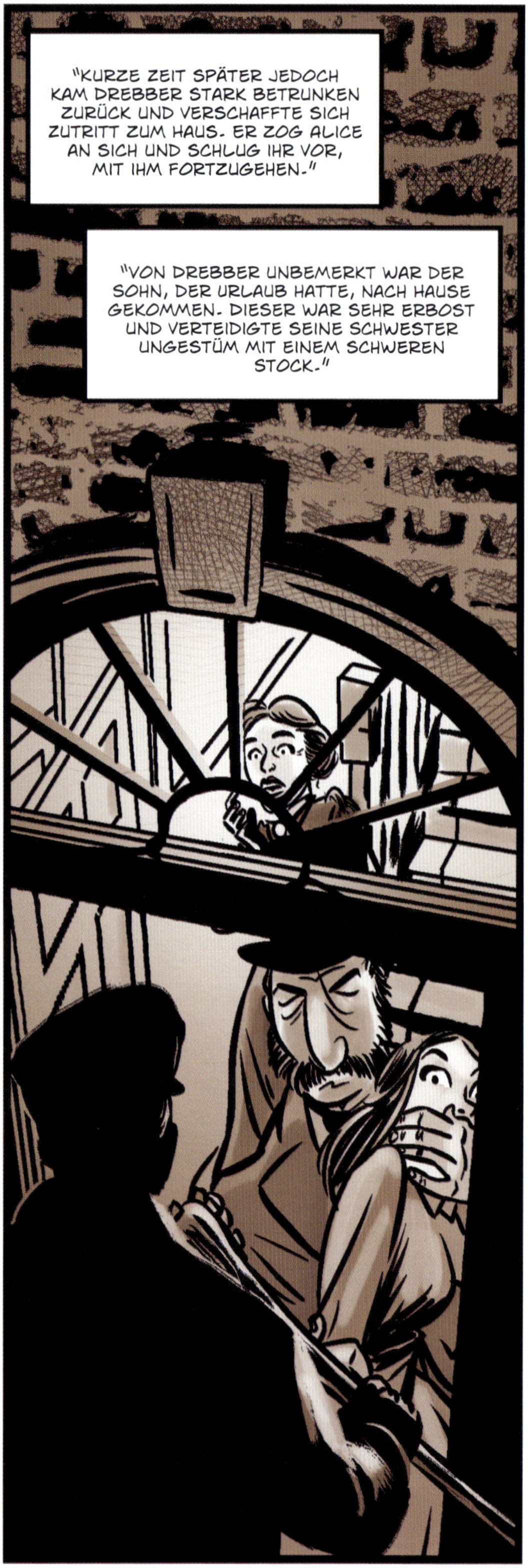

"KURZE ZEIT SPÄTER JEDOCH KAM DREBBER STARK BETRUNKEN ZURÜCK UND VERSCHAFFTE SICH ZUTRITT ZUM HAUS. ER ZOG ALICE AN SICH UND SCHLUG IHR VOR, MIT IHM FORTZUGEHEN."

"VON DREBBER UNBEMERKT WAR DER SOHN, DER URLAUB HATTE, NACH HAUSE GEKOMMEN. DIESER WAR SEHR ERBOST UND VERTEIDIGTE SEINE SCHWESTER UNGESTÜM MIT EINEM SCHWEREN STOCK."

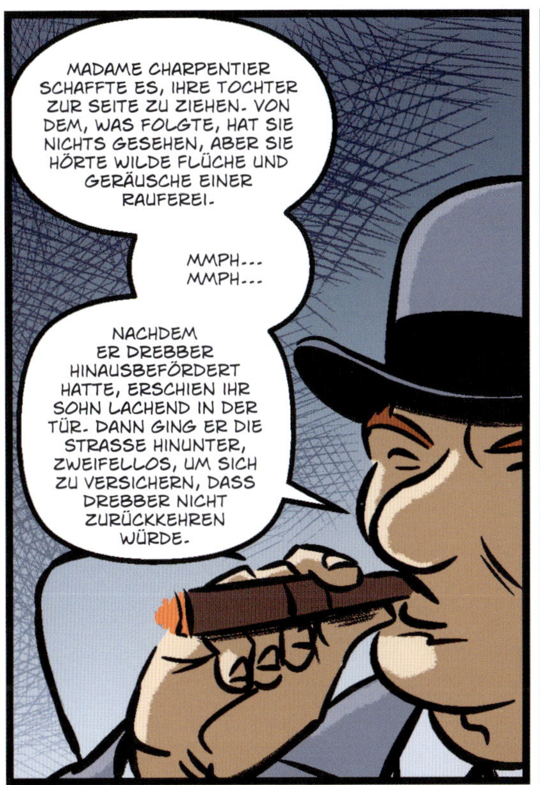

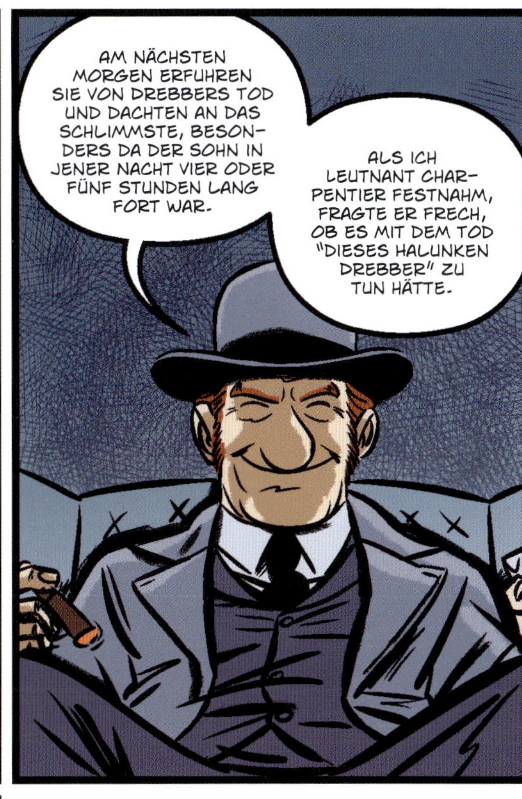

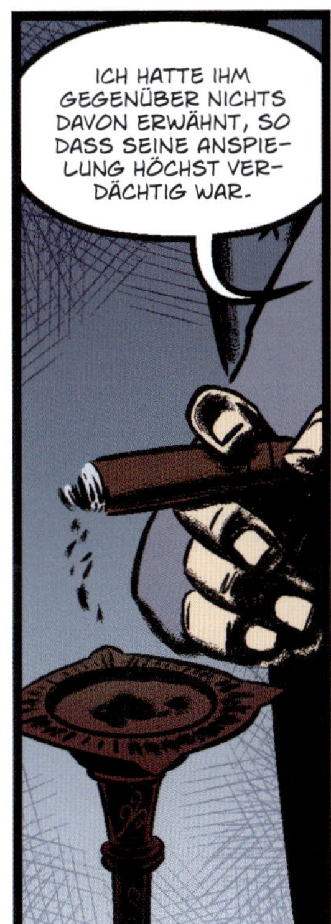

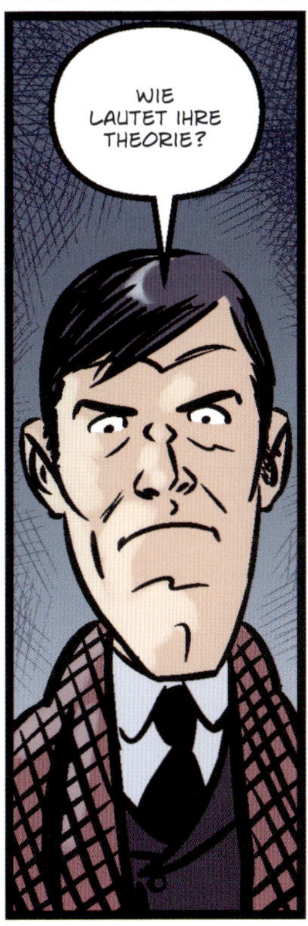

"ER IST DREBBER BIS ZUR BRIXTON ROAD GEFOLGT, WO EIN HEFTIGER STREIT ENTBRANNTE. VIELLEICHT HAT DREBBER EINEN SCHLAG MIT DEM STOCK ABBEKOMMEN, DER SEINEN TOD VERURSACHTE, OHNE EINE SPUR ZU HINTERLASSEN. ANSCHLIESSEND WURDE DIE LEICHE IN DAS LEERE HAUS GESCHLEPPT."

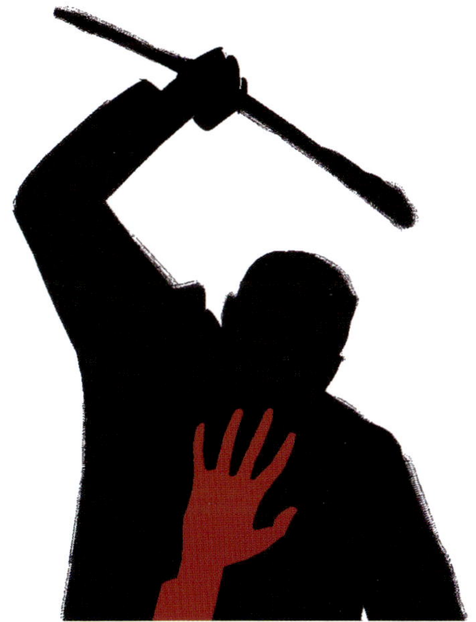

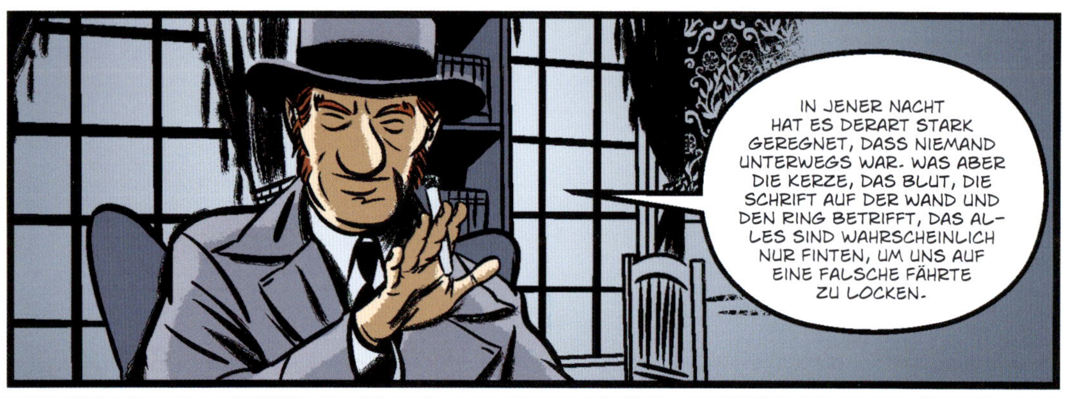

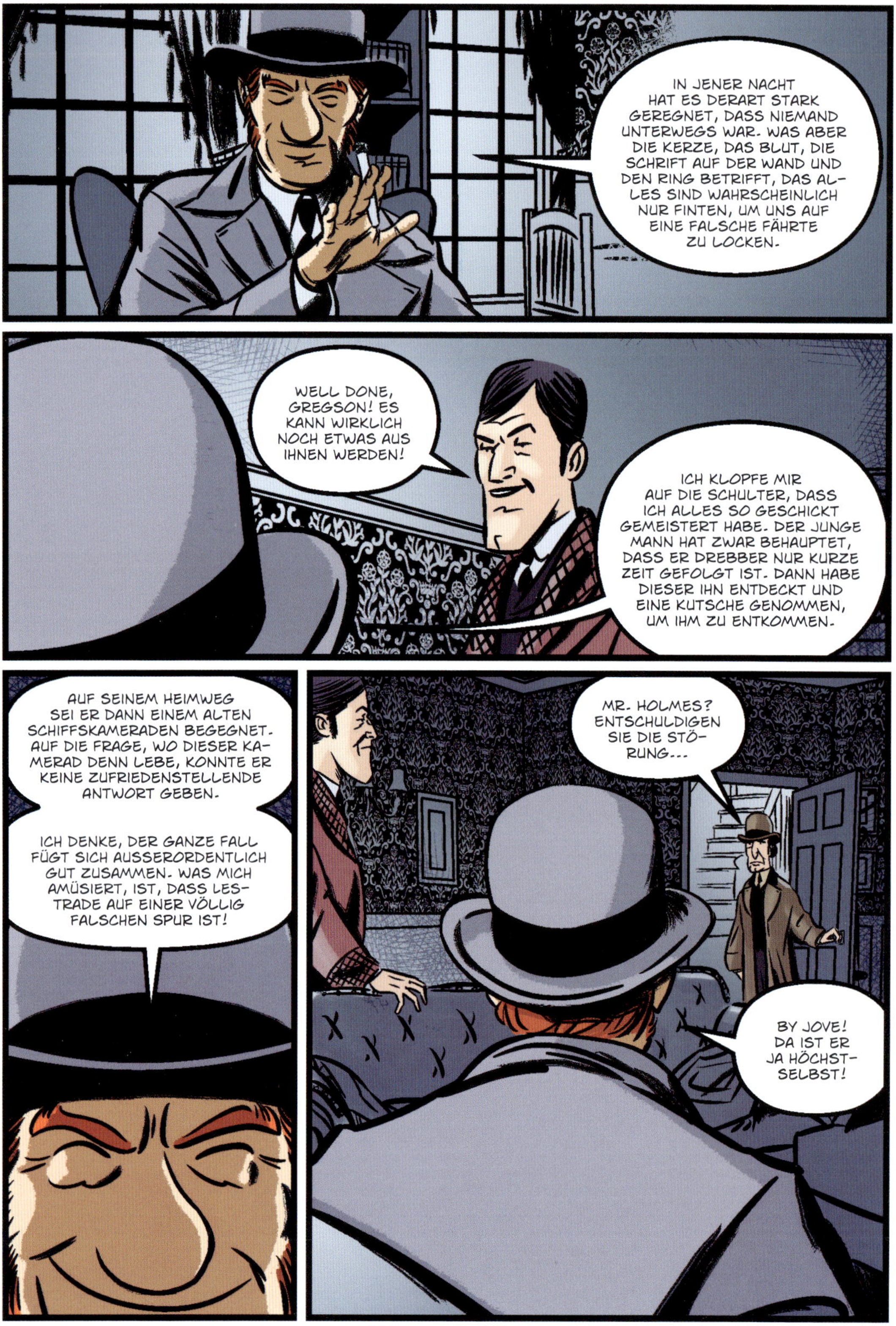

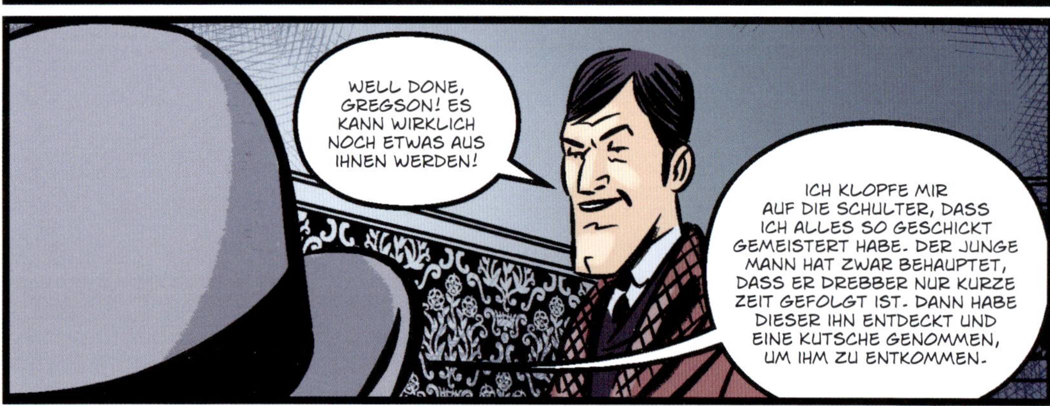

AUF SEINEM HEIMWEG SEI ER DANN EINEM ALTEN SCHIFFSKAMERADEN BEGEGNET. AUF DIE FRAGE, WO DIESER KAMERAD DENN LEBE, KONNTE ER KEINE ZUFRIEDENSTELLENDE ANTWORT GEBEN.

ICH DENKE, DER GANZE FALL FÜGT SICH AUSSERORDENTLICH GUT ZUSAMMEN. WAS MICH AMÜSIERT, IST, DASS LESTRADE AUF EINER VÖLLIG FALSCHEN SPUR IST!

MR. HOLMES? ENTSCHULDIGEN SIE DIE STÖRUNG...

BY JOVE! DA IST ER JA HÖCHSTSELBST!

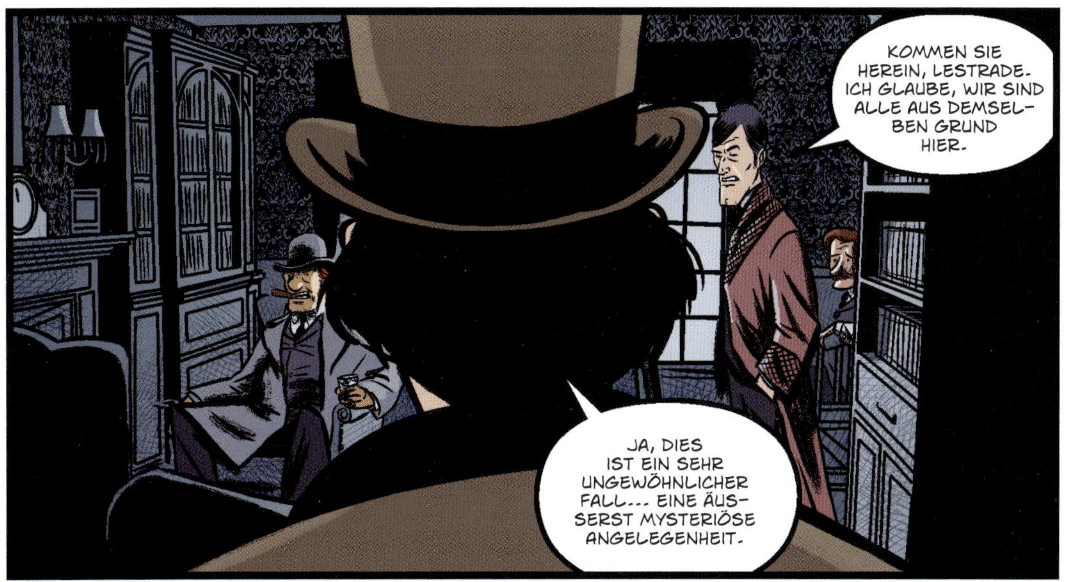
KOMMEN SIE HEREIN, LESTRADE. ICH GLAUBE, WIR SIND ALLE AUS DEMSELBEN GRUND HIER.
JA, DIES IST EIN SEHR UNGEWÖHNLICHER FALL... EINE ÄUSSERST MYSTERIÖSE ANGELEGENHEIT.

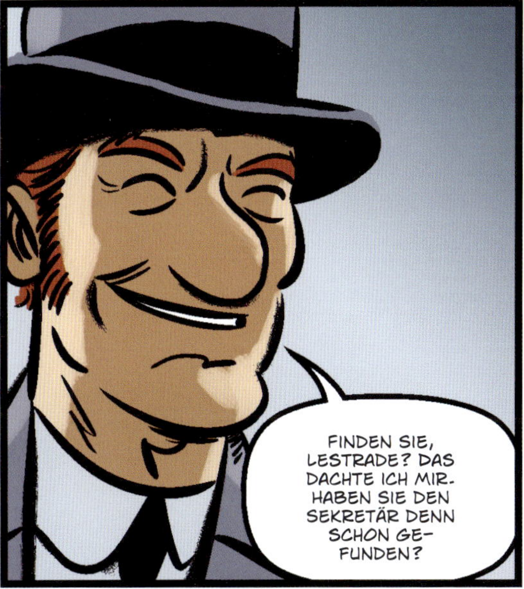
FINDEN SIE, LESTRADE? DAS DACHTE ICH MIR. HABEN SIE DEN SEKRETÄR DENN SCHON GEFUNDEN?

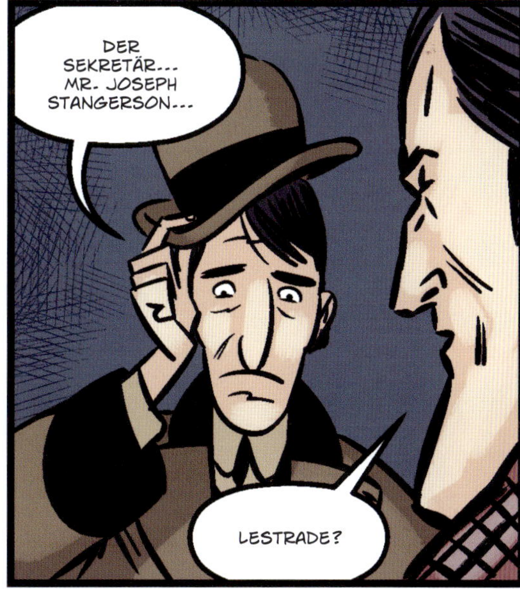
DER SEKRETÄR... MR. JOSEPH STANGERSON...
LESTRADE?

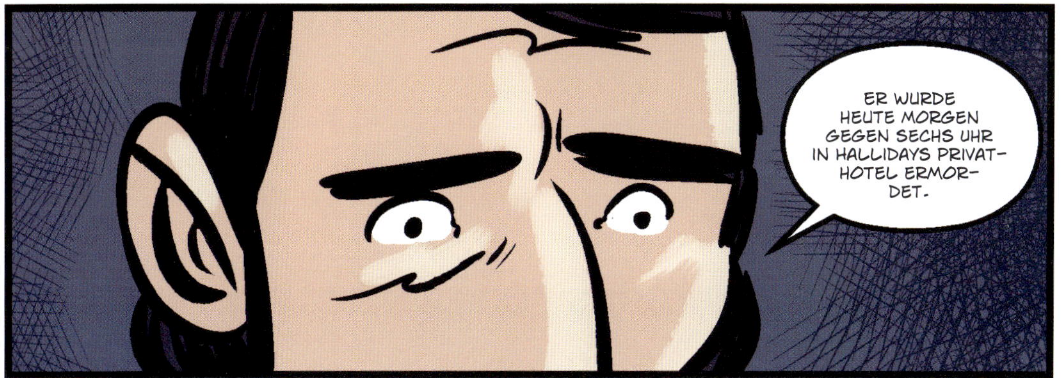
ER WURDE HEUTE MORGEN GEGEN SECHS UHR IN HALLIDAYS PRIVATHOTEL ERMORDET.

ES KOMMT LICHT INS DUNKEL

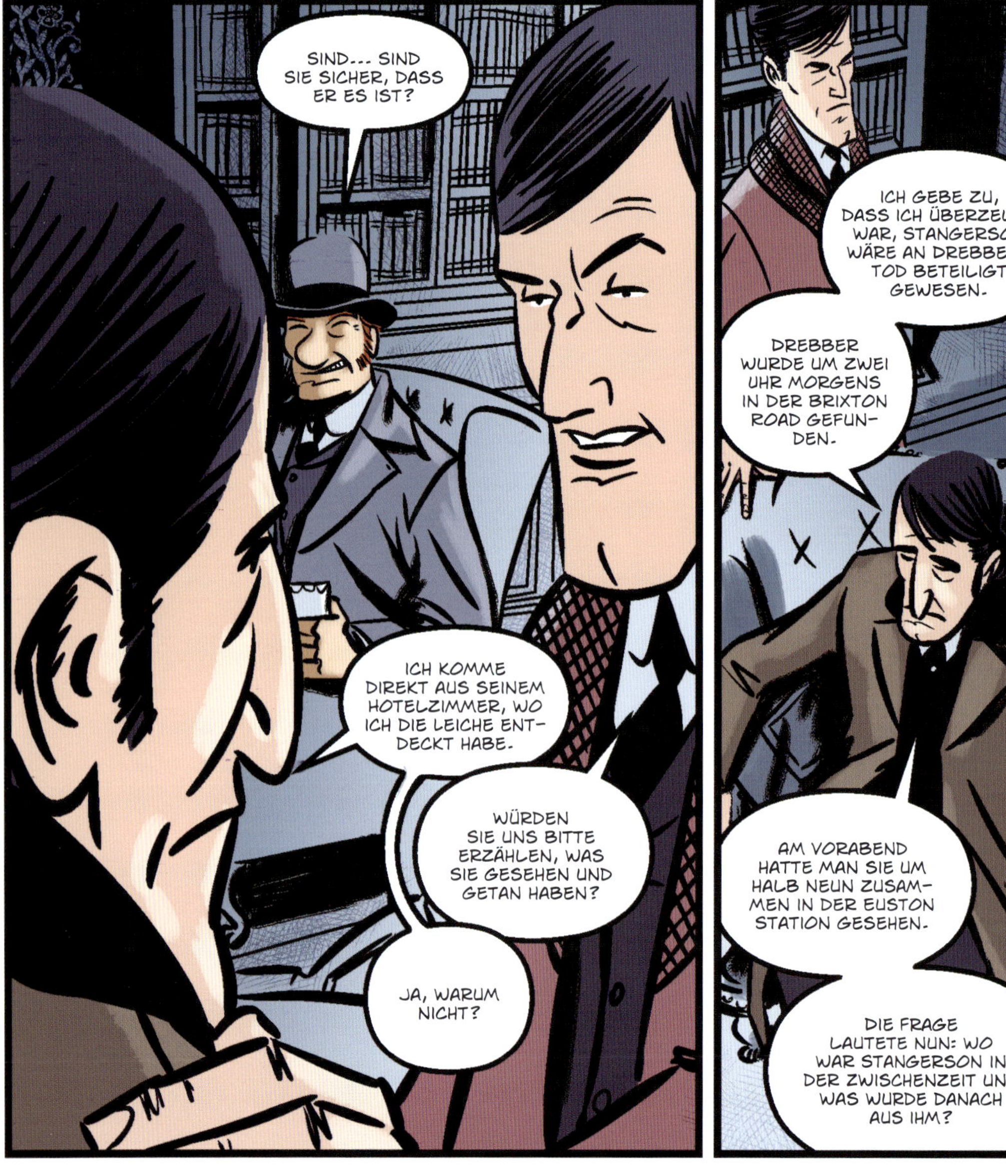

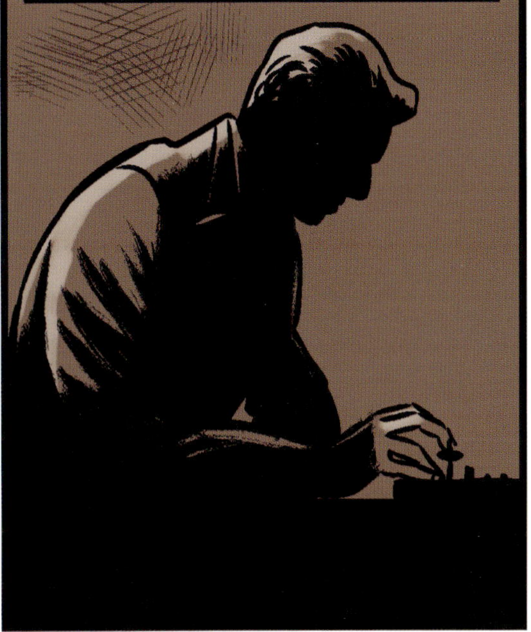
"ICH HABE STANGERSONS BESCHREIBUNG ALS VORWARNUNG NACH LIVERPOOL TELEGRAFIERT, DAMIT SIE DIE AMERIKANISCHEN SCHIFFE ÜBERWACHEN."

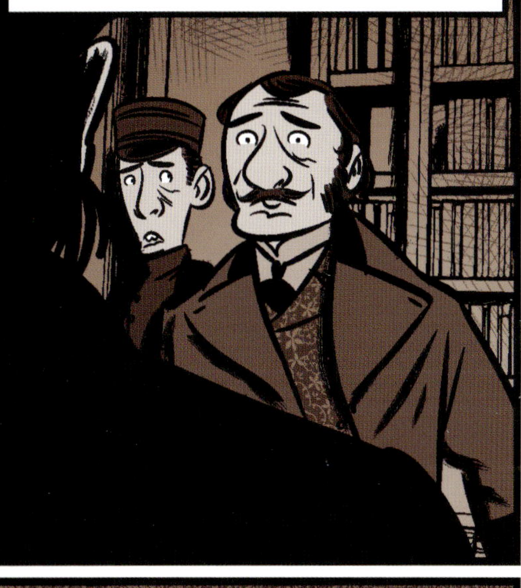
"DANACH HABE ICH DIE HOTELS UND PRIVATPENSIONEN RINGSUM DIE EUSTON STATION ANGERUFEN. FALLS DREBBER UND SEIN GEFÄHRTE SICH GETRENNT HABEN SOLLTEN, WÄRE ES NUR LOGISCH, DASS LETZTERER IN DER NÄHEREN UMGEBUNG ÜBERNACHTEN UND AM NÄCHSTEN MORGEN AM BAHNHOF WARTEN WÜRDE."

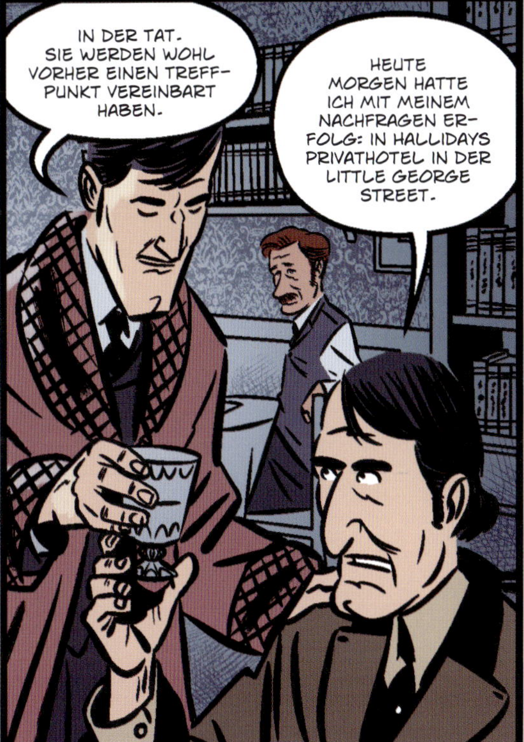
IN DER TAT. SIE WERDEN WOHL VORHER EINEN TREFFPUNKT VEREINBART HABEN.
HEUTE MORGEN HATTE ICH MIT MEINEM NACHFRAGEN ERFOLG: IN HALLIDAYS PRIVATHOTEL IN DER LITTLE GEORGE STREET.

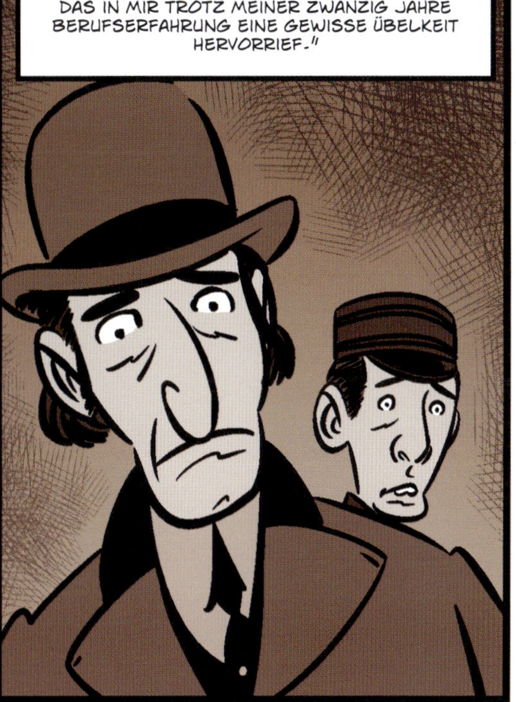
"DORT, IM ZWEITEN STOCK, SAH ICH ETWAS, DAS IN MIR TROTZ MEINER ZWANZIG JAHRE BERUFSERFAHRUNG EINE GEWISSE ÜBELKEIT HERVORRIEF."

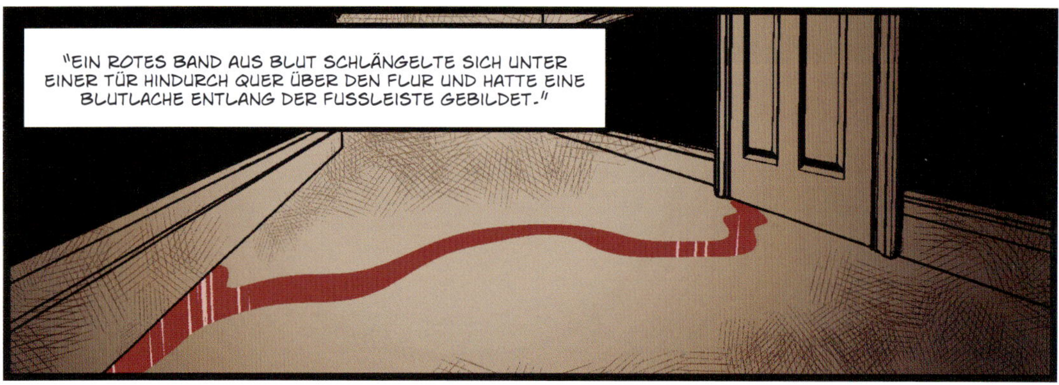
"EIN ROTES BAND AUS BLUT SCHLÄNGELTE SICH UNTER EINER TÜR HINDURCH QUER ÜBER DEN FLUR UND HATTE EINE BLUTLACHE ENTLANG DER FUSSLEISTE GEBILDET."

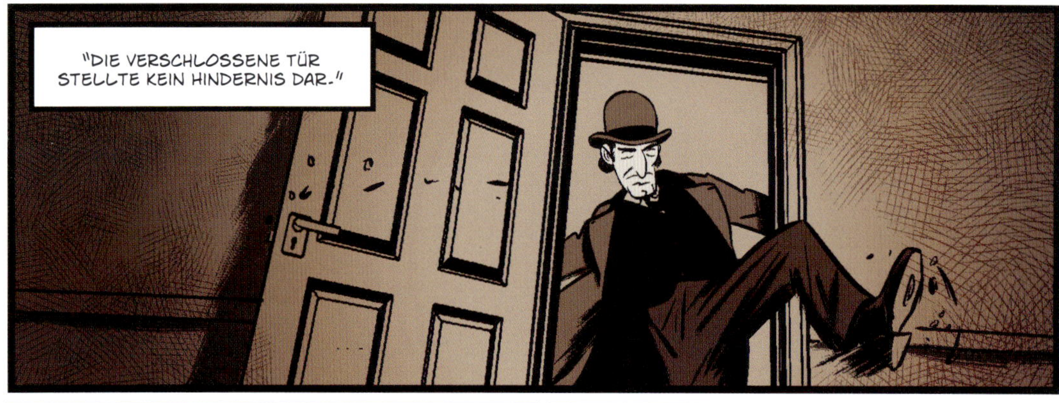
"DIE VERSCHLOSSENE TÜR STELLTE KEIN HINDERNIS DAR."

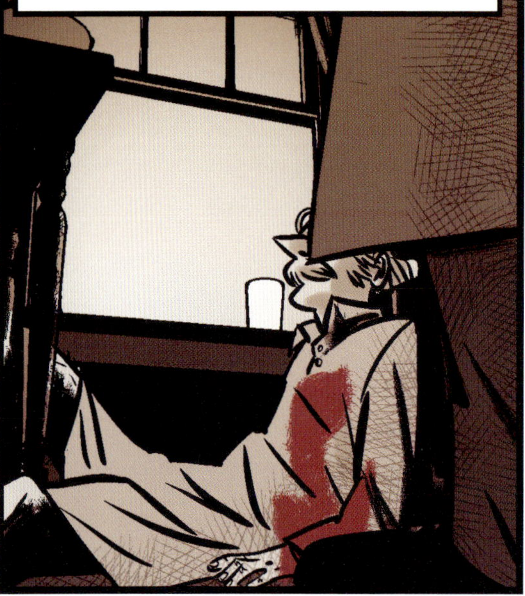
"DAS ZIMMERFENSTER STAND OFFEN. DANEBEN LAG DER KÖRPER EINES MANNES IM NACHTHEMD. ER WURDE SOGLEICH ALS DER GENTLEMAN IDENTIFIZIERT, DER DAS ZIMMER UNTER DEM NAMEN JOSEPH STANGERSON GEBUCHT HATTE."

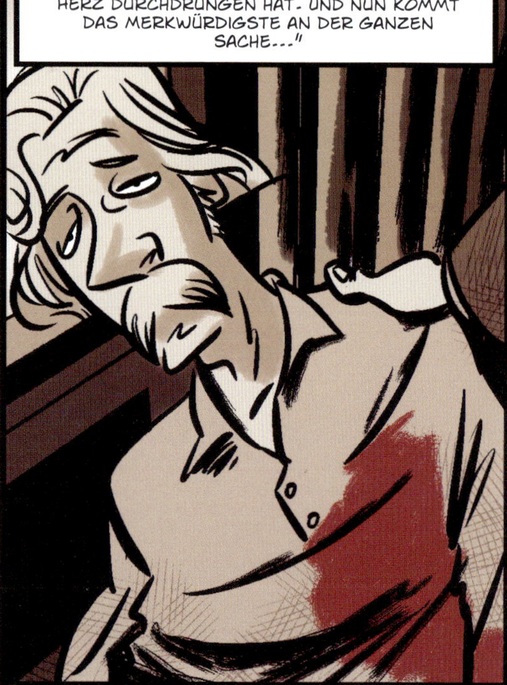
"DIE TODESURSACHE WAR EINE TIEFE STICHWUNDE AN DER LINKEN SEITE, DIE AUCH SEIN HERZ DURCHDRUNGEN HAT. UND NUN KOMMT DAS MERKWÜRDIGSTE AN DER GANZEN SACHE..."

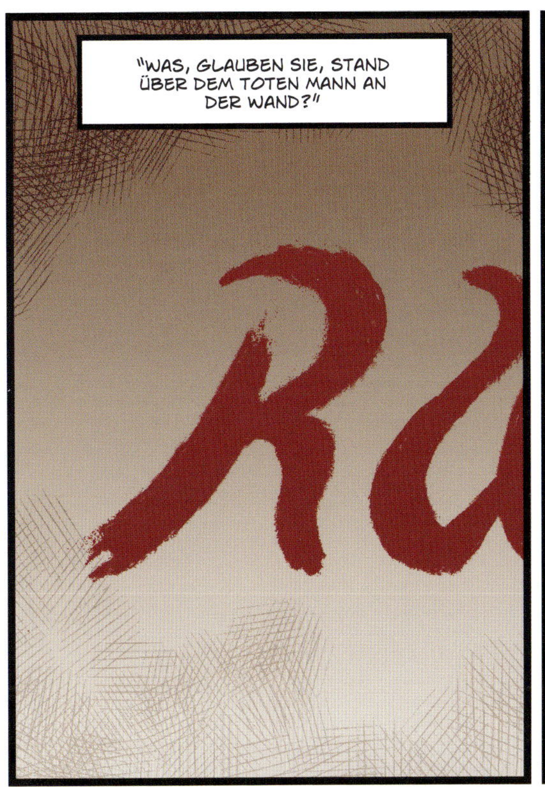

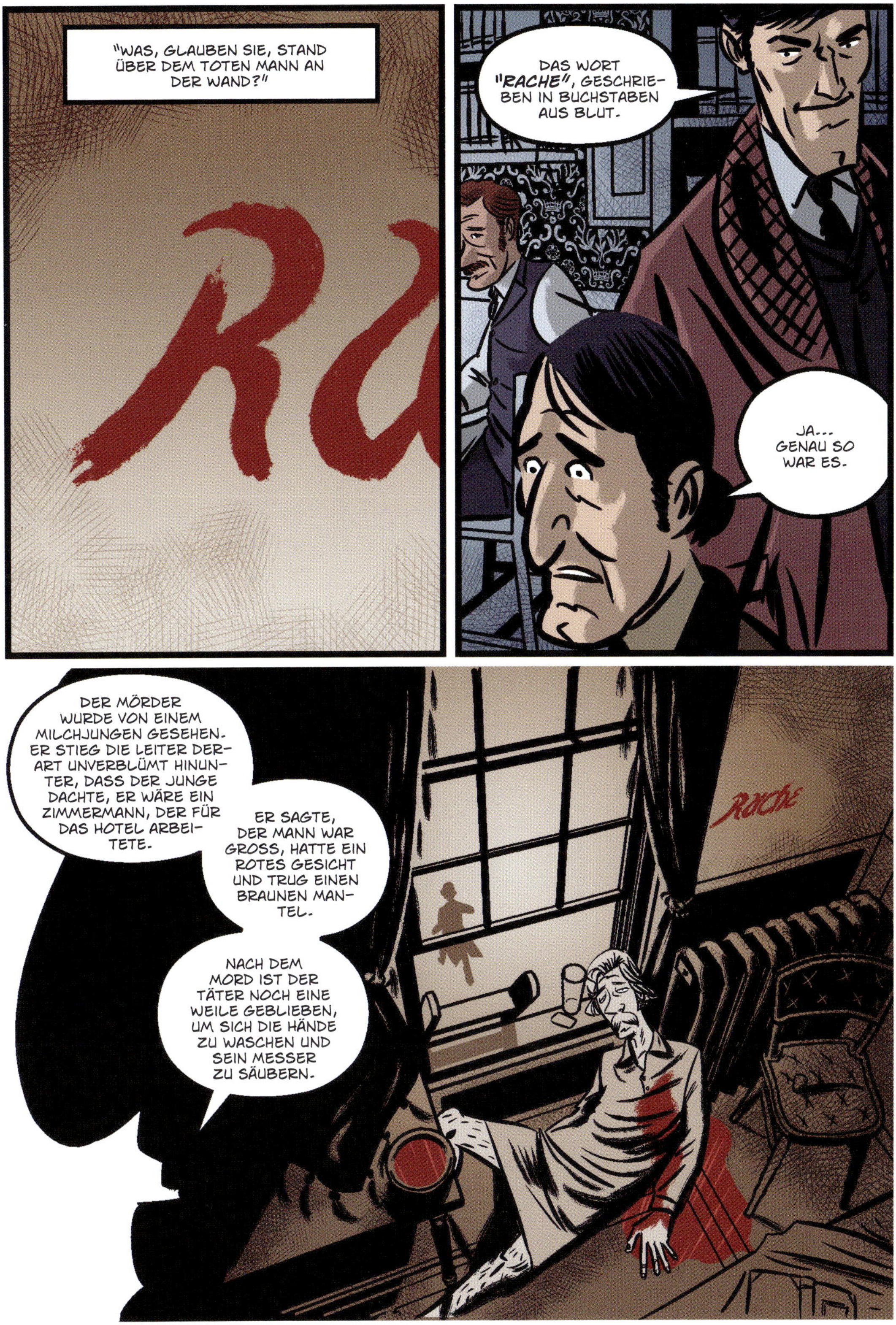

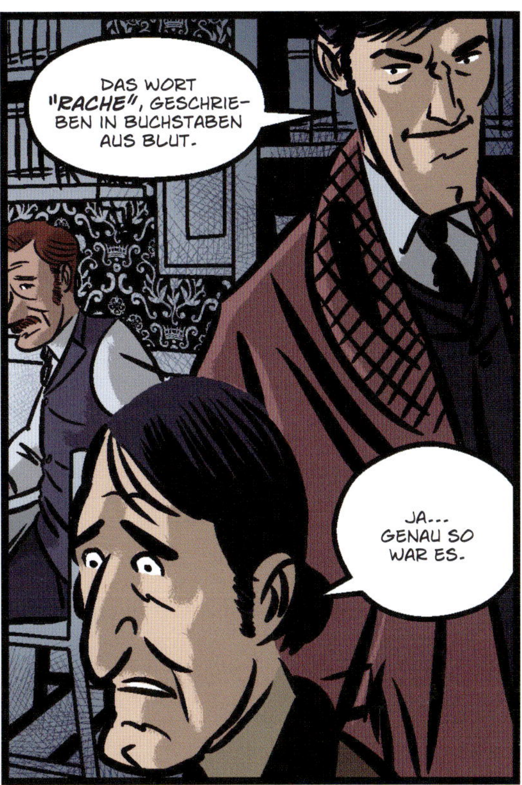

DER MÖRDER WURDE VON EINEM MILCHJUNGEN GESEHEN. ER STIEG DIE LEITER DERART UNVERBLÜMT HINUNTER, DASS DER JUNGE DACHTE, ER WÄRE EIN ZIMMERMANN, DER FÜR DAS HOTEL ARBEITETE.

ER SAGTE, DER MANN WAR GROSS, HATTE EIN ROTES GESICHT UND TRUG EINEN BRAUNEN MANTEL.

RACHE

NACH DEM MORD IST DER TÄTER NOCH EINE WEILE GEBLIEBEN, UM SICH DIE HÄNDE ZU WASCHEN UND SEIN MESSER ZU SÄUBERN.

HABEN SIE IRGEND-ETWAS GEFUNDEN, DAS AUF DEN MÖRDER HINWEISEN KÖNNTE?

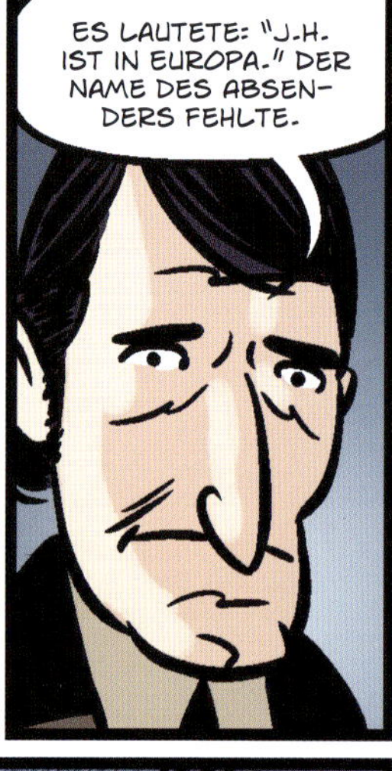

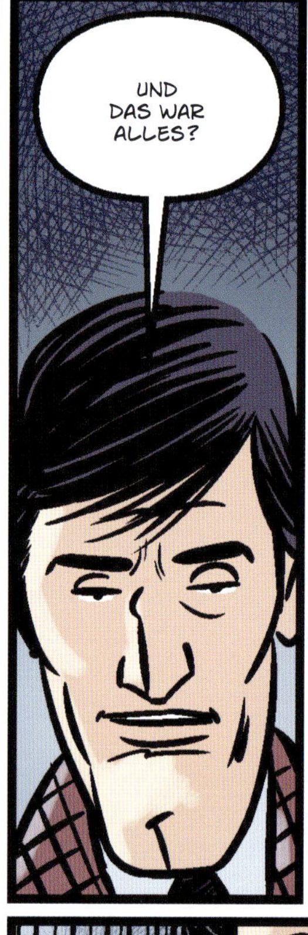

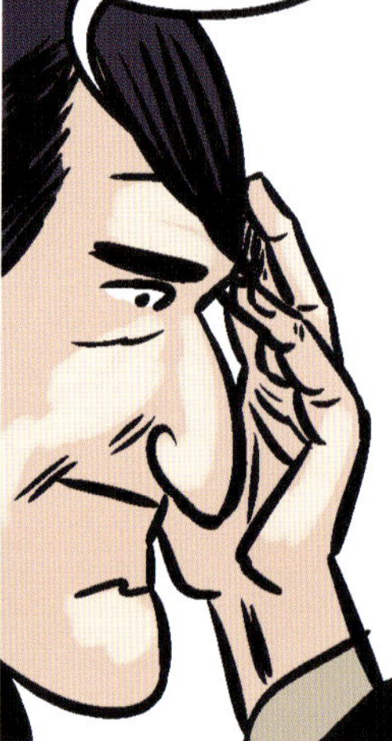

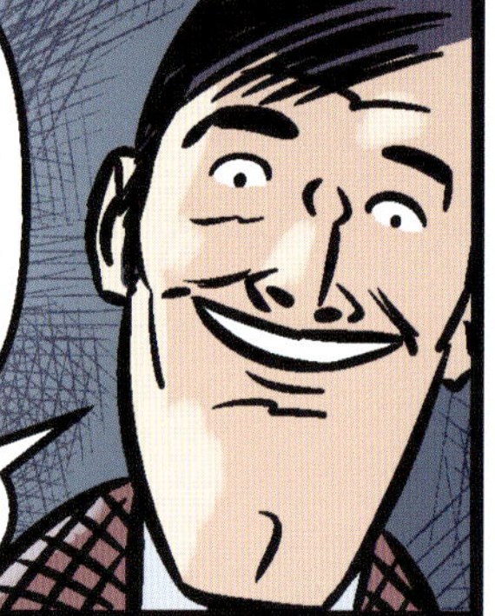

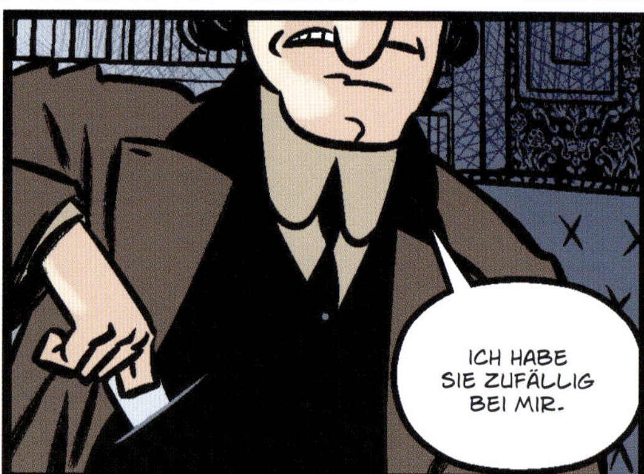

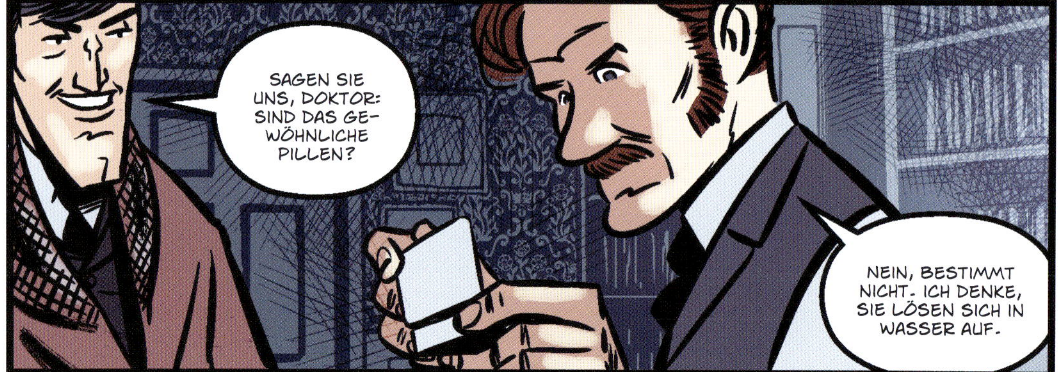

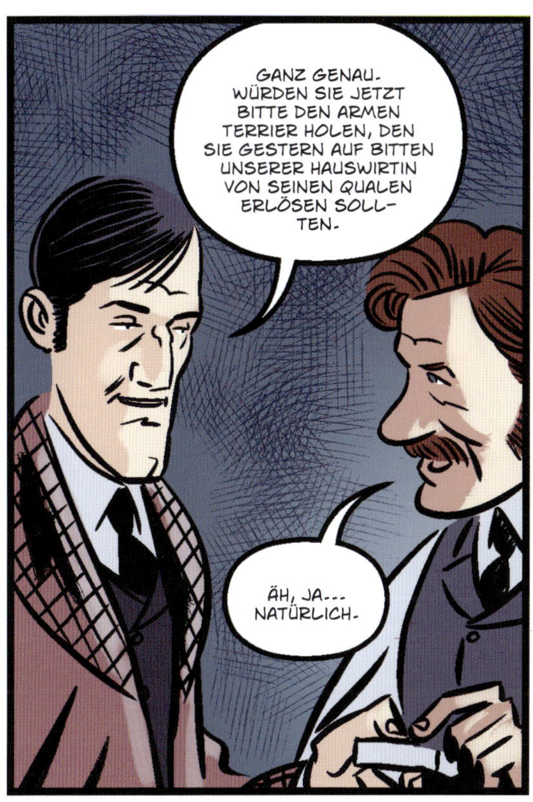
GANZ GENAU. WÜRDEN SIE JETZT BITTE DEN ARMEN TERRIER HOLEN, DEN SIE GESTERN AUF BITTEN UNSERER HAUSWIRTIN VON SEINEN QUALEN ERLÖSEN SOLL-TEN.
ÄH, JA... NATÜRLICH.

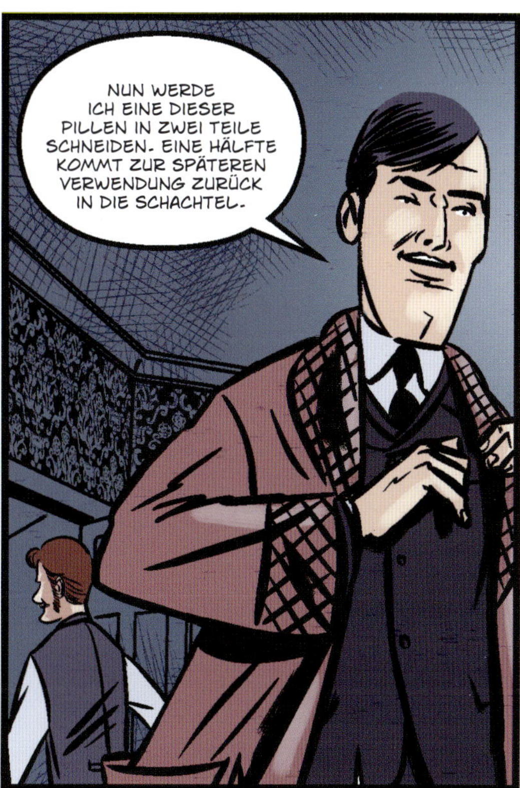
NUN WERDE ICH EINE DIESER PILLEN IN ZWEI TEILE SCHNEIDEN. EINE HÄLFTE KOMMT ZUR SPÄTEREN VERWENDUNG ZURÜCK IN DIE SCHACHTEL.

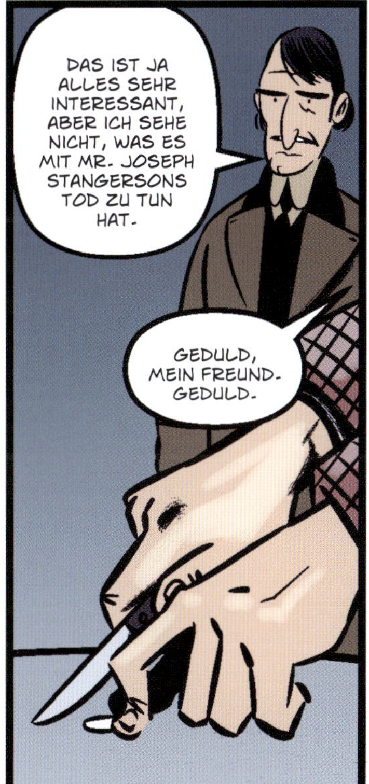
DAS IST JA ALLES SEHR INTERESSANT, ABER ICH SEHE NICHT, WAS ES MIT MR. JOSEPH STANGERSONS TOD ZU TUN HAT.
GEDULD, MEIN FREUND. GEDULD.

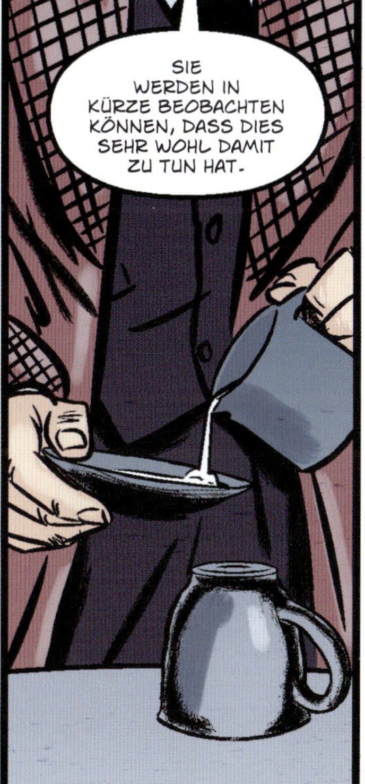
SIE WERDEN IN KÜRZE BEOBACHTEN KÖNNEN, DASS DIES SEHR WOHL DAMIT ZU TUN HAT.

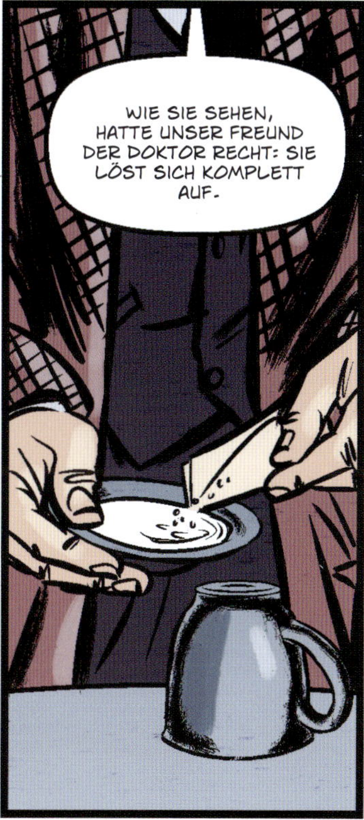
WIE SIE SEHEN, HATTE UNSER FREUND DER DOKTOR RECHT: SIE LÖST SICH KOMPLETT AUF.

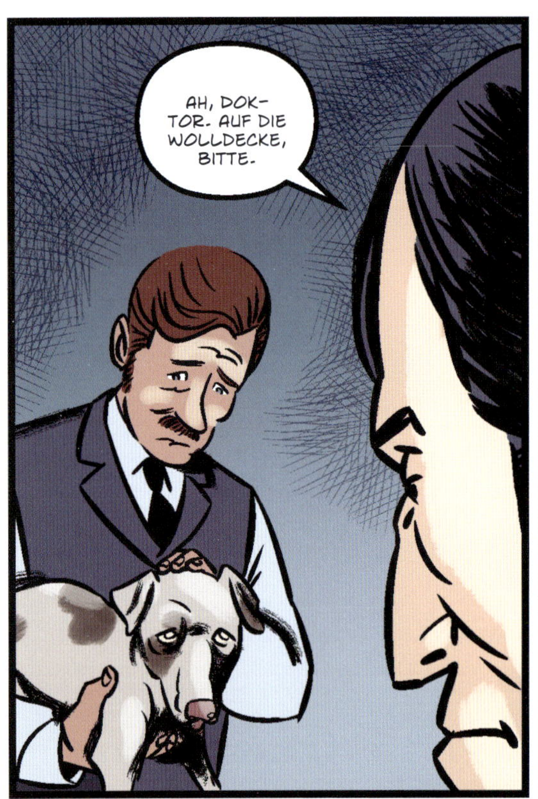
AH, DOK-
TOR. AUF DIE
WOLLDECKE,
BITTE.

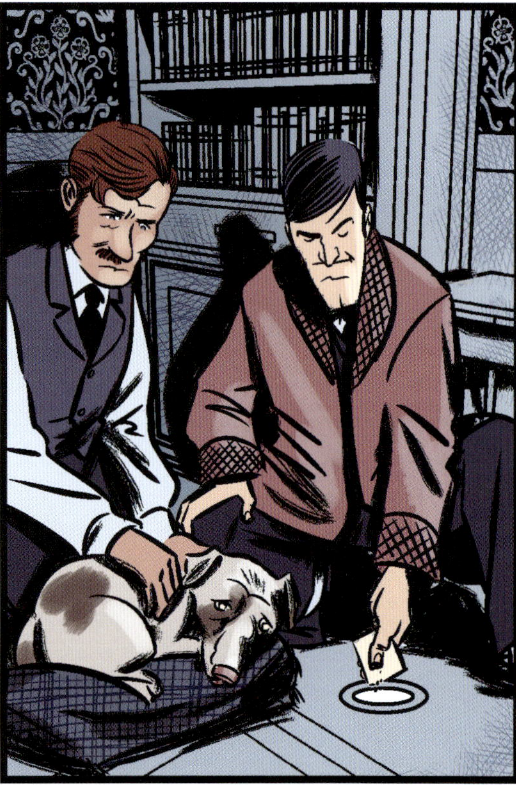

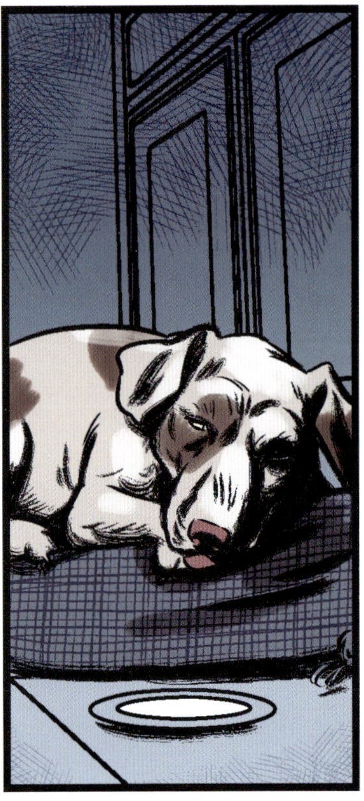

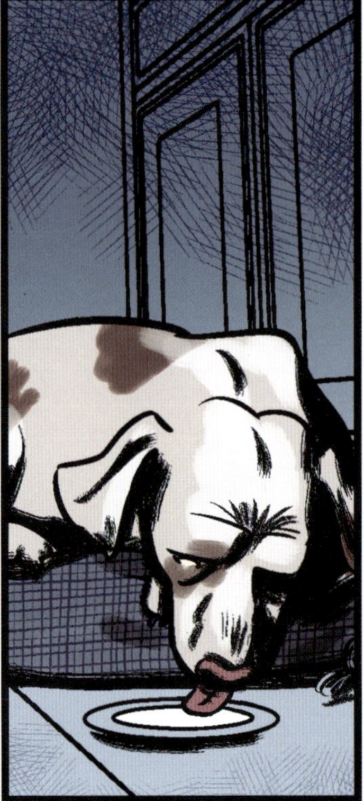

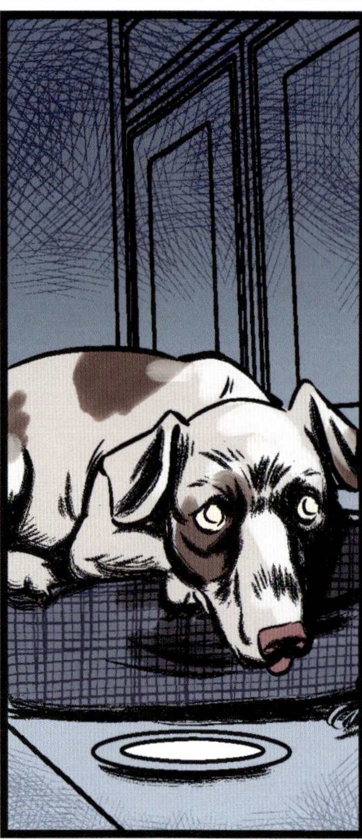

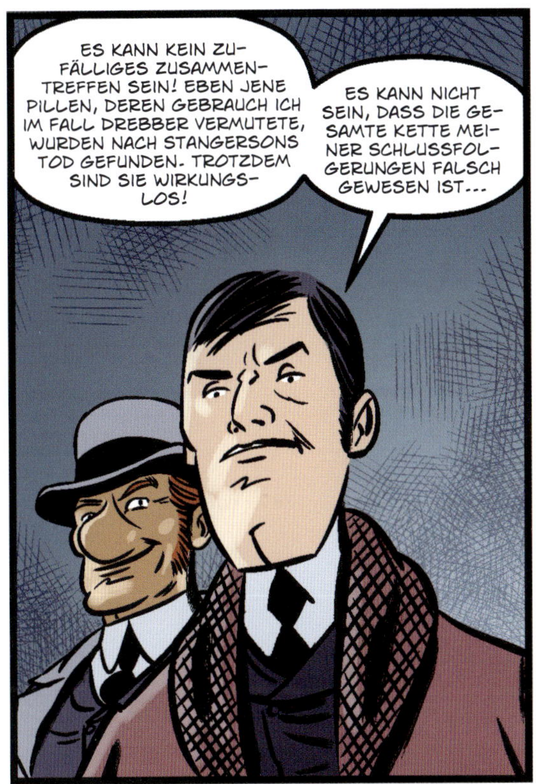
ES KANN KEIN ZUFÄLLIGES ZUSAMMENTREFFEN SEIN! EBEN JENE PILLEN, DEREN GEBRAUCH ICH IM FALL DREBBER VERMUTETE, WURDEN NACH STANGERSONS TOD GEFUNDEN. TROTZDEM SIND SIE WIRKUNGSLOS!
ES KANN NICHT SEIN, DASS DIE GESAMTE KETTE MEINER SCHLUSSFOLGERUNGEN FALSCH GEWESEN IST...

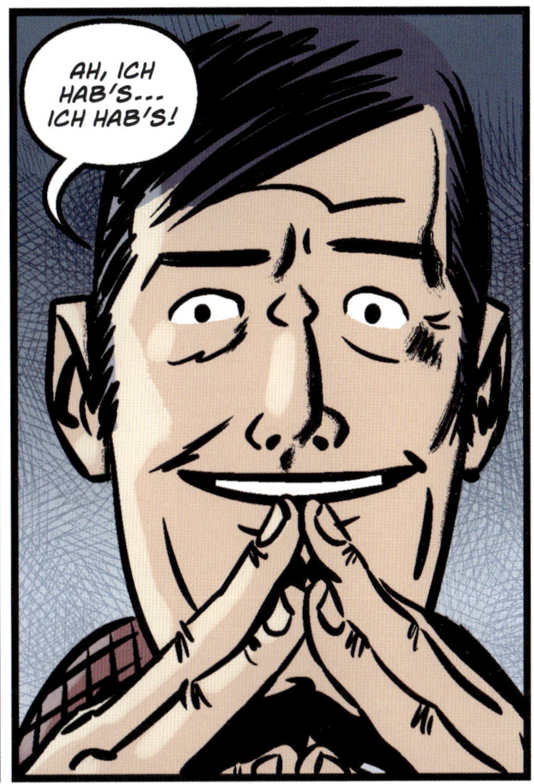
AH, ICH HAB'S... ICH HAB'S!

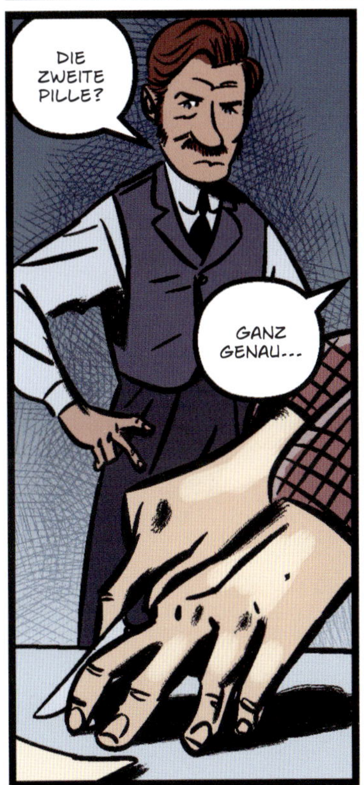
DIE ZWEITE PILLE?
GANZ GENAU...

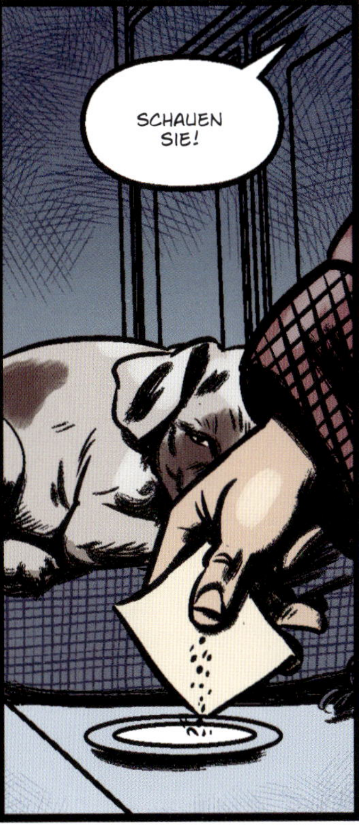
SCHAUEN SIE!

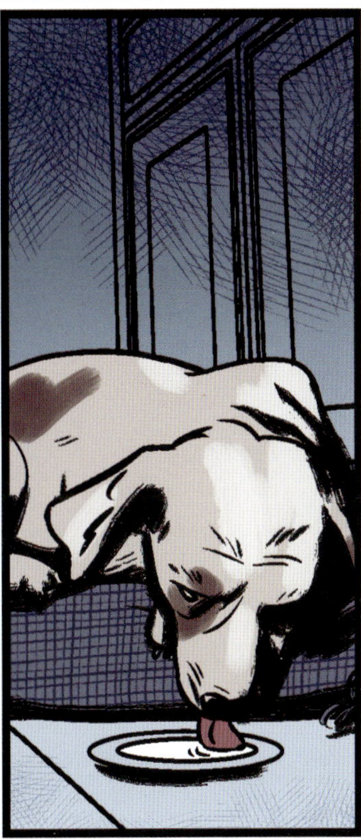

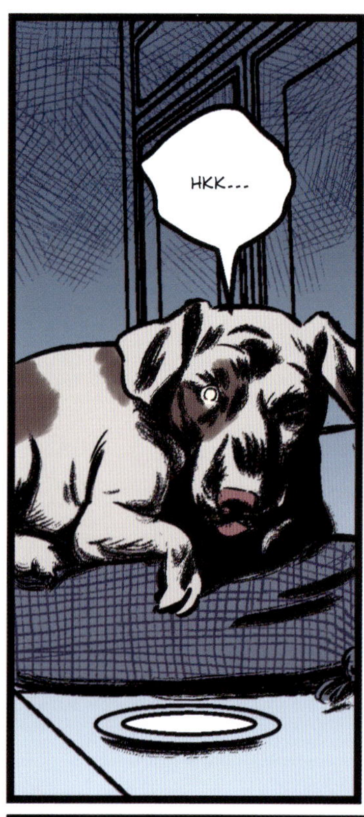
HKK...

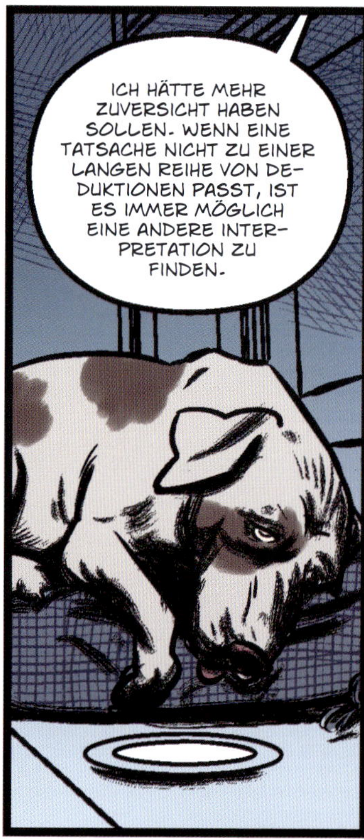
ICH HÄTTE MEHR ZUVERSICHT HABEN SOLLEN. WENN EINE TATSACHE NICHT ZU EINER LANGEN REIHE VON DEDUKTIONEN PASST, IST ES IMMER MÖGLICH EINE ANDERE INTERPRETATION ZU FINDEN.

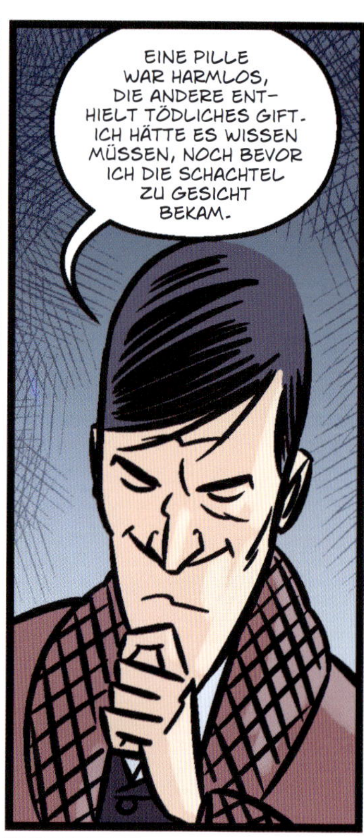
EINE PILLE WAR HARMLOS, DIE ANDERE ENTHIELT TÖDLICHES GIFT. ICH HÄTTE ES WISSEN MÜSSEN, NOCH BEVOR ICH DIE SCHACHTEL ZU GESICHT BEKAM.

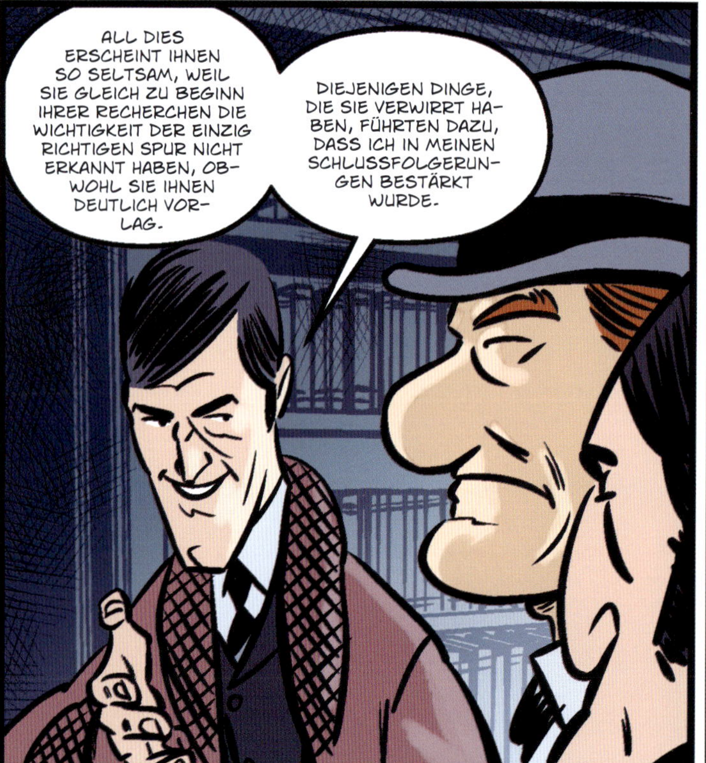
ALL DIES ERSCHEINT IHNEN SO SELTSAM, WEIL SIE GLEICH ZU BEGINN IHRER RECHERCHEN DIE WICHTIGKEIT DER EINZIG RICHTIGEN SPUR NICHT ERKANNT HABEN, OBWOHL SIE IHNEN DEUTLICH VORLAG.
DIEJENIGEN DINGE, DIE SIE VERWIRRT HABEN, FÜHRTEN DAZU, DASS ICH IN MEINEN SCHLUSSFOLGERUNGEN BESTÄRKT WURDE.

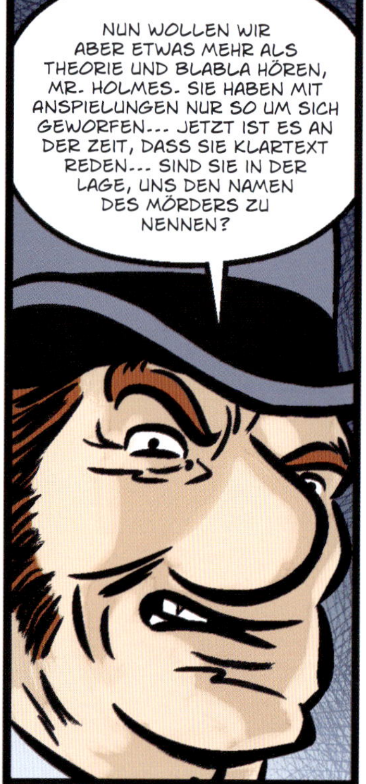
NUN WOLLEN WIR ABER ETWAS MEHR ALS THEORIE UND BLABLA HÖREN, MR. HOLMES. SIE HABEN MIT ANSPIELUNGEN NUR SO UM SICH GEWORFEN... JETZT IST ES AN DER ZEIT, DASS SIE KLARTEXT REDEN... SIND SIE IN DER LAGE, UNS DEN NAMEN DES MÖRDERS ZU NENNEN?

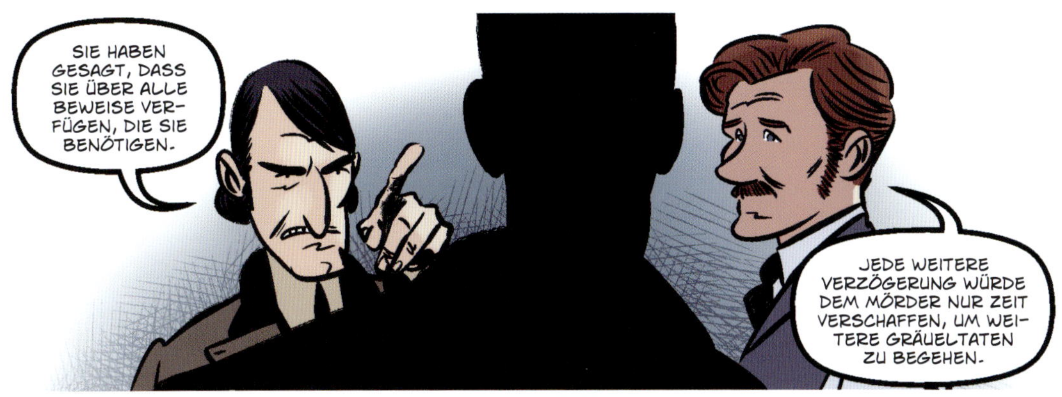
SIE HABEN GESAGT, DASS SIE ÜBER ALLE BEWEISE VERFÜGEN, DIE SIE BENÖTIGEN.
JEDE WEITERE VERZÖGERUNG WÜRDE DEM MÖRDER NUR ZEIT VERSCHAFFEN, UM WEITERE GRÄUELTATEN ZU BEGEHEN.

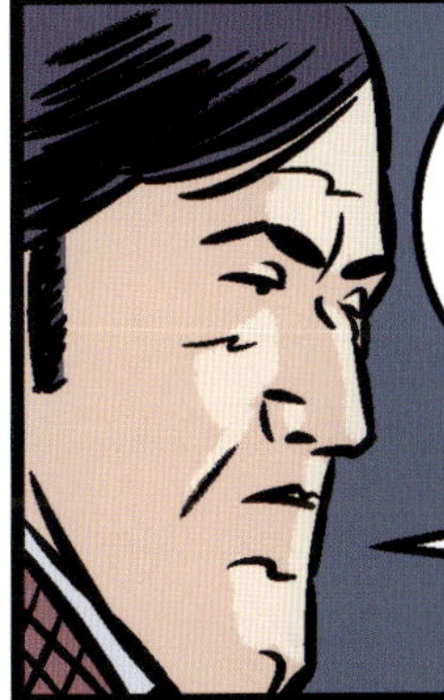
ES WIRD KEINE WEITEREN MORDE MEHR GEBEN. UNGEACHTET DESSEN KENNE ICH DEN NAMEN, ABER WIR SOLLTEN ZUSEHEN, DASS WIR IHN SELBST IN DIE HÄNDE BEKOMMEN.
WÜRDE ER DEN LEISESTEN VERDACHT SCHÖPFEN, WÄRE ER IM NÄCHSTEN MOMENT VERSCHWUNDEN.

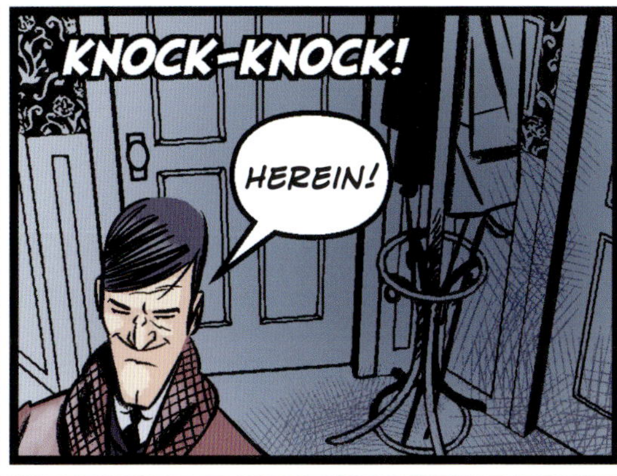
KNOCK-KNOCK!
HEREIN!

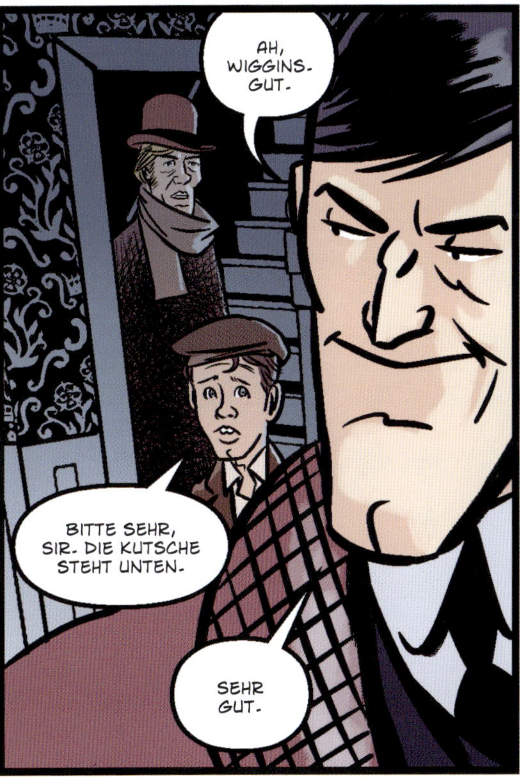
AH, WIGGINS. GUT.
BITTE SEHR, SIR. DIE KUTSCHE STEHT UNTEN.
SEHR GUT.

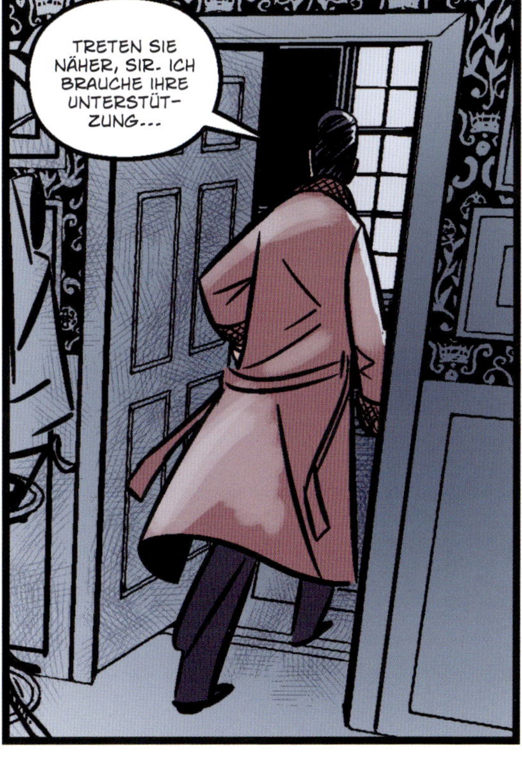
TRETEN SIE NÄHER, SIR. ICH BRAUCHE IHRE UNTERSTÜTZUNG...

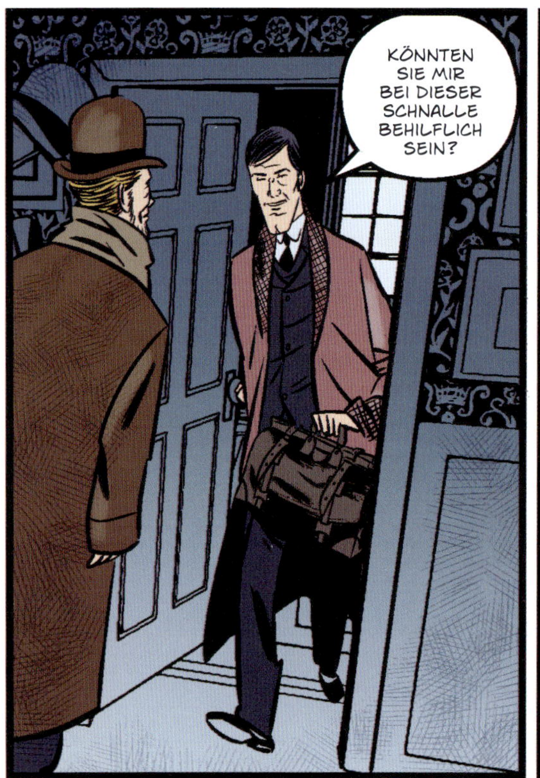
KÖNNTEN SIE MIR BEI DIESER SCHNALLE BEHILFLICH SEIN?

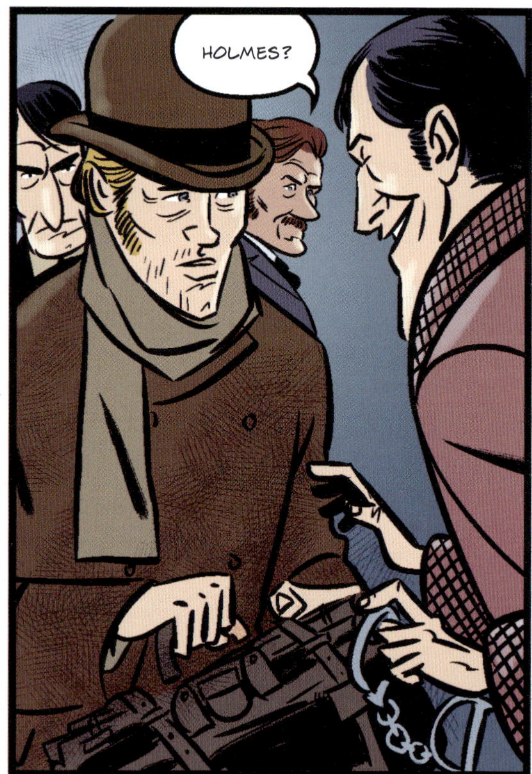
HOLMES?

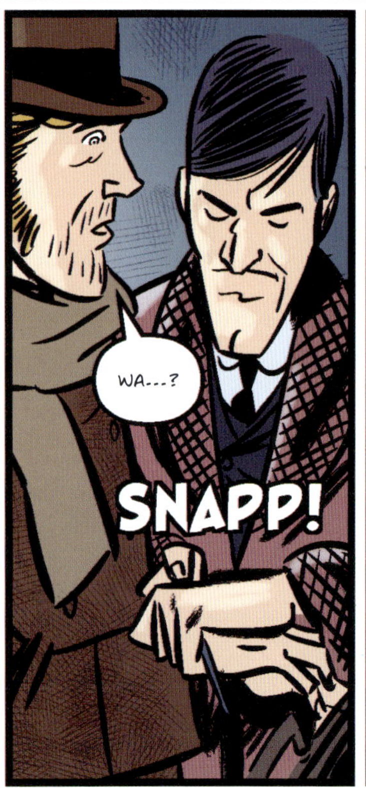
WA...?
SNAPP!

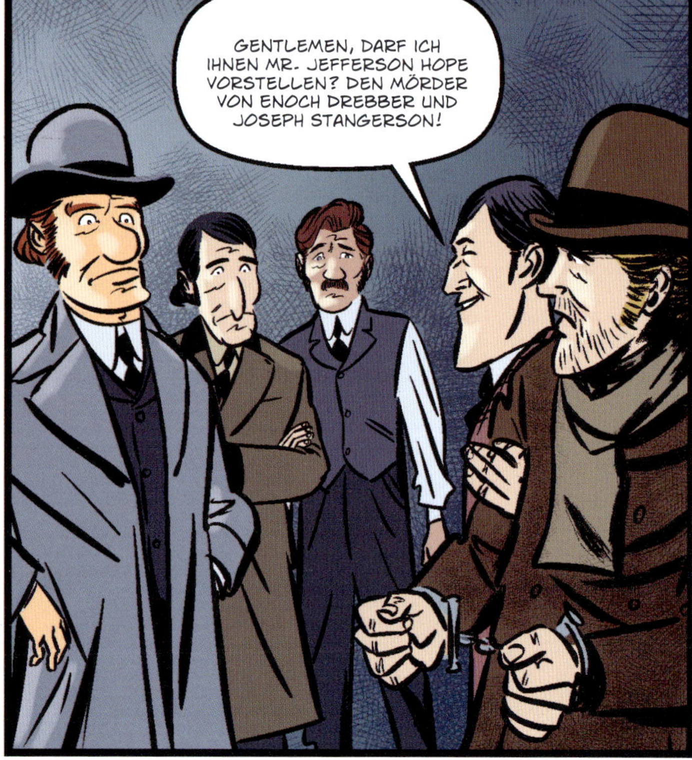
GENTLEMEN, DARF ICH IHNEN MR. JEFFERSON HOPE VORSTELLEN? DEN MÖRDER VON ENOCH DREBBER UND JOSEPH STANGERSON!

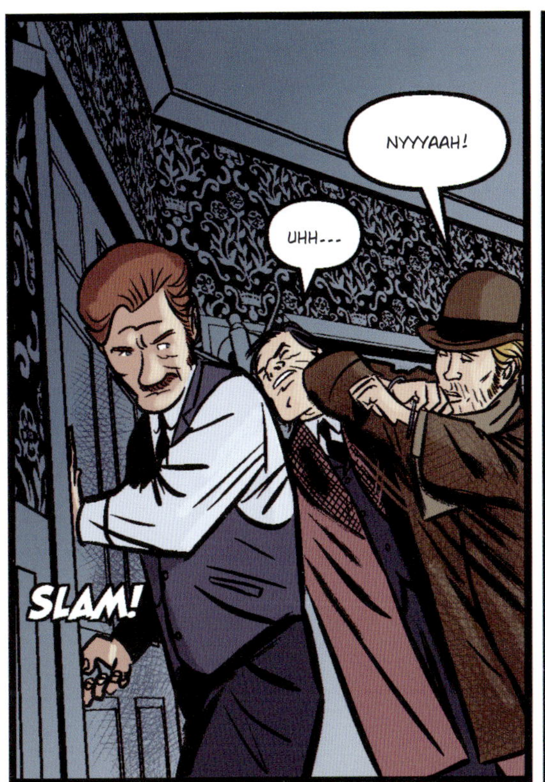
NYYYAAH!
UHH---
SLAM!

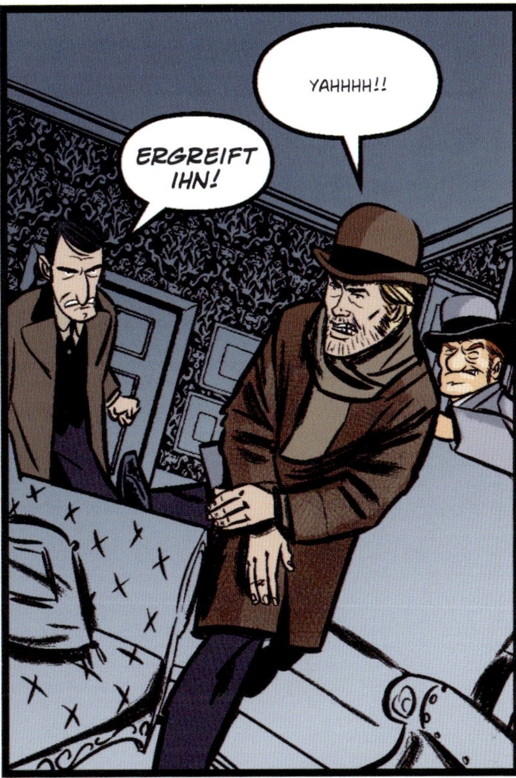
ERGREIFT IHN!
YAHHHH!!

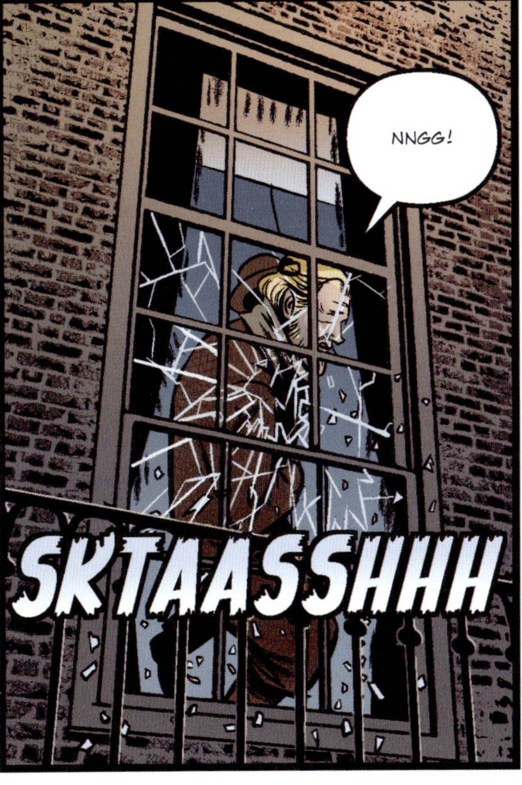
NNGG!
SKTAASSHHH

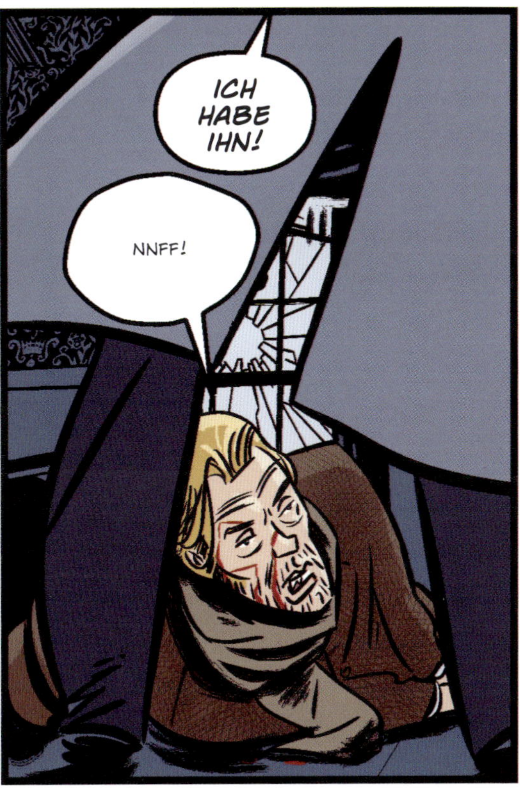
ICH HABE IHN!
NNFF!

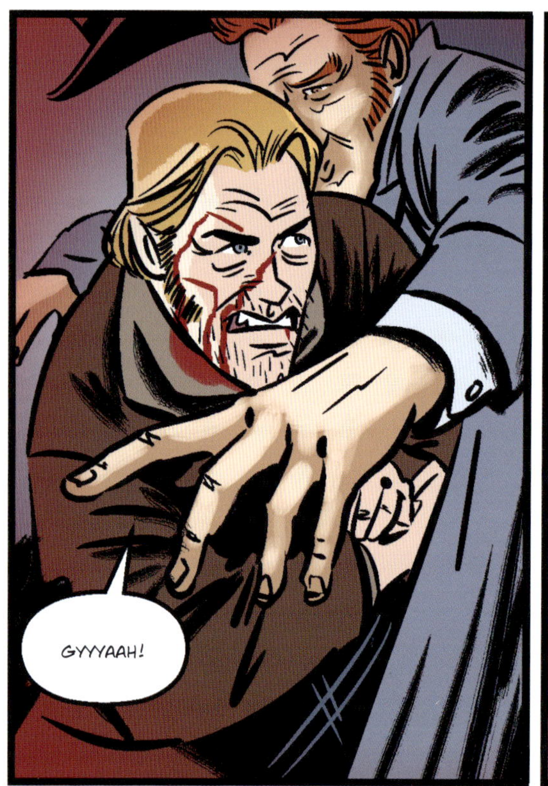
GYYYAAH!

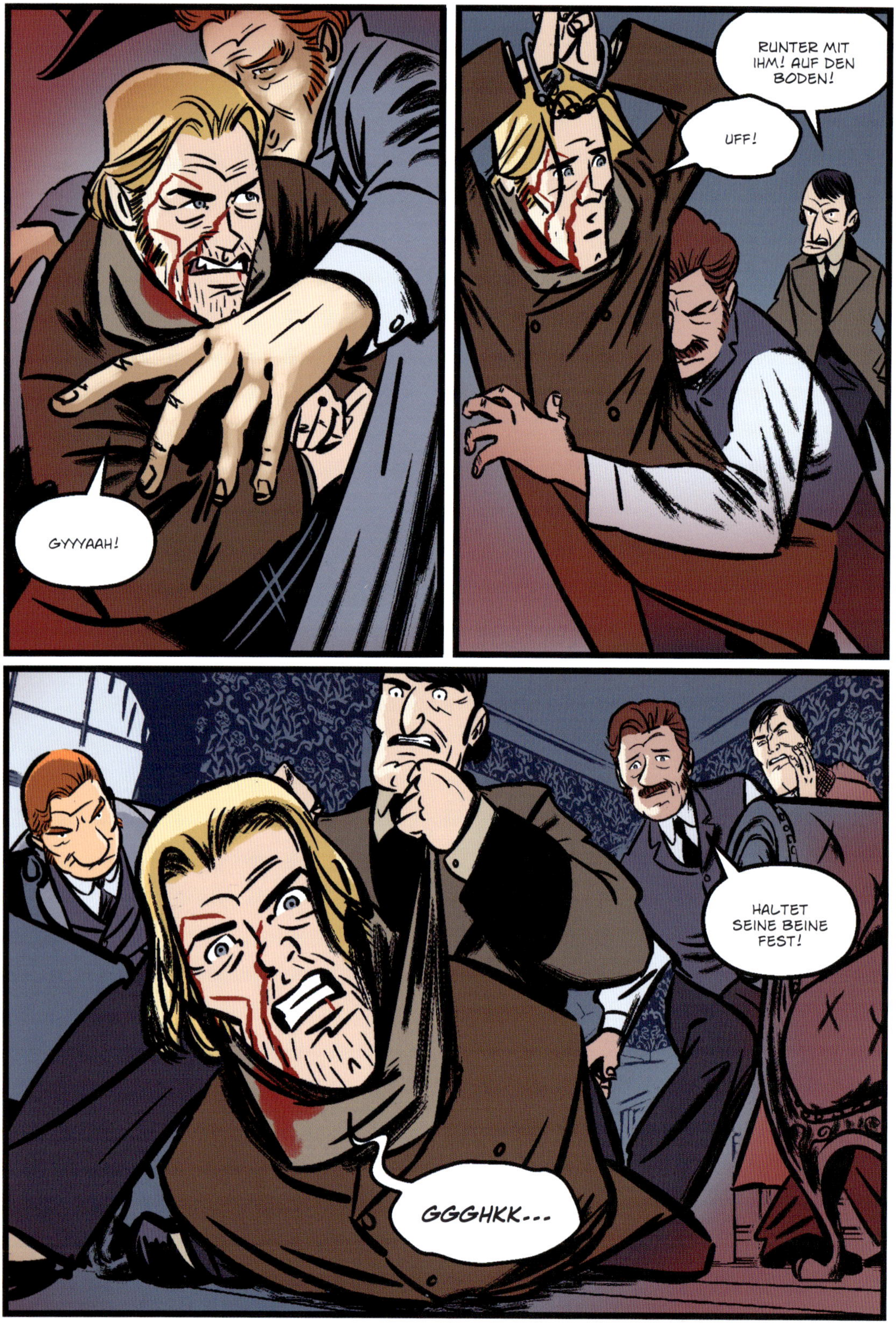

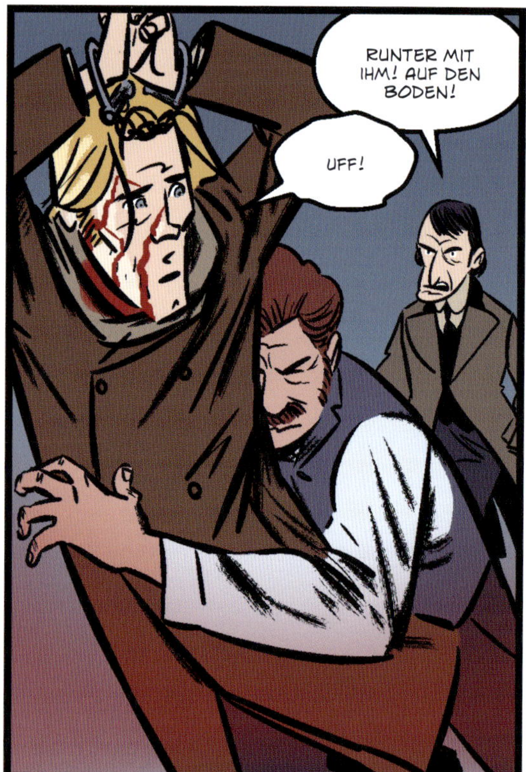
RUNTER MIT IHM! AUF DEN BODEN!
UFF!

HALTET SEINE BEINE FEST!
GGGHKK...

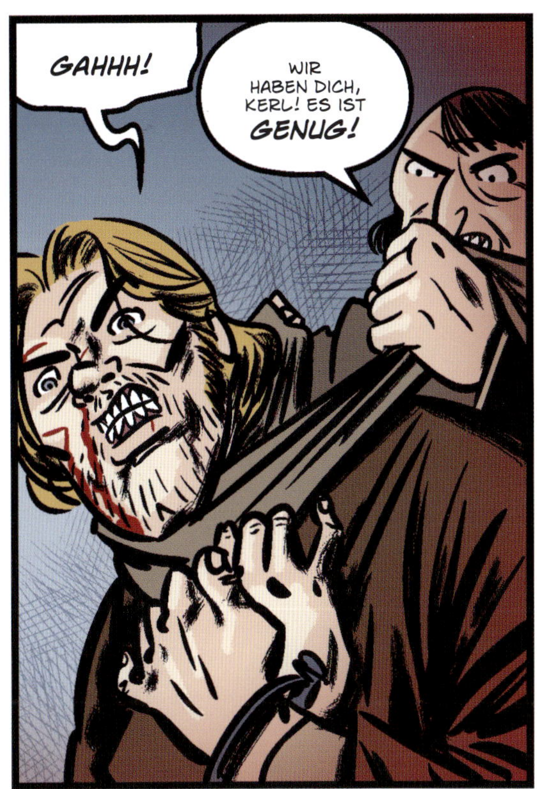

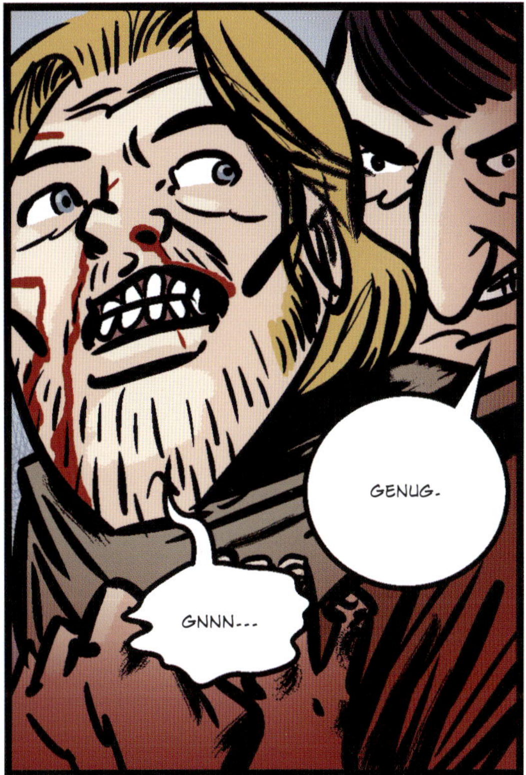

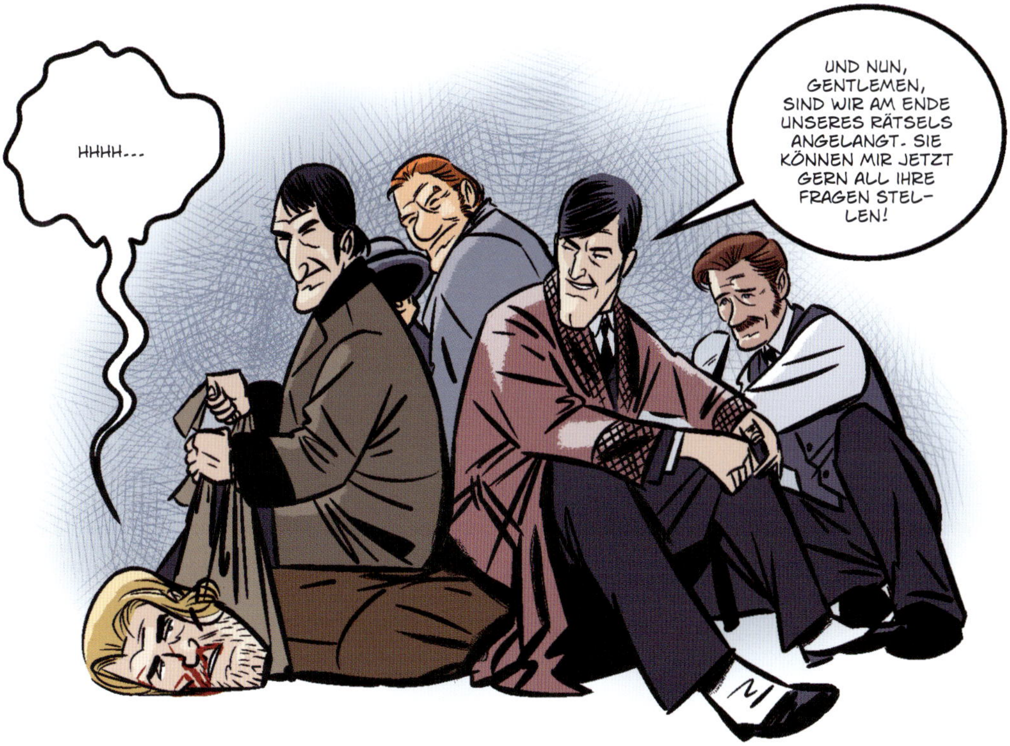

HHHH...

UND NUN, GENTLEMEN, SIND WIR AM ENDE UNSERES RÄTSELS ANGELANGT. SIE KÖNNEN MIR JETZT GERN ALL IHRE FRAGEN STEL-LEN!

2. TEIL

Das Land der Heiligen

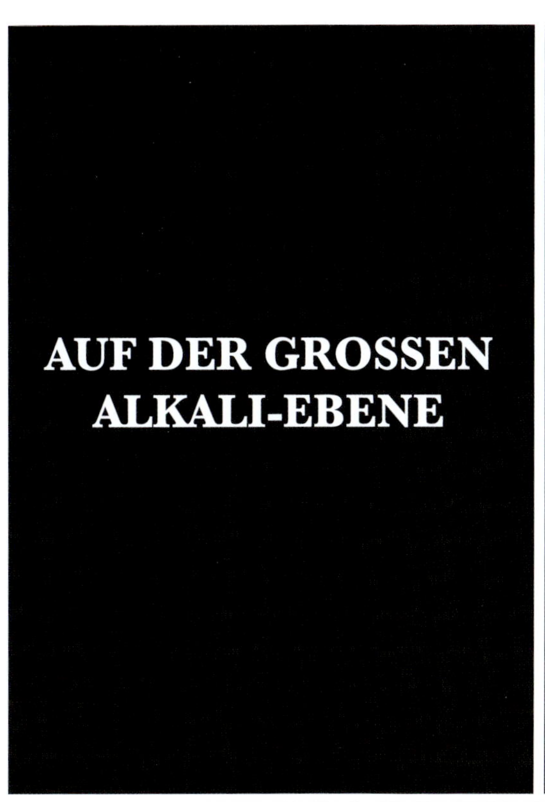

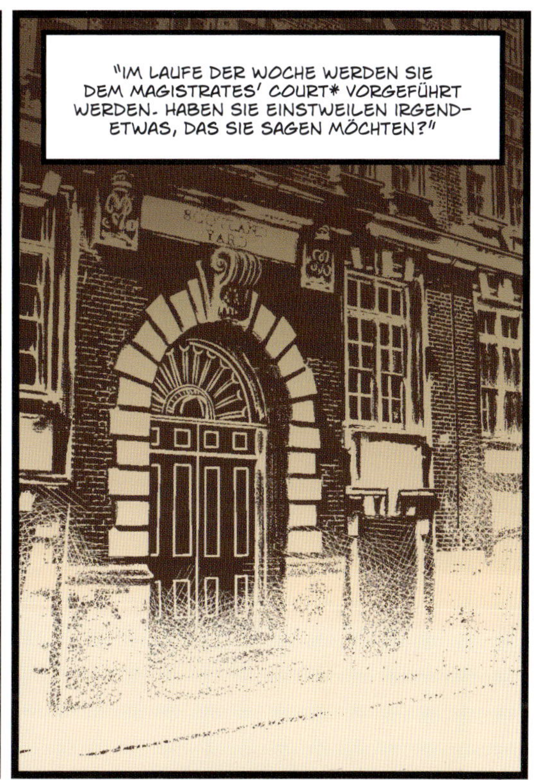

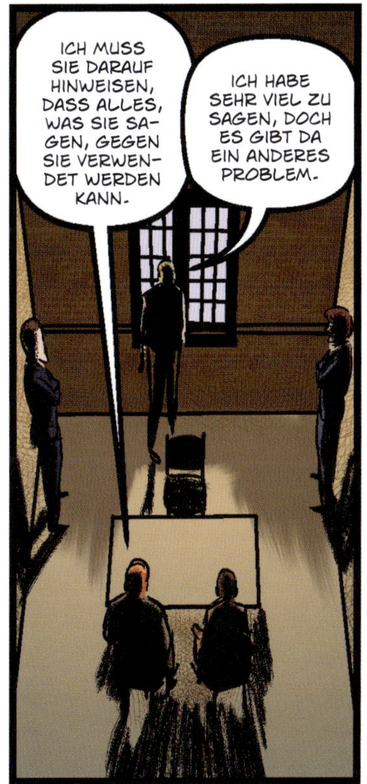

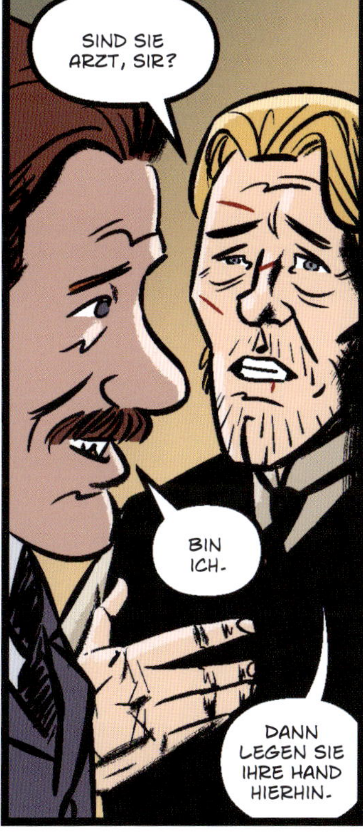

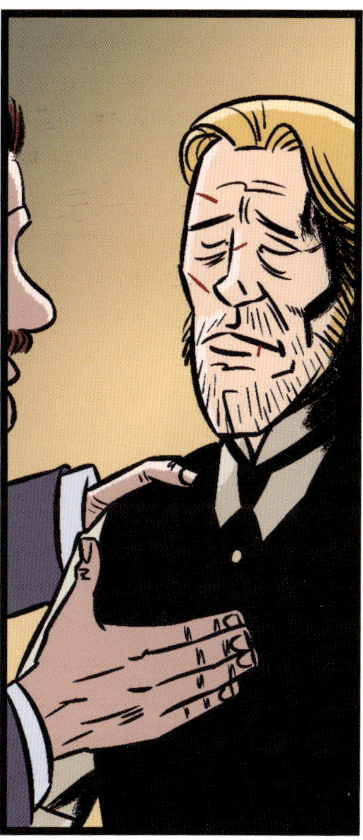

*UNTERSTE GERICHTSBARKEIT IN ENGLAND

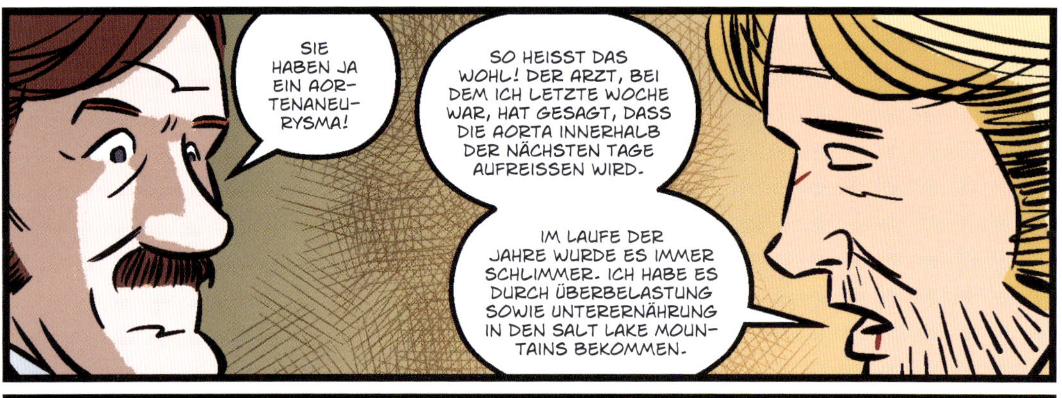
SIE HABEN JA EIN AORTENANEURYSMA!
SO HEISST DAS WOHL! DER ARZT, BEI DEM ICH LETZTE WOCHE WAR, HAT GESAGT, DASS DIE AORTA INNERHALB DER NÄCHSTEN TAGE AUFREISSEN WIRD.
IM LAUFE DER JAHRE WURDE ES IMMER SCHLIMMER. ICH HABE ES DURCH ÜBERBELASTUNG SOWIE UNTERERNÄHRUNG IN DEN SALT LAKE MOUNTAINS BEKOMMEN.

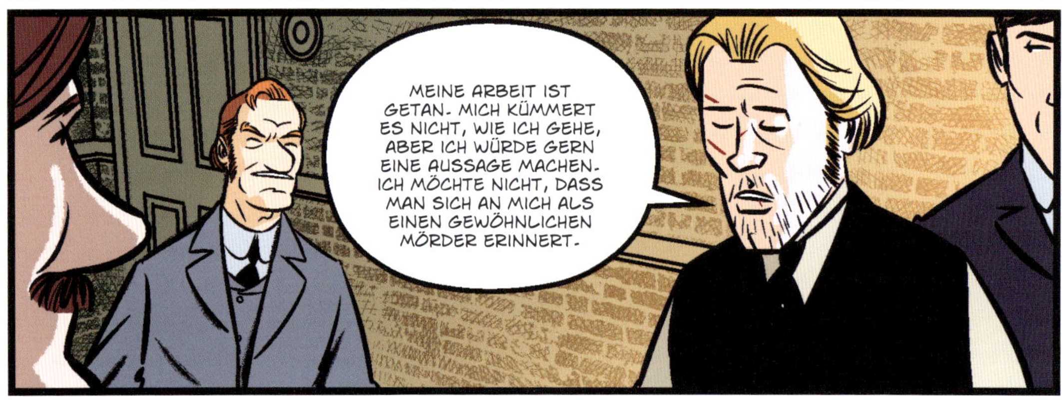
MEINE ARBEIT IST GETAN. MICH KÜMMERT ES NICHT, WIE ICH GEHE, ABER ICH WÜRDE GERN EINE AUSSAGE MACHEN. ICH MÖCHTE NICHT, DASS MAN SICH AN MICH ALS EINEN GEWÖHNLICHEN MÖRDER ERINNERT.

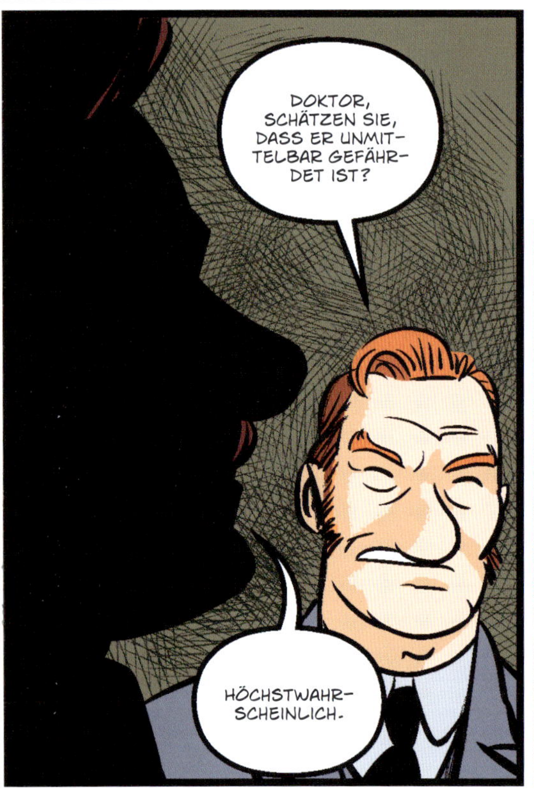
DOKTOR, SCHÄTZEN SIE, DASS ER UNMITTELBAR GEFÄHRDET IST?
HÖCHSTWAHRSCHEINLICH.

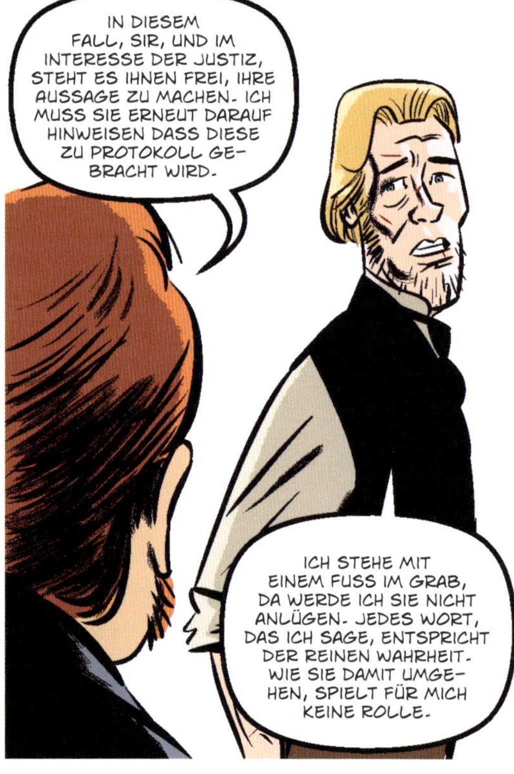
IN DIESEM FALL, SIR, UND IM INTERESSE DER JUSTIZ, STEHT ES IHNEN FREI, IHRE AUSSAGE ZU MACHEN. ICH MUSS SIE ERNEUT DARAUF HINWEISEN DASS DIESE ZU PROTOKOLL GEBRACHT WIRD.
ICH STEHE MIT EINEM FUSS IM GRAB, DA WERDE ICH SIE NICHT ANLÜGEN. JEDES WORT, DAS ICH SAGE, ENTSPRICHT DER REINEN WAHRHEIT. WIE SIE DAMIT UMGEHEN, SPIELT FÜR MICH KEINE ROLLE.

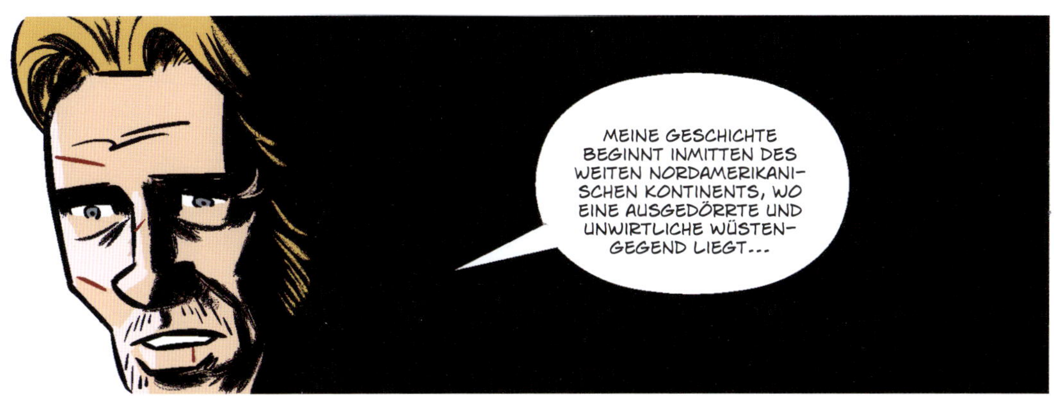
MEINE GESCHICHTE BEGINNT INMITTEN DES WEITEN NORDAMERIKANI-SCHEN KONTINENTS, WO EINE AUSGEDÖRRTE UND UNWIRTLICHE WÜSTEN-GEGEND LIEGT...

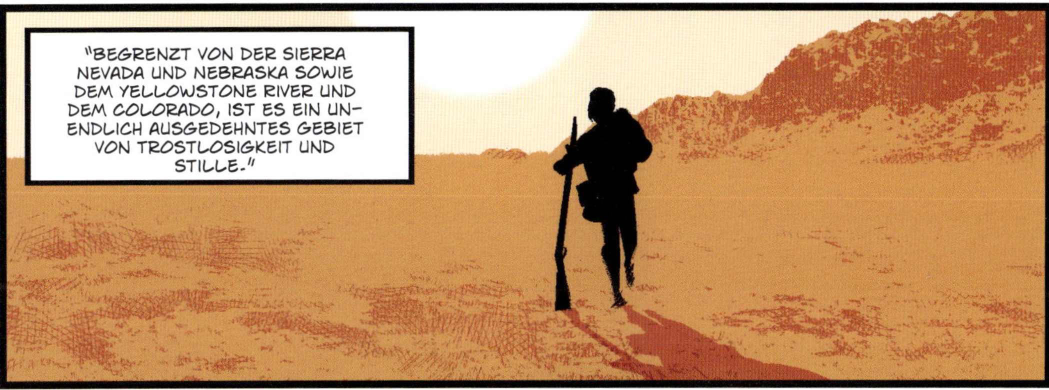
"BEGRENZT VON DER SIERRA NEVADA UND NEBRASKA SOWIE DEM YELLOWSTONE RIVER UND DEM COLORADO, IST ES EIN UN-ENDLICH AUSGEDEHNTES GEBIET VON TROSTLOSIGKEIT UND STILLE."

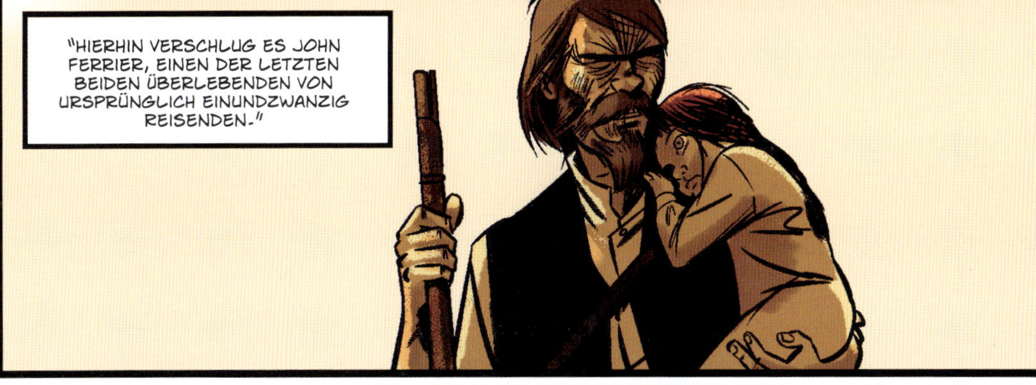
"HIERHIN VERSCHLUG ES JOHN FERRIER, EINEN DER LETZTEN BEIDEN ÜBERLEBENDEN VON URSPRÜNGLICH EINUNDZWANZIG REISENDEN."

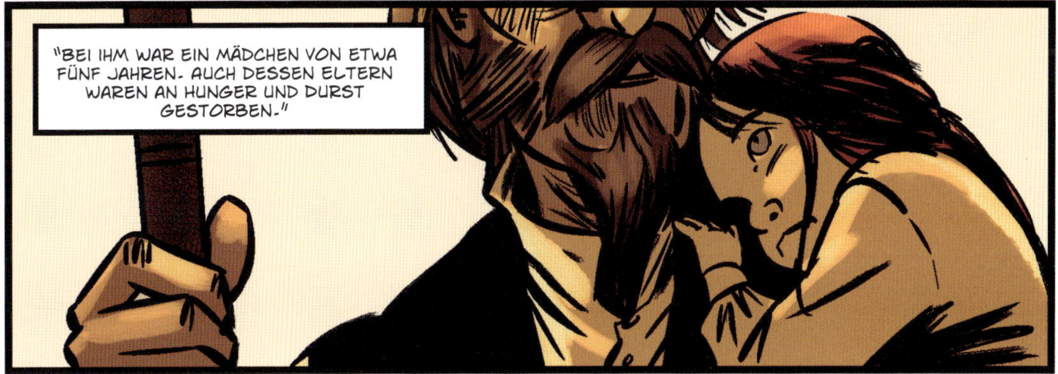
"BEI IHM WAR EIN MÄDCHEN VON ETWA FÜNF JAHREN. AUCH DESSEN ELTERN WAREN AN HUNGER UND DURST GESTORBEN."

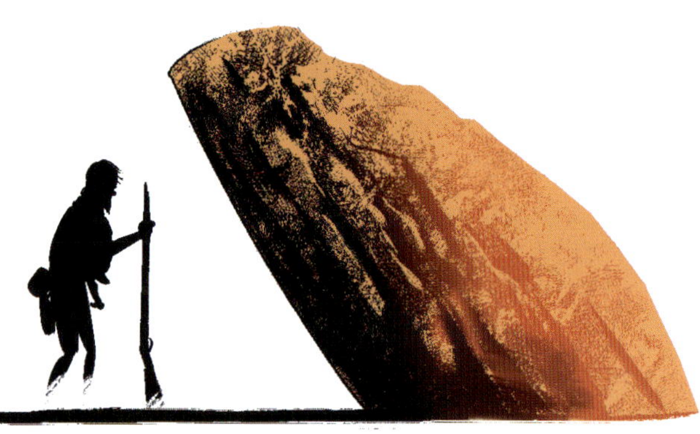

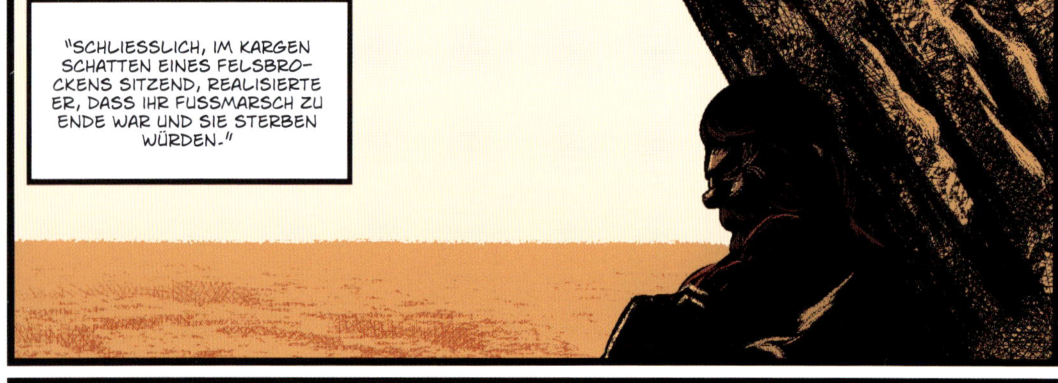

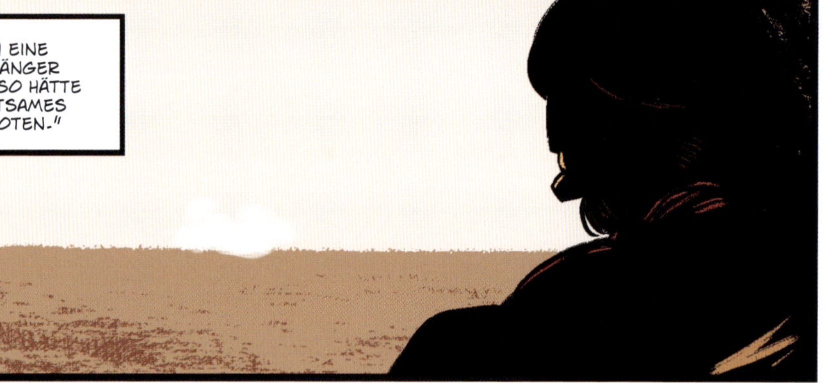

"AM HORIZONT WUCHS EINE STAUBWOLKE ZUNÄCHST GANZ LANGSAM AN UND WURDE DANN IMMER HÖHER UND BREITER."

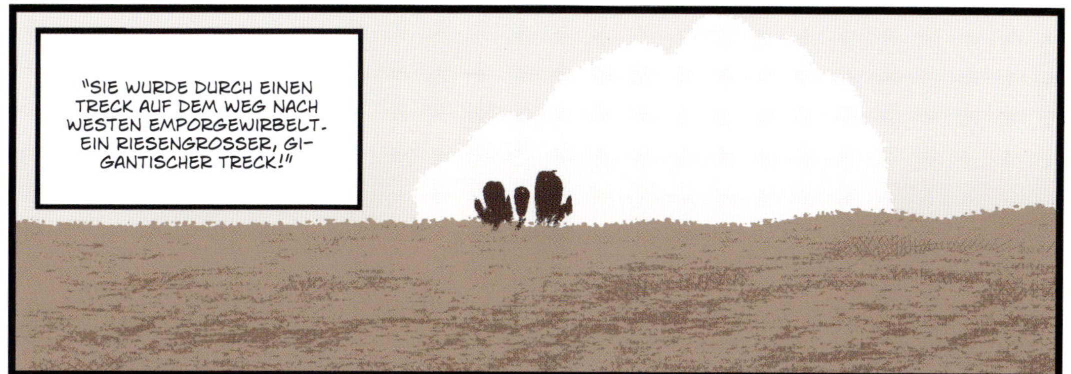

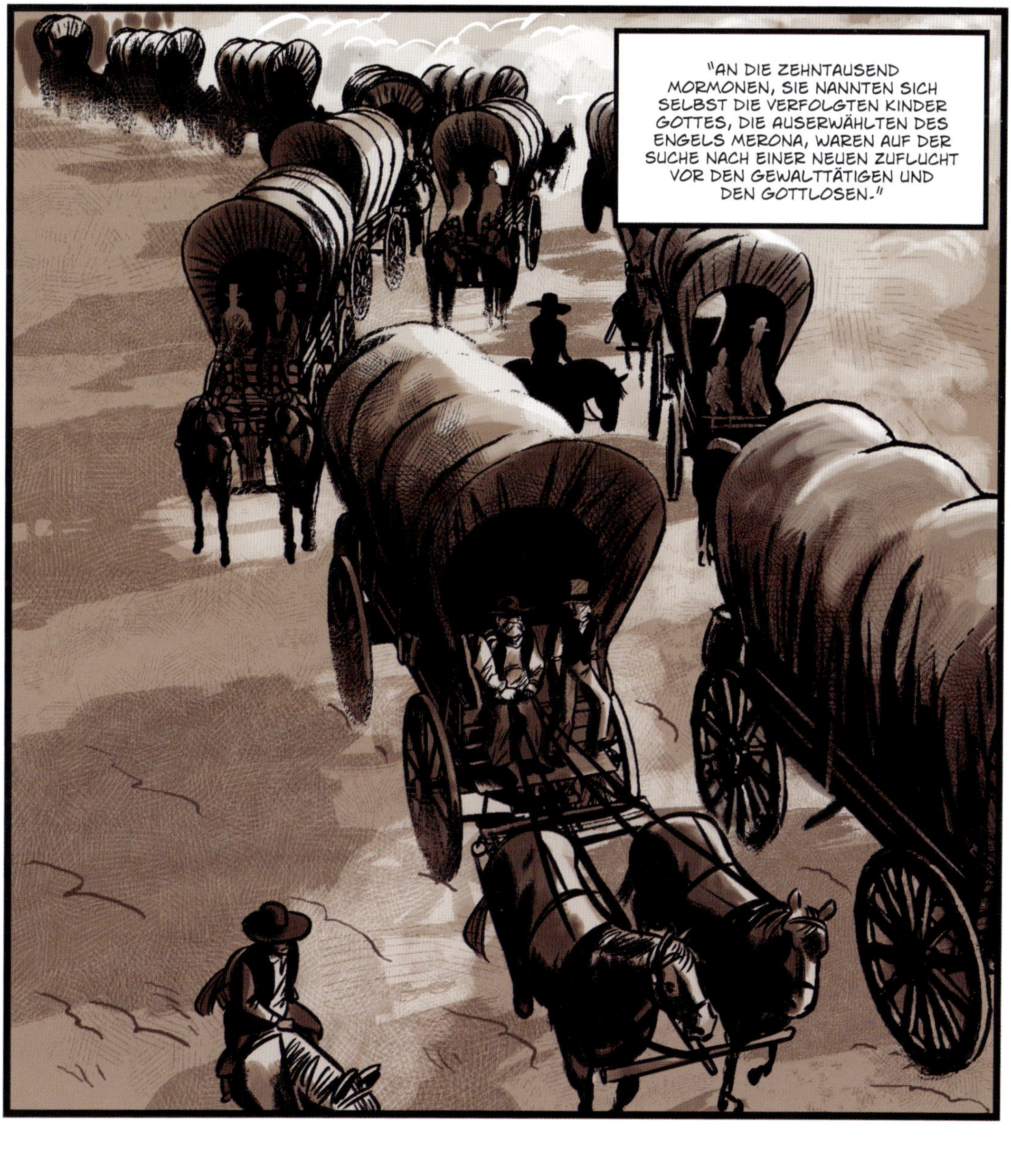

"AN DIE ZEHNTAUSEND MORMONEN, SIE NANNTEN SICH SELBST DIE VERFOLGTEN KINDER GOTTES, DIE AUSERWÄHLTEN DES ENGELS MERONA, WAREN AUF DER SUCHE NACH EINER NEUEN ZUFLUCHT VOR DEN GEWALTTÄTIGEN UND DEN GOTTLOSEN."

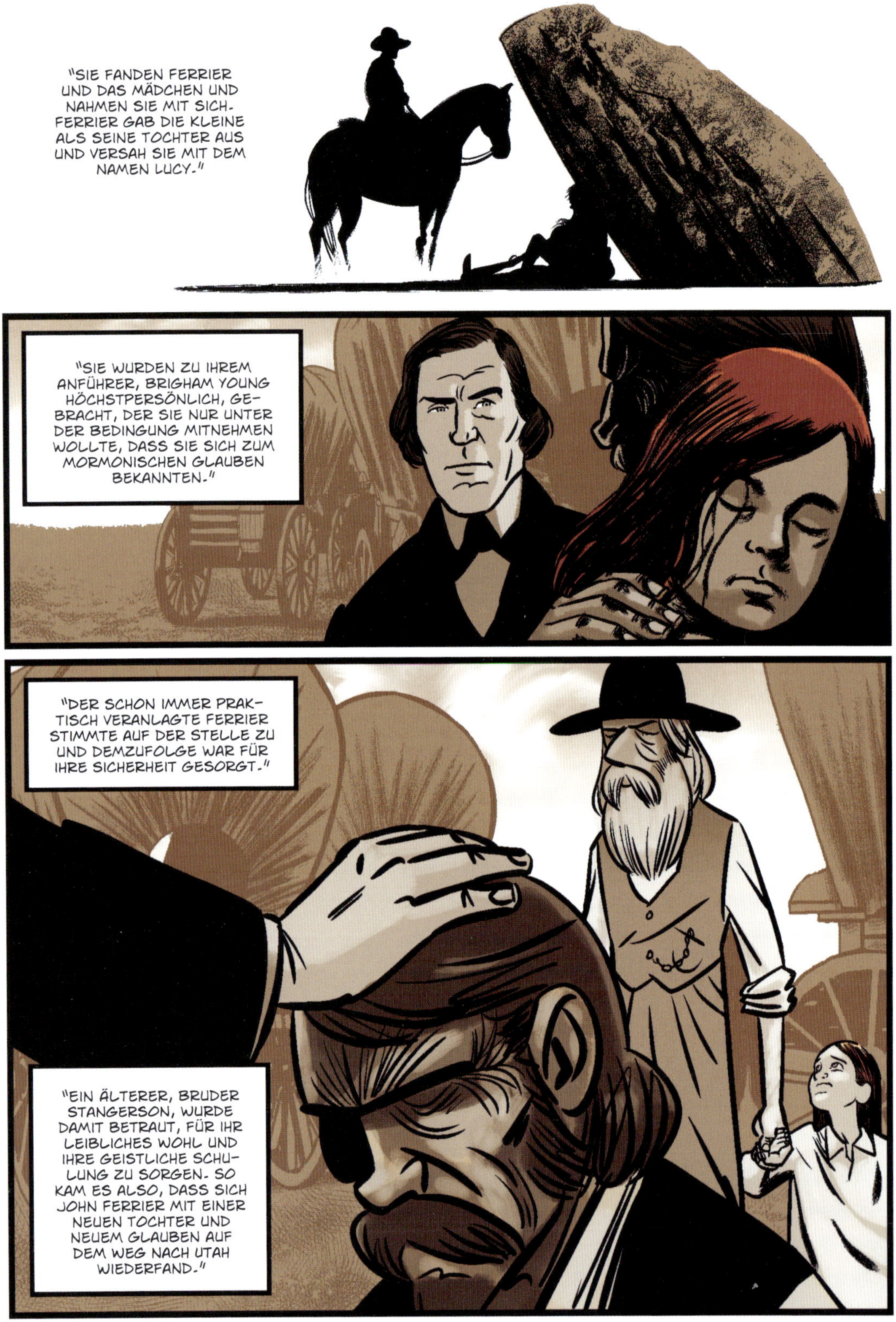

"SIE FANDEN FERRIER UND DAS MÄDCHEN UND NAHMEN SIE MIT SICH. FERRIER GAB DIE KLEINE ALS SEINE TOCHTER AUS UND VERSAH SIE MIT DEM NAMEN LUCY."

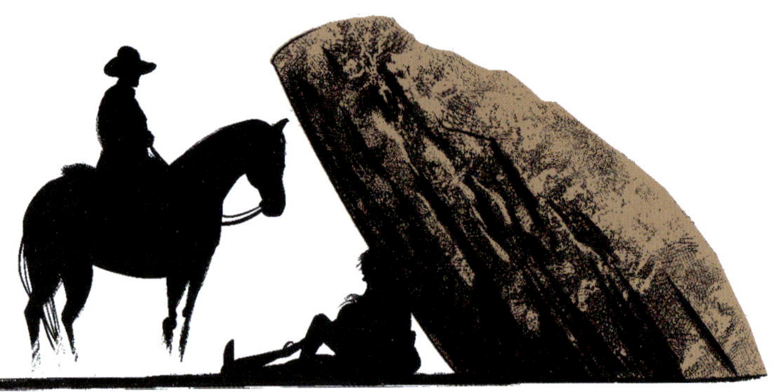

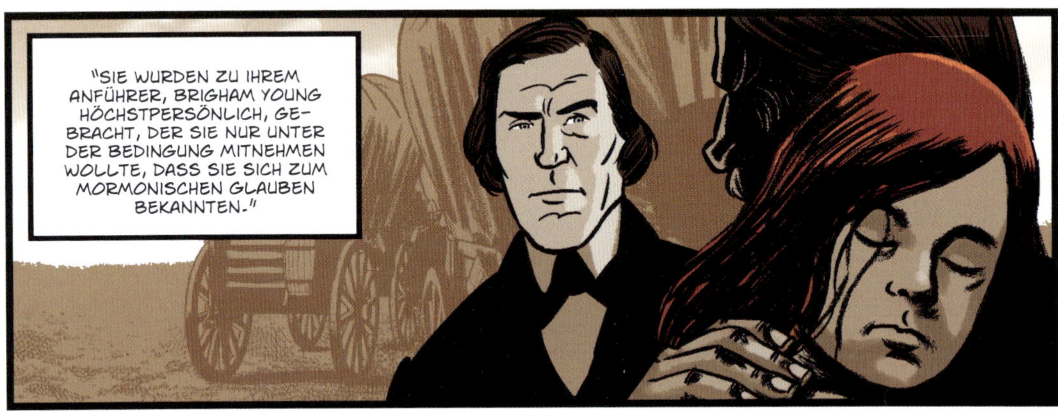

"DER SCHON IMMER PRAKTISCH VERANLAGTE FERRIER STIMMTE AUF DER STELLE ZU UND DEMZUFOLGE WAR FÜR IHRE SICHERHEIT GESORGT."

"EIN ÄLTERER, BRUDER STANGERSON, WURDE DAMIT BETRAUT, FÜR IHR LEIBLICHES WOHL UND IHRE GEISTLICHE SCHULUNG ZU SORGEN. SO KAM ES ALSO, DASS SICH JOHN FERRIER MIT EINER NEUEN TOCHTER UND NEUEM GLAUBEN AUF DEM WEG NACH UTAH WIEDERFAND."

DIE BLUME VON UTAH

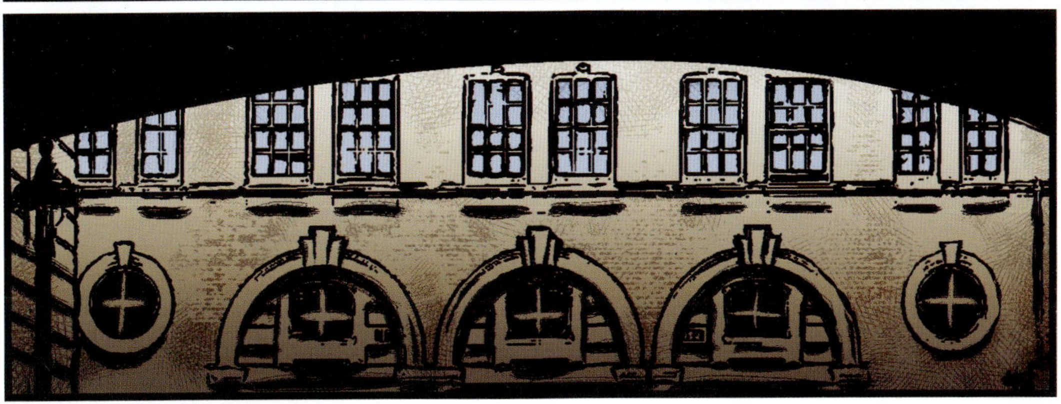

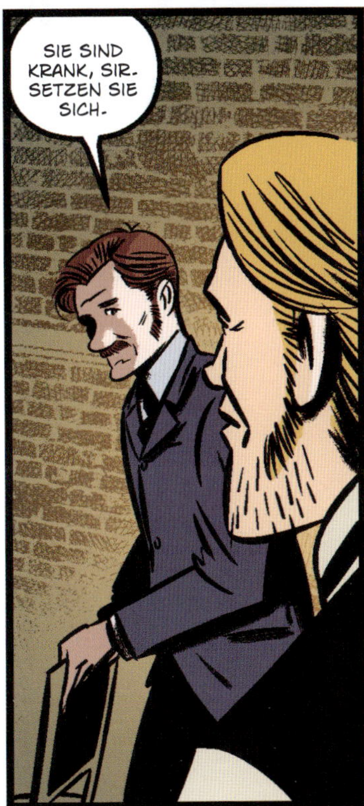

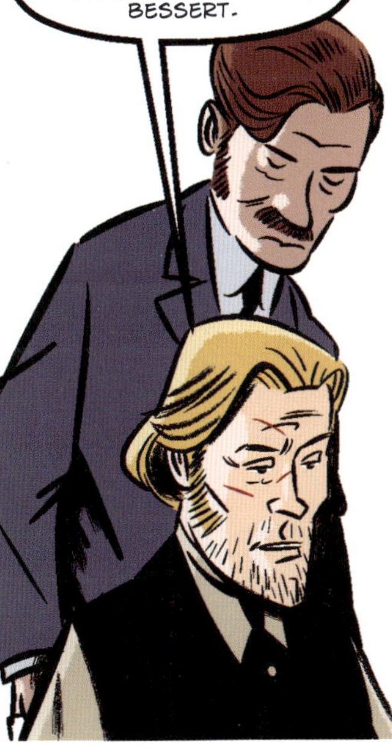

ES IST NICHT AN MIR, AN DIE STRAPAZEN UND ENTBEHRUNGEN ZU ERINNERN, DIE DIE MORMONEN AUSGEHALTEN HABEN. AM ENDE IHRER WANDERUNG JEDENFALLS WAR JOHN FERRIERS ANSEHEN BEI SEINEM NEUEN GEFÄHRTEN STARK GESTIEGEN.

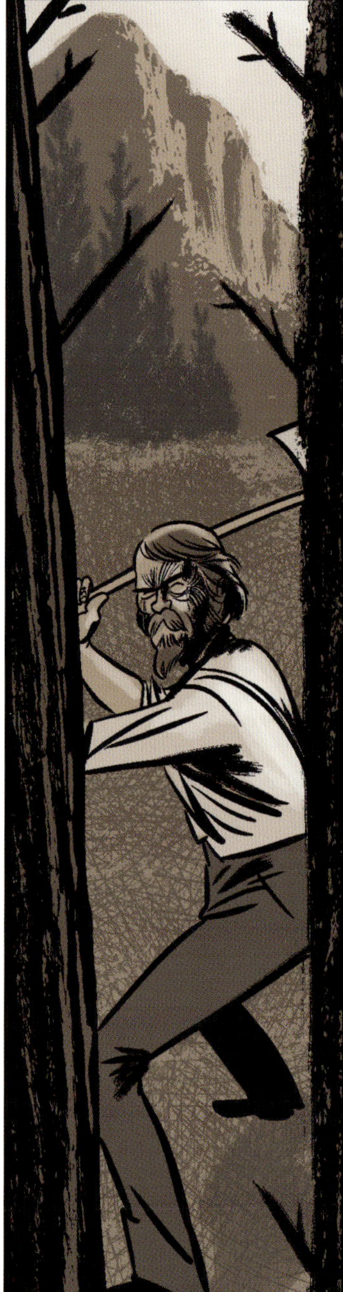
"ER TAT SICH ALS SCOUT UND JÄGER HERVOR UND IHM WURDE EIN GROSSES, FRUCHTBARES STÜCK LAND ZUGEWIESEN, AUF DEM ER DANK SEINER EISERNEN KONSTITUTION VON MORGENS BIS ABENDS ARBEITETE."

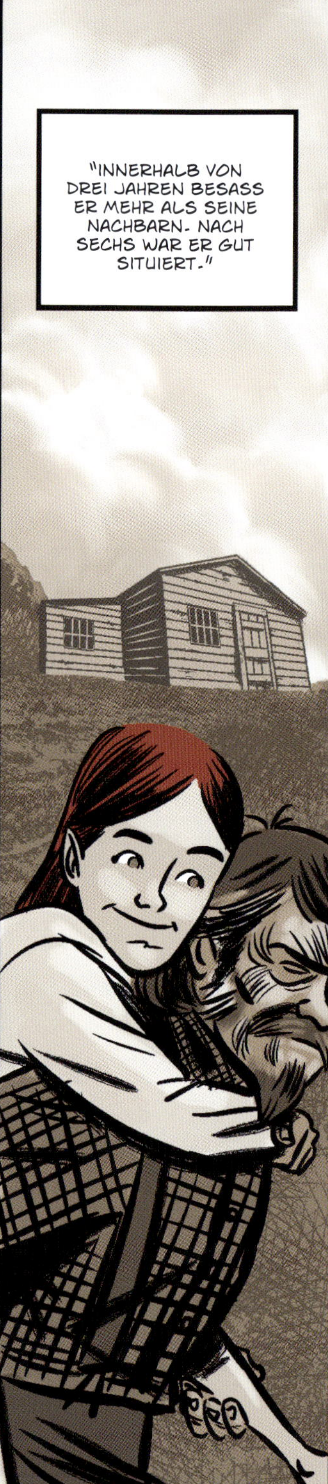
"INNERHALB VON DREI JAHREN BESASS ER MEHR ALS SEINE NACHBARN. NACH SECHS WAR ER GUT SITUIERT."

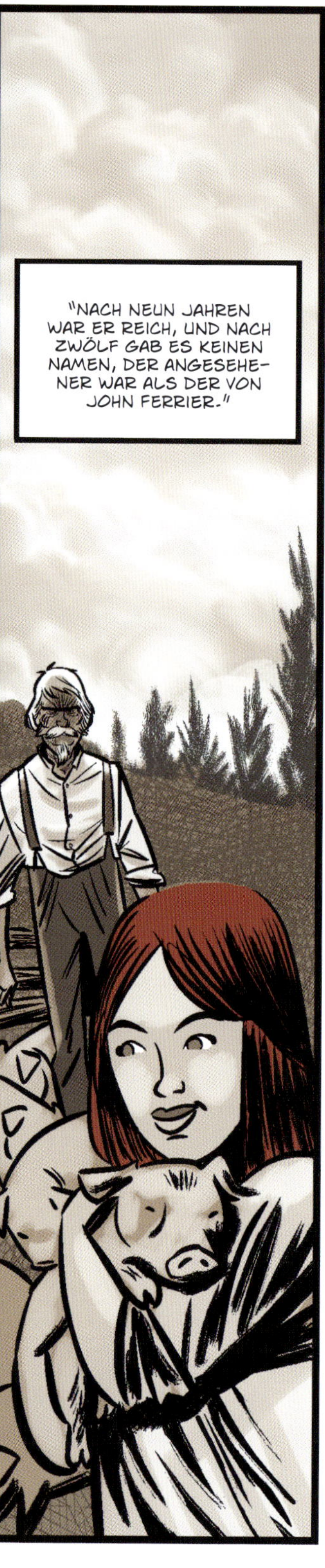
"NACH NEUN JAHREN WAR ER REICH, UND NACH ZWÖLF GAB ES KEINEN NAMEN, DER ANGESEHENER WAR ALS DER VON JOHN FERRIER."

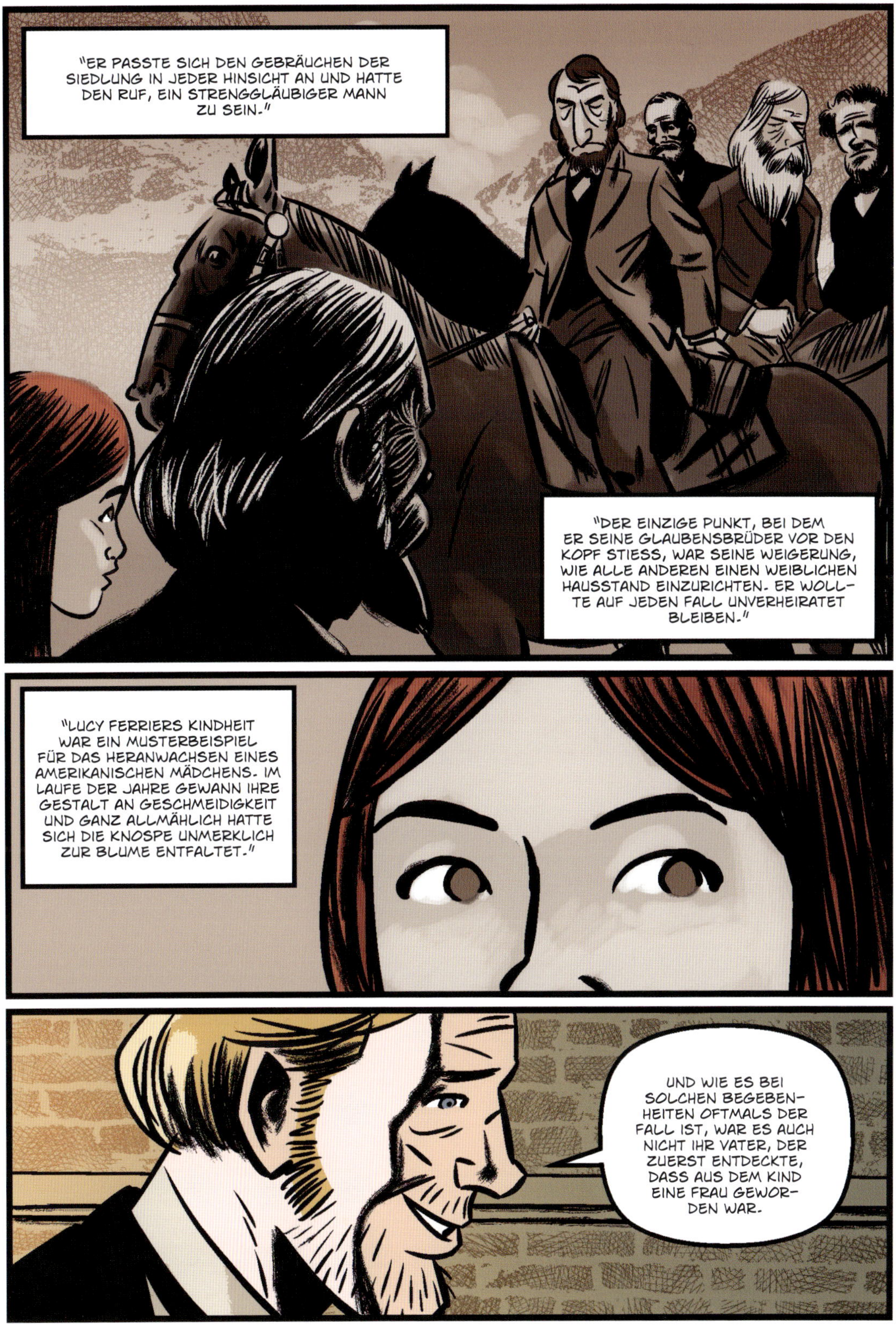

"ER PASSTE SICH DEN GEBRÄUCHEN DER SIEDLUNG IN JEDER HINSICHT AN UND HATTE DEN RUF, EIN STRENGGLÄUBIGER MANN ZU SEIN."

"DER EINZIGE PUNKT, BEI DEM ER SEINE GLAUBENSBRÜDER VOR DEN KOPF STIESS, WAR SEINE WEIGERUNG, WIE ALLE ANDEREN EINEN WEIBLICHEN HAUSSTAND EINZURICHTEN. ER WOLLTE AUF JEDEN FALL UNVERHEIRATET BLEIBEN."

"LUCY FERRIERS KINDHEIT WAR EIN MUSTERBEISPIEL FÜR DAS HERANWACHSEN EINES AMERIKANISCHEN MÄDCHENS. IM LAUFE DER JAHRE GEWANN IHRE GESTALT AN GESCHMEIDIGKEIT UND GANZ ALLMÄHLICH HATTE SICH DIE KNOSPE UNMERKLICH ZUR BLUME ENTFALTET."

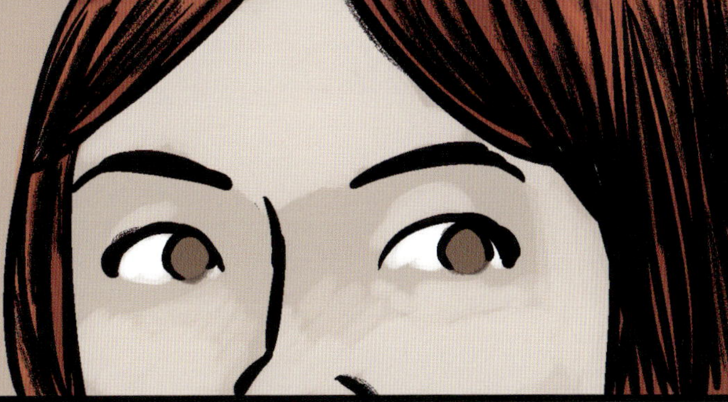

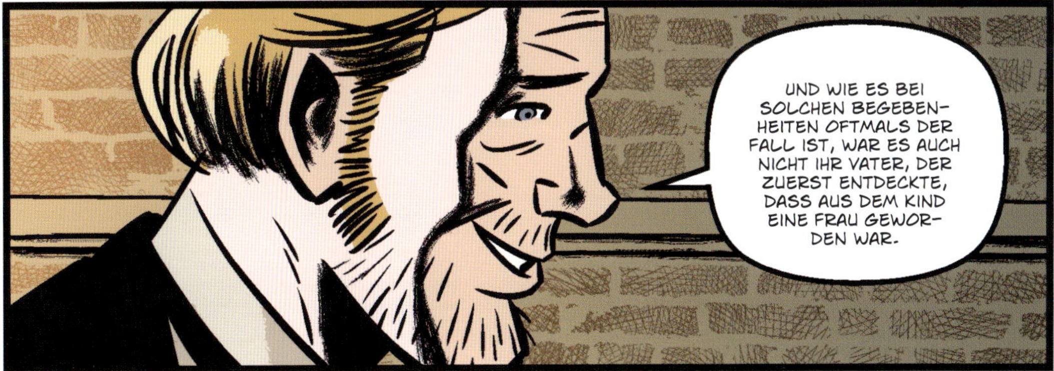

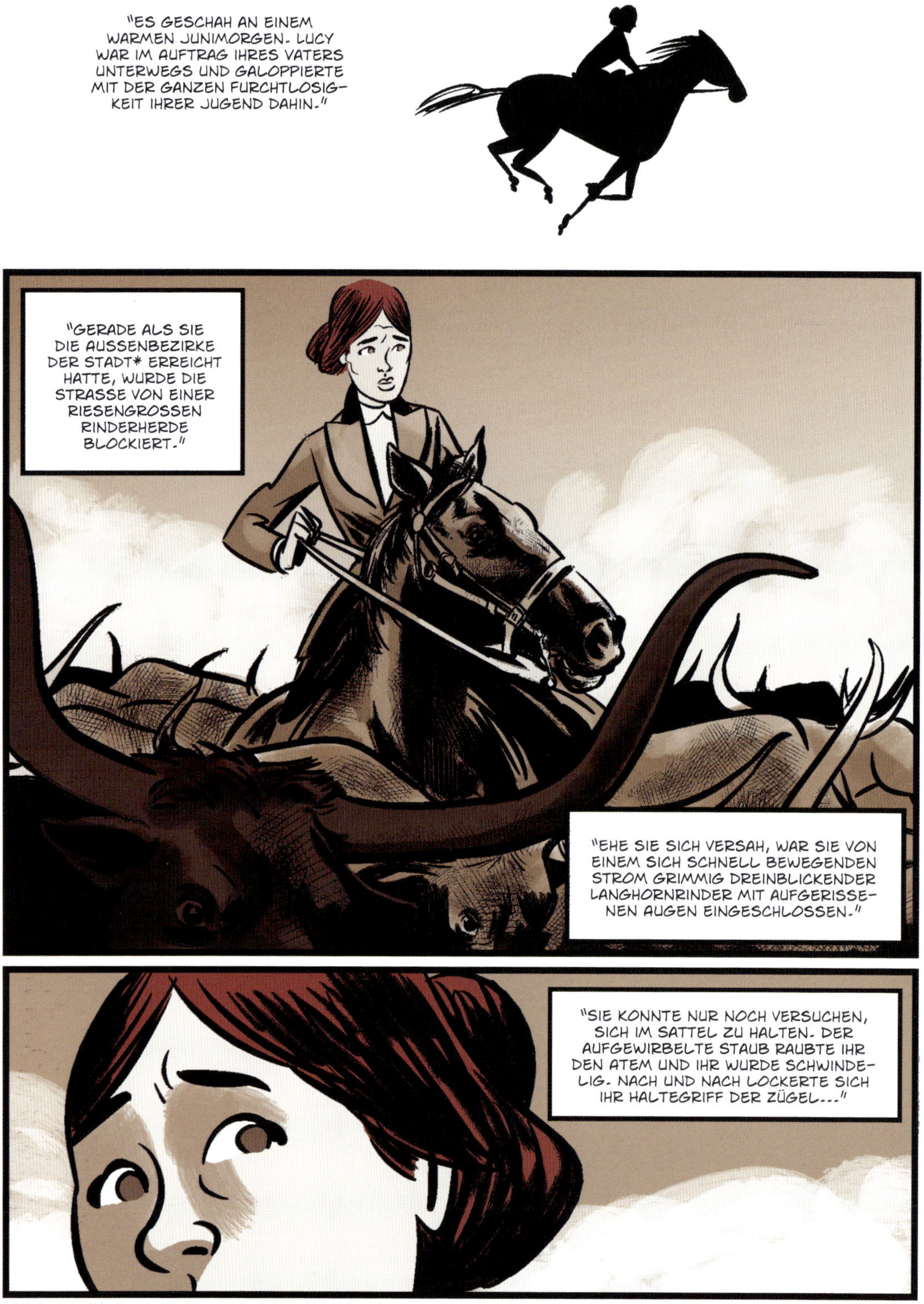

"ES GESCHAH AN EINEM WARMEN JUNIMORGEN. LUCY WAR IM AUFTRAG IHRES VATERS UNTERWEGS UND GALOPPIERTE MIT DER GANZEN FURCHTLOSIGKEIT IHRER JUGEND DAHIN."

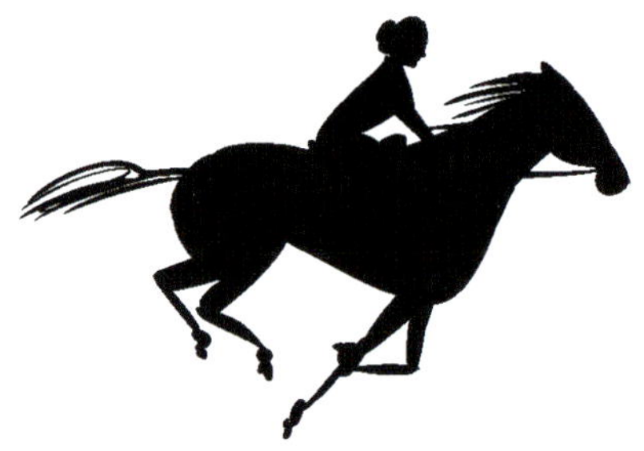

"GERADE ALS SIE DIE AUSSENBEZIRKE DER STADT* ERREICHT HATTE, WURDE DIE STRASSE VON EINER RIESENGROSSEN RINDERHERDE BLOCKIERT."

"EHE SIE SICH VERSAH, WAR SIE VON EINEM SICH SCHNELL BEWEGENDEN STROM GRIMMIG DREINBLICKENDER LANGHORNRINDER MIT AUFGERISSENEN AUGEN EINGESCHLOSSEN."

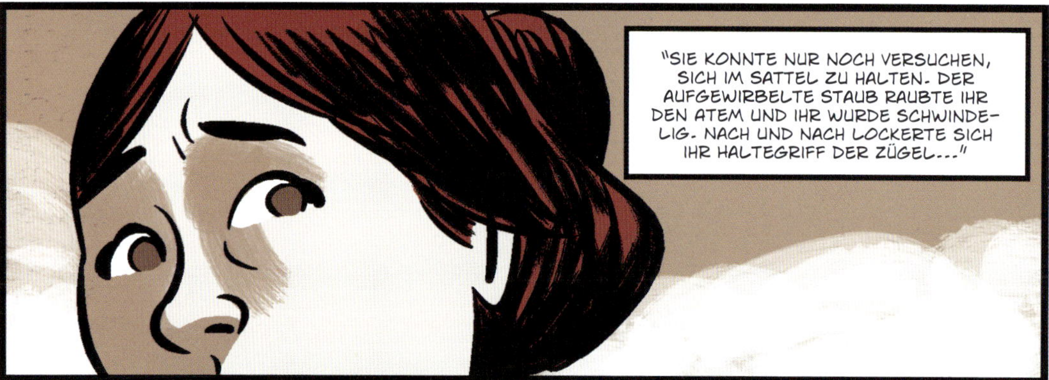

*SALT LAKE CITY (1847 VON DEN MORMONEN GEGRÜNDET)

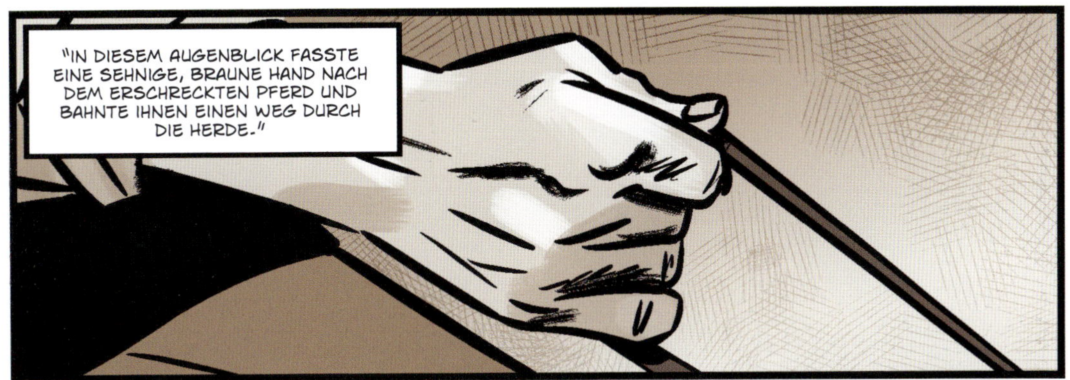
"IN DIESEM AUGENBLICK FASSTE EINE SEHNIGE, BRAUNE HAND NACH DEM ERSCHRECKTEN PFERD UND BAHNTE IHNEN EINEN WEG DURCH DIE HERDE."

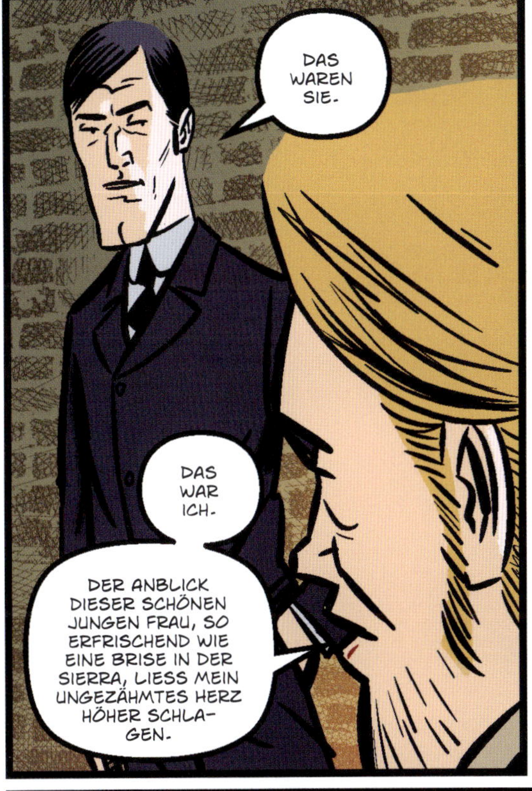
DAS WAREN SIE.
DAS WAR ICH.
DER ANBLICK DIESER SCHÖNEN JUNGEN FRAU, SO ERFRISCHEND WIE EINE BRISE IN DER SIERRA, LIESS MEIN UNGEZÄHMTES HERZ HÖHER SCHLAGEN.

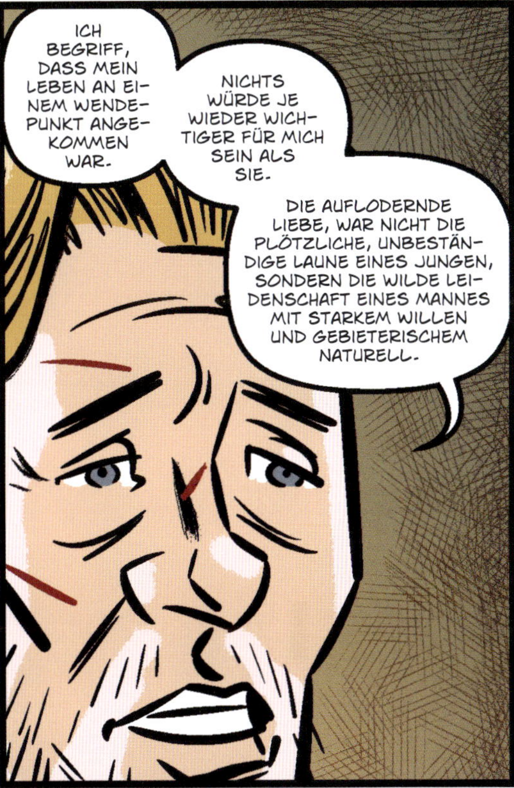
ICH BEGRIFF, DASS MEIN LEBEN AN EINEM WENDEPUNKT ANGEKOMMEN WAR.
NICHTS WÜRDE JE WIEDER WICHTIGER FÜR MICH SEIN ALS SIE.
DIE AUFLODERNDE LIEBE, WAR NICHT DIE PLÖTZLICHE, UNBESTÄNDIGE LAUNE EINES JUNGEN, SONDERN DIE WILDE LEIDENSCHAFT EINES MANNES MIT STARKEM WILLEN UND GEBIETERISCHEM NATURELL.

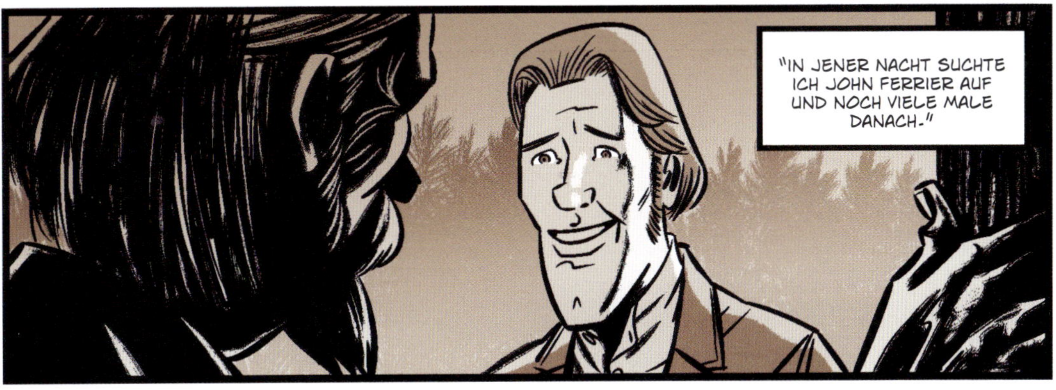
"IN JENER NACHT SUCHTE ICH JOHN FERRIER AUF UND NOCH VIELE MALE DANACH."

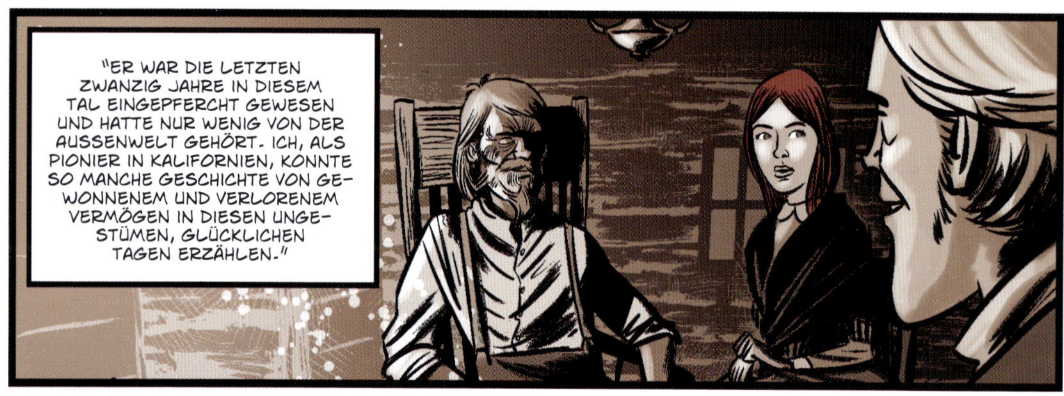
"ER WAR DIE LETZTEN ZWANZIG JAHRE IN DIESEM TAL EINGEPFERCHT GEWESEN UND HATTE NUR WENIG VON DER AUSSENWELT GEHÖRT. ICH, ALS PIONIER IN KALIFORNIEN, KONNTE SO MANCHE GESCHICHTE VON GEWONNENEM UND VERLORENEM VERMÖGEN IN DIESEN UNGESTÜMEN, GLÜCKLICHEN TAGEN ERZÄHLEN."

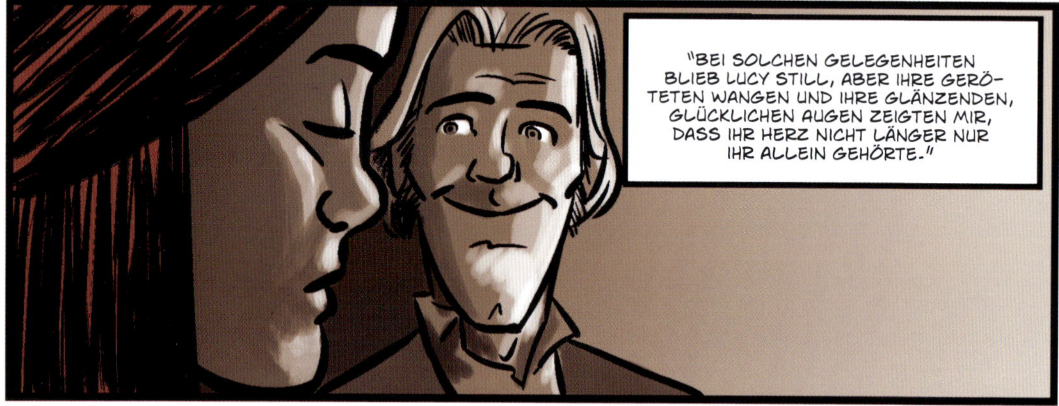
"BEI SOLCHEN GELEGENHEITEN BLIEB LUCY STILL, ABER IHRE GERÖTETEN WANGEN UND IHRE GLÄNZENDEN, GLÜCKLICHEN AUGEN ZEIGTEN MIR, DASS IHR HERZ NICHT LÄNGER NUR IHR ALLEIN GEHÖRTE."

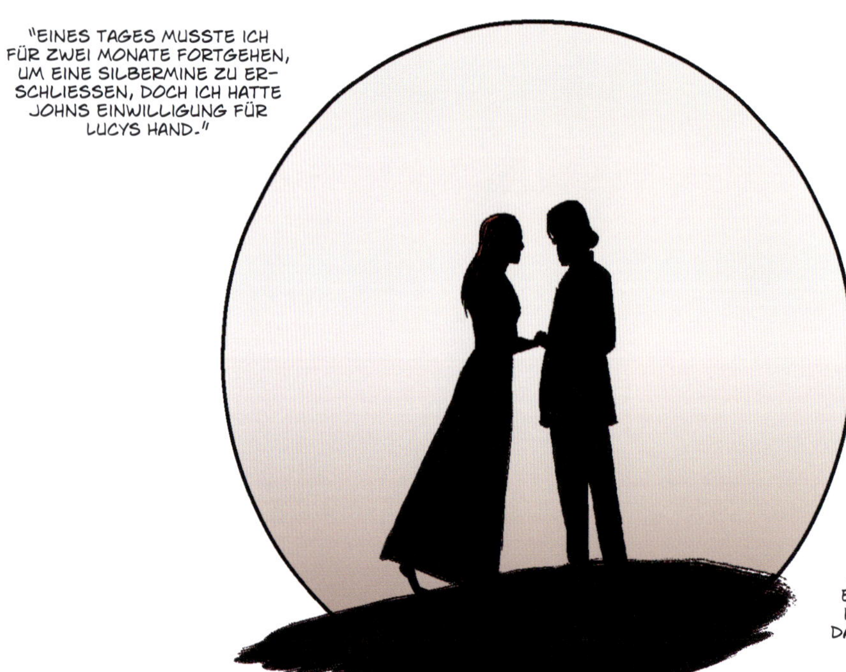
"EINES TAGES MUSSTE ICH FÜR ZWEI MONATE FORTGEHEN, UM EINE SILBERMINE ZU ERSCHLIESSEN, DOCH ICH HATTE JOHNS EINWILLIGUNG FÜR LUCYS HAND."
"ICH RISS MICH LOS. JE EHER ICH GING, DESTO EHER KONNTE ICH ZURÜCKKEHREN. UND ICH WUSSTE, DASS ICH DAS GLÜCKLICHSTE MÄDCHEN IN GANZ UTAH ZURÜCKLASSEN WÜRDE."

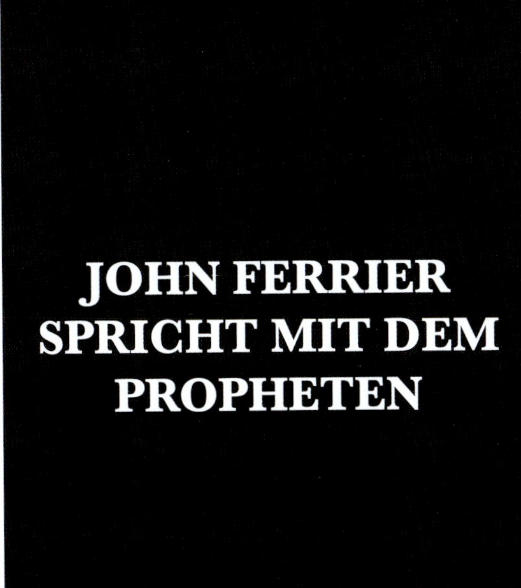

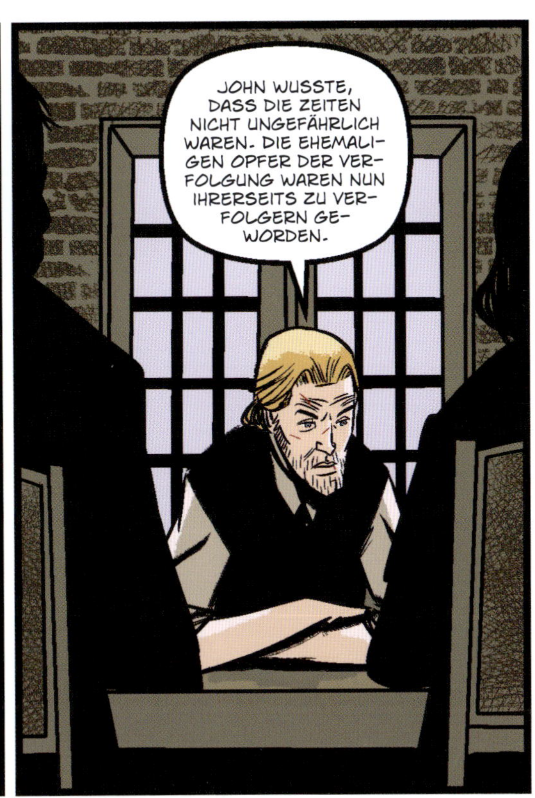

SELBST DIE FRÖMMSTEN TRAUTEN SICH NUR HINTER VORGEHALTENER HAND IHRE MEINUNG ZU SAGEN, DAMIT JA NICHTS FALSCH VERSTANDEN WURDE, WAS EINE SOFORTIGE STRAFE FÜR SIE ZUR FOLGE GEHABT HÄTTE.

JEDER, DER SICH DEM WILLEN DER KIRCHE WIDERSETZTE, VERSCHWAND SPURLOS. NIEMAND ERFUHR, WAS AUS IHNEN GEWORDEN IST. NOCH NICHT EINMAL IHRE FRAUEN UND KINDER.

ANFANGS WURDEN NUR DIEJENIGEN BEDROHT, DIE SICH GEGEN DIE RELIGION DER MORMONEN AUFLEHNTEN.

DIES WURDE JEDOCH BALD ANDERS...

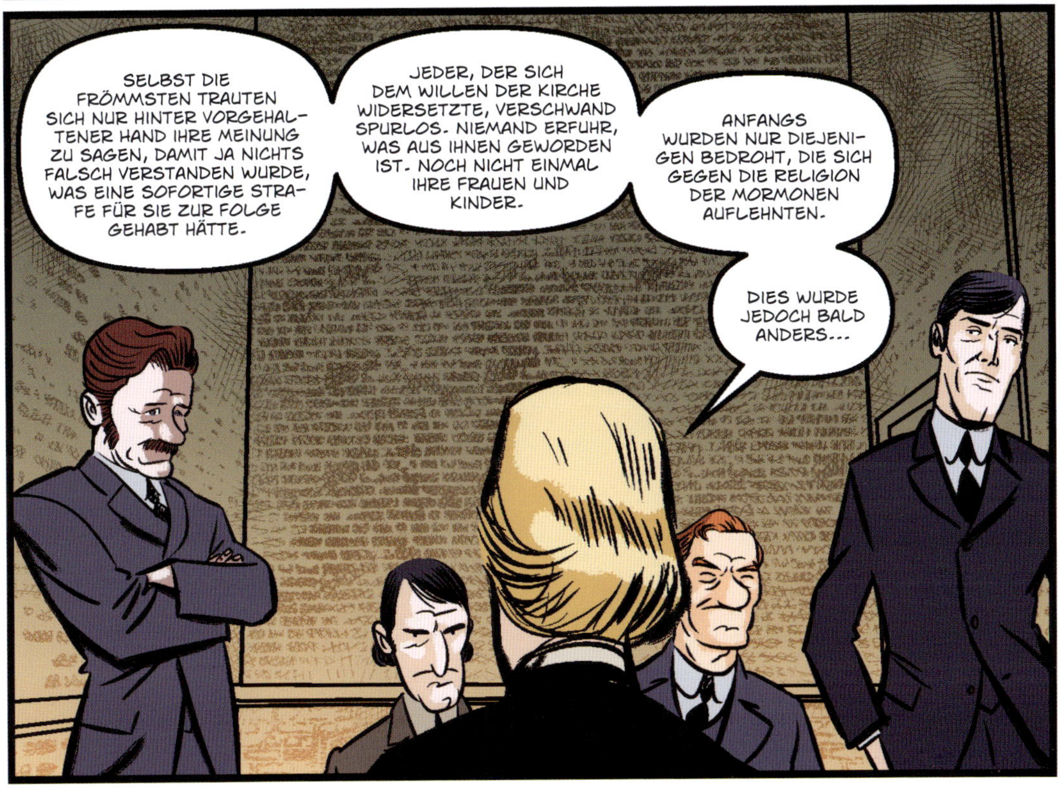

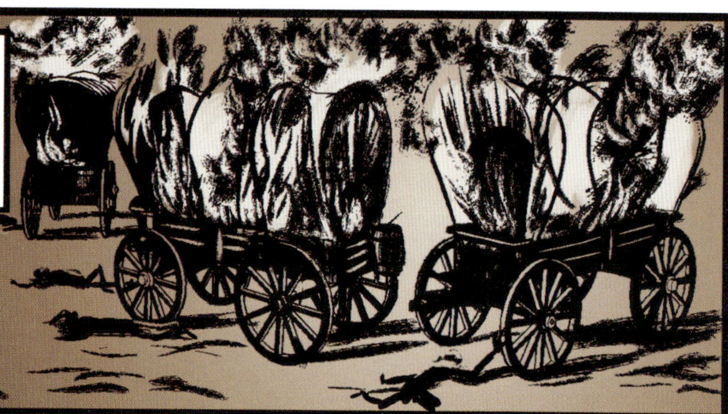

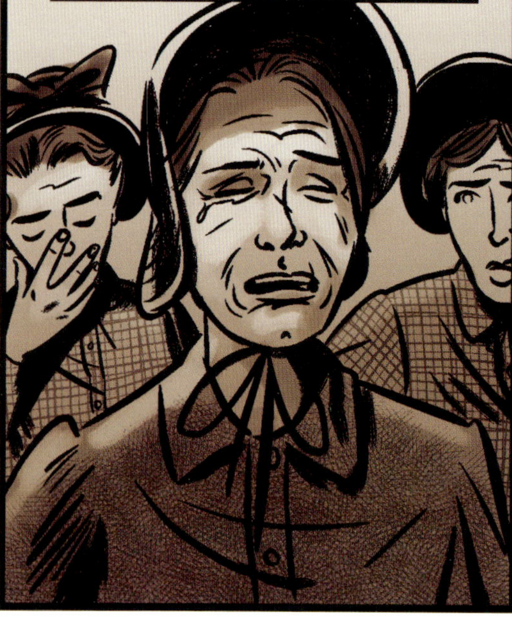

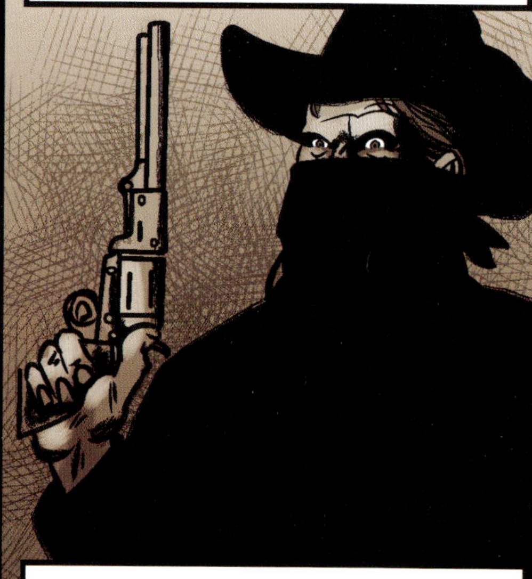

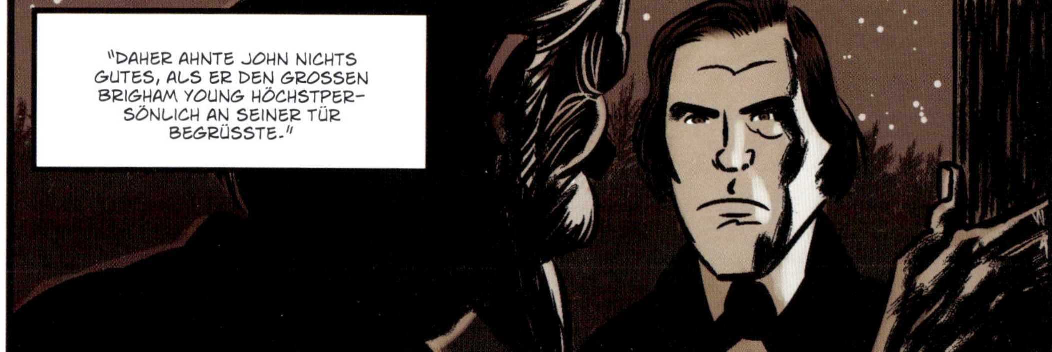

*MORMONISCHER GEHEIMBUND ("DANS SÖHNE")

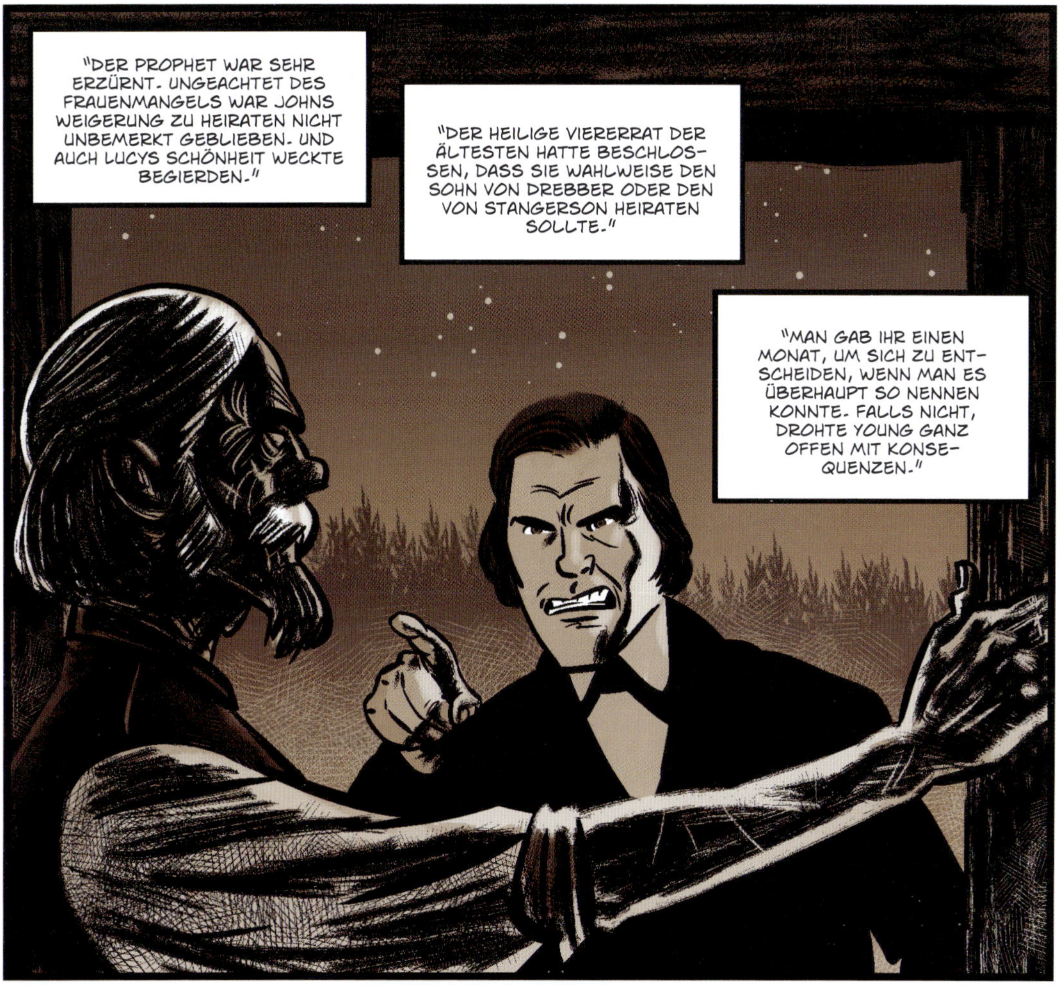

"DER PROPHET WAR SEHR ERZÜRNT. UNGEACHTET DES FRAUENMANGELS WAR JOHNS WEIGERUNG ZU HEIRATEN NICHT UNBEMERKT GEBLIEBEN. UND AUCH LUCYS SCHÖNHEIT WECKTE BEGIERDEN."

"DER HEILIGE VIERERRAT DER ÄLTESTEN HATTE BESCHLOSSEN, DASS SIE WAHLWEISE DEN SOHN VON DREBBER ODER DEN VON STANGERSON HEIRATEN SOLLTE."

"MAN GAB IHR EINEN MONAT, UM SICH ZU ENTSCHEIDEN, WENN MAN ES ÜBERHAUPT SO NENNEN KONNTE. FALLS NICHT, DROHTE YOUNG GANZ OFFEN MIT KONSEQUENZEN."

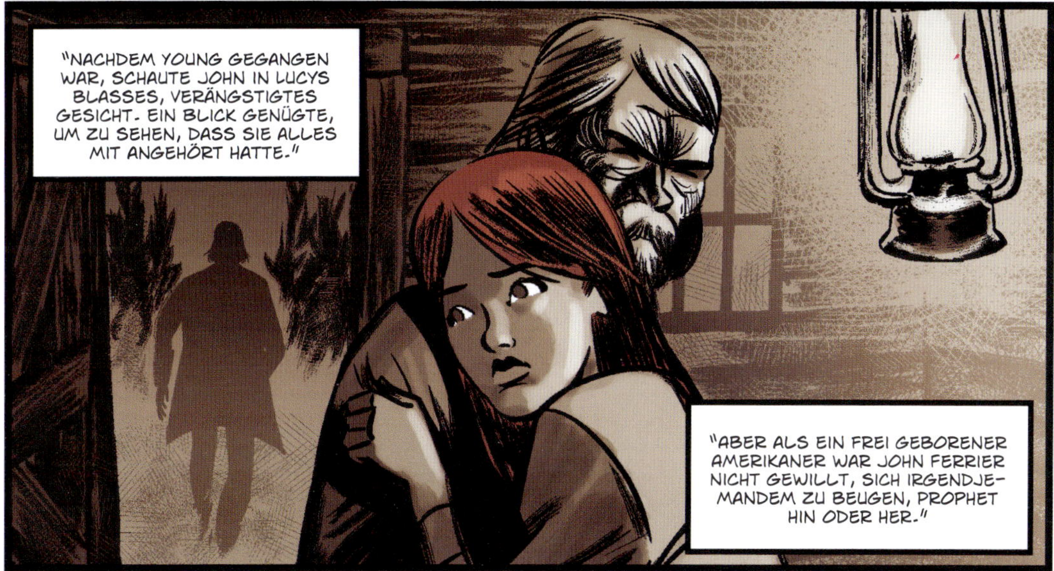

EINE FLUCHT AUF LEBEN UND TOD

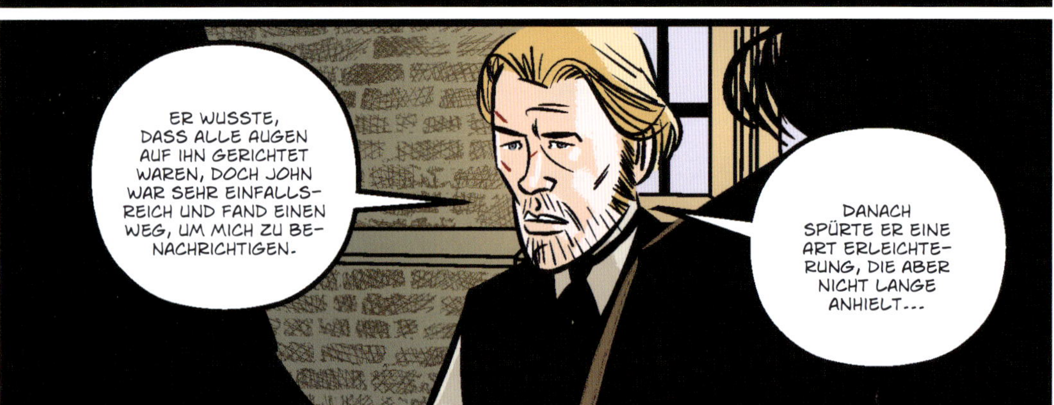

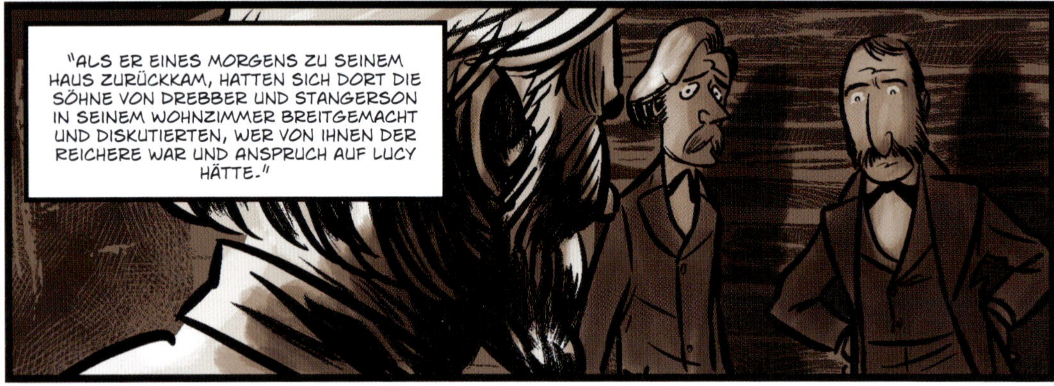

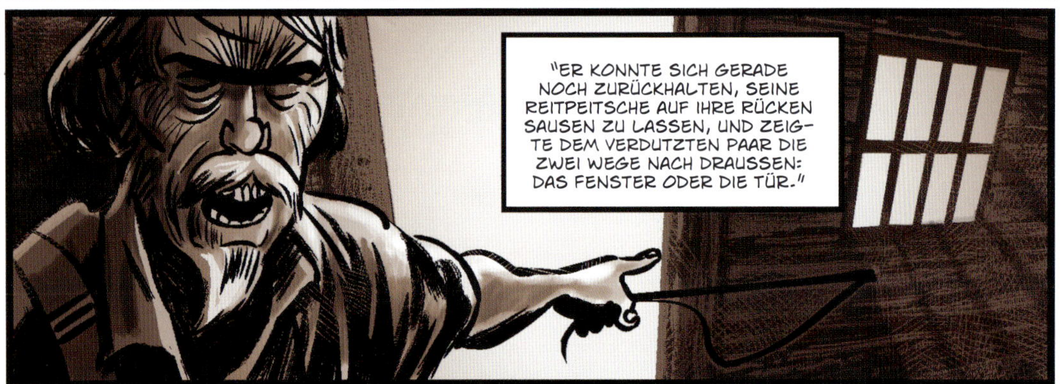

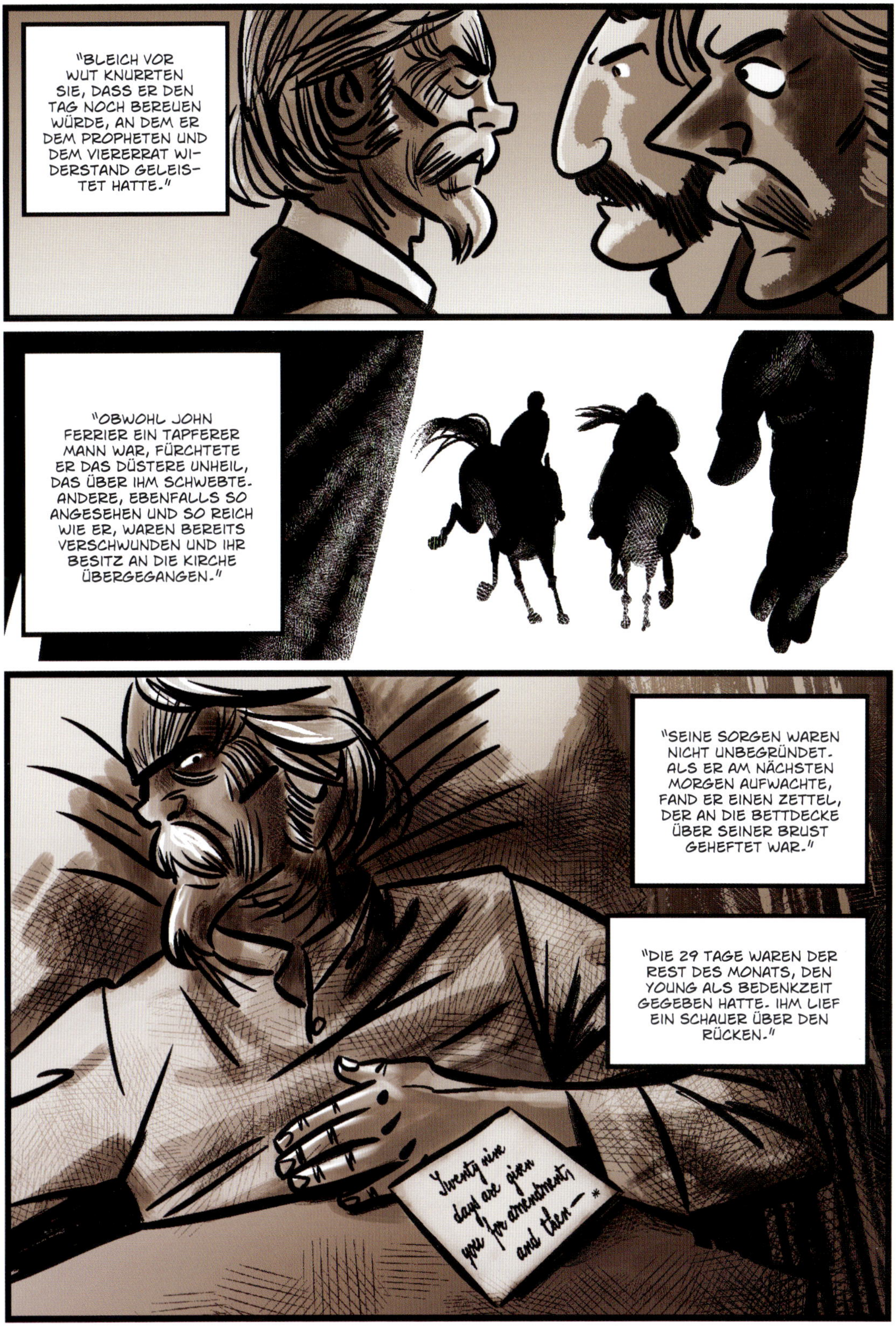

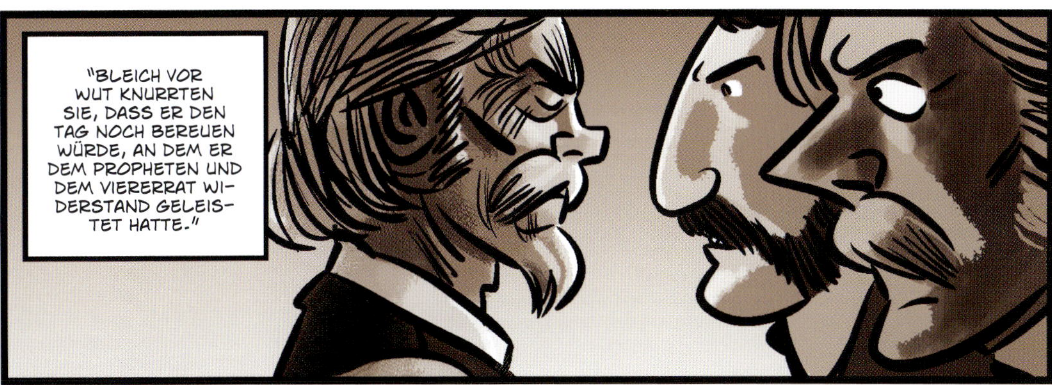

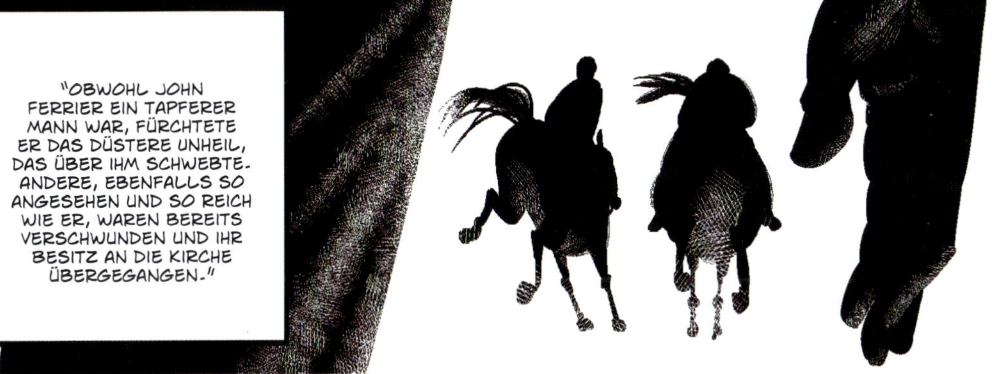

"SEINE SORGEN WAREN NICHT UNBEGRÜNDET. ALS ER AM NÄCHSTEN MORGEN AUFWACHTE, FAND ER EINEN ZETTEL, DER AN DIE BETTDECKE ÜBER SEINER BRUST GEHEFTET WAR."

"DIE 29 TAGE WAREN DER REST DES MONATS, DEN YOUNG ALS BEDENKZEIT GEGEBEN HATTE. IHM LIEF EIN SCHAUER ÜBER DEN RÜCKEN."

Twenty nine days are given you for amendment, and then— *

*DU HAST NOCH 29 TAGE, UM DICH ZU BESSERN, UND DANN –

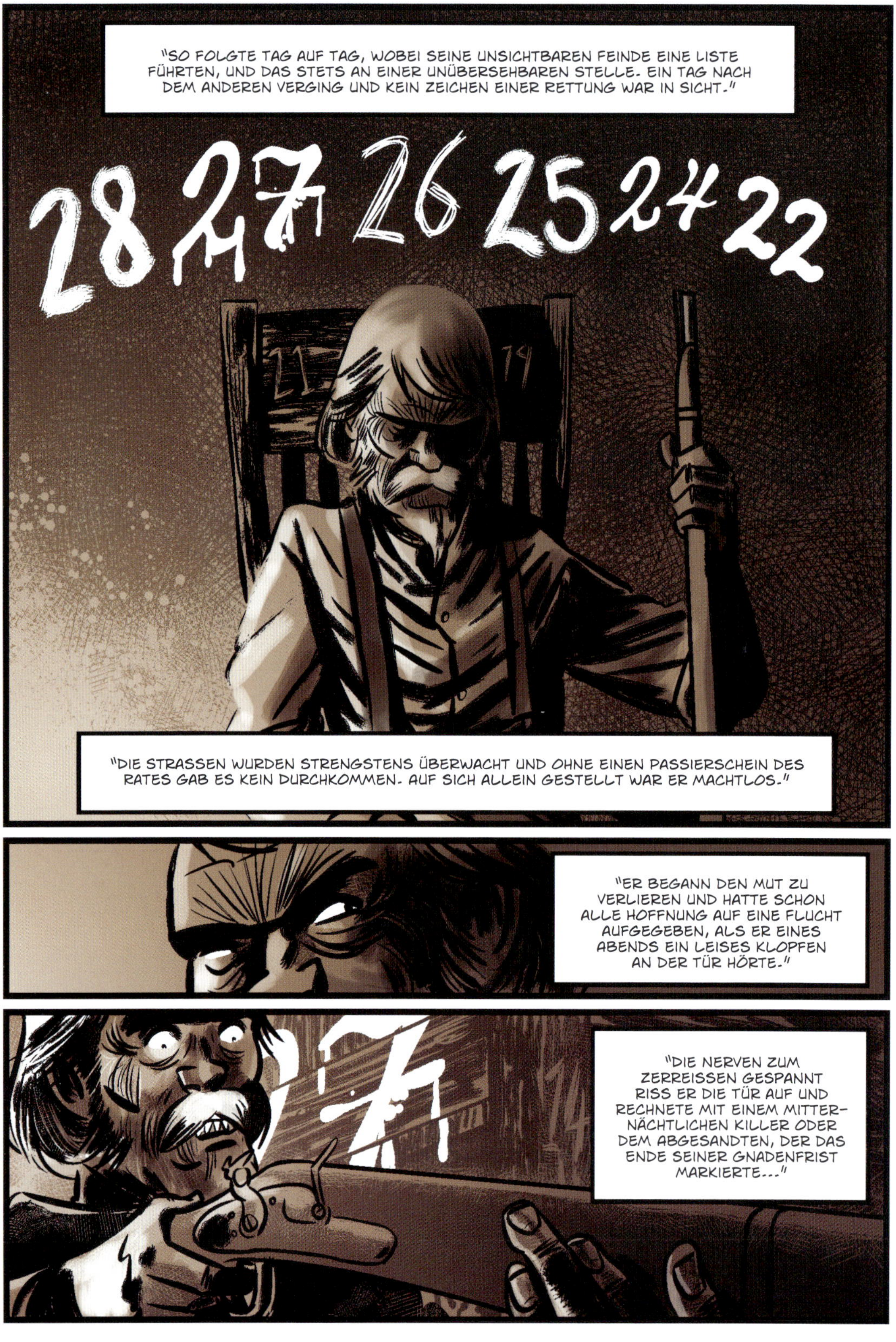

"SO FOLGTE TAG AUF TAG, WOBEI SEINE UNSICHTBAREN FEINDE EINE LISTE FÜHRTEN, UND DAS STETS AN EINER UNÜBERSEHBAREN STELLE. EIN TAG NACH DEM ANDEREN VERGING UND KEIN ZEICHEN EINER RETTUNG WAR IN SICHT."

28 27 26 25 24 22

"DIE STRASSEN WURDEN STRENGSTENS ÜBERWACHT UND OHNE EINEN PASSIERSCHEIN DES RATES GAB ES KEIN DURCHKOMMEN. AUF SICH ALLEIN GESTELLT WAR ER MACHTLOS."

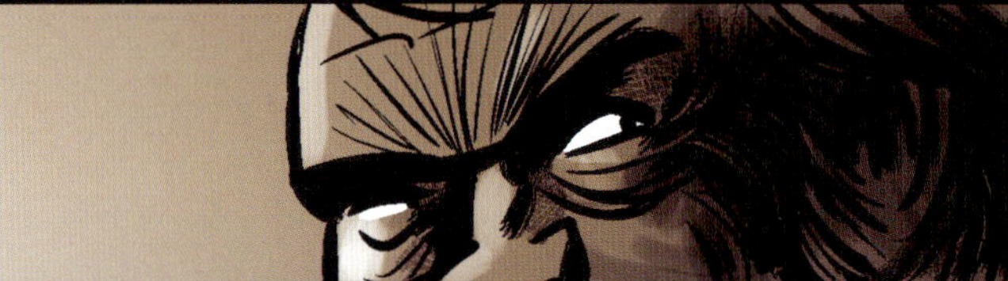

"ER BEGANN DEN MUT ZU VERLIEREN UND HATTE SCHON ALLE HOFFNUNG AUF EINE FLUCHT AUFGEGEBEN, ALS ER EINES ABENDS EIN LEISES KLOPFEN AN DER TÜR HÖRTE."

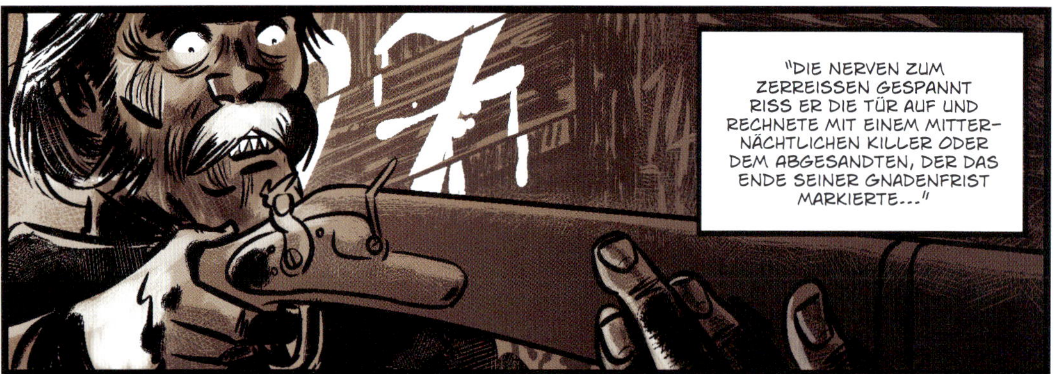

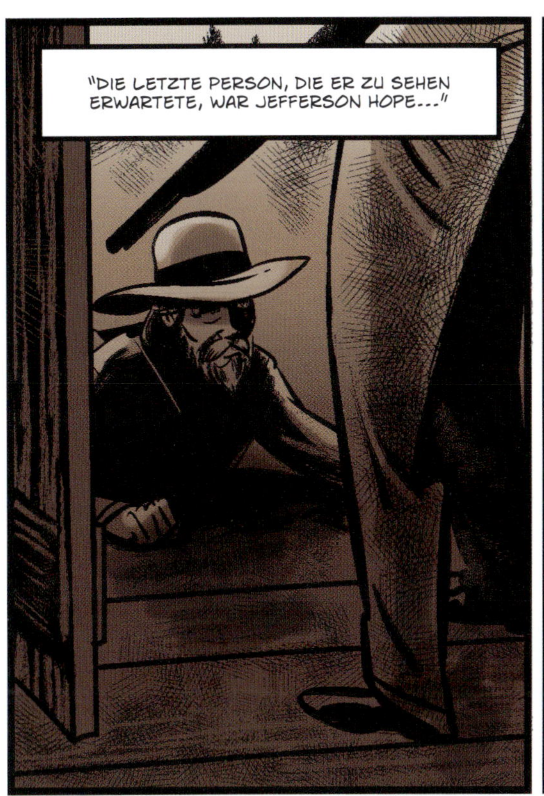
"DIE LETZTE PERSON, DIE ER ZU SEHEN ERWARTETE, WAR JEFFERSON HOPE..."

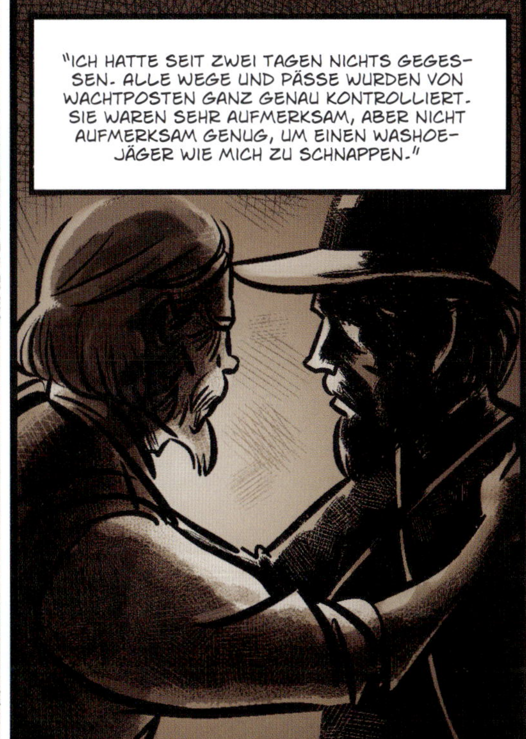
"ICH HATTE SEIT ZWEI TAGEN NICHTS GEGESSEN. ALLE WEGE UND PÄSSE WURDEN VON WACHTPOSTEN GANZ GENAU KONTROLLIERT. SIE WAREN SEHR AUFMERKSAM, ABER NICHT AUFMERKSAM GENUG, UM EINEN WASHOE-JÄGER WIE MICH ZU SCHNAPPEN."

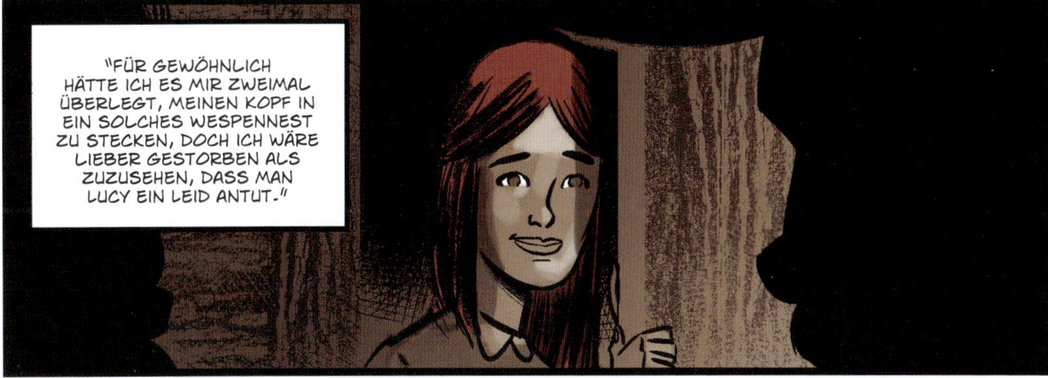
"FÜR GEWÖHNLICH HÄTTE ICH ES MIR ZWEIMAL ÜBERLEGT, MEINEN KOPF IN EIN SOLCHES WESPENNEST ZU STECKEN, DOCH ICH WÄRE LIEBER GESTORBEN ALS ZUZUSEHEN, DASS MAN LUCY EIN LEID ANTUT."

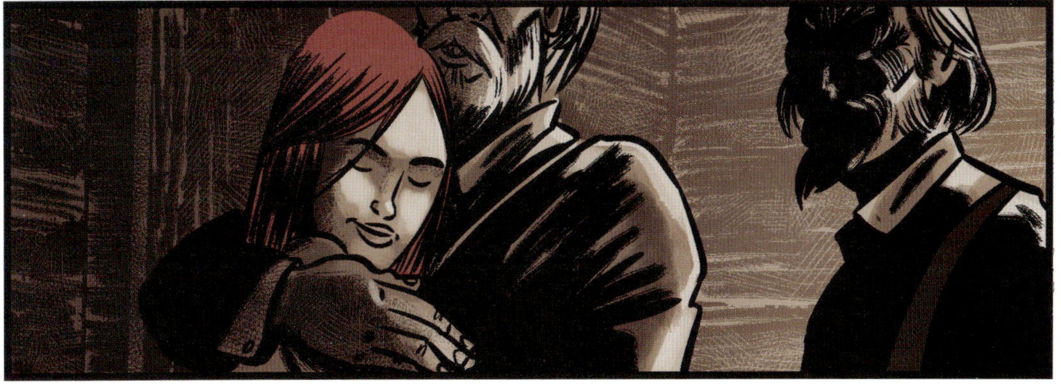

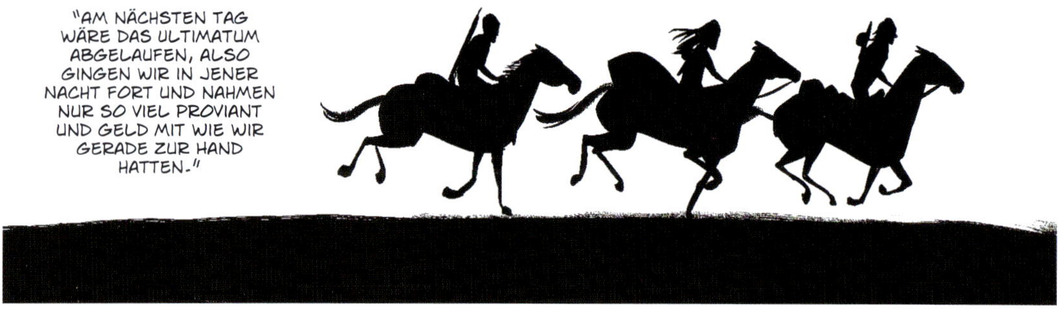

"AM NÄCHSTEN TAG WÄRE DAS ULTIMATUM ABGELAUFEN, ALSO GINGEN WIR IN JENER NACHT FORT UND NAHMEN NUR SO VIEL PROVIANT UND GELD MIT WIE WIR GERADE ZUR HAND HATTEN."

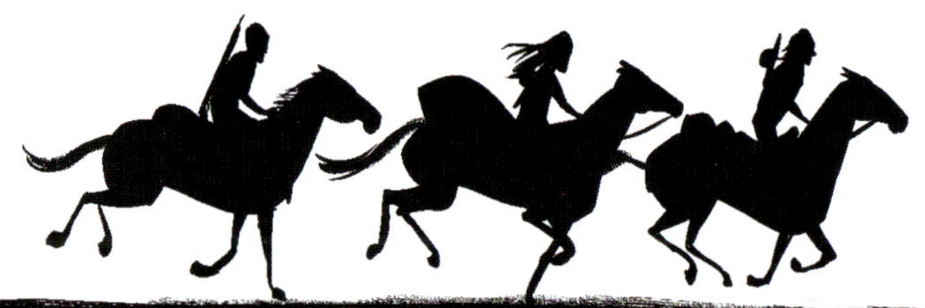

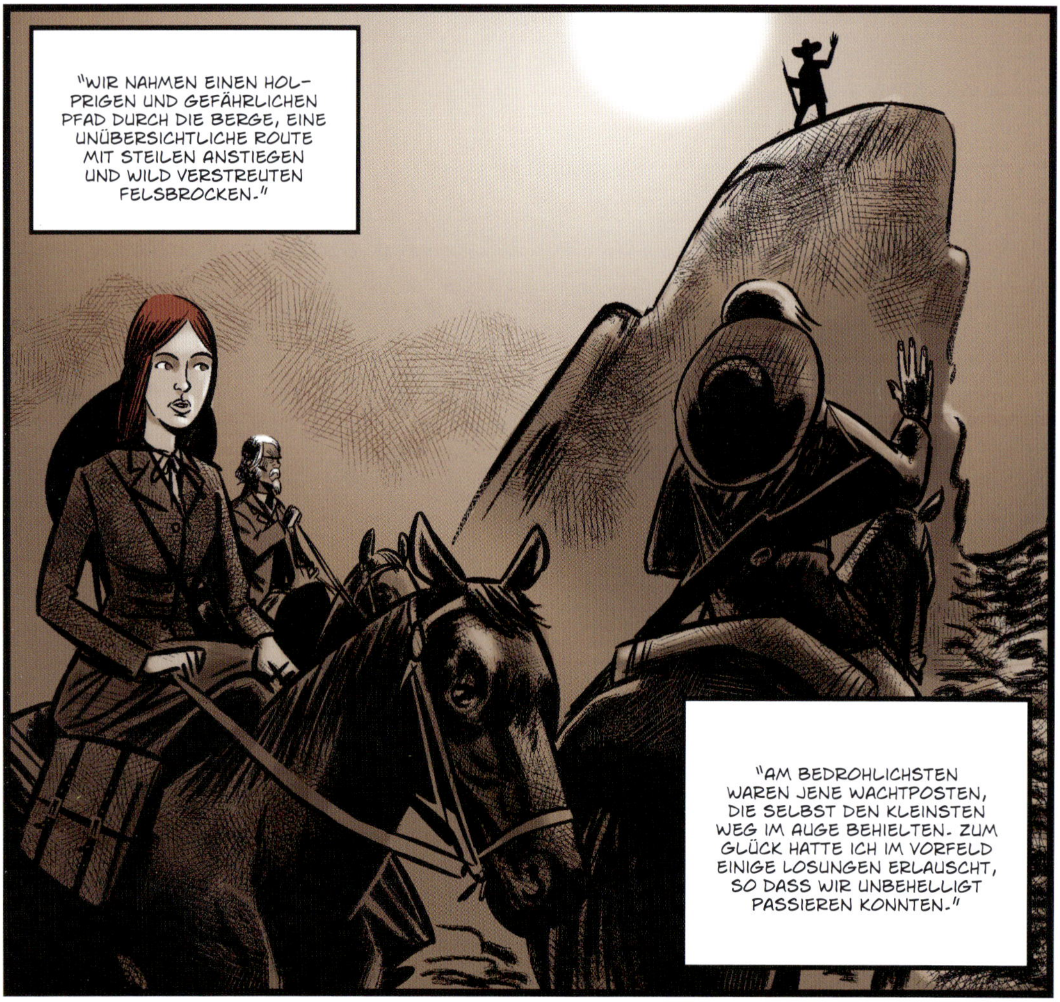

"WIR NAHMEN EINEN HOLPRIGEN UND GEFÄHRLICHEN PFAD DURCH DIE BERGE, EINE UNÜBERSICHTLICHE ROUTE MIT STEILEN ANSTIEGEN UND WILD VERSTREUTEN FELSBROCKEN."

"AM BEDROHLICHSTEN WAREN JENE WACHTPOSTEN, DIE SELBST DEN KLEINSTEN WEG IM AUGE BEHIELTEN. ZUM GLÜCK HATTE ICH IM VORFELD EINIGE LOSUNGEN ERLAUSCHT, SO DASS WIR UNBEHELLIGT PASSIEREN KONNTEN."

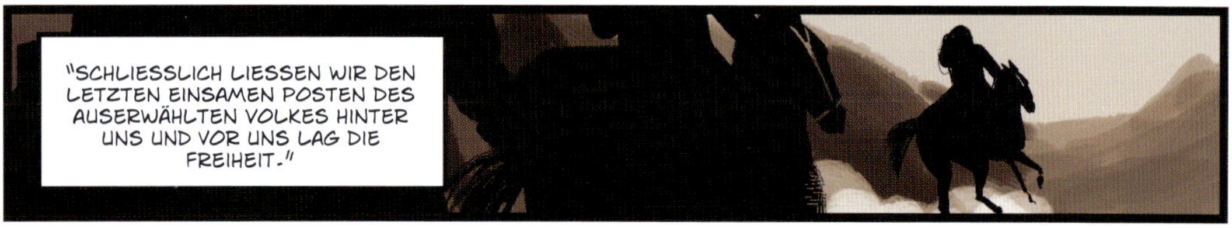

"SCHLIESSLICH LIESSEN WIR DEN LETZTEN EINSAMEN POSTEN DES AUSERWÄHLTEN VOLKES HINTER UNS UND VOR UNS LAG DIE FREIHEIT."

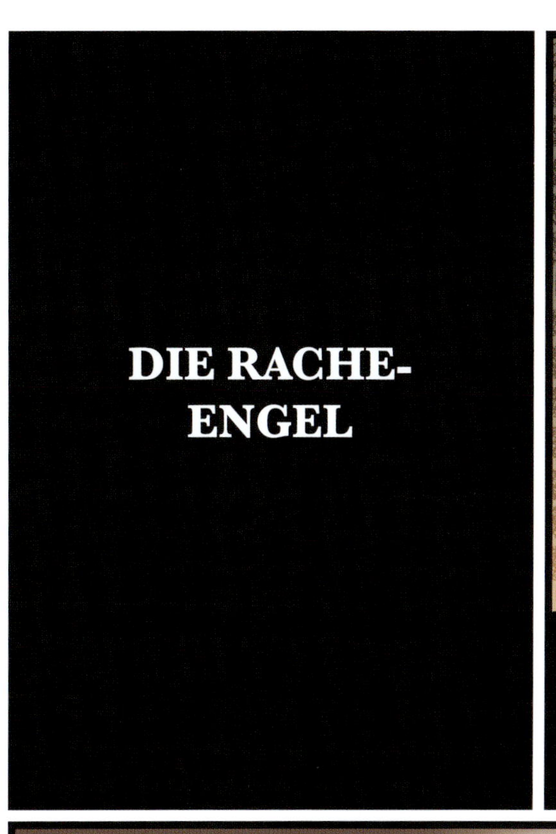
DIE RACHE-
ENGEL

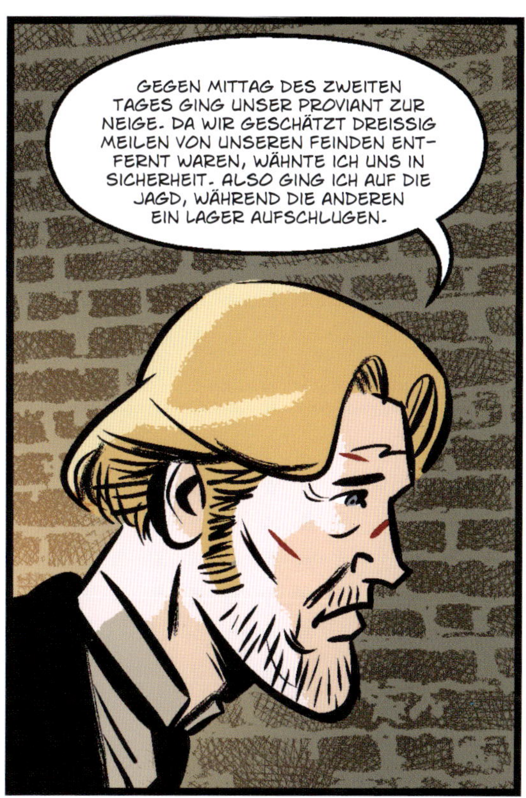
GEGEN MITTAG DES ZWEITEN TAGES GING UNSER PROVIANT ZUR NEIGE. DA WIR GESCHÄTZT DREISSIG MEILEN VON UNSEREN FEINDEN ENTFERNT WAREN, WÄHNTE ICH UNS IN SICHERHEIT. ALSO GING ICH AUF DIE JAGD, WÄHREND DIE ANDEREN EIN LAGER AUFSCHLUGEN.

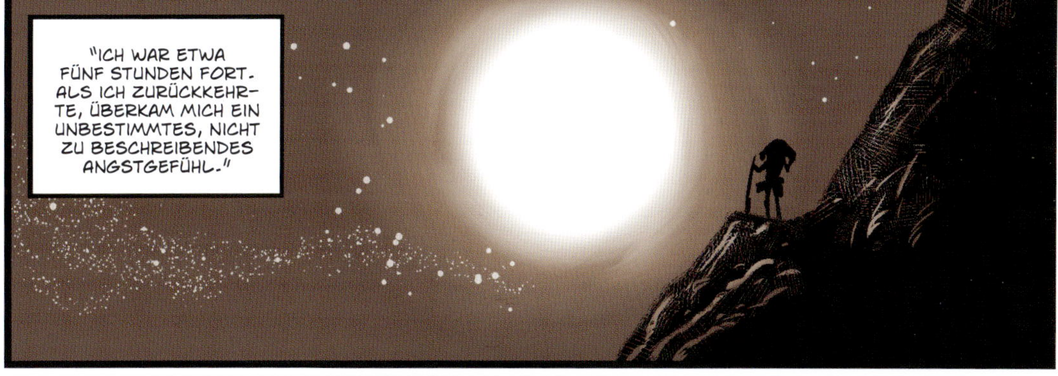
"ICH WAR ETWA FÜNF STUNDEN FORT. ALS ICH ZURÜCKKEHRTE, ÜBERKAM MICH EIN UNBESTIMMTES, NICHT ZU BESCHREIBENDES ANGSTGEFÜHL."

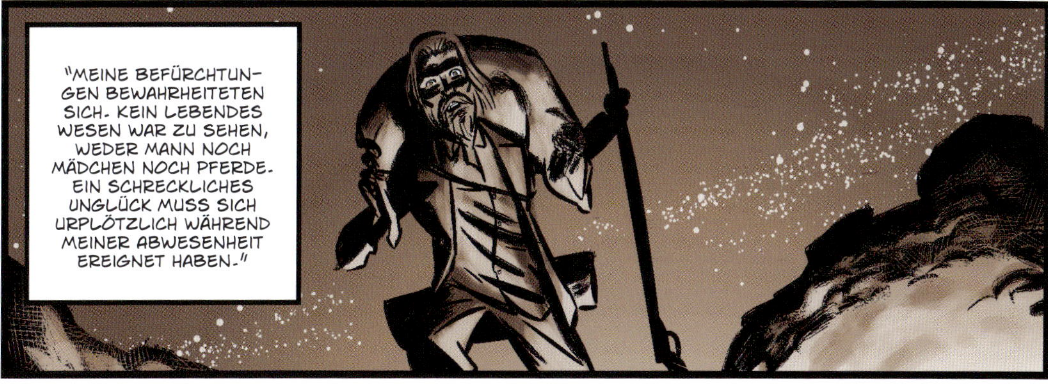
"MEINE BEFÜRCHTUNGEN BEWAHRHEITETEN SICH. KEIN LEBENDES WESEN WAR ZU SEHEN, WEDER MANN NOCH MÄDCHEN NOCH PFERDE. EIN SCHRECKLICHES UNGLÜCK MUSS SICH URPLÖTZLICH WÄHREND MEINER ABWESENHEIT EREIGNET HABEN."

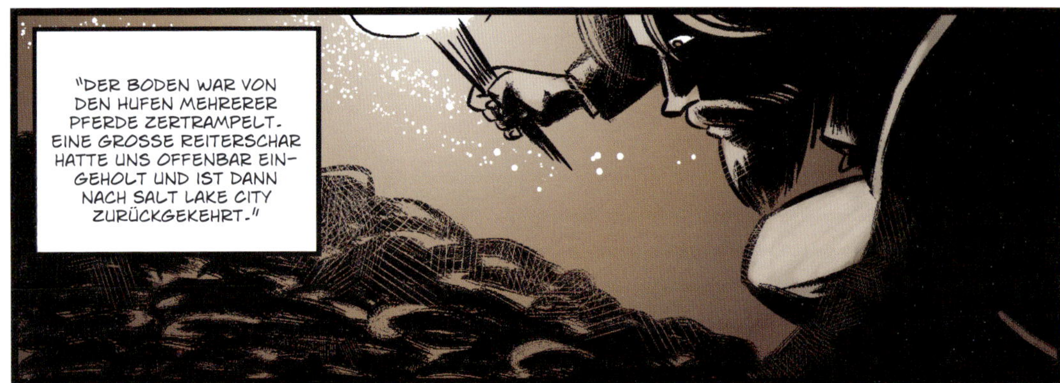

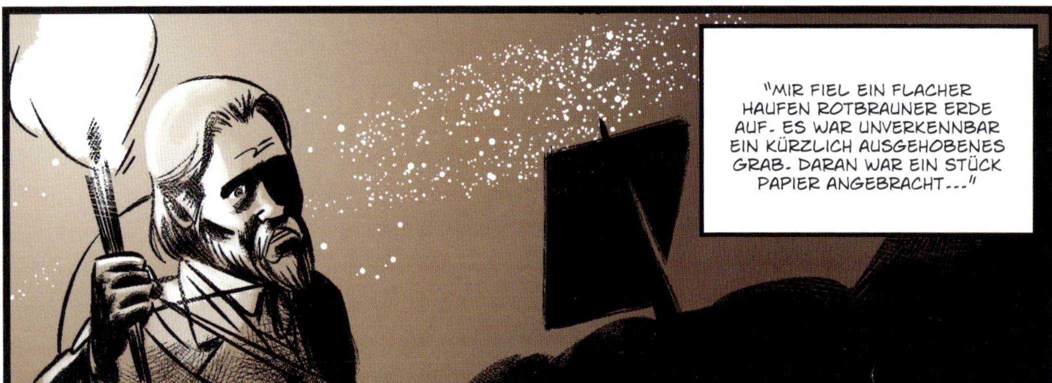

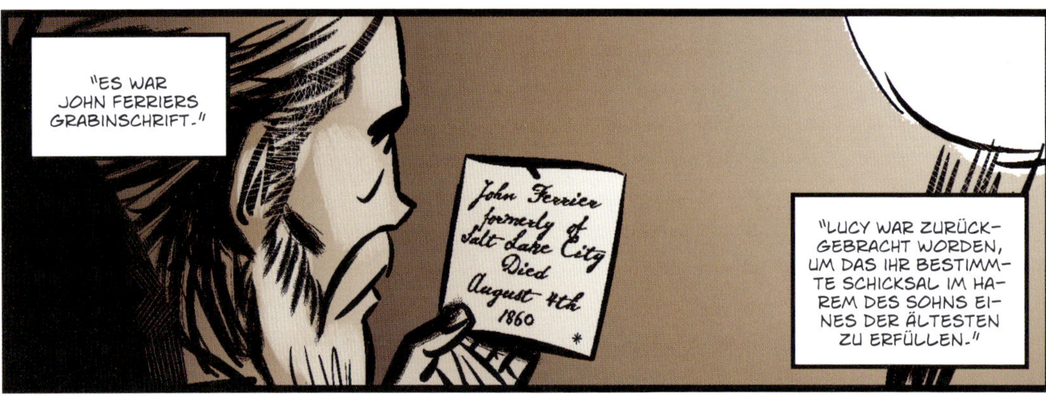

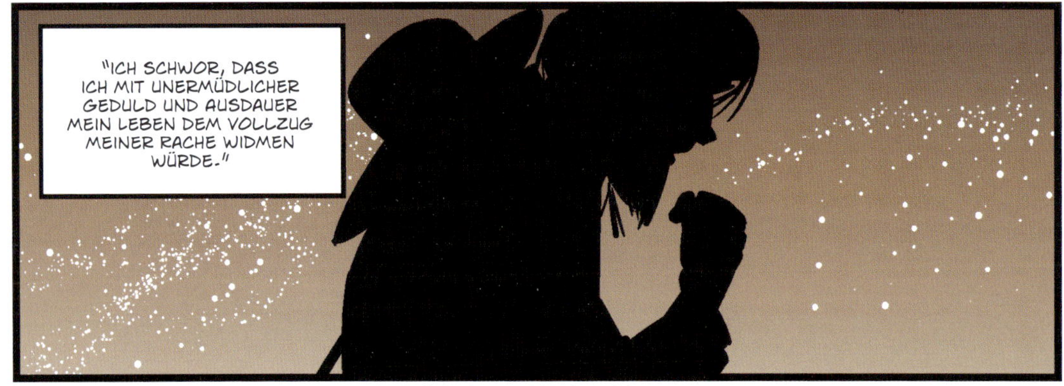

*JOHN FERRIER, VORMALS AUS SALT LAKE CITY, VERSTORBEN AM 4. AUGUST 1860

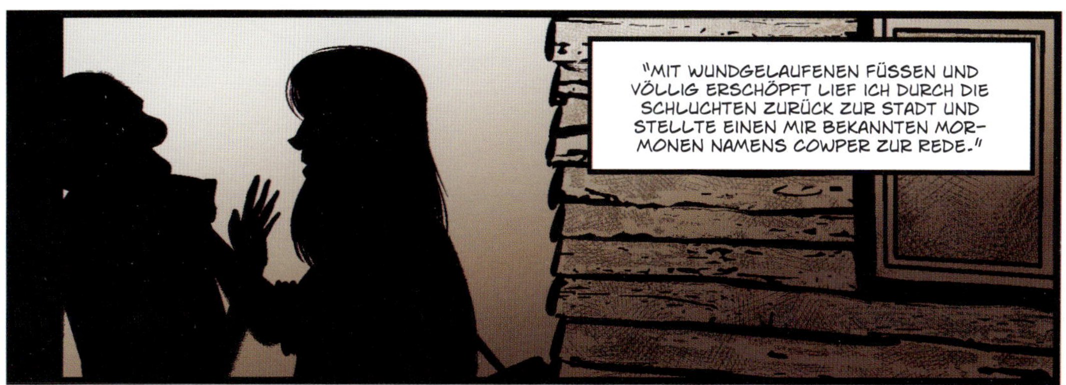
"MIT WUNDGELAUFENEN FÜSSEN UND VÖLLIG ERSCHÖPFT LIEF ICH DURCH DIE SCHLUCHTEN ZURÜCK ZUR STADT UND STELLTE EINEN MIR BEKANNTEN MORMONEN NAMENS COWPER ZUR REDE."

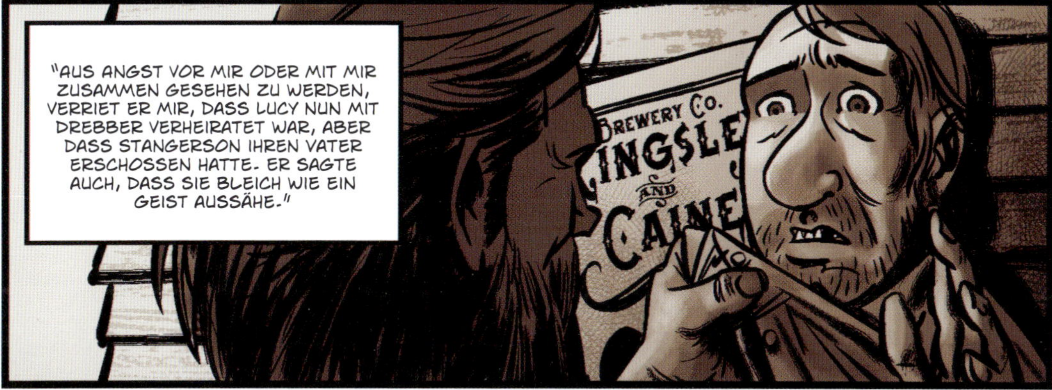
"AUS ANGST VOR MIR ODER MIT MIR ZUSAMMEN GESEHEN ZU WERDEN, VERRIET ER MIR, DASS LUCY NUN MIT DREBBER VERHEIRATET WAR, ABER DASS STANGERSON IHREN VATER ERSCHOSSEN HATTE. ER SAGTE AUCH, DASS SIE BLEICH WIE EIN GEIST AUSSÄHE."
BREWERY CO.
INGSLE
AND
CAINE

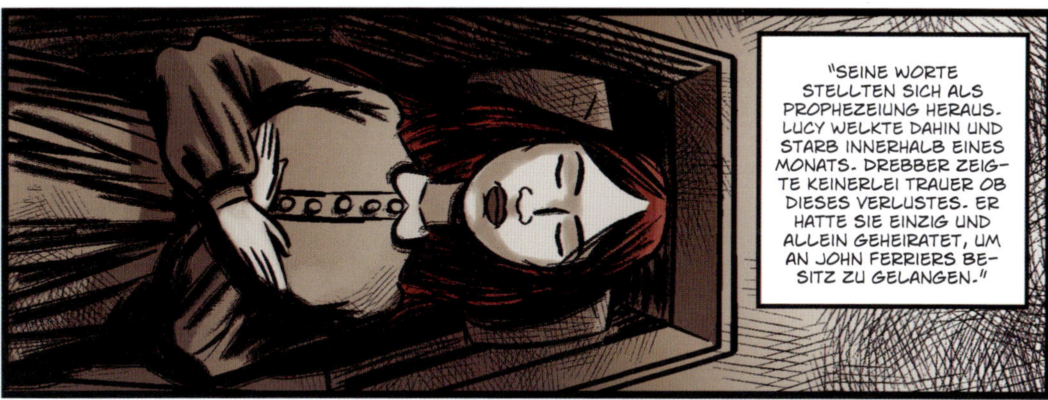
"SEINE WORTE STELLTEN SICH ALS PROPHEZEIUNG HERAUS. LUCY WELKTE DAHIN UND STARB INNERHALB EINES MONATS. DREBBER ZEIGTE KEINERLEI TRAUER OB DIESES VERLUSTES. ER HATTE SIE EINZIG UND ALLEIN GEHEIRATET, UM AN JOHN FERRIERS BESITZ ZU GELANGEN."

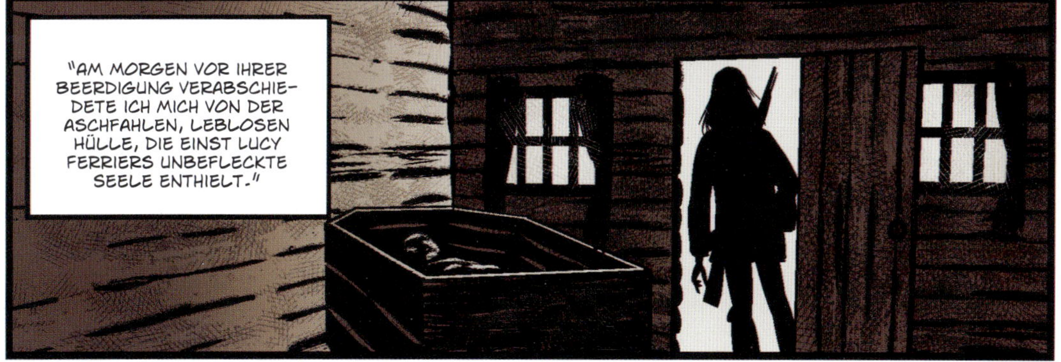
"AM MORGEN VOR IHRER BEERDIGUNG VERABSCHIEDETE ICH MICH VON DER ASCHFAHLEN, LEBLOSEN HÜLLE, DIE EINST LUCY FERRIERS UNBEFLECKTE SEELE ENTHIELT."

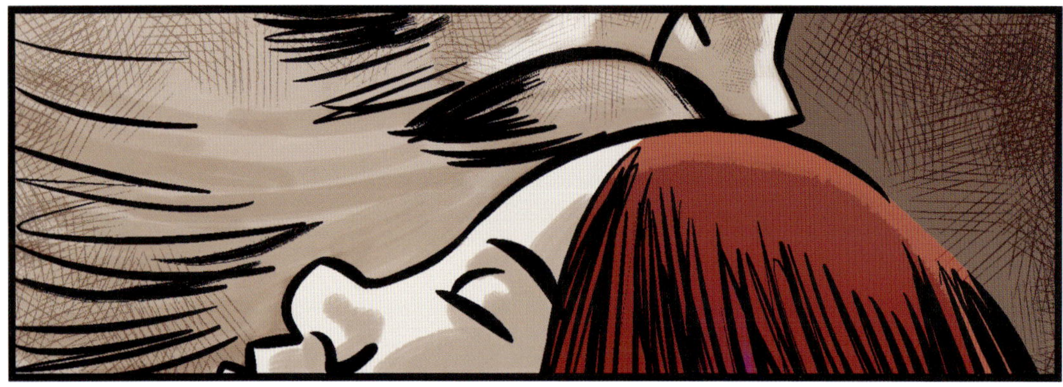

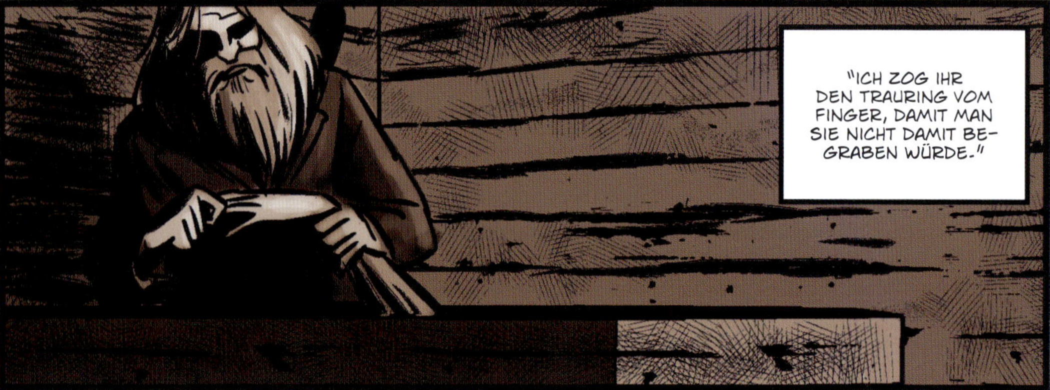
"ICH ZOG IHR DEN TRAURING VOM FINGER, DAMIT MAN SIE NICHT DAMIT BE-GRABEN WÜRDE."

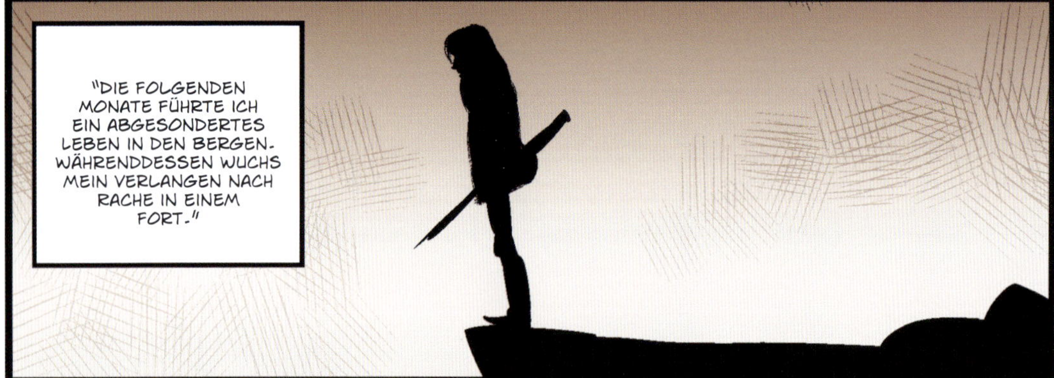
"DIE FOLGENDEN MONATE FÜHRTE ICH EIN ABGESONDERTES LEBEN IN DEN BERGEN. WÄHRENDDESSEN WUCHS MEIN VERLANGEN NACH RACHE IN EINEM FORT."

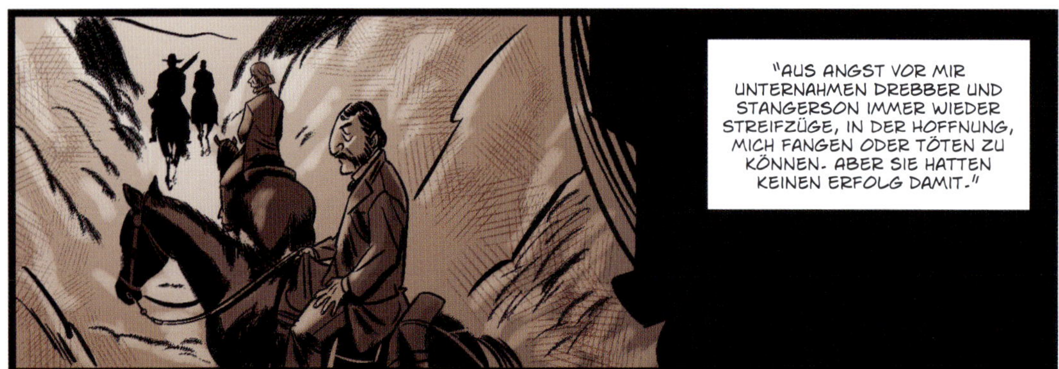
"AUS ANGST VOR MIR UNTERNAHMEN DREBBER UND STANGERSON IMMER WIEDER STREIFZÜGE, IN DER HOFFNUNG, MICH FANGEN ODER TÖTEN ZU KÖNNEN. ABER SIE HATTEN KEINEN ERFOLG DAMIT."

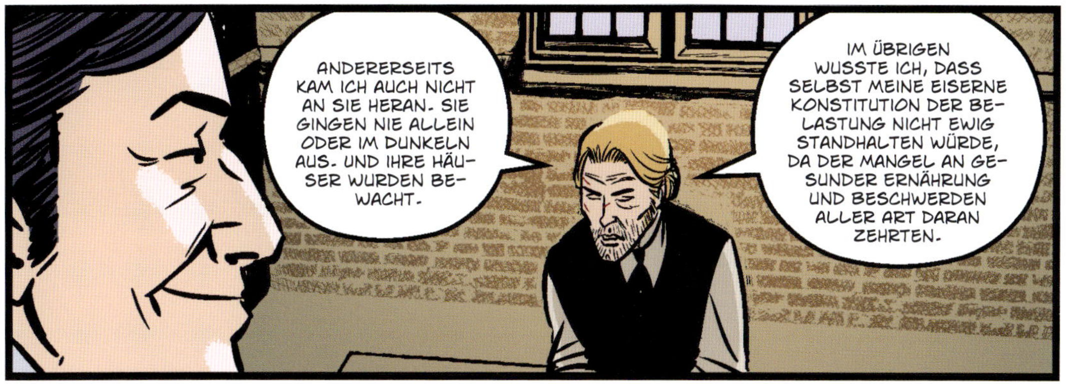
ANDERERSEITS KAM ICH AUCH NICHT AN SIE HERAN. SIE GINGEN NIE ALLEIN ODER IM DUNKELN AUS. UND IHRE HÄUSER WURDEN BEWACHT.
IM ÜBRIGEN WUSSTE ICH, DASS SELBST MEINE EISERNE KONSTITUTION DER BELASTUNG NICHT EWIG STANDHALTEN WÜRDE, DA DER MANGEL AN GESUNDER ERNÄHRUNG UND BESCHWERDEN ALLER ART DARAN ZEHRTEN.

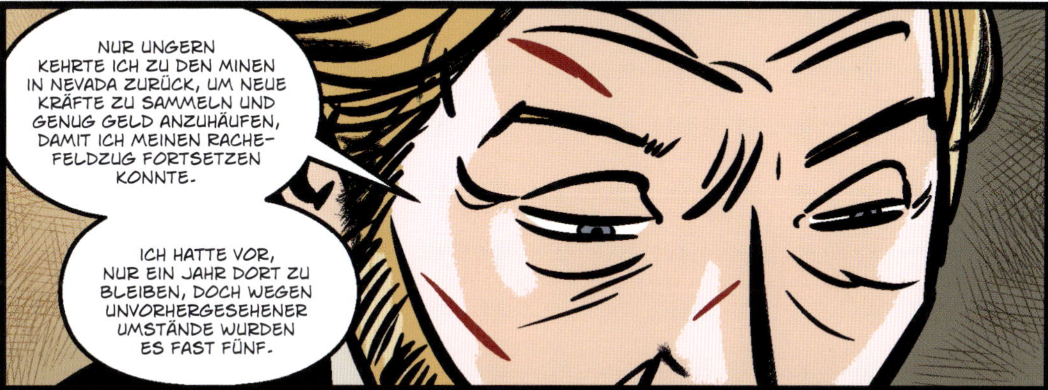
NUR UNGERN KEHRTE ICH ZU DEN MINEN IN NEVADA ZURÜCK, UM NEUE KRÄFTE ZU SAMMELN UND GENUG GELD ANZUHÄUFEN, DAMIT ICH MEINEN RACHEFELDZUG FORTSETZEN KONNTE.
ICH HATTE VOR, NUR EIN JAHR DORT ZU BLEIBEN, DOCH WEGEN UNVORHERGESEHENER UMSTÄNDE WURDEN ES FAST FÜNF.

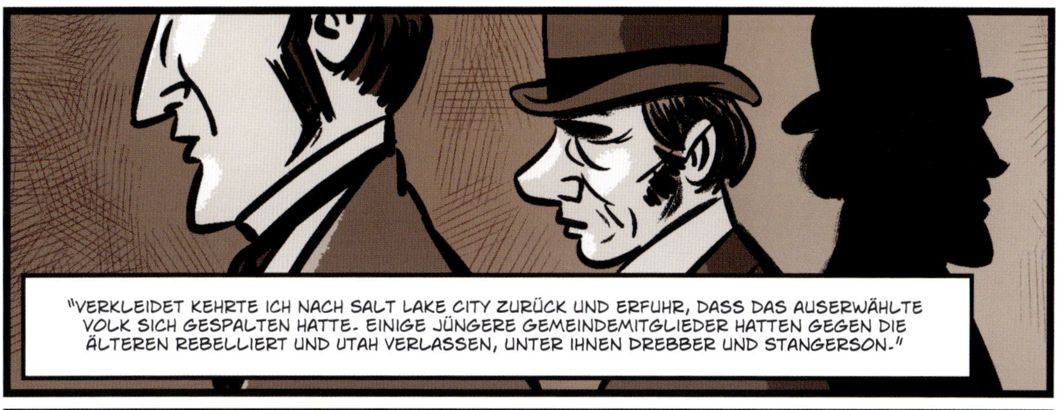
"VERKLEIDET KEHRTE ICH NACH SALT LAKE CITY ZURÜCK UND ERFUHR, DASS DAS AUSERWÄHLTE VOLK SICH GESPALTEN HATTE. EINIGE JÜNGERE GEMEINDEMITGLIEDER HATTEN GEGEN DIE ÄLTEREN REBELLIERT UND UTAH VERLASSEN, UNTER IHNEN DREBBER UND STANGERSON."

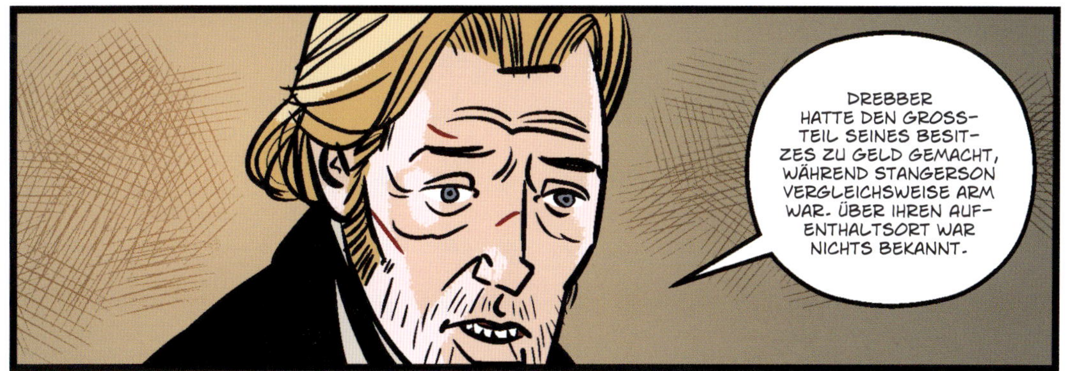
DREBBER HATTE DEN GROSSTEIL SEINES BESITZES ZU GELD GEMACHT, WÄHREND STANGERSON VERGLEICHSWEISE ARM WAR. ÜBER IHREN AUFENTHALTSORT WAR NICHTS BEKANNT.

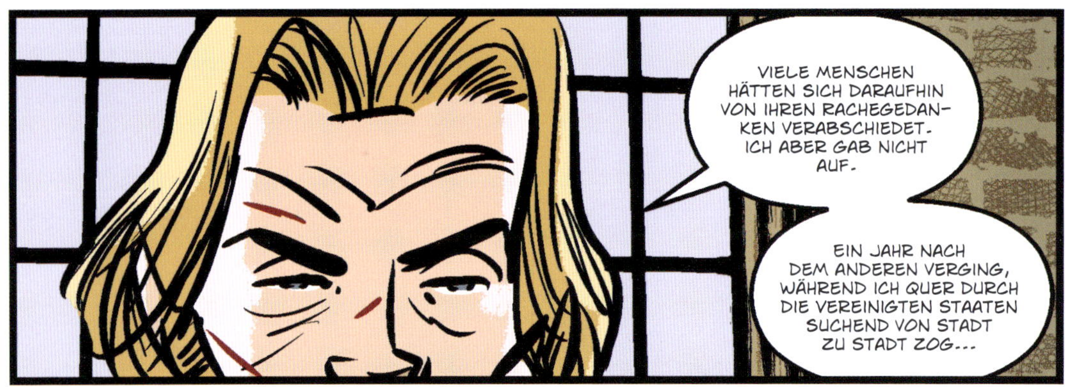
VIELE MENSCHEN HÄTTEN SICH DARAUFHIN VON IHREN RACHEGEDAN-KEN VERABSCHIEDET. ICH ABER GAB NICHT AUF.
EIN JAHR NACH DEM ANDEREN VERGING, WÄHREND ICH QUER DURCH DIE VEREINIGTEN STAATEN SUCHEND VON STADT ZU STADT ZOG...

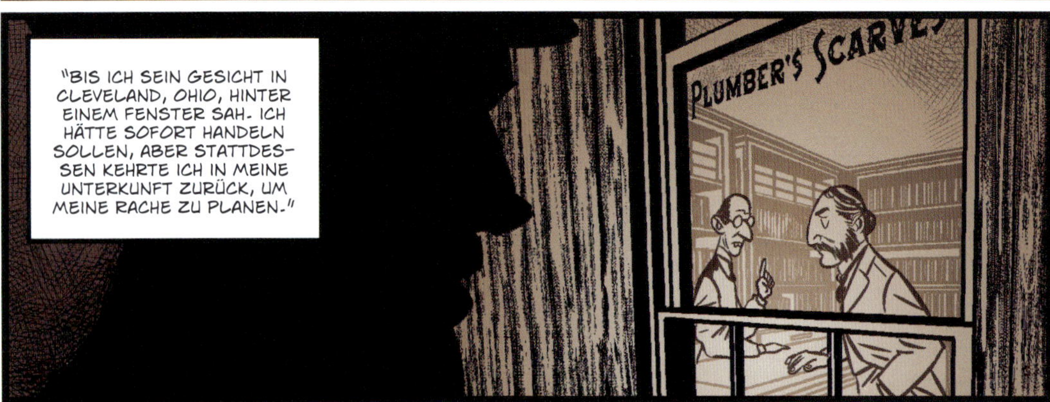
"BIS ICH SEIN GESICHT IN CLEVELAND, OHIO, HINTER EINEM FENSTER SAH. ICH HÄTTE SOFORT HANDELN SOLLEN, ABER STATTDES-SEN KEHRTE ICH IN MEINE UNTERKUNFT ZURÜCK, UM MEINE RACHE ZU PLANEN."
PLUMBER'S SCARVES

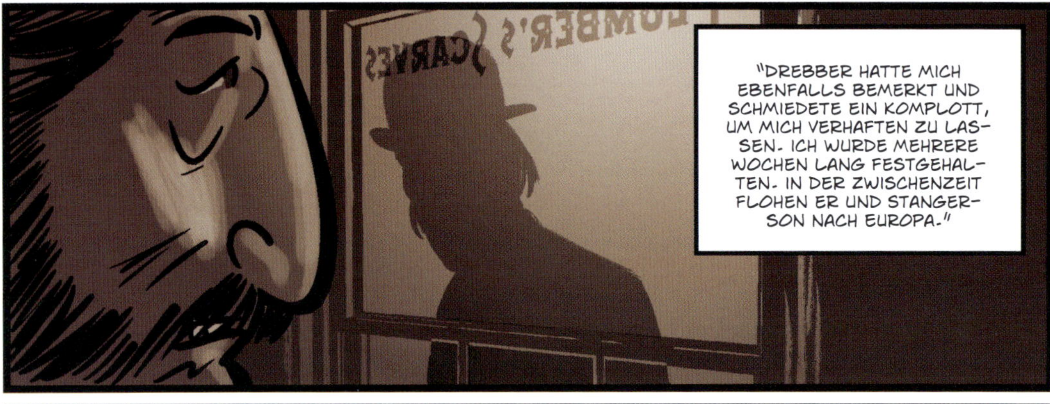
"DREBBER HATTE MICH EBENFALLS BEMERKT UND SCHMIEDETE EIN KOMPLOTT, UM MICH VERHAFTEN ZU LAS-SEN. ICH WURDE MEHRERE WOCHEN LANG FESTGEHAL-TEN. IN DER ZWISCHENZEIT FLOHEN ER UND STANGER-SON NACH EUROPA."

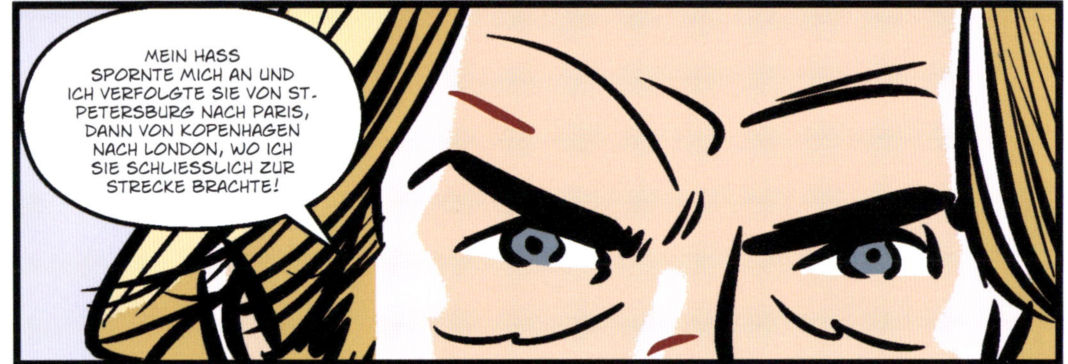
MEIN HASS SPORNTE MICH AN UND ICH VERFOLGTE SIE VON ST. PETERSBURG NACH PARIS, DANN VON KOPENHAGEN NACH LONDON, WO ICH SIE SCHLIESSLICH ZUR STRECKE BRACHTE!

DIE FORTSETZUNG VON JOHN WATSONS ERINNERUNGEN

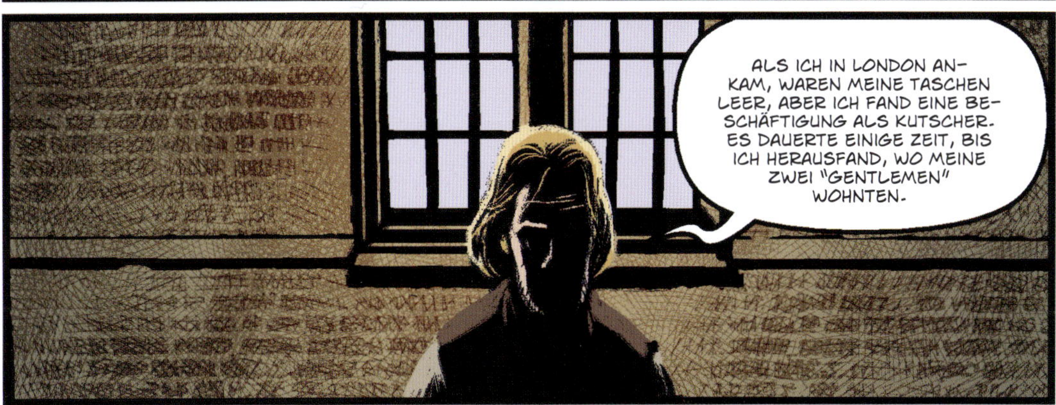

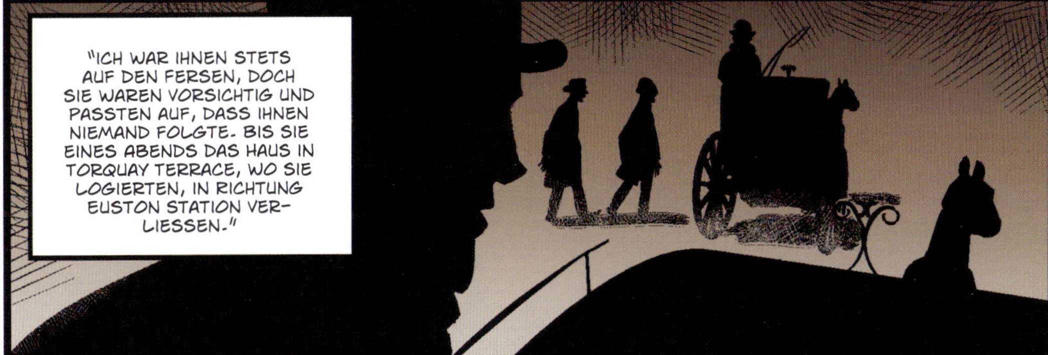

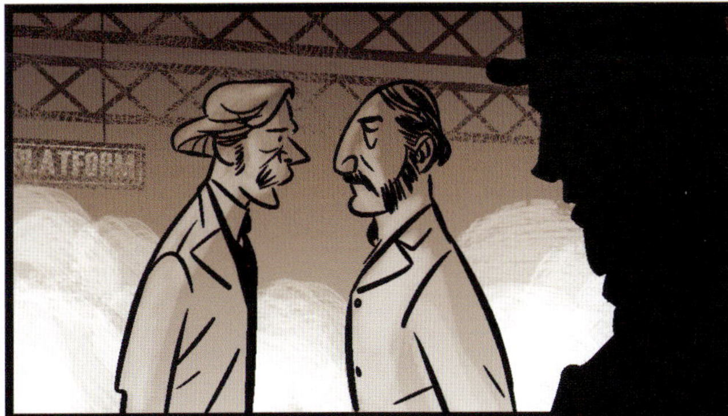

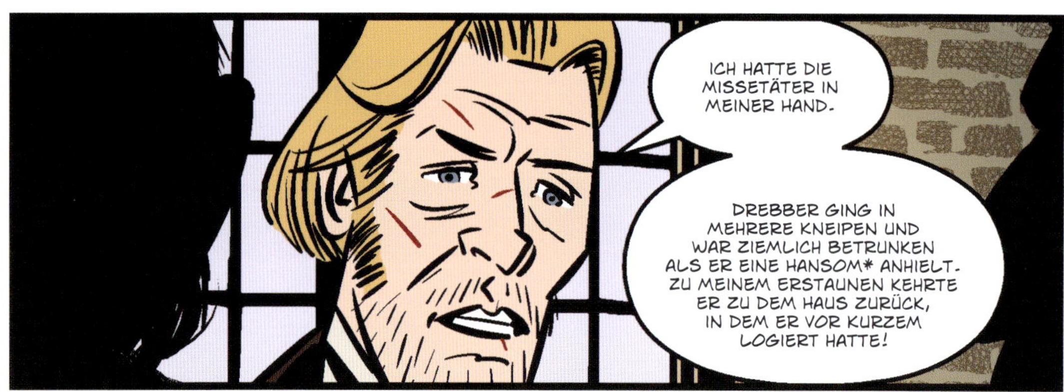

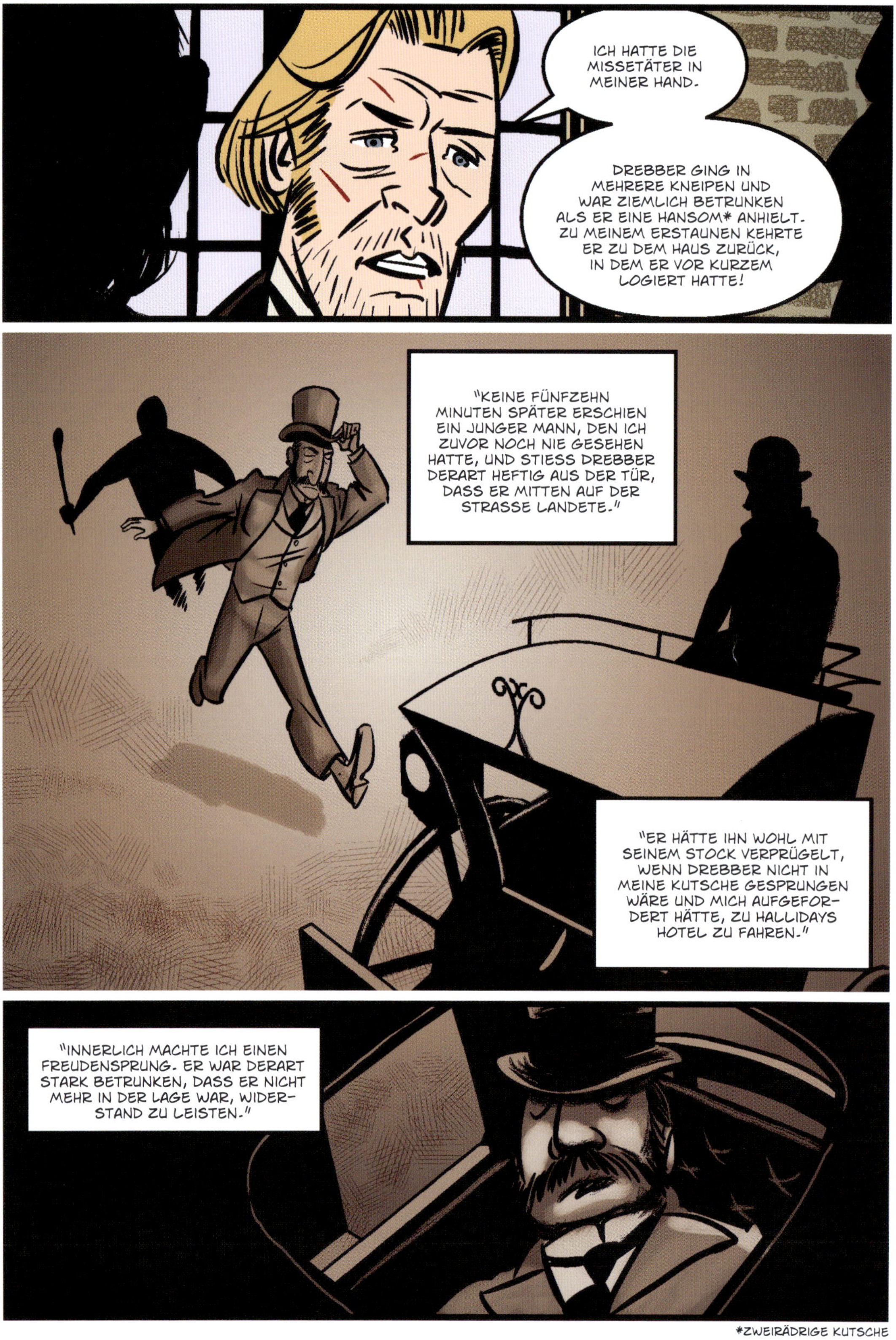

"KEINE FÜNFZEHN MINUTEN SPÄTER ERSCHIEN EIN JUNGER MANN, DEN ICH ZUVOR NOCH NIE GESEHEN HATTE, UND STIESS DREBBER DERART HEFTIG AUS DER TÜR, DASS ER MITTEN AUF DER STRASSE LANDETE."

"ER HÄTTE IHN WOHL MIT SEINEM STOCK VERPRÜGELT, WENN DREBBER NICHT IN MEINE KUTSCHE GESPRUNGEN WÄRE UND MICH AUFGEFORDERT HÄTTE, ZU HALLIDAYS HOTEL ZU FAHREN."

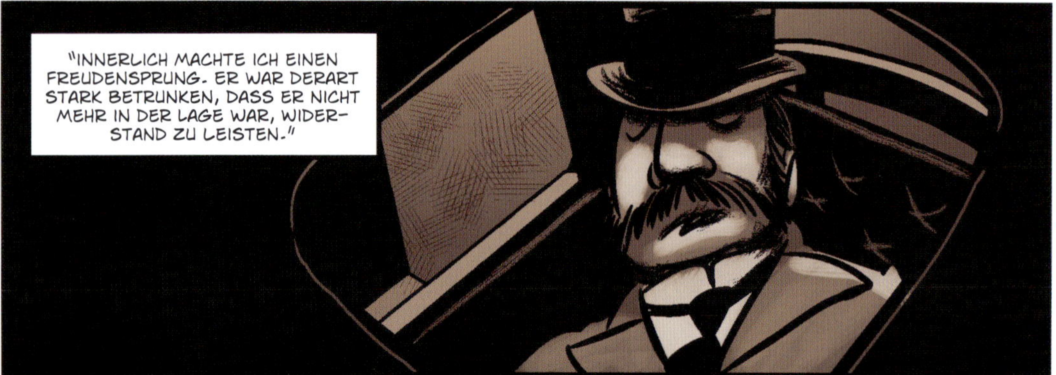

*ZWEIRÄDRIGE KUTSCHE

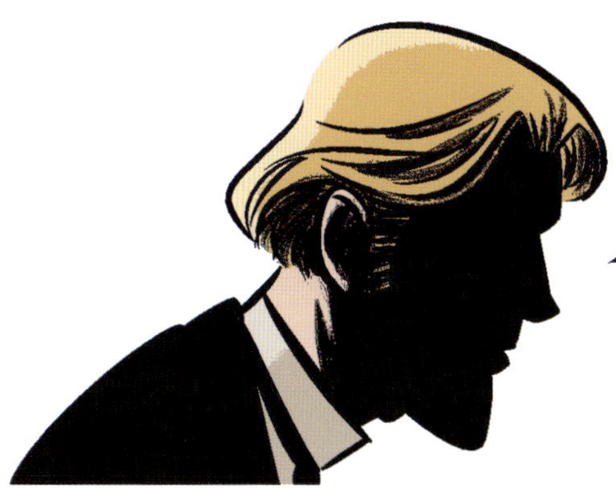
GLAUBEN SIE ABER NICHT, DASS ICH DIE ABSICHT HATTE, IHN KALTBLÜTIG UMZUBRINGEN. ER SOLLTE DIE MÖGLICHKEIT BEKOMMEN, SEIN LEBEN ZU RETTEN, WENN ER DENN AUF MEIN ANGEBOT EINGEHEN WÜRDE...

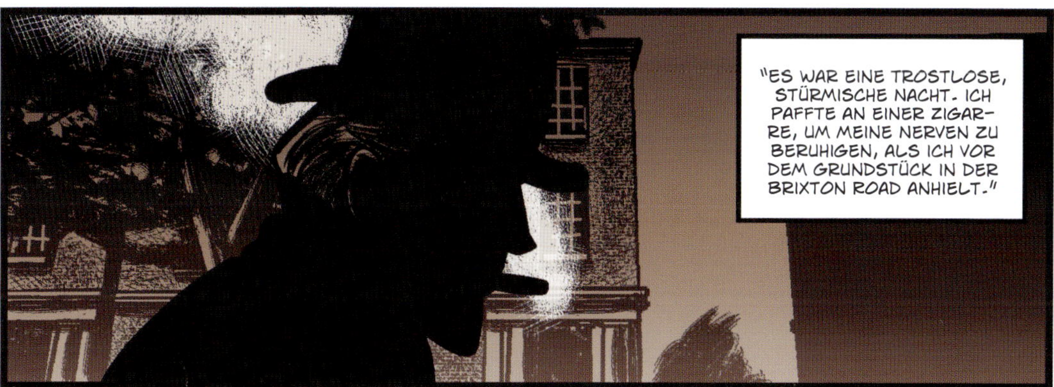
"ES WAR EINE TROSTLOSE, STÜRMISCHE NACHT. ICH PAFFTE AN EINER ZIGARRE, UM MEINE NERVEN ZU BERUHIGEN, ALS ICH VOR DEM GRUNDSTÜCK IN DER BRIXTON ROAD ANHIELT."

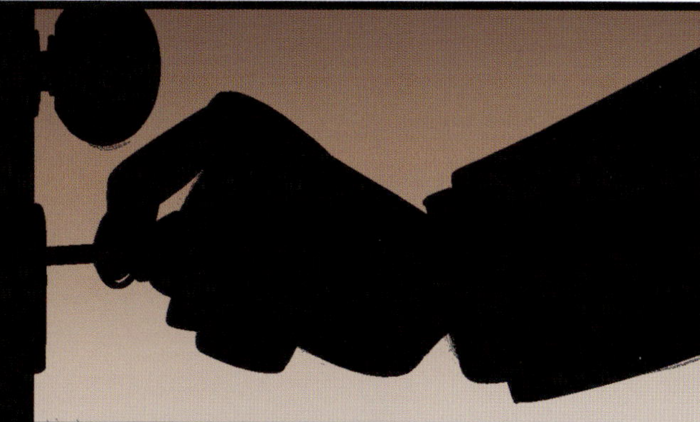
"EINIGE TAGE ZUVOR WAR ICH ZUFÄLLIG AUF EINEN GENTLEMAN GESTOSSEN, DER DAS HAUS INSPIZIERT UND DANN DEN SCHLÜSSEL IN MEINER KUTSCHE VERLOREN HATTE."
"BEVOR ICH IHN JEDOCH ZURÜCKGAB, MACHTE ICH MIR EINEN ABDRUCK DAVON. NUN HATTE ICH ZUGANG ZU EINEM UNBEOBACHTETEN ORT IN DIESER GROSSEN STADT."

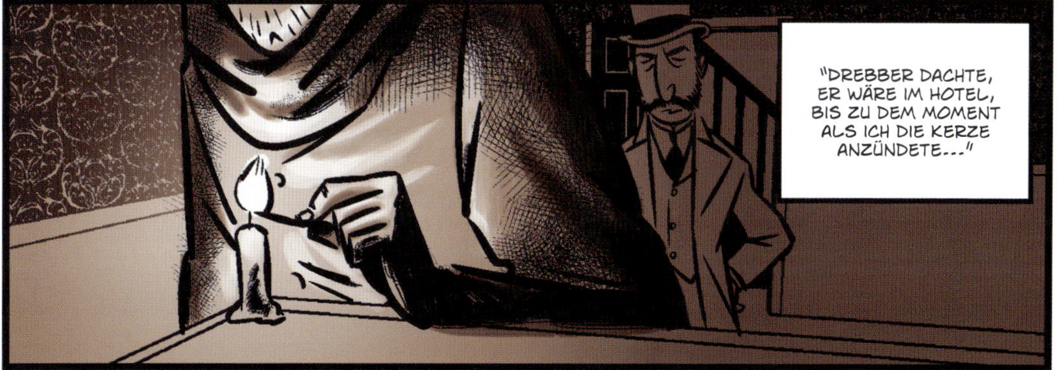
"DREBBER DACHTE, ER WÄRE IM HOTEL, BIS ZU DEM MOMENT ALS ICH DIE KERZE ANZÜNDETE..."

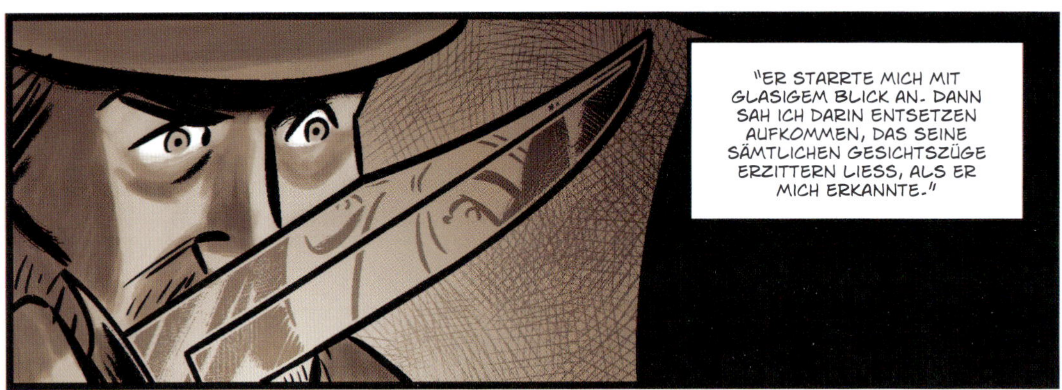
"ER STARRTE MICH MIT GLASIGEM BLICK AN. DANN SAH ICH DARIN ENTSETZEN AUFKOMMEN, DAS SEINE SÄMTLICHEN GESICHTSZÜGE ERZITTERN LIESS, ALS ER MICH ERKANNTE."

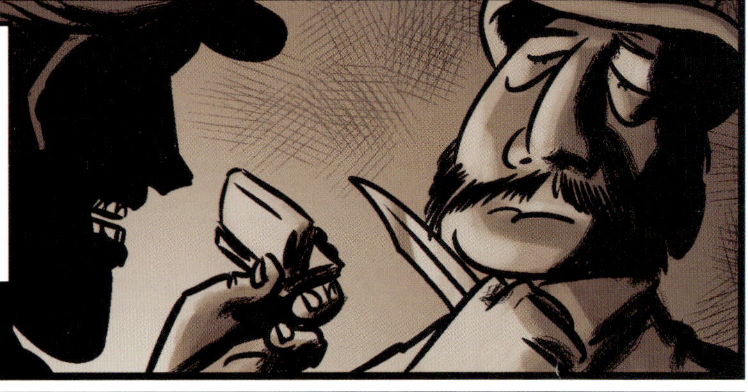
"ICH PRESSTE IHM MEIN MESSER AN SEINE KEHLE. ER HATTE ANGST, ICH WÜRDE IHN ERMORDEN, ABER STATTDESSEN FORDERTE ICH IHN AUF, EINE DER BEIDEN PILLEN ZU NEHMEN, DIE ICH BEI MIR HATTE. DIE EINE WAR TÖDLICH, DIE ANDERE NICHT."

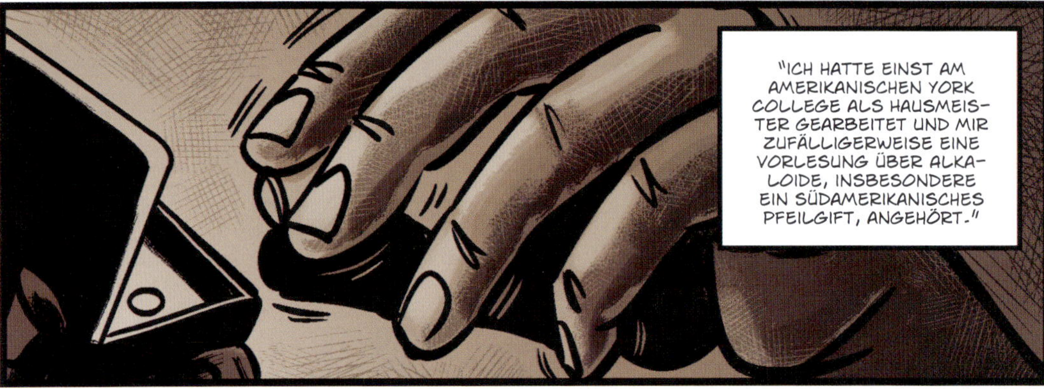
"ICH HATTE EINST AM AMERIKANISCHEN YORK COLLEGE ALS HAUSMEIS-TER GEARBEITET UND MIR ZUFÄLLIGERWEISE EINE VORLESUNG ÜBER ALKA-LOIDE, INSBESONDERE EIN SÜDAMERIKANISCHES PFEILGIFT, ANGEHÖRT."

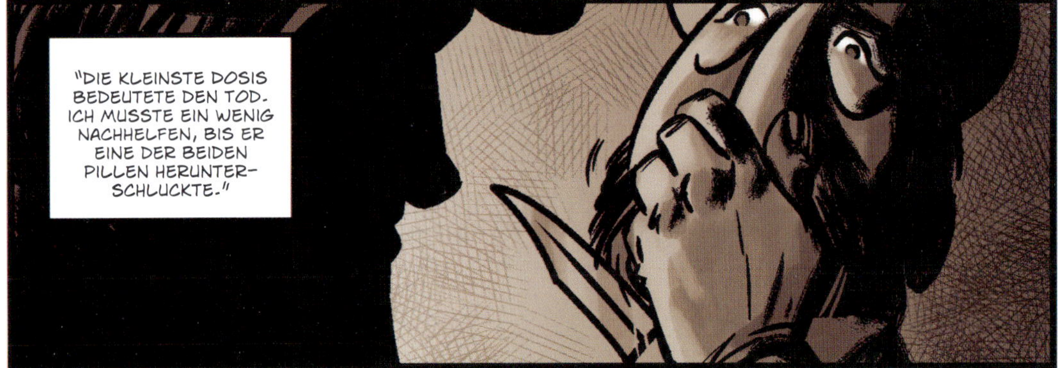
"DIE KLEINSTE DOSIS BEDEUTETE DEN TOD. ICH MUSSTE EIN WENIG NACHHELFEN, BIS ER EINE DER BEIDEN PILLEN HERUNTER-SCHLUCKTE."

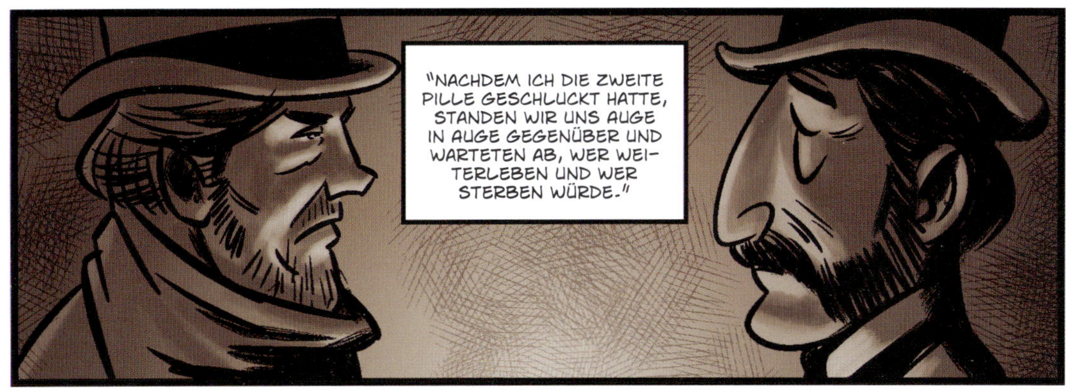
"NACHDEM ICH DIE ZWEITE PILLE GESCHLUCKT HATTE, STANDEN WIR UNS AUGE IN AUGE GEGENÜBER UND WARTETEN AB, WER WEITERLEBEN UND WER STERBEN WÜRDE."

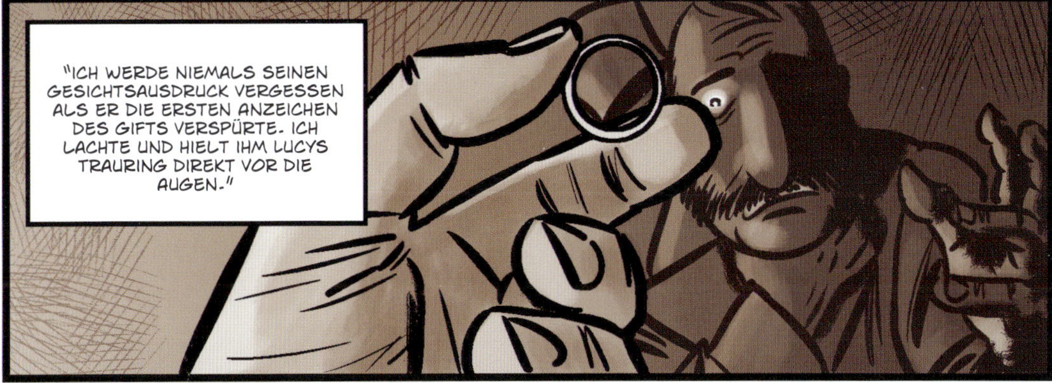
"ICH WERDE NIEMALS SEINEN GESICHTSAUSDRUCK VERGESSEN ALS ER DIE ERSTEN ANZEICHEN DES GIFTS VERSPÜRTE. ICH LACHTE UND HIELT IHM LUCYS TRAURING DIREKT VOR DIE AUGEN."

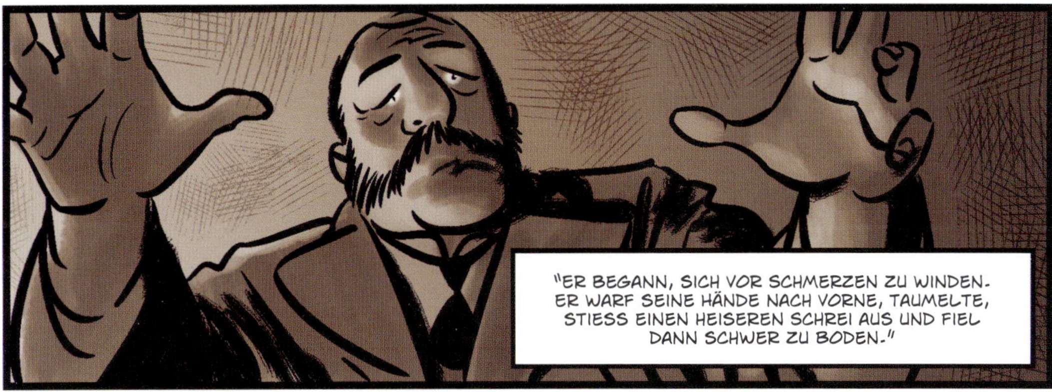
"ER BEGANN, SICH VOR SCHMERZEN ZU WINDEN. ER WARF SEINE HÄNDE NACH VORNE, TAUMELTE, STIESS EINEN HEISEREN SCHREI AUS UND FIEL DANN SCHWER ZU BODEN."

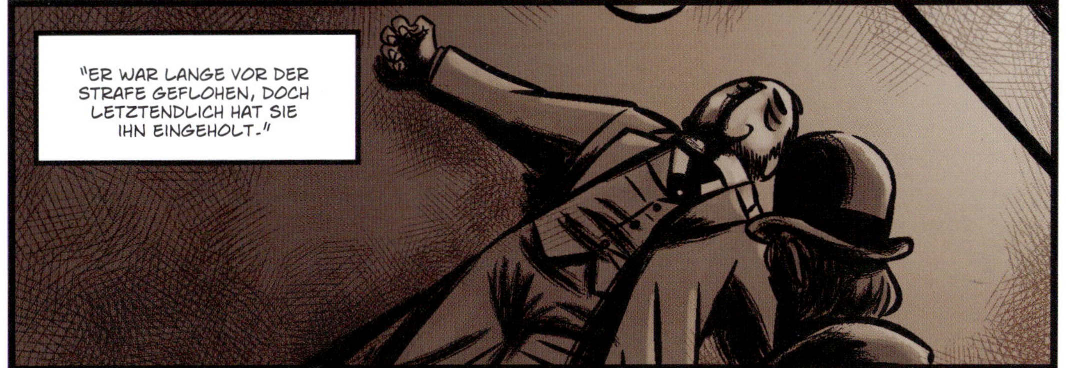
"ER WAR LANGE VOR DER STRAFE GEFLOHEN, DOCH LETZTENDLICH HAT SIE IHN EINGEHOLT."

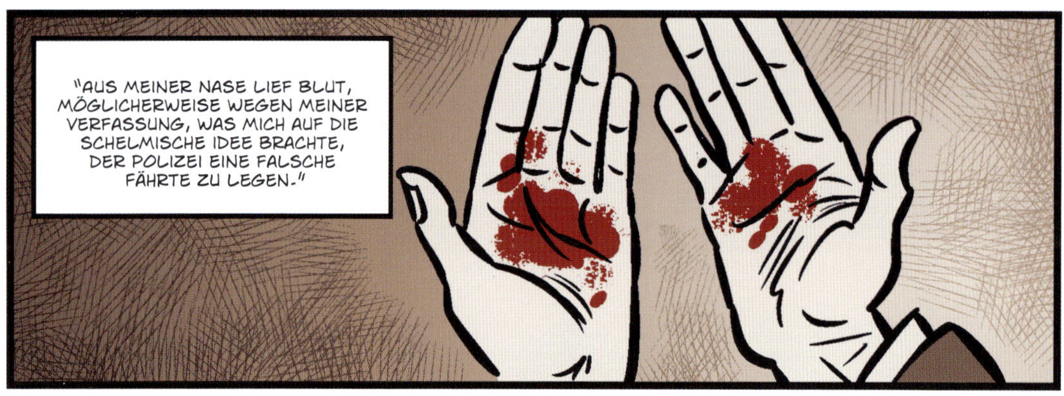
"AUS MEINER NASE LIEF BLUT, MÖGLICHERWEISE WEGEN MEINER VERFASSUNG, WAS MICH AUF DIE SCHELMISCHE IDEE BRACHTE, DER POLIZEI EINE FALSCHE FÄHRTE ZU LEGEN."

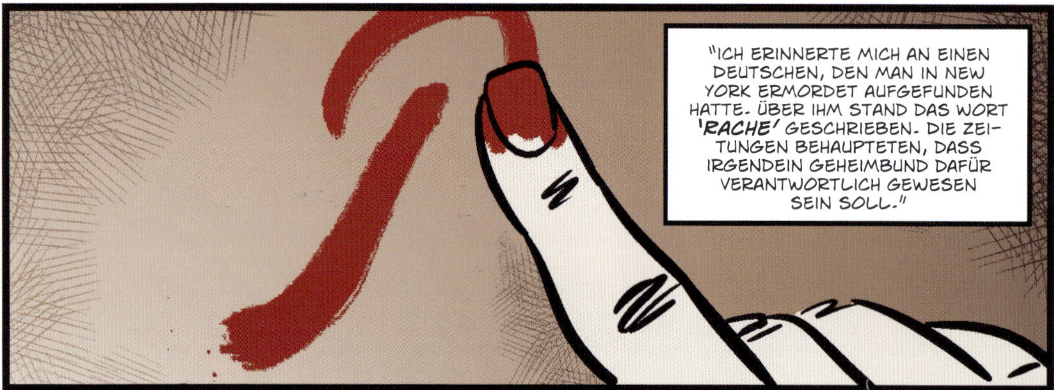
"ICH ERINNERTE MICH AN EINEN DEUTSCHEN, DEN MAN IN NEW YORK ERMORDET AUFGEFUNDEN HATTE. ÜBER IHM STAND DAS WORT 'RACHE' GESCHRIEBEN. DIE ZEITUNGEN BEHAUPTETEN, DASS IRGENDEIN GEHEIMBUND DAFÜR VERANTWORTLICH GEWESEN SEIN SOLL."

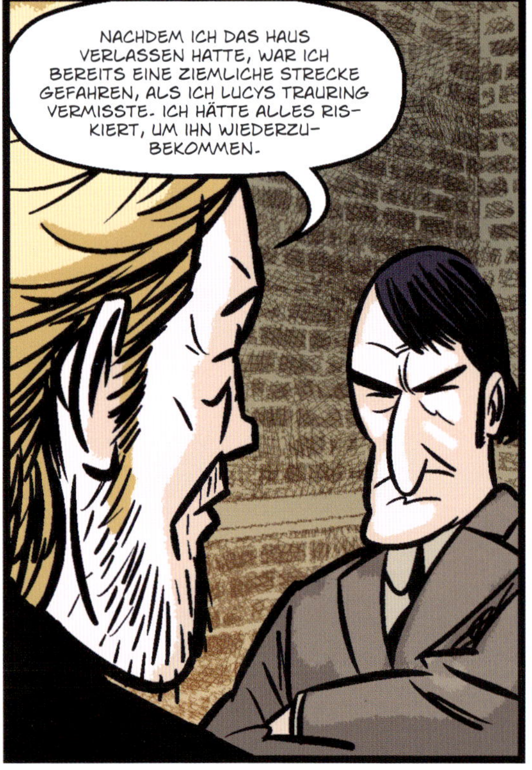
NACHDEM ICH DAS HAUS VERLASSEN HATTE, WAR ICH BEREITS EINE ZIEMLICHE STRECKE GEFAHREN, ALS ICH LUCYS TRAURING VERMISSTE. ICH HÄTTE ALLES RISKIERT, UM IHN WIEDERZUBEKOMMEN.

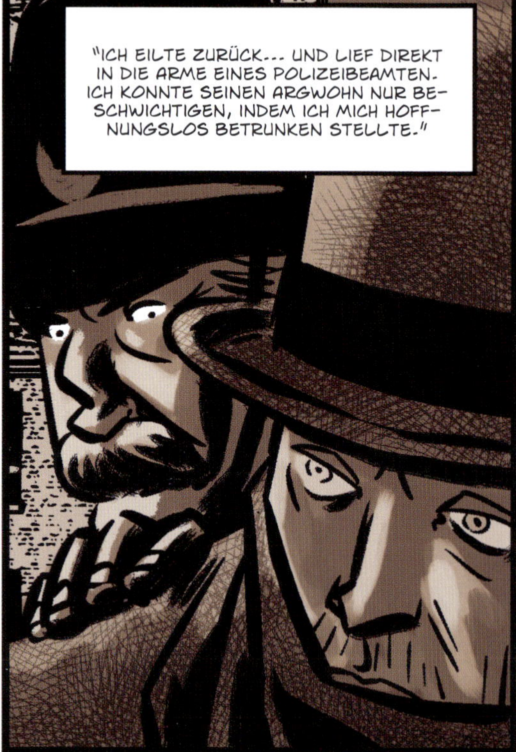
"ICH EILTE ZURÜCK... UND LIEF DIREKT IN DIE ARME EINES POLIZEIBEAMTEN. ICH KONNTE SEINEN ARGWOHN NUR BESCHWICHTIGEN, INDEM ICH MICH HOFFNUNGSLOS BETRUNKEN STELLTE."

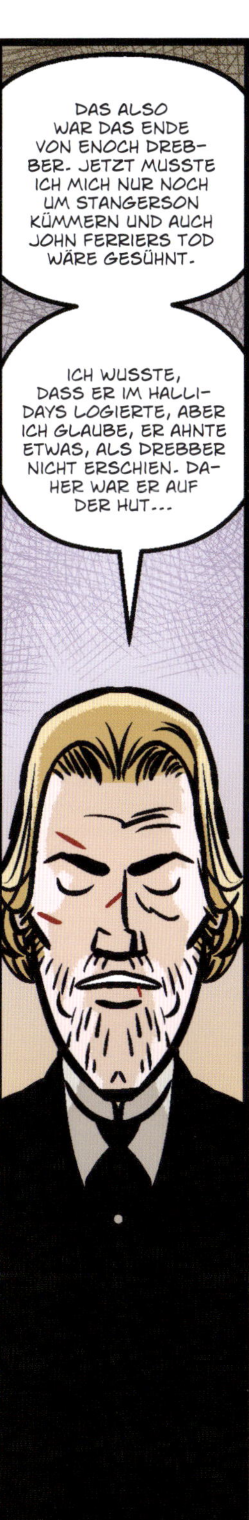
DAS ALSO WAR DAS ENDE VON ENOCH DREBBER. JETZT MUSSTE ICH MICH NUR NOCH UM STANGERSON KÜMMERN UND AUCH JOHN FERRIERS TOD WÄRE GESÜHNT.
ICH WUSSTE, DASS ER IM HALLIDAYS LOGIERTE, ABER ICH GLAUBE, ER AHNTE ETWAS, ALS DREBBER NICHT ERSCHIEN. DAHER WAR ER AUF DER HUT...

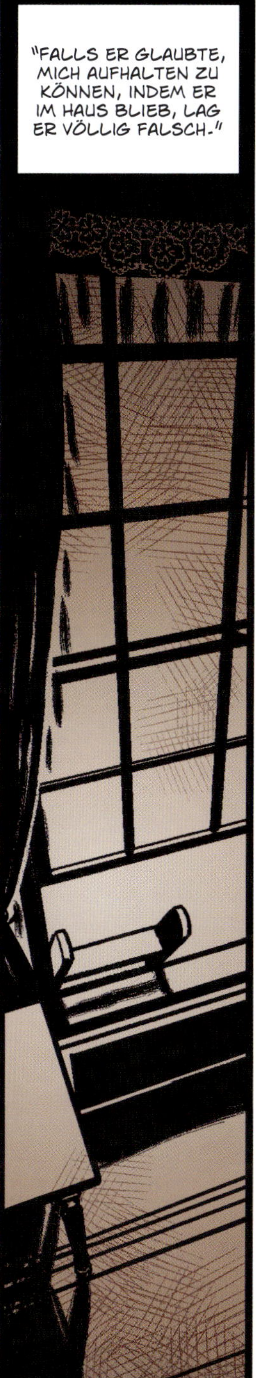
"FALLS ER GLAUBTE, MICH AUFHALTEN ZU KÖNNEN, INDEM ER IM HAUS BLIEB, LAG ER VÖLLIG FALSCH."

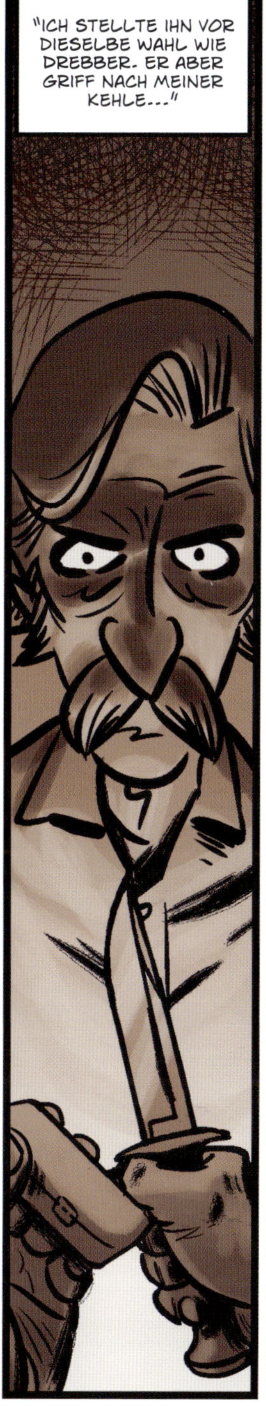
"ICH STELLTE IHN VOR DIESELBE WAHL WIE DREBBER. ER ABER GRIFF NACH MEINER KEHLE..."

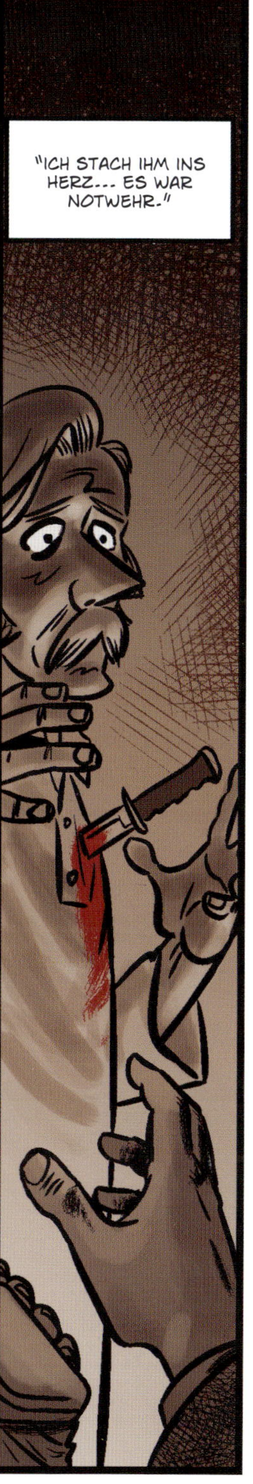
"ICH STACH IHM INS HERZ... ES WAR NOTWEHR."

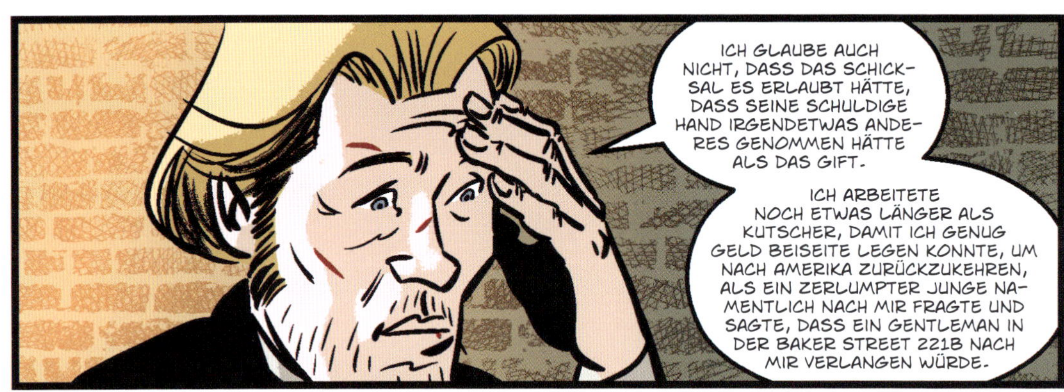
ICH GLAUBE AUCH NICHT, DASS DAS SCHICKSAL ES ERLAUBT HÄTTE, DASS SEINE SCHULDIGE HAND IRGENDETWAS ANDERES GENOMMEN HÄTTE ALS DAS GIFT.
ICH ARBEITETE NOCH ETWAS LÄNGER ALS KUTSCHER, DAMIT ICH GENUG GELD BEISEITE LEGEN KONNTE, UM NACH AMERIKA ZURÜCKZUKEHREN, ALS EIN ZERLUMPTER JUNGE NAMENTLICH NACH MIR FRAGTE UND SAGTE, DASS EIN GENTLEMAN IN DER BAKER STREET 221B NACH MIR VERLANGEN WÜRDE.

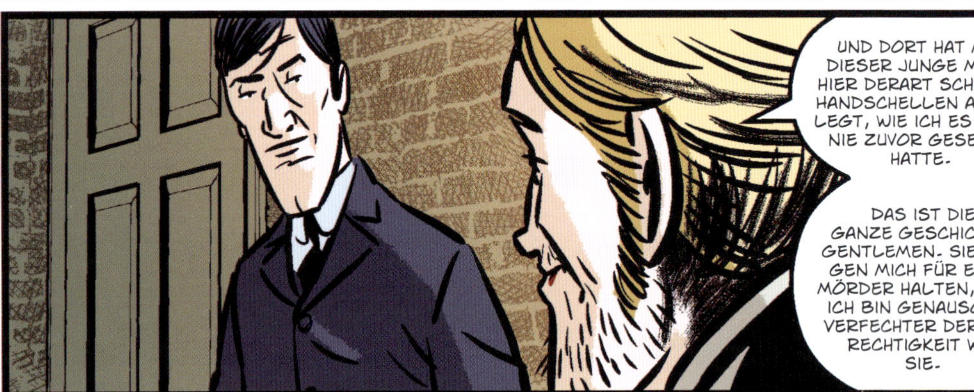
UND DORT HAT MIR DIESER JUNGE MANN HIER DERART SCHNELL HANDSCHELLEN ANGELEGT, WIE ICH ES NOCH NIE ZUVOR GESEHEN HATTE.
DAS IST DIE GANZE GESCHICHTE, GENTLEMEN. SIE MÖGEN MICH FÜR EINEN MÖRDER HALTEN, ABER ICH BIN GENAUSO EIN VERFECHTER DER GERECHTIGKEIT WIE SIE.

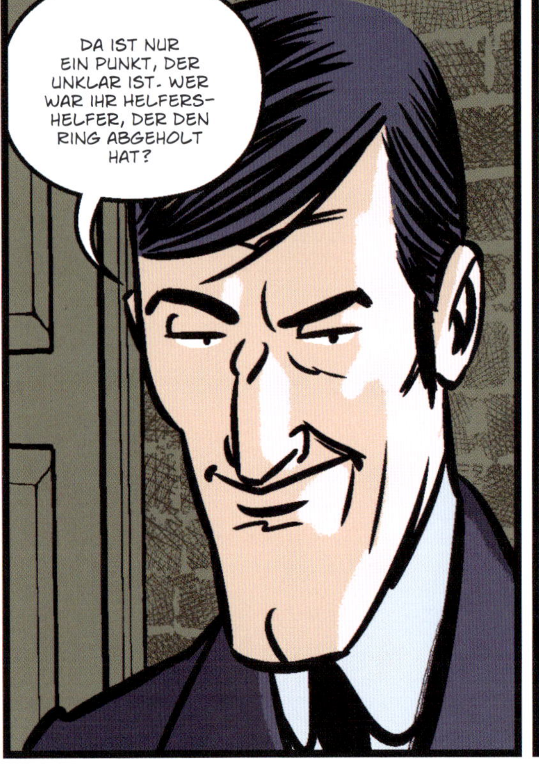
DA IST NUR EIN PUNKT, DER UNKLAR IST. WER WAR IHR HELFERSHELFER, DER DEN RING ABGEHOLT HAT?

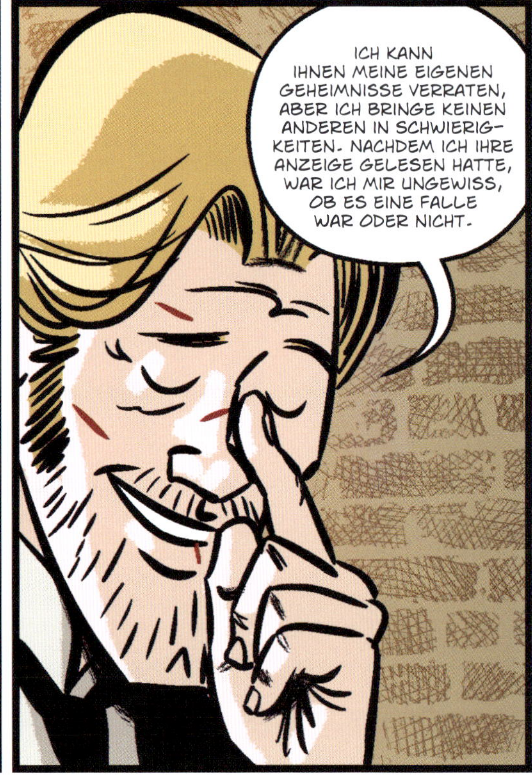
ICH KANN IHNEN MEINE EIGENEN GEHEIMNISSE VERRATEN, ABER ICH BRINGE KEINEN ANDEREN IN SCHWIERIGKEITEN. NACHDEM ICH IHRE ANZEIGE GELESEN HATTE, WAR ICH MIR UNGEWISS, OB ES EINE FALLE WAR ODER NICHT.

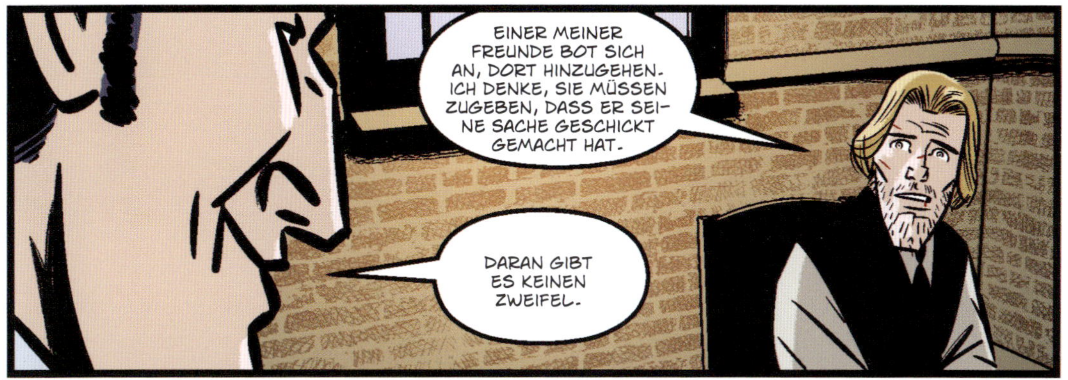
EINER MEINER FREUNDE BOT SICH AN, DORT HINZUGEHEN. ICH DENKE, SIE MÜSSEN ZUGEBEN, DASS ER SEINE SACHE GESCHICKT GEMACHT HAT.
DARAN GIBT ES KEINEN ZWEIFEL.

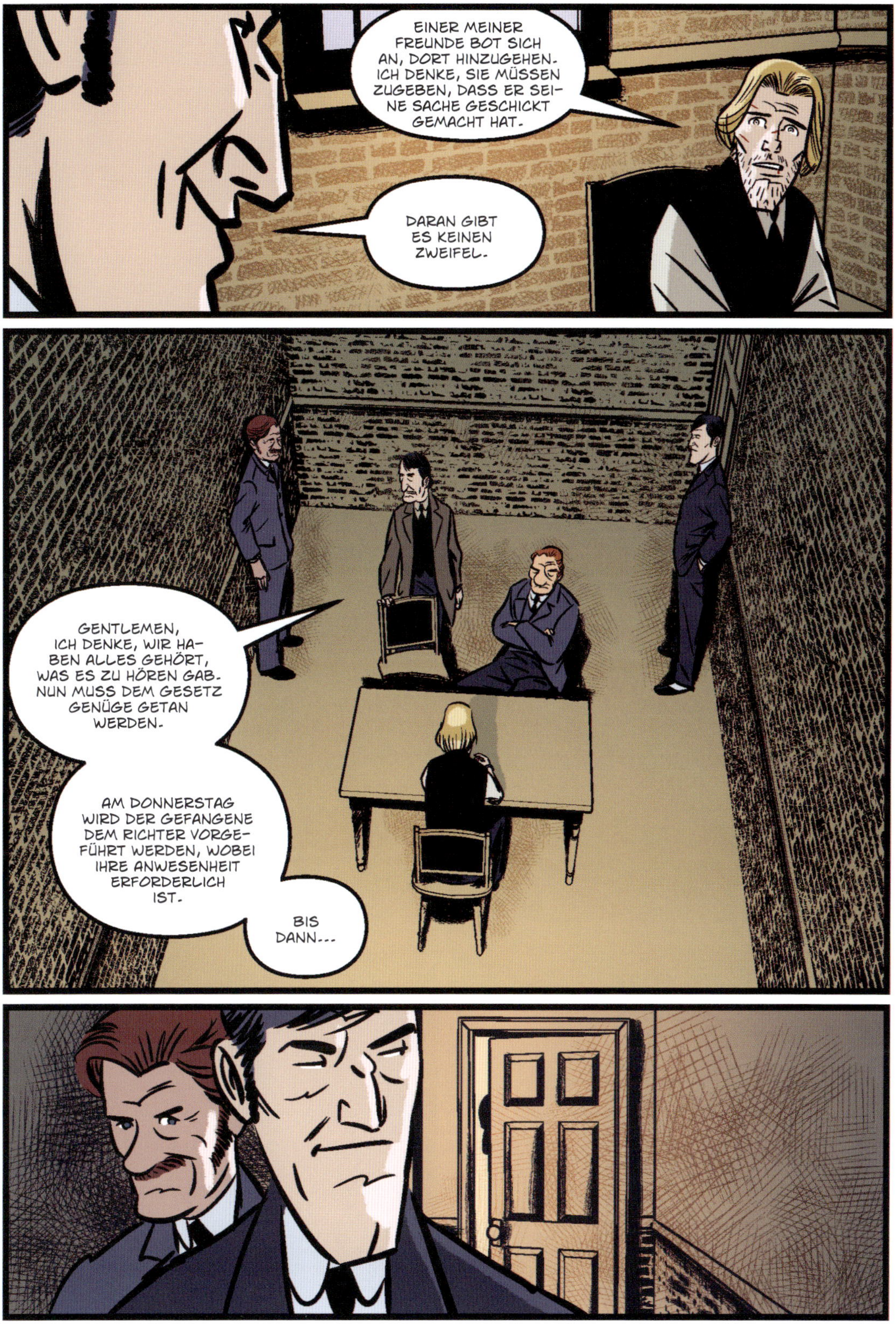

GENTLEMEN, ICH DENKE, WIR HABEN ALLES GEHÖRT, WAS ES ZU HÖREN GAB. NUN MUSS DEM GESETZ GENÜGE GETAN WERDEN.
AM DONNERSTAG WIRD DER GEFANGENE DEM RICHTER VORGEFÜHRT WERDEN, WOBEI IHRE ANWESENHEIT ERFORDERLICH IST.
BIS DANN...

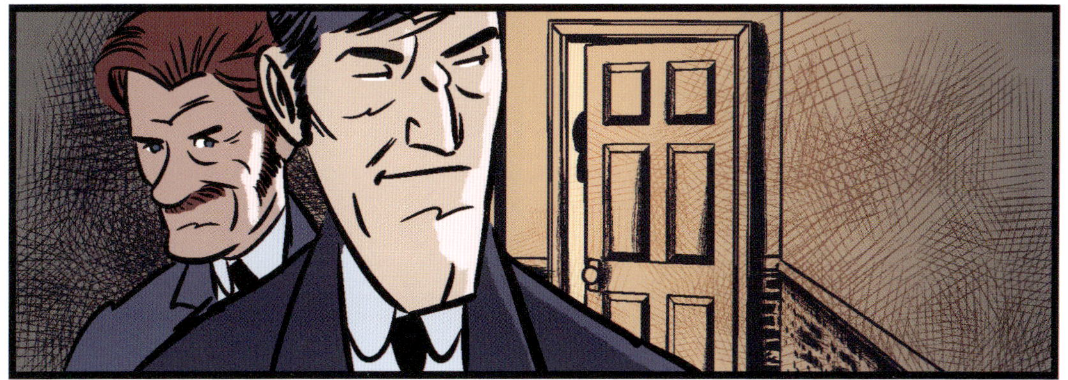

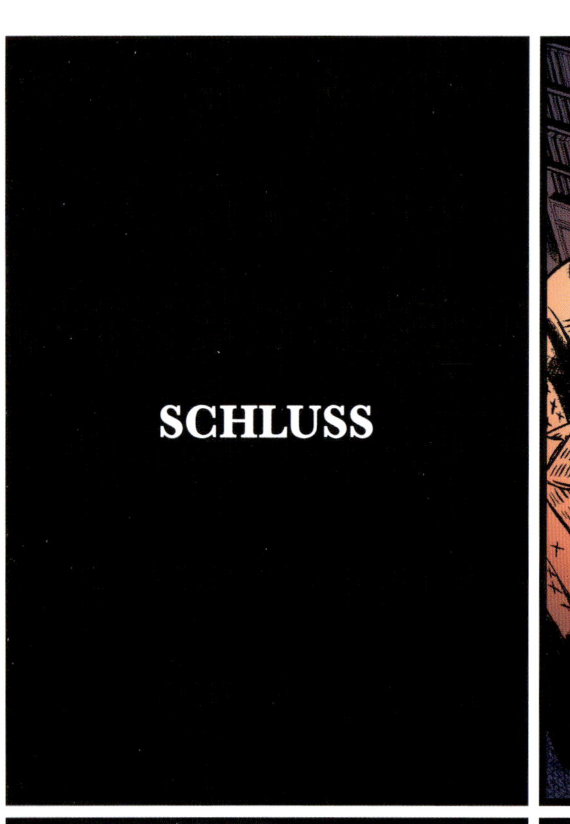
SCHLUSS

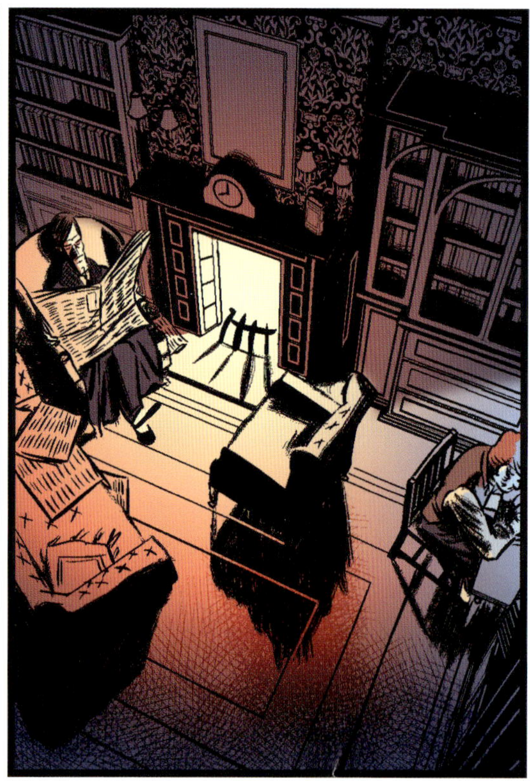

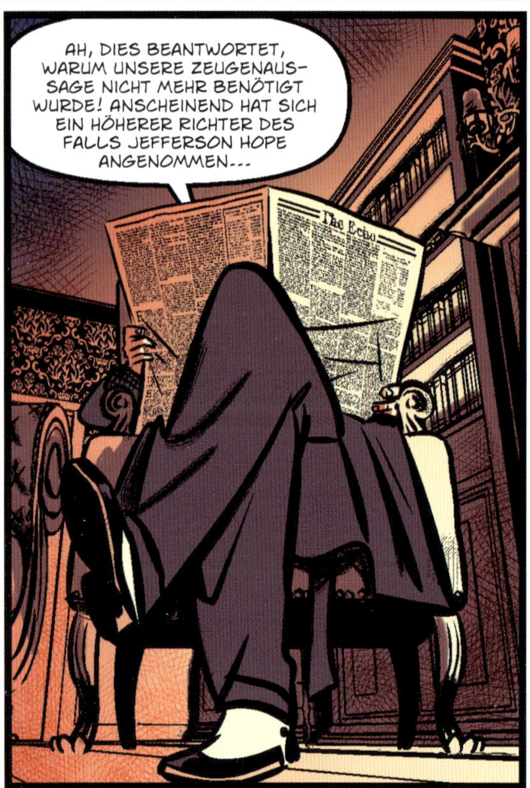
AH, DIES BEANTWORTET, WARUM UNSERE ZEUGENAUS-SAGE NICHT MEHR BENÖTIGT WURDE! ANSCHEINEND HAT SICH EIN HÖHERER RICHTER DES FALLS JEFFERSON HOPE ANGENOMMEN...
The Echo

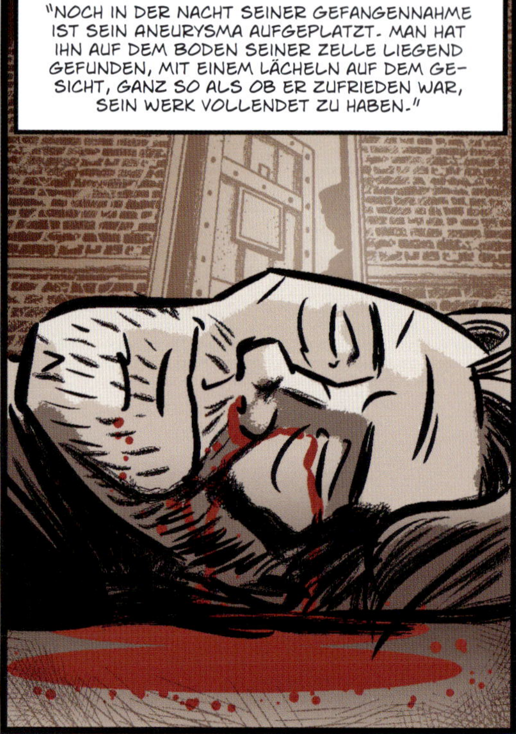
"NOCH IN DER NACHT SEINER GEFANGENNAHME IST SEIN ANEURYSMA AUFGEPLATZT. MAN HAT IHN AUF DEM BODEN SEINER ZELLE LIEGEND GEFUNDEN, MIT EINEM LÄCHELN AUF DEM GE-SICHT, GANZ SO ALS OB ER ZUFRIEDEN WAR, SEIN WERK VOLLENDET ZU HABEN."

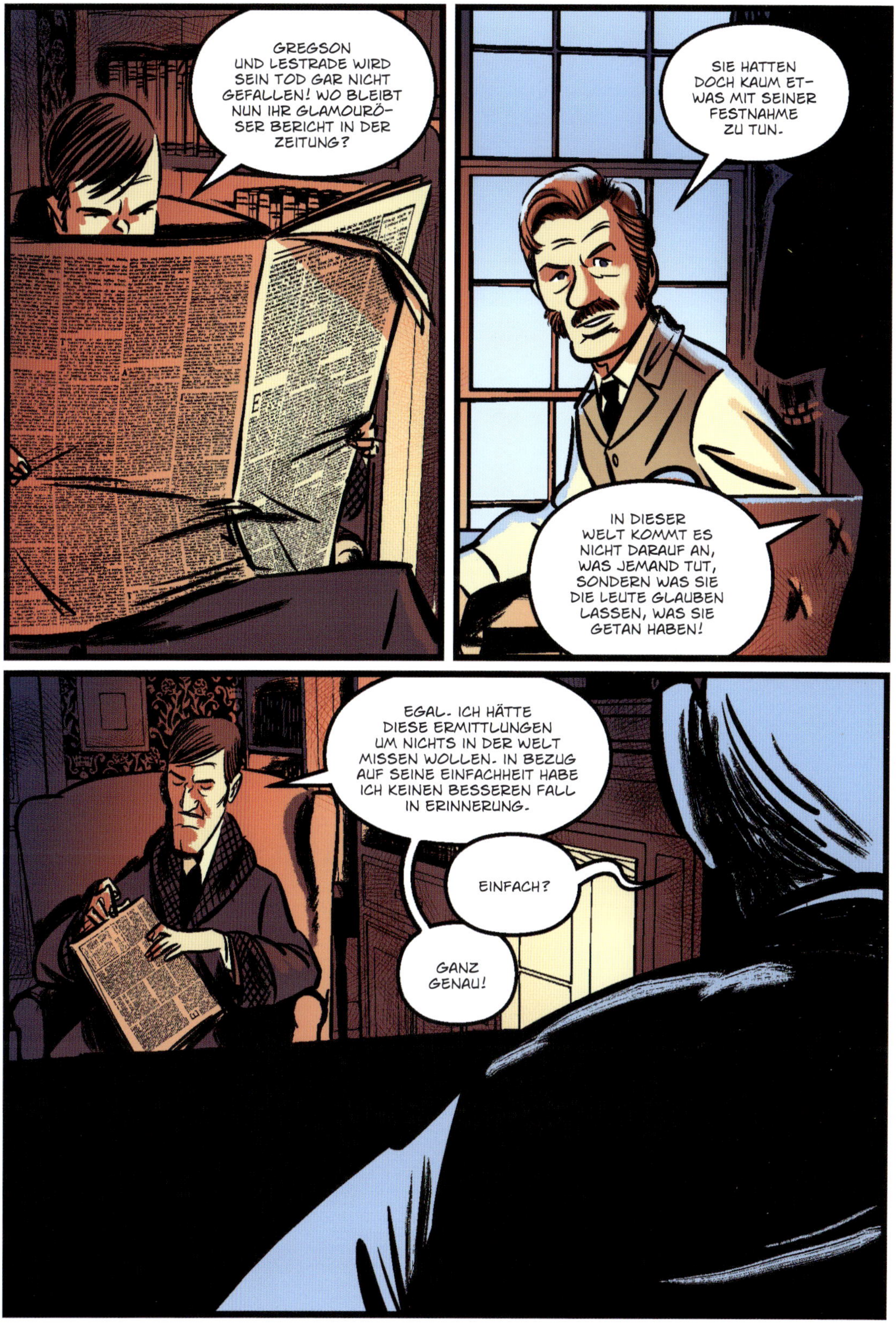

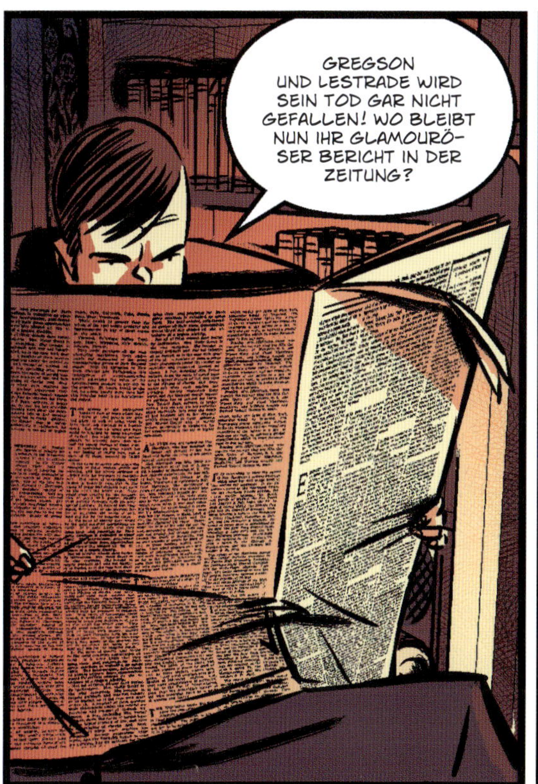
GREGSON UND LESTRADE WIRD SEIN TOD GAR NICHT GEFALLEN! WO BLEIBT NUN IHR GLAMOURÖSER BERICHT IN DER ZEITUNG?

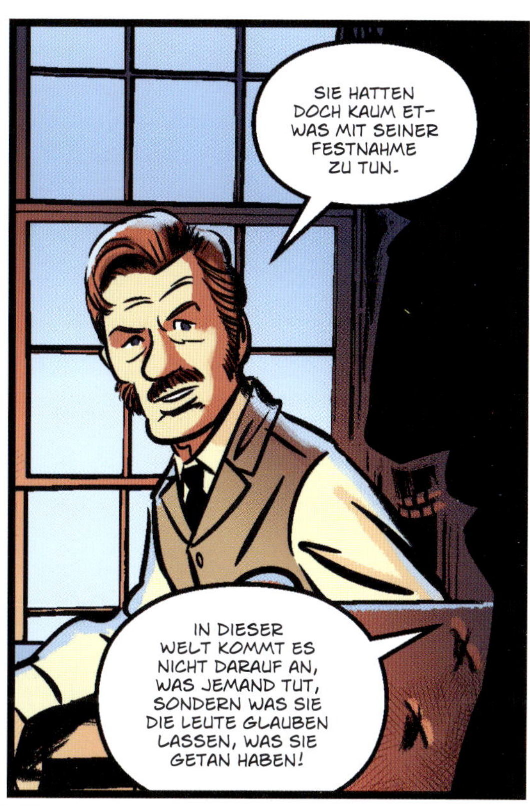
SIE HATTEN DOCH KAUM ETWAS MIT SEINER FESTNAHME ZU TUN.
IN DIESER WELT KOMMT ES NICHT DARAUF AN, WAS JEMAND TUT, SONDERN WAS SIE DIE LEUTE GLAUBEN LASSEN, WAS SIE GETAN HABEN!
EGAL. ICH HÄTTE DIESE ERMITTLUNGEN UM NICHTS IN DER WELT MISSEN WOLLEN. IN BEZUG AUF SEINE EINFACHHEIT HABE ICH KEINEN BESSEREN FALL IN ERINNERUNG.
EINFACH?
GANZ GENAU!

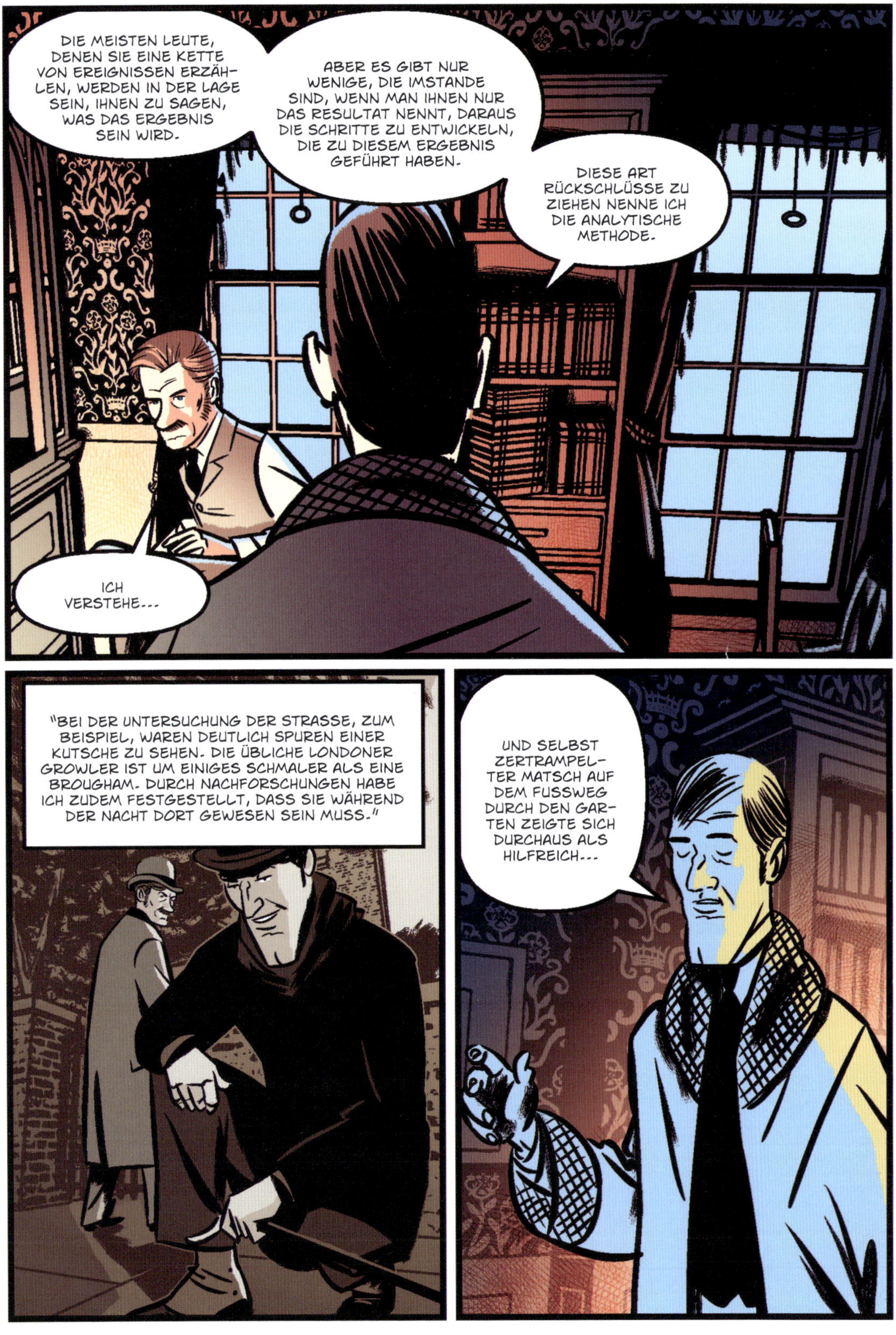

DIE MEISTEN LEUTE, DENEN SIE EINE KETTE VON EREIGNISSEN ERZÄHLEN, WERDEN IN DER LAGE SEIN, IHNEN ZU SAGEN, WAS DAS ERGEBNIS SEIN WIRD.

ABER ES GIBT NUR WENIGE, DIE IMSTANDE SIND, WENN MAN IHNEN NUR DAS RESULTAT NENNT, DARAUS DIE SCHRITTE ZU ENTWICKELN, DIE ZU DIESEM ERGEBNIS GEFÜHRT HABEN.

DIESE ART RÜCKSCHLÜSSE ZU ZIEHEN NENNE ICH DIE ANALYTISCHE METHODE.

ICH VERSTEHE...

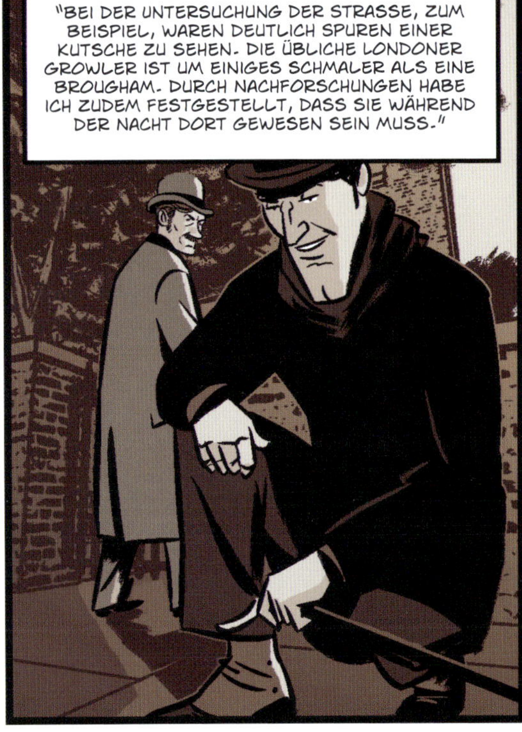

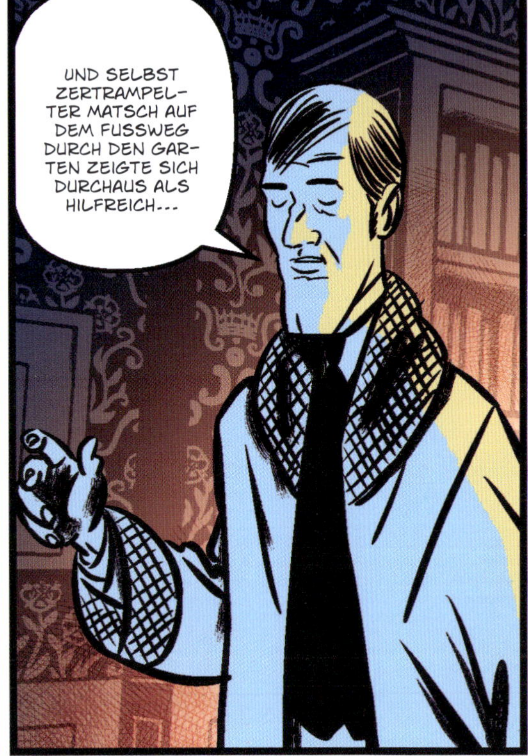

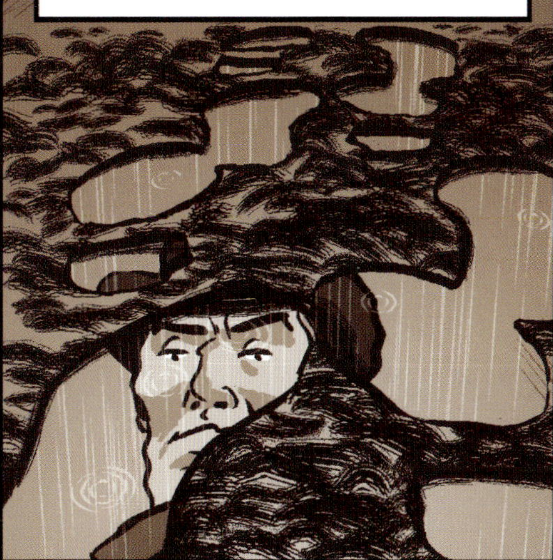
"DIE FUSSABDRÜCKE DER BEIDEN MÄNNER, DIE ZUVOR DEN WEG BENUTZT HATTEN, WURDEN VON DEN SCHWEREN TRITTEN DES CONSTABLES TEILWEISE VERDECKT. EINER DIESER NÄCHTLICHEN BESUCHER WAR SEHR GROSS, WAS SICH AUS DER LÄNGE SEINER SCHRITTE ERGAB. DER ANDERE WAR MODISCH GEKLEIDET, WAS DER ELEGANTE ABDRUCK SEINER LACKSCHUHE BEKUNDETE."

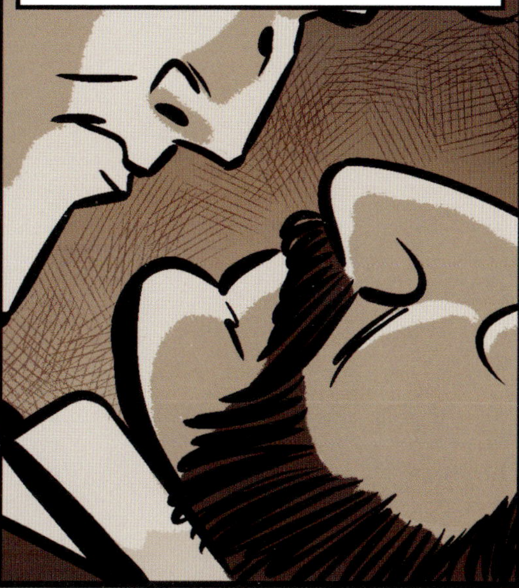
"DA DER GUT BESCHUHTE MANN IM HAUS LAG, MUSS DER GROSSE DER MÖRDER GEWESEN SEIN. ICH BEMERKTE EINEN LEICHT SAUREN GERUCH AUF DEN LIPPEN DES MANNES UND SCHLOSS DARAUS, DASS ER GEZWUNGEN WORDEN WAR, GIFT ZU NEHMEN."

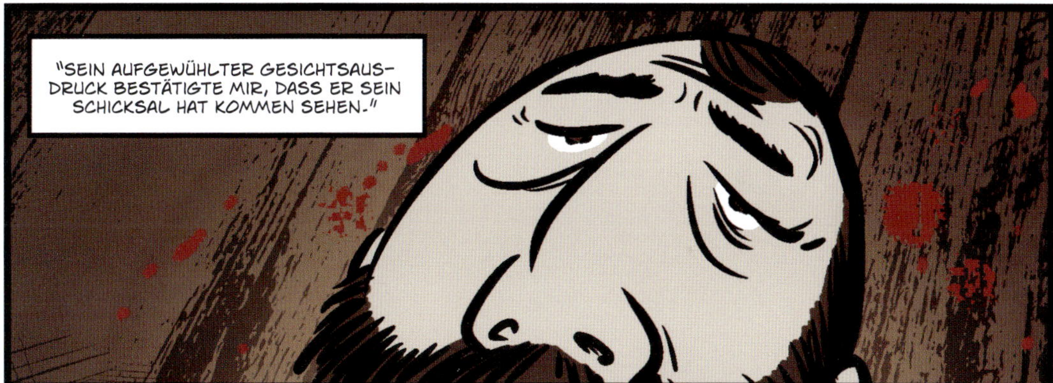
"SEIN AUFGEWÜHLTER GESICHTSAUSDRUCK BESTÄTIGTE MIR, DASS ER SEIN SCHICKSAL HAT KOMMEN SEHEN."

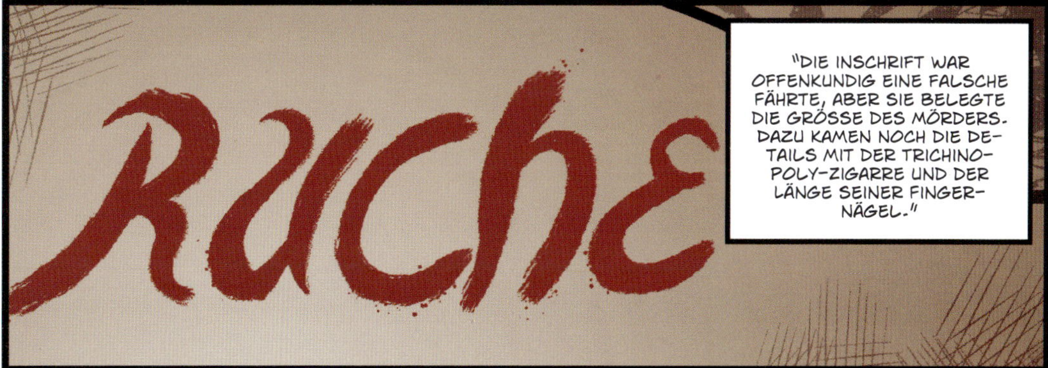
RACHE
"DIE INSCHRIFT WAR OFFENKUNDIG EINE FALSCHE FÄHRTE, ABER SIE BELEGTE DIE GRÖSSE DES MÖRDERS. DAZU KAMEN NOCH DIE DETAILS MIT DER TRICHINOPOLY-ZIGARRE UND DER LÄNGE SEINER FINGERNÄGEL."

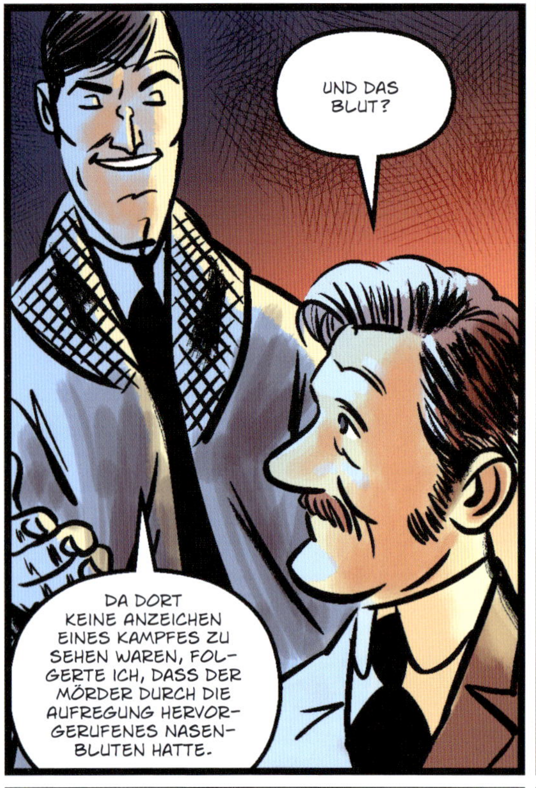
UND DAS BLUT?
DA DORT KEINE ANZEICHEN EINES KAMPFES ZU SEHEN WAREN, FOLGERTE ICH, DASS DER MÖRDER DURCH DIE AUFREGUNG HERVORGERUFENES NASENBLUTEN HATTE.

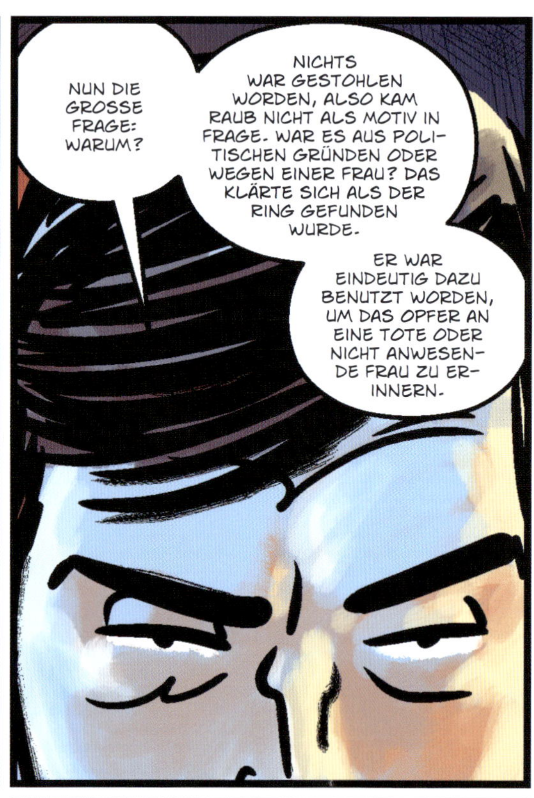
NUN DIE GROSSE FRAGE: WARUM?
NICHTS WAR GESTOHLEN WORDEN, ALSO KAM RAUB NICHT ALS MOTIV IN FRAGE. WAR ES AUS POLITISCHEN GRÜNDEN ODER WEGEN EINER FRAU? DAS KLÄRTE SICH ALS DER RING GEFUNDEN WURDE.
ER WAR EINDEUTIG DAZU BENUTZT WORDEN, UM DAS OPFER AN EINE TOTE ODER NICHT ANWESENDE FRAU ZU ERINNERN.

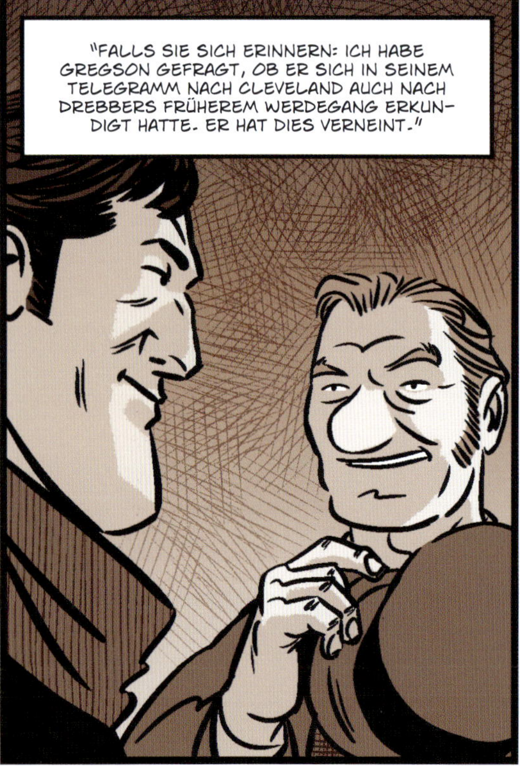
"FALLS SIE SICH ERINNERN: ICH HABE GREGSON GEFRAGT, OB ER SICH IN SEINEM TELEGRAMM NACH CLEVELAND AUCH NACH DREBBERS FRÜHEREM WERDEGANG ERKUNDIGT HATTE. ER HAT DIES VERNEINT."

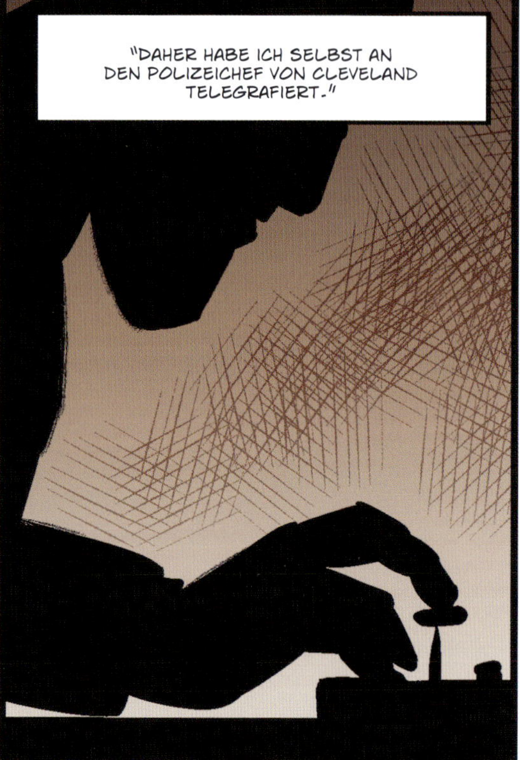
"DAHER HABE ICH SELBST AN DEN POLIZEICHEF VON CLEVELAND TELEGRAFIERT."

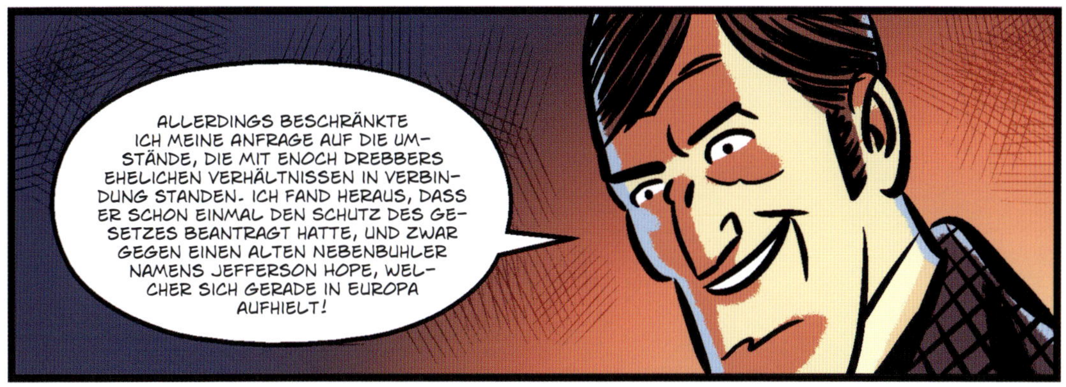
ALLERDINGS BESCHRÄNKTE ICH MEINE ANFRAGE AUF DIE UMSTÄNDE, DIE MIT ENOCH DREBBERS EHELICHEN VERHÄLTNISSEN IN VERBINDUNG STANDEN. ICH FAND HERAUS, DASS ER SCHON EINMAL DEN SCHUTZ DES GESETZES BEANTRAGT HATTE, UND ZWAR GEGEN EINEN ALTEN NEBENBUHLER NAMENS JEFFERSON HOPE, WELCHER SICH GERADE IN EUROPA AUFHIELT!

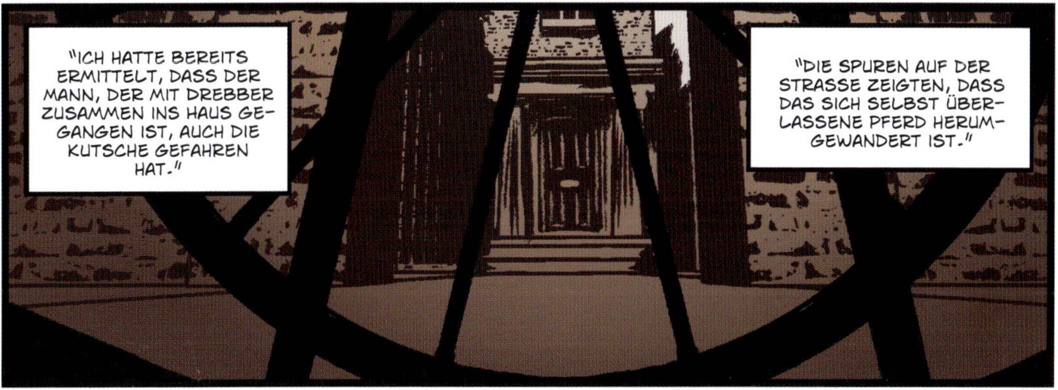
"ICH HATTE BEREITS ERMITTELT, DASS DER MANN, DER MIT DREBBER ZUSAMMEN INS HAUS GEGANGEN IST, AUCH DIE KUTSCHE GEFAHREN HAT."
"DIE SPUREN AUF DER STRASSE ZEIGTEN, DASS DAS SICH SELBST ÜBERLASSENE PFERD HERUMGEWANDERT IST."

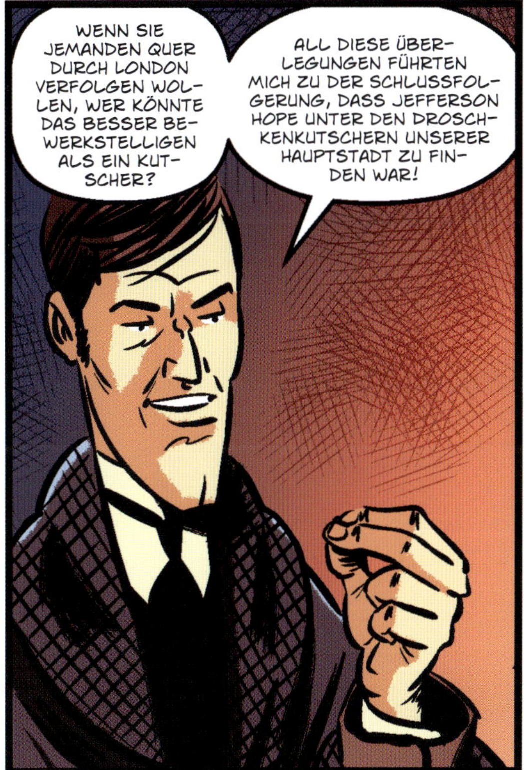
WENN SIE JEMANDEN QUER DURCH LONDON VERFOLGEN WOLLEN, WER KÖNNTE DAS BESSER BEWERKSTELLIGEN ALS EIN KUTSCHER?
ALL DIESE ÜBERLEGUNGEN FÜHRTEN MICH ZU DER SCHLUSSFOLGERUNG, DASS JEFFERSON HOPE UNTER DEN DROSCHKENKUTSCHERN UNSERER HAUPTSTADT ZU FINDEN WAR!

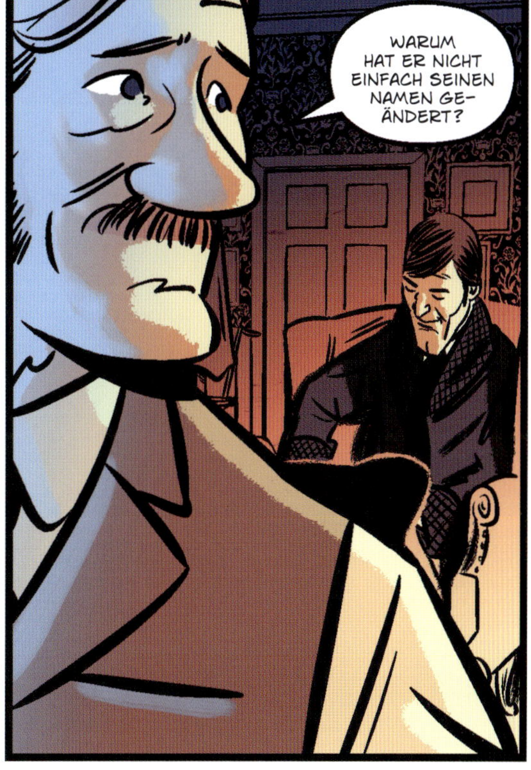
WARUM HAT ER NICHT EINFACH SEINEN NAMEN GEÄNDERT?

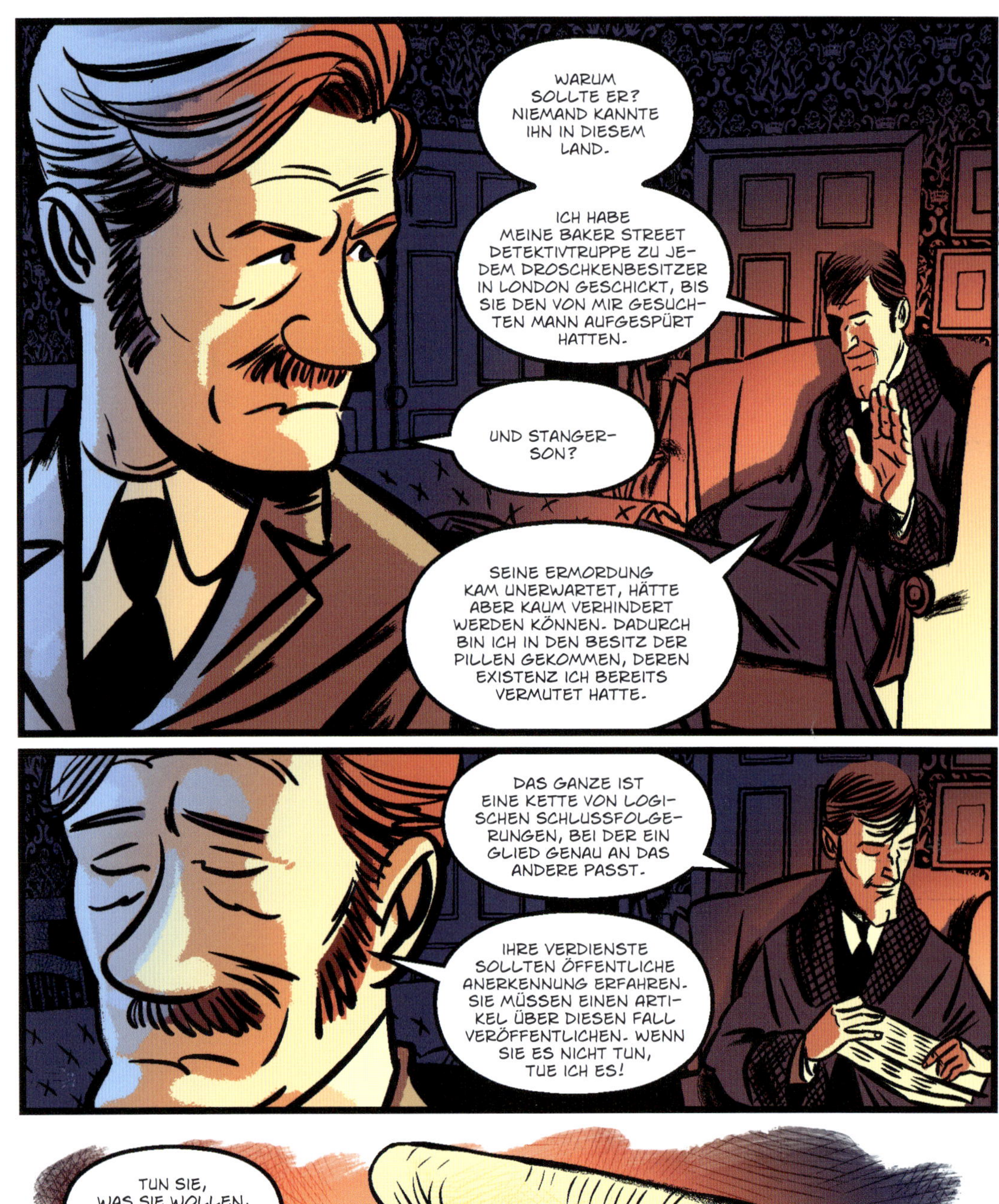
WARUM SOLLTE ER? NIEMAND KANNTE IHN IN DIESEM LAND.
ICH HABE MEINE BAKER STREET DETEKTIVTRUPPE ZU JEDEM DROSCHKENBESITZER IN LONDON GESCHICKT, BIS SIE DEN VON MIR GESUCHTEN MANN AUFGESPÜRT HATTEN.
UND STANGERSON?
SEINE ERMORDUNG KAM UNERWARTET, HÄTTE ABER KAUM VERHINDERT WERDEN KÖNNEN. DADURCH BIN ICH IN DEN BESITZ DER PILLEN GEKOMMEN, DEREN EXISTENZ ICH BEREITS VERMUTET HATTE.
DAS GANZE IST EINE KETTE VON LOGISCHEN SCHLUSSFOLGERUNGEN, BEI DER EIN GLIED GENAU AN DAS ANDERE PASST.
IHRE VERDIENSTE SOLLTEN ÖFFENTLICHE ANERKENNUNG ERFAHREN. SIE MÜSSEN EINEN ARTIKEL ÜBER DIESEN FALL VERÖFFENTLICHEN. WENN SIE ES NICHT TUN, TUE ICH ES!
TUN SIE, WAS SIE WOLLEN, DOKTOR. SEHEN SIE SICH DAS HIER MAL AN!

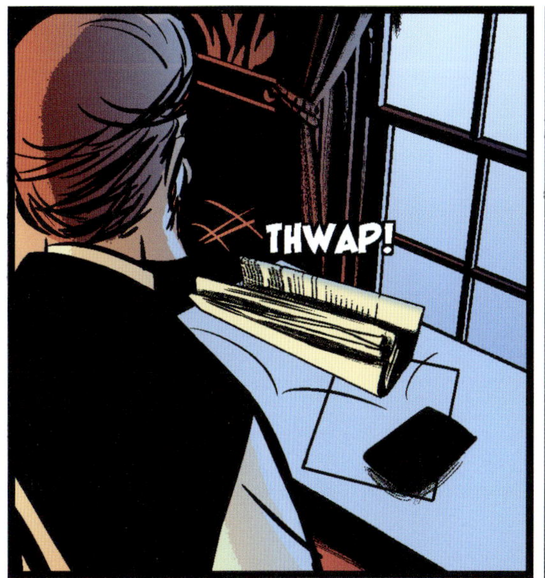
THWAP!

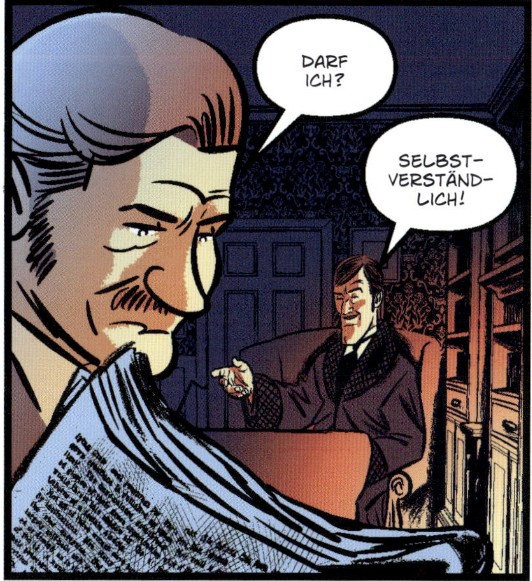
DARF ICH?
SELBSTVERSTÄNDLICH!

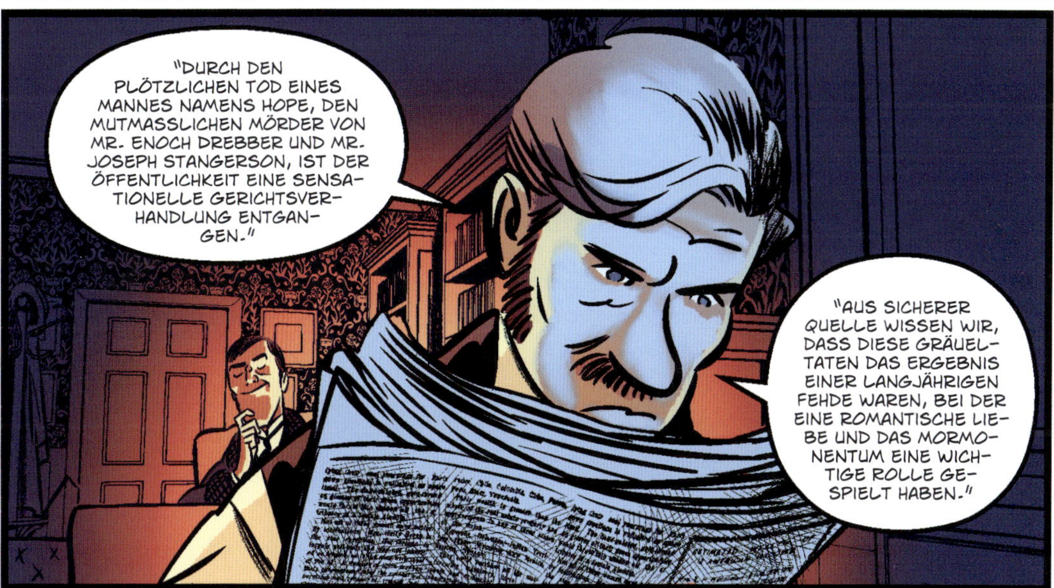
"DURCH DEN PLÖTZLICHEN TOD EINES MANNES NAMENS HOPE, DEN MUTMASSLICHEN MÖRDER VON MR. ENOCH DREBBER UND MR. JOSEPH STANGERSON, IST DER ÖFFENTLICHKEIT EINE SENSATIONELLE GERICHTSVERHANDLUNG ENTGANGEN."
"AUS SICHERER QUELLE WISSEN WIR, DASS DIESE GRÄUELTATEN DAS ERGEBNIS EINER LANGJÄHRIGEN FEHDE WAREN, BEI DER EINE ROMANTISCHE LIEBE UND DAS MORMONENTUM EINE WICHTIGE ROLLE GESPIELT HABEN."

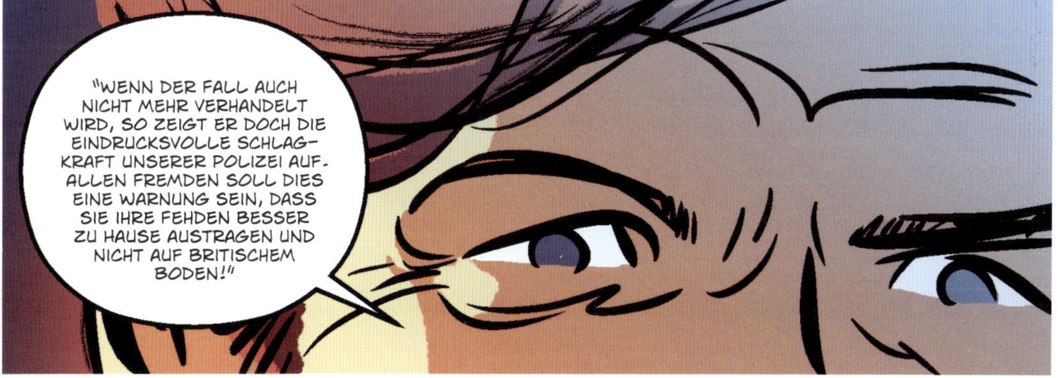
"WENN DER FALL AUCH NICHT MEHR VERHANDELT WIRD, SO ZEIGT ER DOCH DIE EINDRUCKSVOLLE SCHLAGKRAFT UNSERER POLIZEI AUF. ALLEN FREMDEN SOLL DIES EINE WARNUNG SEIN, DASS SIE IHRE FEHDEN BESSER ZU HAUSE AUSTRAGEN UND NICHT AUF BRITISCHEM BODEN!"

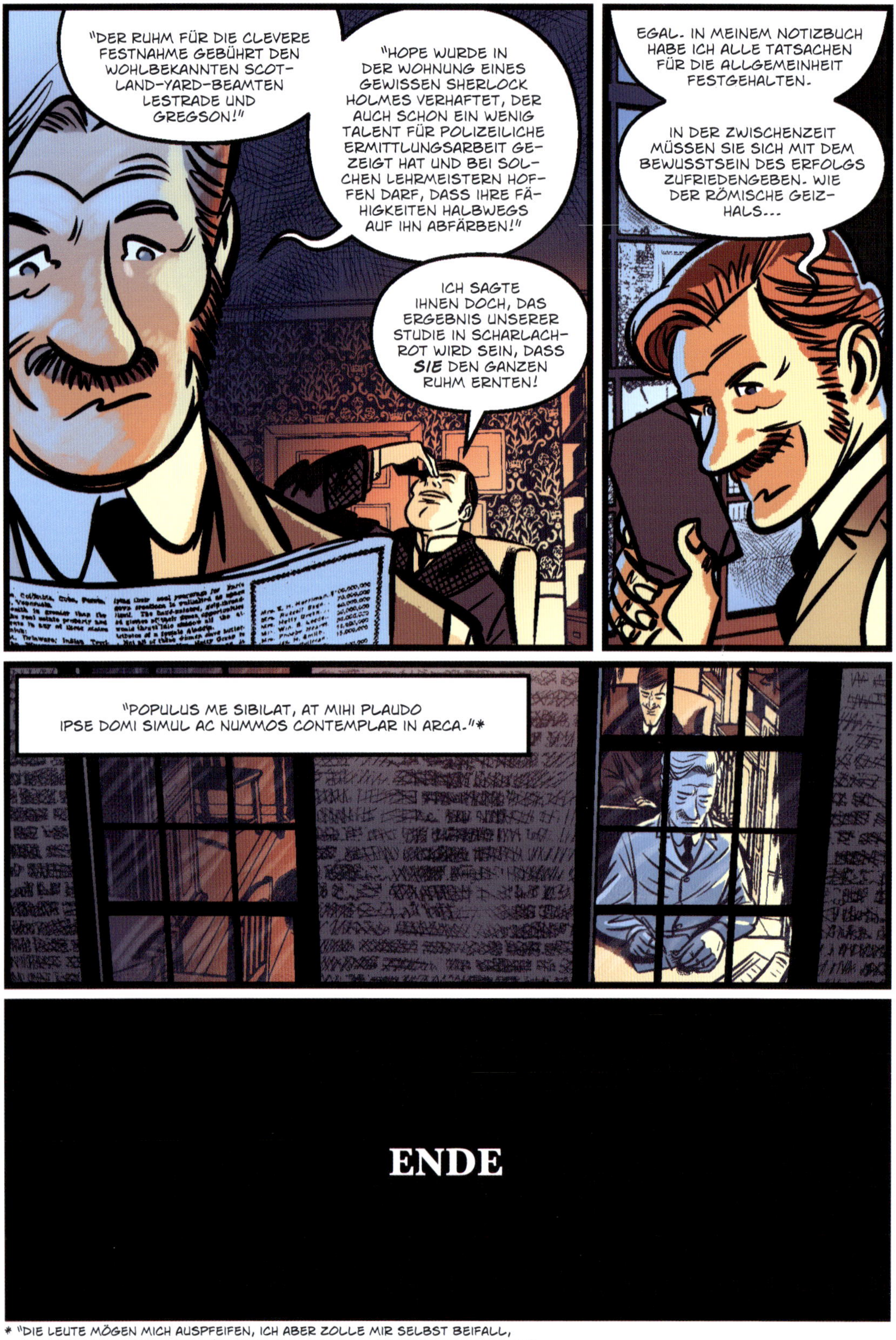

"DER RUHM FÜR DIE CLEVERE FESTNAHME GEBÜHRT DEN WOHLBEKANNTEN SCOTLAND-YARD-BEAMTEN LESTRADE UND GREGSON!"

"HOPE WURDE IN DER WOHNUNG EINES GEWISSEN SHERLOCK HOLMES VERHAFTET, DER AUCH SCHON EIN WENIG TALENT FÜR POLIZEILICHE ERMITTLUNGSARBEIT GEZEIGT HAT UND BEI SOLCHEN LEHRMEISTERN HOFFEN DARF, DASS IHRE FÄHIGKEITEN HALBWEGS AUF IHN ABFÄRBEN!"

ICH SAGTE IHNEN DOCH, DAS ERGEBNIS UNSERER STUDIE IN SCHARLACHROT WIRD SEIN, DASS *SIE* DEN GANZEN RUHM ERNTEN!

EGAL. IN MEINEM NOTIZBUCH HABE ICH ALLE TATSACHEN FÜR DIE ALLGEMEINHEIT FESTGEHALTEN.

IN DER ZWISCHENZEIT MÜSSEN SIE SICH MIT DEM BEWUSSTSEIN DES ERFOLGS ZUFRIEDENGEBEN. WIE DER RÖMISCHE GEIZHALS...

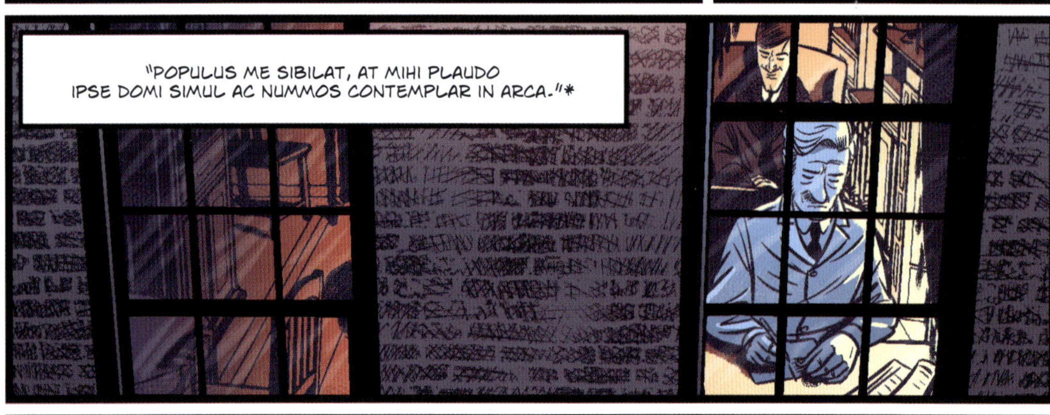

ENDE

* "DIE LEUTE MÖGEN MICH AUSPFEIFEN, ICH ABER ZOLLE MIR SELBST BEIFALL, WENN ICH MIR ZU HAUSE DIE MÜNZEN IM KASTEN BETRACHTE." (HORAZ, SATIRE I)

SKETCHBOOK

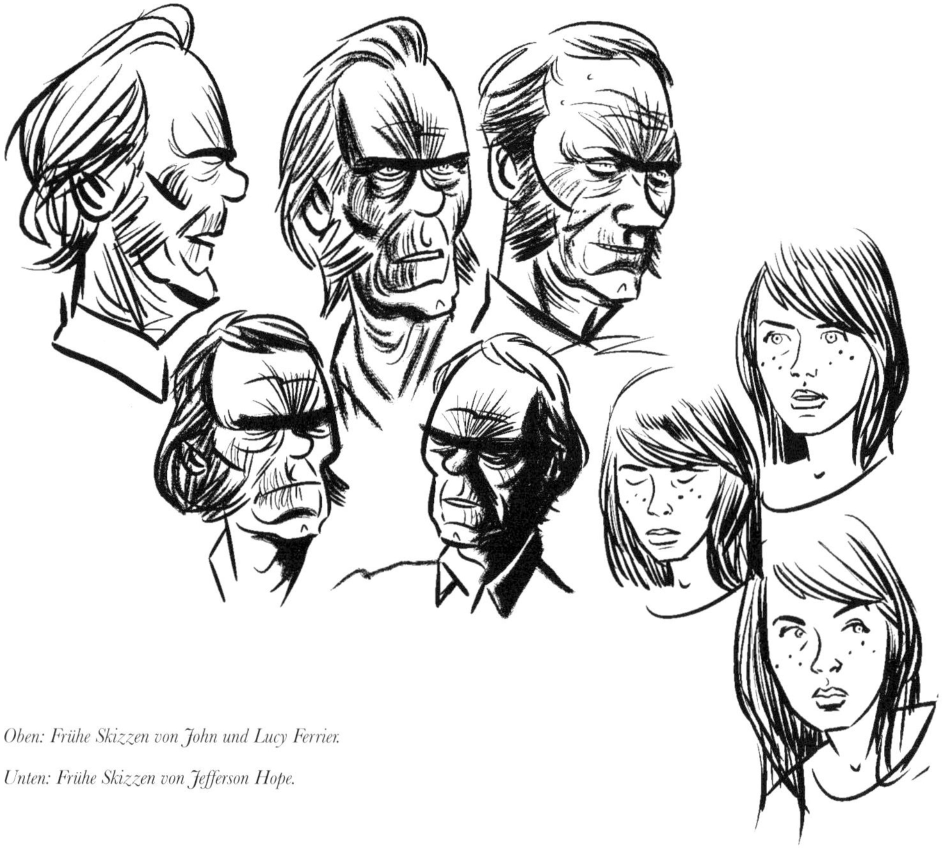

Oben: Frühe Skizzen von John und Lucy Ferrier.

Unten: Frühe Skizzen von Jefferson Hope.

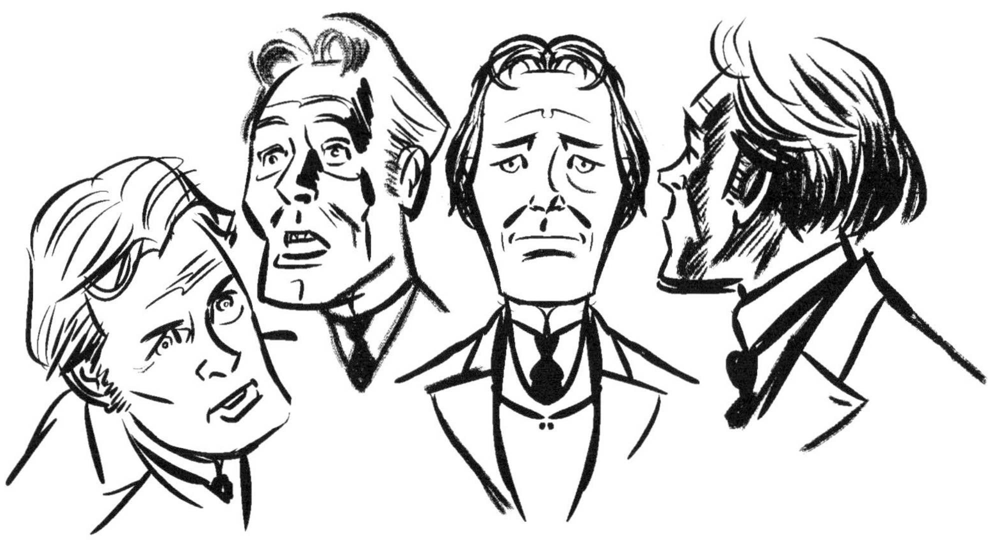

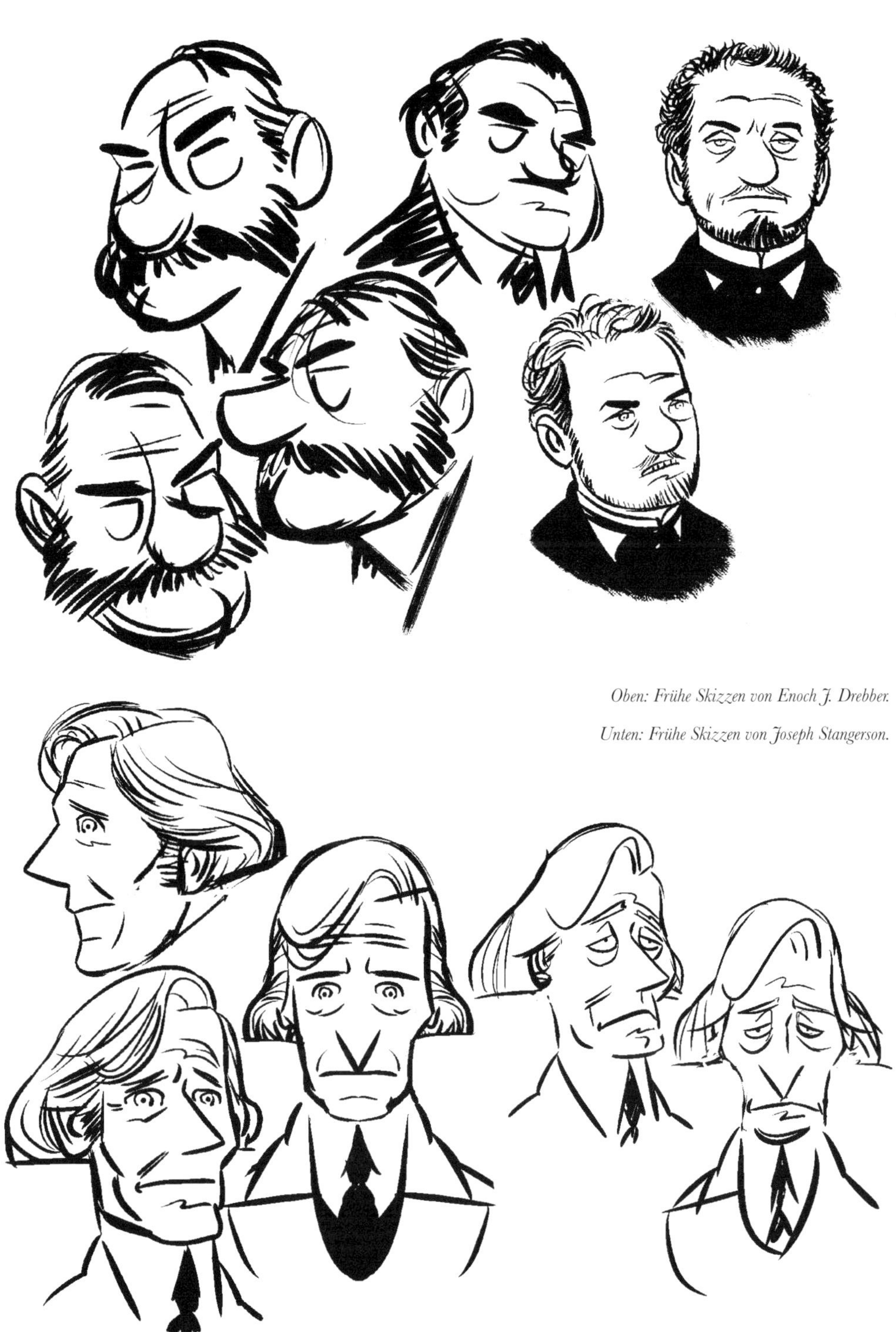

Oben: Frühe Skizzen von Enoch J. Drebber.

Unten: Frühe Skizzen von Joseph Stangerson.

Der talentierte Mr. Smith

Man stelle sich vor: Im Jahre 1882 zieht ein junger Mann von Edinburgh nach Southsea in Südengland und eröffnet eine Arztpraxis. Hinter ihm liegen eine wohlbehütete Kindheit in Schottland, ein abgeschlossenes Medizinstudium, eine Seereise als Schiffsarzt in die Arktis und eine nach Westafrika. Vor ihm liegt eine hoffnungsvolle wenn auch ungewisse Zukunft. Seine Leidenschaften sind der Sport und die Schriftstellerei. Nicht lange, und der Name des jungen Mannes ist in aller Munde, zumindest in den Sportlerkreisen von Portsmouth, jener Küstenstadt, zu der auch Southsea gehört. A. C. Smith besitzt offensichtlich ein Talent für den neuen Sport, bei dem man einen Lederball mit den Füßen über eine Wiese tritt. Allerdings befürchtet der junge Sportsmann, dass seine Reputation als Arzt darunter leiden könnte, wenn man seinen Klarnamen allzu eng mit dieser Art von Zeitvertreib verbinden würde, weshalb er stets unter diesem Pseudonym sportlich in Erscheinung tritt.

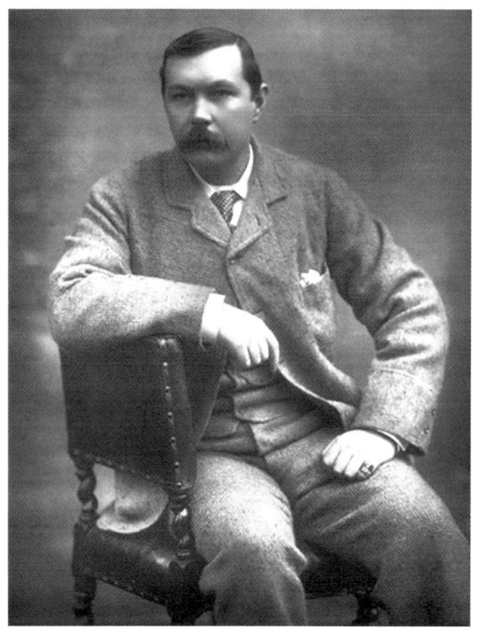

Jung, entschlossen und im Tweed-Anzug: „Mr. Smith".

Für seine Schriftstellerei bleibt der Alias jedoch bedeutungslos. Zwar gelingt es dem sportlichen Mr. Smith im Laufe der nächsten Jahre, über zwanzig Kurzgeschichten an verschiedene Zeitschriften zu verkaufen, aber sie bringen weder das erwünschte Honorar noch den erhofften Erfolg. Zu allem Übel werden die Texte auch noch ohne den Namen des Verfassers abgedruckt. Obwohl seine Arztpraxis besser und besser floriert, entwickelt der umtriebige Mediziner den Ehrgeiz, seinen Namen auf dem Deckel eines Buches stehen sehen zu wollen. Er ist der Überzeugung, dass ein Roman für die Realisierung dieses Ziels die beste Lösung wäre. Zwei frühere Versuche, ein umfangreicheres Werk zu verfassen, waren im Sande verlaufen. Nun soll es eine Detektivgeschichte werden.

Ein passender Titel ist bald gefunden: *A Tangled Skein* (wörtl.: „Ein verwickelter Strang"; übertr.: „Ein verworrenes Knäuel"). Mr. Smith will eine grundlegend neue Art von Detektiv kreieren. Er kennt bereits etliche einschlägige Geschichten dieses Genres. Am meisten mag er die Arbeiten von William Wilkie Collins und Edgar Allan Poe. Doch deren Ermittler arbeiten ihm zu unwissenschaftlich. Sein Detektiv erhält dementsprechend Fähigkeiten, wie sie der junge Arzt während seines Studiums kennenlernen durfte. Sein Dozent, ein gewisser Professor Joseph Bell, stellte an den Beginn einer jeden ärztlichen Diagnose stets eine genaue Beobachtung seiner Patienten. Aus den kleinsten Details zog er scharfsinnige Schlussfolgerungen, die zumeist den Nagel genau auf den Kopf trafen und Uneingeweihten beinahe wie Hexerei vorkamen. Das penible Beobachten mit anschließender Analyse und Schlussfolgerung, um glaubhafte, treffende Ergebnisse zu erzielen, kurz Deduktion genannt, gepaart mit den nötigen fundierten naturwissenschaftlichen Kenntnissen verleihen Smiths Detektiv die gewünschte Wissenschaftlichkeit und damit Glaubwürdigkeit.

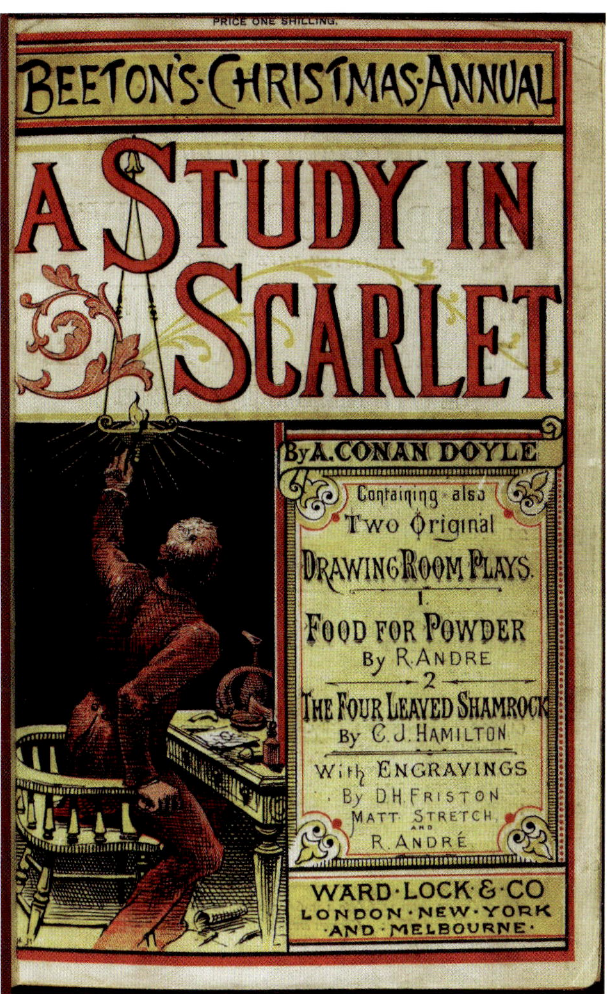

Beeton's Christmas Annual *vom November 1887 mit der Erstveröffentlichung der* Studie in Scharlachrot.

Aufgrund eines Faibles des Autors für den amerikanischen Arzt und Schriftsteller Oliver Wendell Holmes erhält die Figur denselben Nachnamen. Der Vorname lautet Sherrinford. Vorerst jedenfalls. Und Mr. Smith ist der Meinung, dass sein wissenschaftlicher Detektiv einen Begleiter braucht, einen Durchschnittstypen, der mit Erstaunen und Begeisterung in der Ich-Form von den scharfsinnigen

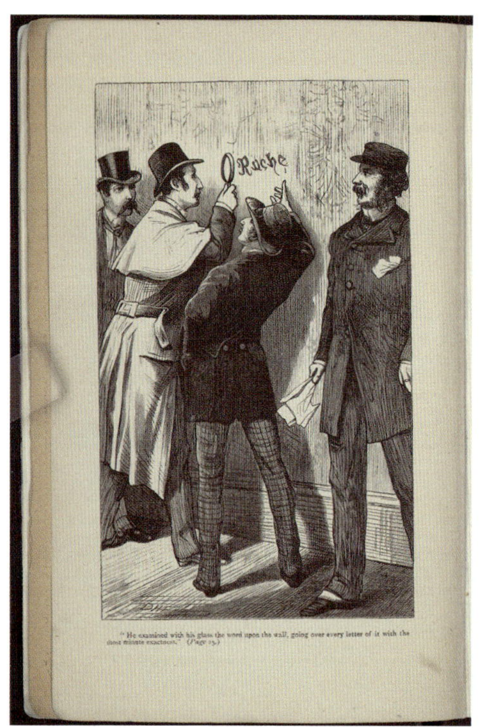

Allererste Illustration von Sherlock Holmes aus der Hand von David Henry Friston 1887 für Beeton's Christmas Annual.

Ermittlungen des Sherrinford Holmes berichten kann – ein genialer Kunstgriff, der die Handlung dramaturgisch aufwertet und die Leistung des Ermittlers noch mehr hervorhebt. Die Wahl fällt auf einen altgedienten Militär, der den Namen Ormond Sacker bekommt. Doch A. C. Smith findet, dass die Figur dieses normalen Durchschnittsmenschen besser auch einen normalen, durchschnittlichen Namen tragen sollte, und ändert Sacker in Watson. Doktor John H. Watson. Ehemals Militärarzt in Afghanistan.

Den Roman schreibt Mr. Smith in wenigen Wochen. Mittlerweile heißt das Werk *A Study in Scarlet (Eine Studie in Scharlachrot)* und Mr. Holmes mit Vornamen Sherlock. Im April 1886 ist alles fertig. Doch es dauert noch bis Oktober desselben Jahres, bis sich endlich ein Verlag findet, der den Text drucken will, und ganz und gar bis November 1887, bis das Werk auch tatsächlich gedruckt vorliegt. Aber schließlich ist es soweit. A. C. Smith hält *Beeton's Christmas Annual*, ein Jahrbuch, das bereits auf eine zwanzigjährige Tradition zurückblicken kann, in seinen Händen und betrachtet stolz den Namen, der unter dem Titel seiner Geschichte dem Leser verdeutlicht, wer den Roman verfasst hat: A. Conan Doyle.

Zu dieser Zeit weiß Arthur Conan Doyle noch nicht, dass ihm mit der Figur des Sherlock Holmes der ganz große Wurf gelungen ist. Diese fiktive Gestalt wird in den Folgejahren eine Popularität erreichen, die manch einen glauben lässt, er hätte es mit einer realen Person zu tun. Jedes neue Massenmedium, das die Menschheit seither entwickelte, ist praktisch automatisch von vornherein auch ein Medium für Sherlock Holmes. Jeder Detektiv der Literaturgeschichte muss sich seither mit Sherlock Holmes messen. Seine analytische Brillanz, seine forensische Arbeitsweise, sein messerscharfer Verstand und sein eiserner Wille lassen ihn beinahe übermenschlich erscheinen. All das und noch viel mehr gibt Arthur Conan Doyle als Prädisposition seiner Schöpfung quasi bereits in der allerersten Holmes-Geschichte mit auf den Weg.

So erzählt *Eine Studie in Scharlachrot* nicht nur, wie sich Holmes und Watson kennenlernen. Der Leser erfährt auch, wie beide zu ihrem bekannten Domizil in der Baker Street 221b kommen. Ein ganzes Kapitel befasst sich mit der Wissenschaft der Deduktion. Wichtige Nebenfiguren wie Inspektor Lestrade, Inspektor Gregson oder die Baker Street Irregulars werden genauso vorgestellt wie wesentliche Besonderheiten im Habit und im Verhalten der Hauptakteure, so zum Beispiel Holmes' Geigenspiel, seine Vorliebe, Tabak in einem persischen Pantoffel aufzubewahren, oder Watsons Kriegsverletzung. Interessant bei dieser alten Wunde ist, dass sie sich in *Eine Studie in Scharlachrot* an der Schulter befindet, in allen späteren Geschichten jedoch am Bein. Da derlei Differenzen bei Conan Doyles Holmes-Geschichten häufiger auftreten, wird er später einmal von nebensächlichen Kleinigkeiten sprechen, die einfach passieren.

Holmes' Haushälterin Mrs. Hudson ist in *Eine Studie in Scharlachrot* allerdings noch nicht mit von der Partie. Sie tritt erst ab der dritten Geschichte, *Ein Skandal in Böhmen*, auf. Jedoch heißt sie dort zunächst Mrs. Turner und gehört damit ebenfalls zu jenen kleinen Fehlern, die eben passieren.

Heutzutage wird mitunter bemängelt, dass *Eine Studie in Scharlachrot* nur zur Hälfte eine Detektivgeschichte darstellt und aus zwei völlig verschiedenen Teilen besteht, die nicht wirklich zusammenpassen. Der Roman sei also sehr ungeschickt verfasst worden. Doch wie so oft irrt hier die Nachwelt aus simpler Unwissenheit. Denn in der Tat fügt Conan Doyle den zweiten Teil seines Holmes-Erstlings, der in den USA spielt und von den Mormonen handelt, nicht aus Sorglosigkeit ein oder aus Unvermögen, sondern allein aus Kalkül! Die Mormonen sind zu dieser Zeit gerade eines der großen Themen im viktorianischen Großbritannien. Anders ausgedrückt: Man zerreißt sich das Maul über die für Briten so exotischen Mormonen, vor allem wegen ihrer Billigung der Polygamie. Undenkbar im Vereinigten Königreich oder irgendwo sonst in Europa. Indem er nämlich über die Mormonen schreibt, hofft Conan Doyle, die zeitgenössischen Verleger zu ködern, seinen Roman zu veröffentlichen, und sei es allein aufgrund ihrer Sensationslust. Und der Mann soll Recht behalten. Der Verlag, der sein Manuskript schließlich publiziert, setzt wahrhaftig bei der Werbung für die Veröffentlichung hauptsächlich auf den Teil, der bei den Mormonen spielt.

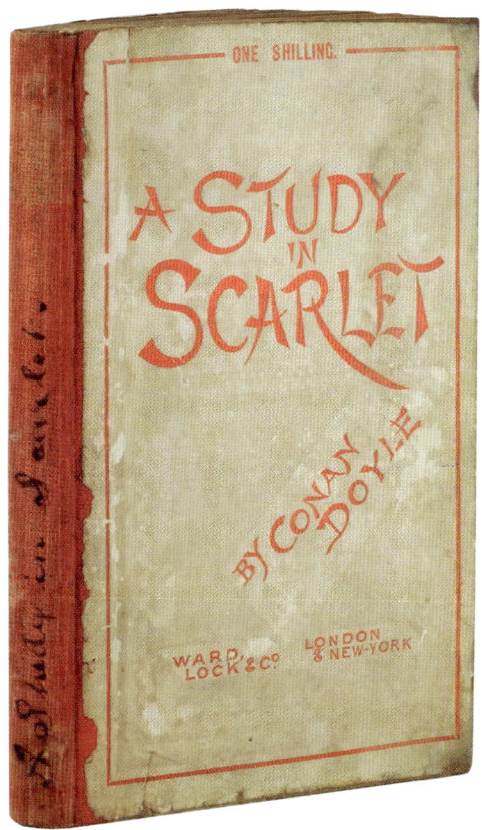

Cover der ersten Buchausgabe von 1888.

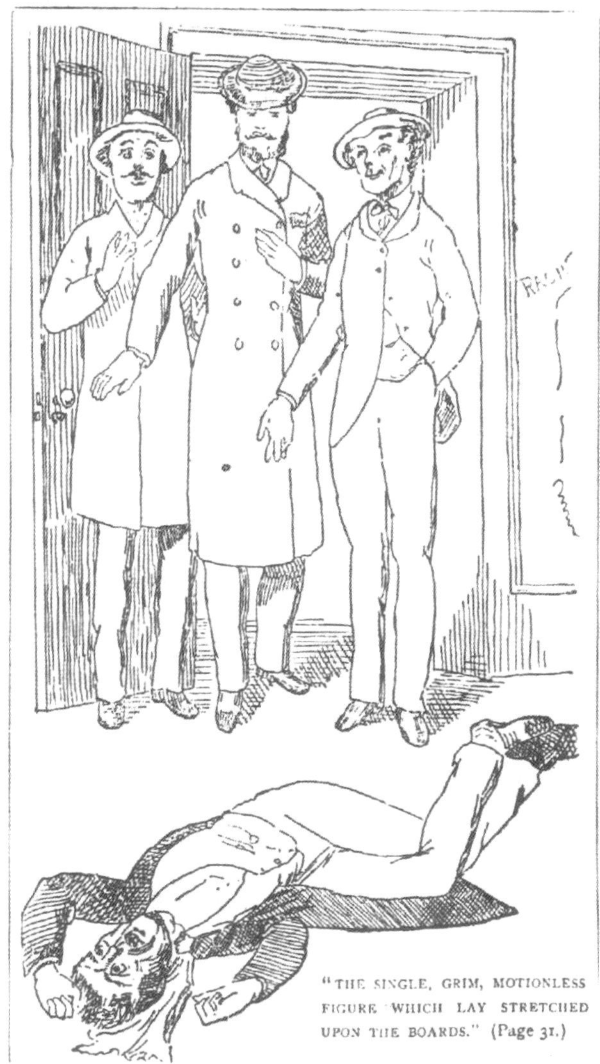

"THE SINGLE, GRIM, MOTIONLESS FIGURE WHICH LAY STRETCHED UPON THE BOARDS." (Page 31.)

Illustration aus der ersten Buchausgabe von 1888. Hierfür fertigte Conan Doyles Vater Charles Altamont Doyle die Illustrationen an. Es sind die einzigen Illustrationen, auf denen Sherlock Holmes einen Vollbart trägt, ohne verkleidet zu sein.

Eine Studie in Scharlachrot ist letztendlich nicht nur die erste Sherlock-Holmes-Geschichte überhaupt, sondern auch der erste von nur vier Romanen um den Detektiv aus der Baker Street. Alle anderen 56 Fälle sind Kurzgeschichten. Zusammen bilden die insgesamt 60 Kriminalfälle den sogenannten doyleschen Kanon. In der werkinternen Chronologie der Handlung rangiert *Eine Studie in Scharlachrot* auf dem dritten Platz. Nur zwei spätere Kurzgeschichten des Kanons spielen zeitlich vor der Handlung des Romans, und zwar *Die Gloria Scott* und *Das Ritual der Musgraves*. In Deutschland erscheint *Eine Studie in Scharlachrot* 1894 unter dem durchaus passenden Titel *Späte Rache*.

Bereits ein Jahr nach der Erstveröffentlichung in *Beeton's Christmas Annual*, also 1888, wird *A Study in Scarlet* als eigenständiges Buch herausgebracht. Nur nutzt es A. C. Smith alias Arthur Conan Doyle nicht viel, denn er hatte den Roman inklusive jeglicher Verwertungsrechte für 25 Pfund an den Verlag verkauft. Allerdings liegt das Augenmerk des angehenden Schriftstellers momentan sowieso ganz woanders. Während er als A. C. Smith weiterhin sportlich aktiv geblieben war, überbrückte er die Wartezeit bis zur Veröffentlichung seiner *Studie in Scharlachrot* als Arthur Conan Doyle mit dem Verfassen eines historischen Romans namens *Micah Clarke*. Sein Interesse an Sherlock Holmes und an Detektivgeschichten ist erloschen. Wie es mit dem Ermittler aus der Baker Street dennoch weitergeht, ist schon wieder eine ganz andere Geschichte ...

- Dirk Seliger

INHALTSVERZEICHNIS

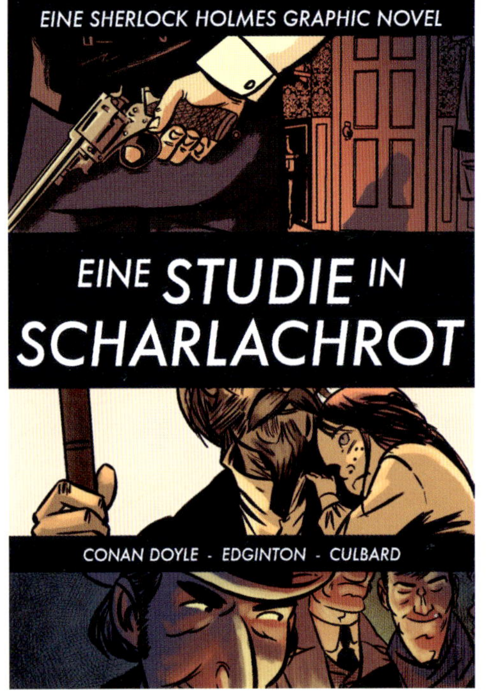

Softcover mit Klappenbroschur, 144 Seiten in Farbe,
ISBN 978-3-941279-76-6

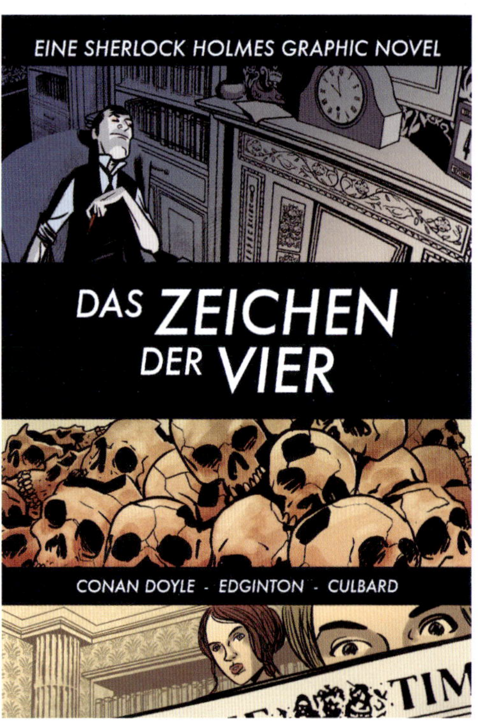

Softcover mit Klappenbroschur, 144 Seiten in Farbe,
ISBN 978-3-941279-77-3

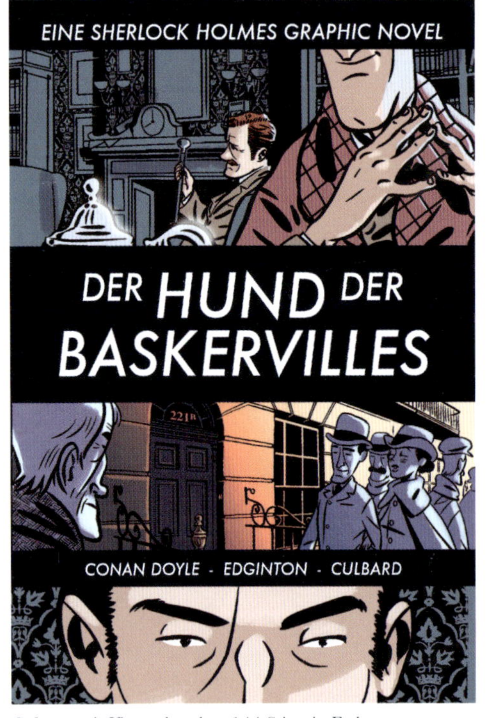

Softcover mit Klappenbroschur, 144 Seiten in Farbe,
ISBN 978-3-941279-78-0

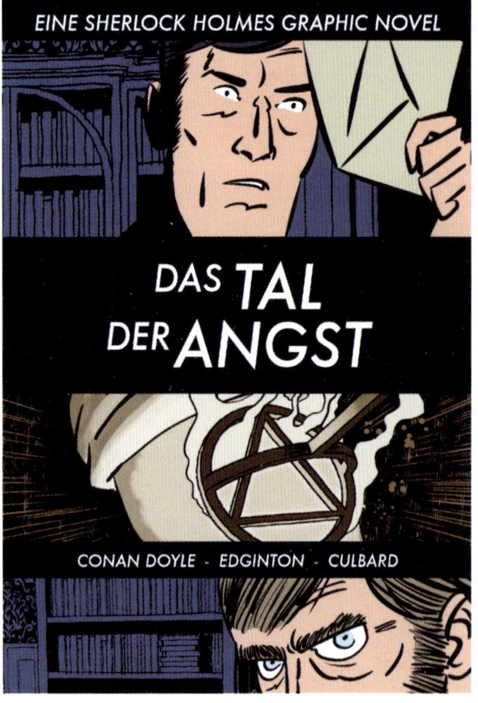

Softcover mit Klappenbroschur, 144 Seiten in Farbe,
ISBN 978-3-941279-79-7